설교자를 위한 골로새서 주석

오직 그리스도!

설교자를 위한 골로새서 주석

오직 그리스도!

초판 1쇄 2009년 9월 1일

조경철 지음

발 행 인 | 신경하
편 집 인 | 김광덕

펴 낸 곳 | 도서출판 kmc
등록번호 | 제2-1607호
등록일자 | 1993년 9월 4일

(100-101) 서울특별시 중구 태평로1가 64-8 감리회관 16층
        (재) 기독교대한감리회 출판국
대표전화 | 02-399-2008   팩스 | 02-399-4365
홈페이지 | http://www.kmcmall.co.kr
        http://www.kmc.or.kr

디자인·인쇄 | 밀알기획(02-335-6579)

값 17,000원
ISBN 978-89-8430-434-5 03230

설교자를 위한 골로새서 주석

오직 그리스도!

조경철 지음

kmc

저자가
앞서 드리는 말

　　골로새서는 4장으로 된 매우 짧은 서신이다. 그러나 그 중요성은 길이에서 결정되지 않는다. 골로새서의 신학적 메시지는 신약성서의 어느 문헌과 비교해도 빠지지 않을 만큼 깊은 의미를 갖는데, 그것은 신학적인 차원에서뿐만 아니라 현실적인 차원에서도 그렇다. 골로새서는 특정한 날을 거룩하게 지키고, 특정한 음식을 먹어서는 안 되며, 하나님 외에도 다른 영적인 존재들을 섬겨야 구원을 받을 수 있다는 혼합주의적인 구원론을 주장하는 무리들, 즉 유일한 구원의 길이 되시는 그리스도의 우주적 주권을 거부하며 거짓 교리를 주장하는 무리들에 맞서서 "오직 그리스도! 오직 그리스도!"를 강력하게 외치고 있다. 이런 점에서 골로새서가 한국 교회에 주는 메시지는 매우 크고 실질적이다.

　　세계 어느 곳보다 거짓 교리로 성도들을 유혹하는 이단자들이 많은 곳이 바로 한국 사회와 교회다. 한국 교회의 강단은 이러한 이단자들에 맞서서 바른 복음, 오직 그리스도를 강력하게 외쳐야 함에도 불구하고 이런저런 이유로 얼버무리는 경향이 있다. 그러나 "오직 그리스도!"는 교회 정치적인 차원에서 이데올로기적인 구호가 되어서는 안 된다. 신학적인 이견에 귀를 막고 막무가내로 자기주장만을 복음이요 진리라고 고집부리는 사람들이 신학적인 논의를 외면하고 신학자들을 부정하거나 비난하기 위하여 독점적으로 사용하는 무기가 되어서도 안 된다. 여기에는 깊은 신학적인 통찰과 신앙적인 확신이 요구된다. 골로새서의 메시지는 "오직 그리스도!"를 비지성적 열광주의 신앙이라며 외면하려는 사람들 그리고 정치적인 구호로만 악용하려는 사람들 모두에게 경고한다. 우리는 골로새서의 메시지에 귀를 기울여야 한다.

한국 교회가 처한 또 하나의 암울한 현실은, 사람들로부터 윤리적인 신뢰를 상실해 버렸다는 것이다. 교회 안에 사이비와 이단자들이 횡행하는 것도 그것과 무관하지 않다. 한국 교회에는 자신의 윤리적인 실태를 "오직 그리스도!"를 외쳐서 덮으려고 하는 이들이 너무 많다. 자신의 삶을 치열하게 반성하지 않고, 무슨 뜻인지도 깊이 반성하지 않으면서 무턱대고 "복음주의!"를 외치는 사람들도 많다. 교회가 윤리적인 힘을 잃으면, 복음 진리의 권위를 실추시킨다. 바로 그 사이를 헤집고 들어오는 것이 사이비와 이단이다. 이 점에서도 골로새서는 참으로 확신 있고 지혜로운 가르침을 주고 있다. 교회 지도자들과 성도들이 윤리적인 생명력을 회복하지 않고는 교회다운 교회, 세상의 빛과 소금이 되는 교회가 될 수 없다. 영적으로 혼란에 빠지고 사회적으로 외면당하는 이중적인 괴로움은, 교회의 미래를 암울하게 한다. 골로새서는 "오직 그리스도!"를 외치면서도 그것이 단순한 구호가 되지 않고 실천적인 삶의 영역에서 신학적으로 깊이 통찰하며, 동시에 실천적인 삶에서 구현되어야 할 당위성과 현실적인 방법을 우리에게 가르친다.

이렇게 중요한 메시지지만, 그것을 성서에서 찾아내는 작업은 힘들고 긴 과정을 거쳐야 한다. 많은 이들이 그 과정을 피하려 하기 때문에 문제가 생긴다. 그런 이들에게는 이 책도 별로 도움이 되지 않을 것이다. 그러나 치열한 성서 읽기를 마다하지 않는 사람들에게는 이 책이 골로새서의 깊고 오묘한 메시지를 전해 주리라 기대한다. 골로새서의 메시지를 주석적, 신학적으로 연구한 이 책은 땀 흘리며 성서를 읽는 사람들, 특히 교회 강단에서 성서를 강해하며 설교하는 사람들, 성서를 학문적으로 이해하고 그 메시지를 파악하고 싶은 사람들을 위하여 집필하였다.

이 책은 본문을 네 부분으로 나누어 연구한다. 먼저 본문을 사역한다. 가장 중요한 것은 우리가 가지고 있는 번역 성서의 불완전성을 확인하고, 가능하면 정확하게 번역을 해 보는 것이다. 번역을 한 후에 우리는 본문 단락이 서 있는 크고 작은 문맥을 살피며, 본문 단락의 독특한 측면이 있는지를 살핀다. 본문은 문맥 안에서 이해되어야 하기 때문이다. 세 번째 단계에서 우리는 본문을 주석한다. 단어 하나라도 놓치지 않고 가능하면 정확하게 이해하려고 노력할 것이다. 마지막으로 우리는 본문을 가지고 무엇을 설교할 것인지를 고민하면서 메시지를 요약한다. 특히 바쁘게 목회하는 한국 교회 목회자들을 고려해서 본문의 핵심 메시지를 요약해서 설교에 활용할 수 있게 하였다. 이런 연구 과정에서 신학적으로 좀 더 상세하게 이해해야 할 필요가 있는 주제들에 대해서는 별도로 주제 해설을 하였다. 골로새서에 대한 주석서들은 각주에서 저자 이름으로만 언급되었음을 밝히며, 완전한 서지 사항을 알기 위해서는 참고 문헌 목록을 살펴볼 것을 권한다.

부족한 이 책의 출판을 허락해 주신 김광덕 총무님을 비롯한 도서출판 KMC의 모든 관계자들에게 감사를 드린다. 2년에 한 번씩 열리는 대학원 세미나에서 골로새서와 에베소서를 함께 공부한 모든 학생에게도 감사를 드린다. 특히 필자는 이 책을 1년 전에 하늘나라로 가신 존경하는 숙부 조만형 장로님의 영전에 바친다. 서울연회 마포지방 성광교회 장로로 섬기면서 오로지 주님과 감리교회를 위하여 최선을 다하셨으며, 부족한 조카를 위하여 항상 기도해 주시며, 훌륭한 학자와 목사가 되라고 격려해 주셨던 그분의 사랑을 결코 잊을 수 없다. 이 책에는 숙부님을 향한 진한 그리움이 담겨져 있다.

2009년 9월

조 경 철

차례

골로새서 안내

1. 하나의 상상 :
골로새 교회에 무슨 일이?

　　언제인지 정확히는 알 수 없으나 기원 1세기 중반 무렵, 바울의 동역자인 에바브라는 소아시아 리코스 계곡의 골로새에 교회를 개척했고, 바울에게서 배운 그리스도의 복음을 가르쳤으며, 성도들은 신앙 안에서 잘 자라고 있었다. 그들은 바울을 진정한 사도로, 복음의 진정한 일꾼으로, 그리고 교회가 서 있는 토대로 인정하는 바울교단에 속해 있다는 자의식을 가지고 있었다. 그러나 그 당시 예수를 믿는 사람들은 극히 소수이고, 대다수의 사람들은 기독교 신앙을 이해하지 못하고 있었다. 특히 로마 제국은 예수를 정치적인 반란자로 처형하였고, 유대교는 유대교의 근간을 뒤흔든 이단자로 예수를 처형하였기 때문에, 로마 제국과 유대교는 예수를 주님으로 믿고 따르는 기독교인들을 경원시하였다. 그리스도인들은 일반 사람들과 다른 가치관과 생활 형태를 가지고 있었기 때문에, 주변 사람들은 그리스도인들을 배척하였다. 그런 환경은 대다수 그리스도인들에게 견디기 어려운 고통이 되었다. 더구나 그런 상황 속에서도 신앙생활을 잘 하고 있던 골로새 교회에 한 무리의 사람들이 나타나 에바브라를 통해 바울로부터 물려받은 믿음의 뿌리를 통째로 뒤흔드는 사건이 일어났다.

　　무리의 사람들은 스스로 매우 지혜로우며, 깊은 영적인 경험을 한 대단한 사람들이라는 자의식을 가지고 있었다. 그들은 유대교 신앙에 대한 깊은 지식과 함께 헬라 철학이나 영적인 체험에도 깊은 조예를 가지고 있었고, 그 지식과 경험 그리고 예수 그리스도 신앙을 적절히 조화시킬 줄 아는 현명한(?) 사람들로서 스스로를 "철학자"라고 불렀다. 그들에게 "오직 예수 그리스도!"만을 외치는 골로새 교인들은 한심하기 짝이 없는 무지한 외골수들로 보였다. 교인들은 부활하셔서 하나님의 오른편 보좌에 앉아 계시는 예수 그리스도만 믿고 세례 받으면 구원에 이르게 된다고 철석같이 믿고 있었다. 철학자들은 이런 믿음을 하나님이 유대교에게 준 구원의 유산을 받지 못하며, 깊은 지성과 영성을 겸비하지 못한 비지성적이고 맹목적이고 우매한 믿음으로 보았을 뿐이다. 또한 그런 믿음을 가진 그리스도인들은 주변의 다른 종교를 가진 사람들과는 전혀 어울릴 수 없다고 보았다. 그래서 그들은 우매한 교인들의 지성과 영성을 바로 잡기 위해 그들이 알고 있는 깊은 유대교 신앙과 헬라 철학, 그리고 종교, 영적인 경험을 교인들에게 가르치기 시작했다. 철학적인 용어들을 자유자재로 구사하며 멋진 지성과 지식을 활용하고, 깊은 영적인 경험을 자랑할 뿐만 아니라 금욕과 절기를 철저히 지키는 이들에게 많은 골로새 교회 성도들은 매료되기 시작했다. 이들의 가르침을 받은 교인들은 "오직 예수 그리스도"로만 구원을 받는다고 알고 있었던 자신들이 매우 무지하고 초라해 보였고, 자신들에게 그런 것을 사도 바울의 복음이라고 전해 주며 골로새 교회를 개척했던 에바브라가 원망스럽기까지 했을 것이다. 그래서 교인들 중 일부는 철학자들을 추종하며, 교회의 공식적인 예배와는 별도로 자신들끼리 모임을 만들어 철학자들의 지도를 받으며 신앙생활을 새롭게 시작했다. 더 나아가서는 주변의 다른 종교, 특히 유대교의 관습과 생활에 동화되기도 했다. 철학자들은 예수 그리스도를 믿어야 하지만 그것만으로는 구원받기에 불충분하고, 그런 믿음과 더불어 또 다른 영적인 존재들을 믿고, 유대교의 여러 종교적인 규율도 지켜야 구원을 받을 수 있다고 가르쳤다. 요즘 말로 하면, 그것은 혼합주의였다.

하나님은 우주의 가장 높은 곳에 계셔서 땅에 살고 있는 사람이 하나님 계신 곳에 올라가야 구원을 온전히 받게 된다. 그런데 하나님이 계신 곳과 사람이 살고 있는 땅 사이에는 무한한 공간이 자리잡고 있으며, 그 공간을 지배하고 있는 것은 각종 영적인 존재들이다. 사람이 이 공간을 뚫고 하나님께 가려면 이 공간을 지배하는 영적인 존재들에게 잘 보여야 한다. 그러기 위해서 그들을 숭배하고 그들에게 예배를 드려야 한다. 특정한 날이나 절기에 맞춰서 이런 존재들에게 제사를 드려야 한다. 특정한 음식을 먹어서는 안 된다. 특정한 장소에 가서는 안 된다. 성적으로도 금욕해야 한다.

이런 철학자들의 가르침은, 그 당시 소아시아에 널리 알려진 철학적이고 종교적인 지성들이 주장하는 것과 상당 부분 일치했기 때문에, 골로새 교인들에게는 매우 수준 높은 것이면서 동시에 현실적이었고, 무엇보다 매력적이었다. 오늘날에도 철학적으로나 종교학적으로 기독교 신앙을 다른 종교와 혼합하려는 시도들이 있으며, 그런 것들을 지성적인 것으로 보려는 경향이 일부에서 나타나는 것과 비슷하다고 할 수 있다. 또 결혼이나 이사를 할 때에는 특정한 길일을 잡아서 해야 하고, 특정한 음식이나 음료를 먹고 마시지 말아야 하며, 조상의 산소를 쓸 때에도 명당자리를 골라야 한다는 것이나, 다른 종교들과 잘 교통하며 지내는 것이 지성적으로 보이는 것과 유사했다. 더 나아가서 기독교의 믿음을 구원의 기쁨이 아니라 하나님의 진노에 대한 맹목적인 두려움으로만 강조하며, 어떻게 그런 진노를 위무할 것인지에만 매달리게 하는 것도 당시 골로새의 "철학자"들의 가르침과 비슷하다고 할 수 있다. 이로써 골로새 교회는 영적인 혼란에 빠지게 되었다.

골로새 교회의 이런 소식이 당시 바울 교단의 지도자로서 바울 서신들과 신학에 정통했던 한 사람 혹은 몇 사람들에게 알려지게 되었다. 이 사람(들)은 골로새 교회에서 일어나고 있는 이런 현상을 전해 듣고, 간과할 수 없었다. 왜냐하면 "철학자"들의 가르침은 바울 사도가 목숨을 바쳐서 온 세상에 전파했던 복음에 정면으로 어긋나는 것이었기 때문이다. 사도 바울도 생전에 그가 전한 "오직 예수 그리스도"의 복음에 조금이라도 흠을 내려는 사람들이 있을 때, 그것을 결코 용납하지 않았다. 그것은 인간의 영원한 구원의 문제였기 때문이다. 그래서 이 지도자(들)는 골로새 교회에 서신을 보내 "철학자"들의 거짓된 주장을 폭로하고, 그들에게 유혹당하지 않도록 경고하며 격려하기로 결심했다. 그러나 그에게는 고민이 하나 있었다. 바울이 죽고 없는 이 시점에서 자신의 이름으로 서신을 쓴다면, 독자들에게 큰 권위를 갖지 못할 것이라는 사실이었다. 고민 끝에 그는 "바울"의 이름으로 서신을 써서 보냈다. 당시에는 과거의 위대한 인물의 이름으로 서신을 기록하는 경우가 흔히 있었기 때문이다. 이 사람을 우리는 "골로새서의 바울"이라고 부른다.

그는 서신을 기록하면서, 골로새 교인들을 바울이 전한 "오직 그리스도"의 복음에서 떠나지 않고 그 복음에 굳건히 서 있게 할 수 있는 최선의 길이 무엇인지를 깊이 생각했다. 그가 찾은 방법은, 교인들이 잘 부르는 찬송가의 노랫말에 담겨져 있는 메시지로부터 시작하는 것이었다. 모두가 함께 부르는 노랫말은 저자와 독자들이 공유할 수 있는 토대이기 때문이다. 1:15-20에서 그는 이 노랫말을 인용한 후, 서신 전체를 통해서 해석하고 적용하면서 문제를 하나씩 설명해 나갔다. 또 골로새 교인들이 예수 그리스도의 이름으로 세례를 받았다는 사실을 강조하면서, 세례를 받았다는 것이 무엇을 의미하는지를 설명했다. 여기에 그는 "철학자"들이 가르쳤다는 공간적인 사고 구조를 적극 활용하면서, 예수 그리스도가 모든 공간을 일통하고 지배하는 우주의 주권자라는 사실을 설명했다. 마지막으로 사도 바울이 가장 강조했던 십자가 신학을 바탕으로, 우주의 주권자 예수 그리스도는 십자가에서 피 흘려 우리의 죄를 용서하신 구주라는 사실을 설명하였다. 이 모든 것이 융합해서 결국 골로새서의 "오직 그리스도"라는 위대한 신학이 탄생하게 되었다. 그러나 "오직 그리스도" 신앙으로 교회와 성도들을 주변 사회에서 떨어진 게토가 되게 해서는 안 된다. 저자는 주변사회의 윤리적인 관행이나 가르침을 무시하지 않았고, 일부분을 수용하면서 그것들을 "오직 그리스도" 믿음으로 재해석하고 수정해서 받아들여야 한다고 가르쳤다.

이 서신이 골로새 교회에 어떤 결과를 가져왔는지에 대해서는 정확하게 말할 수 없다. 그러나 지금까지 이 서신이 "바울 서신"으로 살아남아서 전해지고 있다는 사실이 그 결과를 어느 정도 상상할 수 있게 한다. 결과는 대박이었을 것이다. 골로새에 나타난 "철학자"들은 꽁무니를 뺐고, 그들의 유혹에 넘어갔거나 넘어갈 뻔 했던 이들은 다시 바울의 복음 위에 굳건히 설 수 있었다. 그들은 이 서신을 "바울"의 서신으로 소중히 여기며 보관했고, 이웃 교회들과 돌려서 읽었으며, 오늘에 이르기까지 보전될 수 있게 했다.

4장으로 된 비교적 짧은 서신인 골로새서는 다양한 종교와 윤리적인 가치들이 혼재되어 있는 한국 사회와 교회에게 매우 중요한 메시지를 던진다. "오직 그리스도" 신앙에 결코 흔들림이 없으면서도 동시에 더불어 살아야 하는 주변의 다른 종교들이나 이웃들과 어떤 교제를 나누어야 할 것인가? 우리는 이 물음을 기억하면서 골로새서를 읽어야 한다.

골로새, 골로새 교회, 서신의 기록 동기

1) 골로새

골로새는 에베소에서 동쪽으로 약 180-200Km 정도 떨어진 리코스 계곡에 있던 도시였다. 이 골로새 시(市)가 언제 세워졌는지 알 수 없으나, 이미 BC 5세기에 프리기아 지방의 중요한 도시였다. 이 시기에 활동한 그리스의 역사가 헤로도트(BC 480-431)는 골로새를 "프리기아의 커다란 도시"라고 불렀다(Herodot, *Historien* VII, 30,1).[1] 골로새는 바울이 가장 오래 머물면서 선교 활동을 했던 에베소에서 바울의 고향인 길리기아의 다소로 이어지는 통상로에 위치해 있는 교통의 요충지였다. 헤로도트와 거의 같은 시기에 살았던 크세노폰(BC 430-355)에 따르면, 골로새는 양모 산업의 중심지였다.[2] 시민들은 대개 양을 치고 양모를 수출하는 생업에 종사하였다. 그러나 BC 3세기 중엽, 이 지역을 다스리던 시리아의 왕 안티오쿠스 2세(BC 261-246년)가 근처에 라오디게아 시를 건설하여 경제와 행정의 중심지로 삼으면서부터 골로새는 점차 쇠퇴하게 되었다. 라오디게아는 BC 1세기에 경제적인 전성기를 누렸다. 로마 역

---

[1] 다양한 자료는 A. Standhartinger, *Studien zur Entstehungsgeschichte*, 11-12의 각주; P. T. 오브라이언, 32-34에서 찾을 수 있다.
[2] Xenophon은 골로새를 양모 산업에 근거해서 "인구가 많은, 크고 부요한 도시"라고 했다(Anabasis I, 2,6).

사가 타키투스에 따르면, 라오디게아는 AD 60/61년에 지진으로 파괴되었다(Tacitus, Ann 14,27). 또 AD 5세기에 살았던 역사가 오로시우스에 따르면, 라오디게아, 골로새, 히에라볼리(히에라폴리스) 등 리코스 계곡 주변에 있던 세 도시가 지진으로 파괴되었다(Orosius, Historia adversus paganos VII, 7,12). 기원전과 후의 약 200여 년 동안에 다섯 차례의 지진이 이 지역에서 발생했다.[3] 물론 61/62년의 지진에 의해서 골로새가 어느 정도로 파괴되었는지, 혹은 두 역사가가 말하는 지진이 동일한 것을 말하는지 아니면 별도의 지진을 말하는지 확실하게 알 수 없다. 그러나 나중에 라오디게아는 다시 건설되었던 것에 반해 골로새는 어떻게 되었는지 잘 알 수가 없다.

2) 골로새 교회와 서신의 기록 동기

앞에서 우리는 골로새 교회에 무슨 일이 일어났는지를 상상해 보면서 골로새 교회의 상황과 서신의 기록 동기를 쉽게 풀어보았다. 여기서는 보다 상세하게 그리고 학문적인 논의를 해 보자.

골로새서 1:2는 이 서신의 수신자들을 "골로새에 있는 성도들 곧 그리스도 안에서 신실한 형제들"이라고 밝힌다. 골로새 교회는 바울이 세우지 않았고, 골로새 출신의 에바브라가 세웠다(4:12). 서신 자체에는 바울이 골로새에 와 본 적이 있다거나 혹은 방문하고 싶다는 어떠한 언급도 없다. 그러므로 골로새 성도들과 바울은 서로 직접 알지 못하는 사이다(2:1). 더구나 2:1에 의하면 골로새와 라오디게아 성도들 외에도 바울의 "육신의 얼굴을 보지 못한 자들"도 서신의 잠정적인 독자들로 암시되

---

3) BC 20년, AD 53년, 61/62년, 144년, 193~211년 사이 등 5차례다. A. Standhartinger, 위의 책, 11과 각주 39를 참조.

어 있다. 1:6은 복음이 "온 천하에서도" 열매를 맺었다고 한다. 1:23에 의하면, 복음은 이미 "천하 만민에게" 전파되었다. 1:28에서는 바울과 동역자들의 사역 대상이 "각 사람"으로 일반화되었다. 이런 특징들은 무엇을 의미하는가? 골로새서는 어느 특정한 한 교회에 보내진 서신이 아니라, 기록 당시 바울의 복음에 관심을 가지고 있는 모든 교회와 성도들을 대상으로 기록되었다는 소위 서신의 "보편적인 성격"을 드러낸다.[4]

그렇다면 저자가 왜 하필이면 골로새 교회를 수신자로 내세웠을까? 확실한 대답을 하기는 어렵다. 쉔크는 당시에 양모 중에 "골로새制"라는 유행어가 있었는데, 저자가 거기에 착안해서 골로새 교회를 수신자로 제기한 것일 수 있다는 별로 타당성이 없어 보이는 추측을 한다.[5] 최근에 슈탄드하르팅거는 당시 골로새가 별로 주목을 받지 못한 작은 도시였기 때문에 선택되었을 것이라고 추측한다.[6] 거대한 도시 라오디게아와 제법 규모가 있는 도시 히에라폴리스 옆에 위치한 보잘것없는 도시 골로새를 수신자로 선택함으로써, 로마 제국의 작은 구석에서부터 시작되어 거대 도시로 나아가는 복음의 확장을 선명하게 보여 주려는 의도로 골로새 교회가 선택되었다는 것이다. 그러므로 골로새 교회라는 수신자의 명칭은 가상적이고, 실제 수신자는 소아시아 전역에 흩어져 있지만 바울의 복음과 서신에 깊은 관심을 가지고 있는 교회들이라는 것이다. 결론적으로 골로새서는 특정한 개체 교회에 보내진 서신이라기보다는 바울의 신학적인 전통에 서 있는 소아시아의 여러 교회들에게 보내진 서신이라고 보아야 한다.

서신을 돌려가면서 읽도록 권면받은 소아시아의 교회들은 주로 이방인 그리스도인들이 중심을 이루고 있던 교회들이었다(1:27; 2:13). 그러나

---

4) A. Standhartinger, 위의 책, 13–16; W. Schenke, "Kolosserbrief", 3334.
5) W. Schenke, "Kolosserbrief", 3334.
6) A. Standhartinger, 위의 책, 16.

동시에 유대인 기독교의 영향도 강하게 남아 있었다(4:11b). 왜냐하면 이 곳에 상당히 많은 유대인들이 살고 있었기 때문이다. BC 242-187년에 이 지역을 통치했던 시리아 왕 안티오쿠스 3세는 많은 유대인들을 이주 시켜 살게 하였다. 2:11에 할례가 언급되고 또 2:16에 안식일을 거룩히 지키는 것이 언급되어 있는 것은, 이러한 종교적 예식을 지키는 유대인 이나 유대 그리스도인들이 이 지역에 상당수 있었음을 암시한다.

1:7에 따르면, 에바브라가 복음을 선포하고 가르쳐서 교회를 세웠다. 4:12-13에 따르면, 그는 골로새, 라오디게아, 히에라폴리스의 교회들을 위하여 기도한다. 골로새의 그리스도인들은 에바브라를 통하여 전달된 사도 바울의 선포와 믿음을 굳게 붙잡았고, 그 결과 그들은 흑암의 권세 로부터 빛으로 해방되었다(1:13). 또 그들은 모든 성도들을 향하여 열심 히 사랑을 실천하였다(1:3-8). 그에 대해서 저자는 하나님께 감사드리면 서 그들을 칭찬한다. 그러나 이런 칭찬 속에는 깊은 염려가 함께 배여 있다. 미혹하게 하는 설교들과(2:4) 새로운 "철학"(2:8)이 나타나서, 성도 들을 에바브라를 통해서 받은 바울의 복음에서 떠나도록 유혹하며 위협 하고 있기 때문이다. 골로새가 속해 있던 프리기아와 리디아 지역은 수 많은 밀의 종교들이 생겨난 곳으로도 유명하다. 또 히에라폴리스에는 치 료의 효력이 있다는 온천이 있어서 많은 사람, 특히 병자들이 몰려들 기도 했다. 이런 사실은 이 지역에 수많은 종교 사상들이 혼재하여 있었 다는 것을 말하며, 그만큼 골로새 교회의 성도들은 이러한 종교 사상들 의 가르침에 빠져들기 쉬운 분위기 속에서 살고 있었다. 서신은 바로 이 러한 철학에 맞서서 바울의 선포와 믿음을 굳게 지키기 위해서 기록되었 다. 성도들이 굳게 서야 할 터전은 바울 사도로부터 출발되었고, 에바브 라에 의해 그들에게 전달되었으며, 서신의 기록 당시에도 여전히 바울의 제자들(바울의 학파)에 의해 계속해서 선포되고 가르쳐진 그리스도의 복음

에 대한 믿음이다. 잘못된 철학이나 거짓 교리에 흔들리거나 넘어가지 않고 그런 믿음의 바탕에 굳게 서서 신앙생활을 하도록 하기 위해서 저자는 이 서신을 기록하였다.

최근에 슈탄트하르팅거는 골로새서의 저술 배경과 의도를 거짓 교사들의 등장과 그들에 맞선 저자의 싸움에서 찾아야 한다는 널리 인정된 견해에 반대하고 나섰다. 그녀에 의하면, 그런 거짓 교훈에 대한 논쟁을 골로새서에서 찾기 어렵다는 것이다.[7] 2:4,8,16-23 등은 거짓 교훈에 대해서는 전혀 말하지 않고 있다고 한다. 거의 모든 학자들이 골로새의 거짓 교훈이 구체적으로 어떤 성격의 것인지를 정확하게 밝혀 내지 못하는 것도, 사실은 서신 안에 거짓 교훈에 대한 언급이 없기 때문이라고 한다. 대신에 그녀는 골로새서의 저술 배경과 의도를 바울의 죽음 이후에 형성된 신앙의 일반적인 위기와 국가로부터의 박해에서 찾는다. 임박한 종말을 믿고 가르쳤던 바울이 죽음으로써 바울이 선포한 구원의 확신이 흔들리기 시작했고, 거기다가 로마 제국으로부터의 핍박이 교회를 분열 위기에 처하게 만들었다. 그래서 서신의 저자들은 구원의 확신을 상기시키고 박해 속에서 굳건히 신앙을 유지하며 분열되지 않고 정체성을 유지할 수 있도록 격려하기 위해 골로새서를 썼다고 한다. 그러므로 그녀에 의하면, 골로새서 저자들은 "기독론적인 불확실성에 맞서는 것이 아니라, 세상적인 불확실성에 맞서고 있다."[8] 그러나 골로새서의 우주적인 기독론이나 교회론, 그리고 현재적인 종말론에 대한 깊은 통찰을 단순히 일반적인 불확실성에 맞서기 위한 것으로만 보기에는 적절하지 않

---

7) Standhartinger보다 약 30여 년 전에 또 다른 여성학자인 M. D. Hooker도 골로새서가 이단 논쟁을 하고 있지 않다고 주장하였다("Were there False Teachers in Colossae?"). 대다수 학자들에 맞서서 두 여성 학자가 동일한 주장을 하고 있는 것도 주목할 만하다.
8) A. Standhartinger, 위의 책, 218-219. 그 외에도 여러 곳에서 이를 주장한다. 특히 191-194, 245-246, 277-289 등에 있는 요약을 참조.

다. 비록 골로새서에 나타난 거짓 교훈에 대한 정확한 규명이 어렵다고는 해도, 서신이 거짓 교사들에 맞서서 그리스도 안에서 실현되고 세례를 통해서 참여한 구원의 확실성을 강조하고 있다는 사실은 부정하기 어렵다.

3. 골로새서의 저자

골로새서의 저자가 누구냐는 문제는 앞으로도 풀 수 없는 영원한 수수께끼일 것이다. 물론 골로새서 자체는 바울이 저자라는 사실을 분명히 밝힌다. 1:1에 따르면, 바울과 그의 동역자 디모데가 서신을 기록했다(참조 고후 1:1; 빌 1:1). 또 4:18에 의하면, "나 바울은 친필로 문안"하고 있다. 특히 골로새서 4:10-14와 바울이 기록한 서신이 확실한 빌레몬서 23-24절에 나오는 수많은 사람들의 이름을 비교해 보면, 골로새서 역시 바울이 저자라는 사실은 거의 확실해 보인다. 그들은 모두가 바울의 주변에서 그와 함께 복음을 전했던 동역자들이기 때문이다. 만일 바울이 골로새서의 저자가 아니라면, 바울 이외의 다른 사람이 이렇게 많은 바울의 동역자들의 이름을 말한다는 것이 불가능해 보인다.

만일 61/62년의 지진 이후에 골로새가 존재하지 않았다면, 골로새 교회도 존재하지 않았을 것이다. 1세기 말에 소아시아의 일곱 교회에 보내진 서신에 대해서 말하는 요한계시록의 저자도 골로새 교회에 대하여는 아무런 언급을 하지 않고 있는데, 이 사실도 골로새 시와 교회의 존재 여부에 의문을 더해 주고 있다. 그러므로 61/62년 이전에 골로새서는 기록되었어야 했고, 그러므로 바울이 직접 기록했거나 혹은 바울의 생전에 누군가에 의해서 기록되었다고 생각하는 것이 적절하다. 보 라이케가 말한 것처럼, 서신이 61/62년 이후 곧 바울의 죽음 이후에 누군가가 존재하지

도 않은 교회에게 서신을 써 보냈다고 생각할 수 없기 때문이다.[9]

반면에 61/62년 이후에 골로새 시가 더 이상 존재하지 않았고, 그러므로 골로새 교회도 없었다는 사실에서 이 서신의 저자가 바울의 이름을 차용하고 있는 이유를 찾으려는 학자들도 있다. 당시 존재하지도 않는 도시의 교회에 서신을 써 보낸 것은, 익명의 저자가 이 서신을 "바울"의 이름으로 기록했다는 사실을 누구도 눈치채지 못하게 하려는 전략이었다는 것이다.[10] 그러나 이런 설명은 별로 설득력이 없어 보인다.

그보다도 더 주목해야 할 것은, 이 서신이 정말로 골로새라는 한 개체 교회에 보내진 것이냐 아니면 더 넓고 큰 수신자들을 염두에 두고 있는 것이냐 하는 것이다. 저자는 골로새뿐만 아니라 그 주변의 더 큰 도시들인 라오디게아와 히에라볼리를 언급하며, 이 서신을 서로 돌려가면서 읽을 것을 권하고 있다(2:1; 4:13,15-16). 그러므로 골로새서는 적어도 골로새를 넘어서 더 넓은 지역의 독자들을 생각하고 있는 것이 분명하다. 그러나 골로새서를 자세히 읽어 보면, 서신의 어디에도 리코스 계곡의 세 도시들이 보여 주었던 지역적인 특색이 나타나 있지 않다. 양을 기르는 것, 양모 산업, 염색업, 오랜 전통을 가진 도시의 명성, 활발한 교역 등 이 지역의 특징이 어디에도 나타나 있지 않다.

골로새서는 사도적인 교부들에게서 바울 서신으로서 높은 평가를 받았다. 교부 이레네우스는 누가복음의 저자와 바울 사이의 밀접한 관계를 말하기 위하여 골로새서 4:14를 인용했다. 이레네우스는 골로새서를 교회 안에서 큰 권위를 갖는 바울 서신으로 인정하면서(Irenäus, Adv.haer. III, 14,1; I, 27,2; V, 14,2 등), 골로새서 1:22-23에 근거해서 영지주의적

---

9) Bo Reike, *Historical Setting*, 432. A. Standhartinger, 위의 책, 12에서 재인용. 그러나 Standhartinger가 논증한 것처럼, 61/62년 이후에도 골로새가 완전히 폐허가 되어 더 이상 존재하지 않았다고 말할 수는 없다. 그 이후 골로새의 존재에 대해서 희미한 흔적을 말할 수 있기 때문이다.

10) W. Schenke, "Kolosserbrief", 3334-3335; P. Pokorny, 17.

인 가현설을 반박한다.[11] 그 외에도 이그나티우스, 바르나바, 저스틴과 폴리캅 그리고 디오게네스 등과 같은 교부들도 여러 곳에서 골로새서를 인용하거나 암시하는데, 그들 모두는 골로새서가 바울 서신이라는 것을 전제한다.[12] 초기 기독교 영지주의자들도 골로새서를 바울의 서신으로 인정하고, 그들의 주장을 뒷받침하기 위하여 자주 인용하였다. 그러므로 영지주의자들과 반영지주의자들 모두 자신들의 주장을 뒷받침하기 위하여 바울 서신으로서 골로새서를 이용했던 것이다. 어쨌든 초대와 고대 교회에서는 골로새서의 저자가 바울이라는 것에 어떠한 의심도 없었다.

그러나 이처럼 서신 자체와 고대 교회의 전통이 확실하게 말하는 바울의 저작설은 1838년 마이어호프(E. Th. Mayerhoff)에 의해서 처음으로 의심된 이래, 오늘날에는 학자들 사이에서 뜨거운 논쟁거리가 되었다. 신약성서 개론서들이나 골로새서 주석서들을 보면, 현재 바울이 저자라는 견해와 그렇지 않다는 견해를 주장하는 학자들이 반반으로 나뉘어져 논란을 벌이고 있다. 그렇다면 서신 자체나 고대 교회가 바울의 저작을 명백하게 언급하고 있음에도 불구하고 그것을 의심하는 이유는 무엇인가? 바울의 서신으로서 전혀 의심받지 않는 다른 서신들과 비교해서 골로새서가 보여주는 언어적, 문체적, 신학적 특이성 때문에 그런 의심이 생겨났다.

1) 바울의 주요 서신들과의 유사성

먼저 형식적인 차원에서 볼 때, 골로새서는 바울의 주요 서신들[13]과

---

11) E. Lohse, 257 각주 3; J. Gnilka, 23 각주 21; E. Schweizer, 185; P. Pokorny, 167 등을 참조.
12) P. T. 오브라이언, 54.
13) 여기서 바울의 주요 서신들이란 데살로니가전서, 고린도전서, 고린도후서, 갈라디아서, 로마서, 빌립보서, 빌레몬서 등을 말한다. 이 7개 서신들은 바울이 직접 기록한 서신으로, 거의 모든 학자들에 의해 인정받고 있다.

매우 유사하다. 골로새서는 바울 서신의 형식적인 구조와 특징들을 그대로 보여 준다. 구체적으로 바울과 디모데를 공동 발신자로 언급하고 있다는 점에서 고린도후서 1:1; 빌립보서 1:1과 골로새서 1:1이 일치한다. 골로새서 1:1은 고린도후서 1:1과 문자적으로 일치하며, 골로새서 1:2는 고린도후서 1:2와 대부분이 일치한다. 서신의 마무리에서(골 4:18) 바울이 친필로 서명한다는 말은 고린도전서 16:21; 갈라디아서 6:11; 빌레몬서 19 등에서도 똑같이 나온다. 앞에서도 언급했듯이 빌레몬서와 골로새서에 있는 문안 인사 목록이 일치하고 있다. 골로새서가 옥중서신의 유형을 취한 것이나(4:3,10,18) 빌립보서 1:7,13,17과의 유사성도 눈여겨볼 만하다.

이러한 형식적인 측면뿐만 아니라, 내용이나 사용하는 용어, 개념 등에서도 골로새서는 바울의 다른 서신들과 커다란 유사성을 보여 준다. 세례를 말하는 골로새서 2:12는 부분적으로 로마서 6:4에 비교될 수 있다. 바울의 문헌 군에서 오직 골로새서 2:20과 갈라디아서 4:3,9에만 "세상의 초등 학문"(στοιχεια του κοσμου)이라는 동일한 표현이 사용된다. 골로새서 1:4-5에 나오는 믿음, 사랑, 소망의 삼중주도 바울에게서 자주 찾을 수 있다(살전 1:3; 5:8; 고전 13:13; 갈 5:5-6; 또한 몬 5; 살전 3:6도 참조). 이러한 사실들로 미루어 볼 때 골로새서의 저자가 로마서나 고린도전서 등을 기록한 바울 자신이라고 할 수 있으며, 만일 바울이 아니라면 바울 서신들과 바울의 주변 인물들에 관한 정통한 지식과 정보를 가지고 있던 어떤 사람 곧 바울의 가장 가까운 인물이었다고 말할 수 있다.

2) 바울 서신들과 비교해서 본 골로새서의 언어와 문체의 독특성

바울의 다른 서신들에 비교해서 골로새서에 사용된 언어가 특이하다는 사실은 일찍부터 주목을 받았고, 많은 연구의 대상이 되었다. 그 중에서도 특히 퍼시(E. Percy)와 부야드(W. Bujard)의 연구가 중요하다.[14] 이들의 연구를 종합적으로 살펴보면, 언어와 문체 분야에서 바울의 다른 주요 서신들과 비교해 골로새서가 보여 주는 특이한 점들을 다음과 같이 정리할 수 있다.

a) 골로새서는 1:3-8; 1:9-20; 2:8-15 등과 같이 긴 문장 구조를 자주 사용하며, 그것도 자주 관계대명사를 통해서 연결되는데, 이는 바울의 주요 서신들에서는 찾기 어려운 현상이다. 이러한 문장 구조는 역시 바울 서신이 아닌 것으로 인정되는 에베소서의 특징이기도 하다.

b) 해설하는 기능을 가진 속격의 중복 표현이 자주 사용된다(예: 1:5의 "복음의 진리의 말씀"). 바울은 연결사(예: μαλλον, ουδε, ει τις, ει περ, ου μονον δε-αλλα και, ουκετι 등)나 결론을 이끌어 내는 단어들(예: διο, διοτι, αρα, αρα ουν 등)을 자주 사용하지만, 골로새서는 이들을 전혀 사용하지 않는다.

c) 골로새서에는 비슷한 용어들이나 구조들이 중첩돼 사용되고 있다(1:11의 "견딤과 오래 참음"; 1:22의 "거룩하고, 흠 없고, 책망할 것이 없는"; 1:26의 "만세와 만대"; 2:11의 "(할례를) 할례 받으니" 등 참조).

d) 정체를 설명하는 중성 관계대명사 문장(ὅ εστιν; 말하자면, 즉, 다시 말해서 등을 의미)이 선행사의 격과는 상관없이 사용된다.

e) 신약성서에서 오직 골로새서에서만 사용된 단어(Hapaxlegomena)가 34개 있고, 바울의 다른 서신들에서는 전혀 사용되지 않고 오로지 골로새서에만 나오는 표현이 28개나 된다. 신약성서에서 오로지 골로새서와 에베소서에서만 공통적으로 사용된 단어가 10개 있으며, 바

---

14) E. Percy, *Probleme*, 16-66; W. Bujard, *Stilanalytische Untersuchungen*.

울의 이름으로 기록된 서신들 중에서 오로지 위 두 서신에서만 사용된 단어가 15개 있다. 이러한 언어적, 문체적인 특징은 바울의 주요 서신들과 비교해 볼 때 독특하다. 전체적으로 볼 때 바울의 논조는 대체로 논증(論證)적이고, 골로새서의 논조는 연상(聯想)적이다.

f) 그 외에도 바울의 주요 서신들에서는 매우 비중 있게 사용되는 신학적 용어들이 골로새서에는 사용되지 않는다. 예를 들어 δικαιοσυνη (의), αποκαλυψις(계시), ελευθερια(자유), επαγγελια(약속), νομος (율법), πιστευειν(믿는다), σωτηρια(구원), 단수형 αμαρτια(죄) 등이 그렇다. 이 개념들이 바울에게 얼마나 중요한 것인지를 아는 사람은, 이것들이 골로새서에서 전혀 사용되지 않고 있다는 사실에 매우 당황할 것이다.

g) 수신자들을 "형제"라고 부르는 친근한 호칭이 바울의 다른 서신들에서는 비교적 자주 사용되는데, 골로새서에서는 전혀 사용되지 않는다.

h) 골로새서에는 단 하나의 의문문도 사용되지 않는다.

그러나 이러한 언어적, 문체적 특이성이 곧바로 바울이 골로새서의 저자가 아니라는 결론을 내리게 하는 것은 아니다. 바울의 주요 서신들과 골로새서가 갖는 언어적, 문체적 공통성도 매우 크고 많기 때문이다. 골로새서의 언어와 문체를 집중적으로 연구한 두 학자가 각기 상이한 입장에 서 있는 것만 보아도 알 수 있다. Percy는 바울의 저작을 옹호하고, 반면에 Bujard는 바울의 저작을 부정한다. 상당수의 학자들은 언어적, 문체적 특이성을 인정하면서도 골로새서를 바울의 저작으로 보려고 한다. Percy와 같이 바울의 저작을 옹호하는 학자들은 골로새서의 언어적, 문체적인 특이성은 거짓 교리와의 싸움에서 그 거짓 교사들이 사용하던 언어나 표현을 바울이 사용했고 또 그들에 맞서서 새로운 주제를 말하는데 기인한 것이라고 설명한다. 그러나 언어적, 문체적 특이성에 근거해서 바울의 저작을 부정하는 학자들도 많다. 그러한 특이성은 단순히 거짓 교리에 대한 논쟁의 맥락에서만 나타나는 것이 아니기 때문이다. 특이성은 특히 서신의 도입부에 있는 감사의 말씀(1:3 이하)에도 나타난다. 이러한 문맥은 거짓 교리에 맞선 논쟁과는 아무런 상관이 없기 때문에 Percy의 방어 논리는 무너지고 만다. 그러나 이런 언어적, 문체적인 특이성만으로 바울의 저작을 부정할 수는 없다.

3) 바울 서신들과의 신학적인 내용의 차이

골로새서가 바울의 저작인가 아닌가 하는 문제는 위의 용어와 문체적 특이성과 함께 내용적-신학적 특이성이 분명히 나타날 때에만 비로소 어느 정도 확실한 대답을 얻을 수 있을 것이다.[15] 몇 개의 중요한 신학적인 주제들로 나누어 간략히 살펴보자.

a) 기독론

바울의 신학적인 핵심은 기독론이다. 예수 그리스도의 십자가 죽음과 부활이 바울 신학의 핵심이고, 이 핵심적인 주제는 바울의 모든 서신들에서 찾을 수 있다. 그러나 골로새서는 그리스도의 구원 사역의 의미를 온 우주적 차원에서 설명한다는 점에서 바울과는 차이를 보인다. 골로새서에서 그리스도는 모든 피조물보다 앞서 있는 맏아들이다. 그 안에서 만물이 창조되었다. 그를 통하여 만물이 존재한다(1:15-17). 창조의 주인으로서 그리고 창조의 중재자로서 그리스도는 모든 창조된 것들, 보이는

---

15) 이하에 대해서는 U. Schnelle, *Einleitung*, 300-304; R. E. 브라운, 「신약개론」, 862-864; 차이점들을 각 서신의 상황으로 돌리면서 연결해 보려는 P. T. 오브라이언, 59-65도 참조.

것이나 보이지 않은 것을 망라하여 모든 피조물을 다스리는 주권자다. 그러므로 그리스도는 모든 우주적인 세력들의 머리다(2:10). 그는 모든 우주적인 세력들을 이기고 승리하셨기 때문이다(2:15). 모든 세력은 오직 그리스도로부터만 존재의 의미를 부여받는다. 교회는 그리스도의 이러한 우주적인 지배에 이미 지금 참여하고 있다. 그리스도는 자신의 죽음을 통해서 믿는 사람들을 하나님과 화해시켰으며(1:22), 그들을 고발하는 죄 문서를 지워 버렸다(2:14). 이방인들에게도 그리스도는 우주의 주인으로 선포될 수 있다(1:27). 3:11b는 서신의 이러한 우주적인 기독론을 가장 분명하게 표현한다.

"오직 그리스도만이 모든 것이며, 모든 것 안에 계신다."

서신의 우주적 기독론은 지배 영역이나 공간에 대한 생각에서 그 독특성이 드러난다. 물론 이는 바울이 인용하고 있는 전승 구절들에서도 찾을 수 있다(고전 8:6; 빌 2:9-11; 3:21). 이 구절들의 핵심 주제는 그리스도의 우주적인 지배 혹은 주권이다. 그러나 골로새서의 저자가 이러한 전승적인 진술을 넘어서고 있는 것은, 그가 우주적인 차원을 기독론의 근본과 핵심으로 삼고 있다는 점이다. 반면에 바울에게 있어 이러한 우주적인 기독론은 전승에서 인용해 온 것으로, 바울 자신의 기독론의 핵심을 형성하는 것은 아니다. 바울의 기독론의 핵심은 십자가와 부활이라는 역사적인 차원에 있다. 골로새서의 저자는 자신의 우주적인 기독론을 전개하기 위해 바울의 핵심적인 기독론인 십자가와 부활에 관해서는 별로 깊이 있게 다루지 않는다. 골로새서의 기독론의 출발은 십자가와 부활이 아니라, 1:15-20의 그리스도 송가에 나타난 우주적 주권자 기독론이다. 이 송가에 나타난 기독론이 서신 전체를 통해서 전개되는 기독론의 출발점이자 핵심이다. 이런 점에서 골로새서의 기독론과 바울의 기독론 사이에는 분명한 차이가 있다.[16)]

b) 종말론

종말론의 구도는 기독론으로부터 형성된다. 바울이 십자가와 부활이라는 역사적인 차원의 기독론을 핵심으로 하기 때문에, 그의 종말론 역시 "이미-아직 아님"의 변증 속에서 전개된다. 골로새서의 종말론적인 구도 역시 기독론으로부터 나온 것이다. 그러므로 우주적인 기독론으로부터 우주론적인 종말론의 방향이 결정되고 전개된다. 믿음의 사람들은 세례를 통해 그리스도와 함께 죽었고 그와 함께 부활했다(2:12.13; 3:1)는 점에서, 로마서 6장에 나오는 바울의 세례 신학과 유사성을 보여 준다. 그리스도와 함께 죽었다가 다시 살아난 그리스도인들을 지배할 수 있는 다른 세력들은 없다. 오직 그리스도만이 유일한 지배자일 뿐이다. 다른 세력들은 "아래"의 영역에 속하며, 반면에 그리스도인들은 그리스도가 계시는 "위"를 바라보아야 한다(3:1-2). 세례를 받은 사람들이 예수 그리스도의 죽음과 부활에 완전히 참여한다는 것은 2:12.13; 3:1의 συν(함께)-표현에 드러나 있다. 그러나 로마서 6:3-4와는 다르게, 여기서는 종말의 사건들을 말하기 위하여 과거형 동사를 사용함으로써, 그리스도인들이 이미 그리스도와 함께 일으킴을 받았다고 확정해 버린다. 그에 반해서 바울에게서는 최종적인 구원이 미래적-종말론적으로 유보되어 있다. 바울에 의하면, 그리스도인들이 영 안에서 받은 새로운 존재는(고후 1:22; 5:5; 롬 8:23) 이 세상에 드러나 보이는 것이 아니라, 그리스도의 재림 때에야 비로소 드러나게 될 미래적인 것이다(롬 6:3-4; 고전 13:12; 고후 4:7; 5:7; 고전 15:46). 그러므로 바울의 종말론의 특징은 "이

---

16) A. de Oliveira, "Christozentrik im Kolosserbrief", 72-103 참조.

미 지금"과 "아직 아님"의 변증이다. 바울은 어디에서도 이미 실현된 부활에 관해 말하지 않는다. 그러므로 "이미" 실현된 종말을 말하는 골로새서와 "아직 아님"을 말하는 사도 바울의 종말론 사이에는 중대한 차이가 있다. 물론 골로새서도 이러한 실현된 종말론이 열광주의적으로 현실을 무시하려는 경향으로 나가지 않도록 예방 조치들을 취하고 있지만,[17] 바울처럼 구원의 종말을 분명하게 미래적으로 유보하지 않고 있는 것도 사실이다. 또 다른 특이성은 ἐλπίς(희망) 개념에서 드러난다. 골로새서 1:5.23.27에서 희망은 객관적으로 초월적 세상에 이미 존재해 있는 구원의 선물이다. 골로새서 저자는 희망이라는 개념을 가지고 바울처럼 시간적인 미래를 보는 것이 아니라(롬 8:24 참조), 믿는 사람들을 위하여 이미 하늘에 놓여 있는 구원의 선물을 보고 있다. 바울의 시간적인 차원의 "아직 아님"의 종말론이 골로새서에서는 공간적인 차원의 "이미"의 종말론으로 변화되었다.

c) 교회론

교회론 또한 기독론으로부터 전개된다. 골로새서와 바울 모두 그리스도의 몸을 교회론적인 차원에서 말한다. 그러나 엄격히 말해서 바울이 말하는 "그리스도의 몸"은 교회론이라고 말할 수 없다. 바울은 "그리스도의 몸"을 윤리 교훈 맥락에서, 사회적-유기적 관계의 의미에서 사용하는 일종의 교회 윤리적인 차원에서 말한다(고전 12장; 롬 12장). "그리스도의 몸"은 골로새서에서 비로소 나타나는 교회론적-신학적인 개념이다. 골로새서는 "몸"을 우주론적인 의미에서 사용한다. 교회는 예수 그리스도에 의해서 지배되는 우주적인 구원의 영역이다(1:18.24; 2:17.19; 3:15). 바울

---

17) 2:12는 "믿음을 통해서"로써, 3:3은 "감추어져 있다"는 말로써 그리고 3:4에서 그리스도의 재림을 영광이 드러나게 될 날로 말함으로써 그러한 예방 조치를 취한다. 아래 289쪽의 주제 해설 5를 더 참조.

은 그리스도 자신을 교회의 몸으로 표현하는데 반하여(고전 12:12-13; 롬 12:4-5), 골로새서 1:18에서 그리스도는 몸의 머리(고전 12:21과 달리)다. 그러므로 골로새서의 저자는 바울이 구체적인 교회의 상황에서 유기적-윤리적인 차원에서 사용했던 몸-표상을 버리고, 그 대신 그리스도를 머리로 하는 우주적인 몸-교회론을 전개한다. 골로새서는 바울의 몸-지체 구도를 발전시켰다기보다는 헬라주의 유대교를 통해서 전달된 사상, 곧 만물을 다스리는 신성에 관한 사상을 받아들여서 머리-기독론과 몸-교회론을 전개한다. 그리스도는 만물을 창조했고, 화해시켰고, 몸의 머리로서 현재적인 통치권을 발휘하여 다스린다. 그의 몸인 교회는 그리스도의 그러한 통치 행위에 이미 지금 참여한다. 골로새서에서 그리스도는 우주의 주권자이고, 교회는 그의 우주적인 통치권이 실현된 몸이다. 이러한 몸-교회론은 에베소서에서 더욱 발전된 형태로 전개된다.[18]

d) 사도의 역할[19]

골로새서에서 바울은 예수 그리스도의 복음을 선포했고, 그의 메시지의 핵심적인 내용은 그리스도 혹은 하나님의 비밀이다(1:26.27; 2:2; 4:3). 그런데 골로새서에서 사도 바울은 단순히 복음의 선포자가 아니고, 그의 인격과 그가 받은 고난까지 이 비밀의 내용에 속한다(골 1:24-29). 그리스도의 몸인 교회를 섬기는 종으로서 바울은 하나님의 뜻의 비밀을 교회에게 알려 주며, 그의 인격은 복음의 내용과 분리될 수 없다. 그는 몸으로는 교회와 함께 있지 않지만, 영으로는 교회와 함께 한다(2:5). 사도가 선포했던 것처럼 그렇게 교회는 그리스도를 선포해야 한다(2:6). 바울의 선포에 따르지 않는 그 외의 다른 모든 선포는 사도

---

18) 골로새서의 교회 이해에 대해서는 아래 145쪽의 주제 해설 2를 참조; 에베소서의 교회 이해에 대해서는 조경철, 「설교자를 위한 에베소서 주석」, 81-113 참조.
19) 골로새서의 바울 이해에 대해서는 아래 1:24의 주석과 198쪽의 주제 해설 3을 더 참조.

적인 전승으로써 복음이 아니라 인간의 가르침에 불과한 것이다. 그러므로 복음은 그 내용인 예수 그리스도로부터만 정의되는 것이 아니라 사도의 선포를 통해서도 규정되어야 한다. 다시 말해서 진정한 복음은 다른 사람이 아닌 오직 바울에 의해서 선포된 그리스도의 복음뿐이다. 다른 복음은 없다. 다른 복음의 선포자도 없다. 바울이 선포하고 가르쳐 준 복음만이 진정한 복음이고, 다른 사람이 전하는 것은 복음이 아니라 인간의 가르침일 뿐이다. 그러므로 하나님의 비밀의 한 부분으로 편입된 사도 바울의 인격과 복음은 뗄 수 없이 결합되었다. 그러므로 골로새서에서 바울은 단순히 선포자가 아니라 선포의 내용에 속한다. 바울 자신이 스스로를 그렇게 복음의 내용으로 여기거나 선포할 수는 없었을 것이다. 갈라디아서에서 바울은 "나의 복음"과 "다른 복음" – 그러나 실제로는 전혀 복음이 아닌 – 을 구분한다(갈 1:6-10.11). 고린도후서는 복음을 위한 사도의 고난을 주제로 전개한다. 그러나 골로새서는 사도의 인격과 고난을 복음의 내용에 포함시킨다. 몸–교회론과 마찬가지로 이러한 사도 바울의 위치와 역할에 대해서도 에베소서는 골로새서보다 한 걸음 더 진전된 내용을 말한다.

e) 믿음 개념

바울은 πιστις(믿음)을 하나님과의 새로운 관계로 이해한다. 그러므로 바울에게 있어서 믿음은 끊임없이 하나님과의 관계 안에서 자신을 새롭게 이해하고 행동하는 역동적인 개념이다. 반면에 골로새서는 바울로부터 출발해 에바브라 등을 통해 전해진 특정한 내용을 받아들여서 그 안에 굳게 서는 것을 믿음으로 이해함으로써, 믿음 개념의 역동성이 현저하게 떨어져 있다. 이러한 이유로 바울에게서는 동사(πιστευειν)가 매우 자주 사용되지만, 골로새서에서는 동사가 한 차례도 사용되지 않고 단지 명사(πιστις)가 사용되고 있다. 따라서 1:23; 2:5.7에서 믿음은 "굳게 서 다"는 개념과 결합되었다. 머문다, 확실히 한다, 뿌리를 내리다 등 골로 새서가 사용하는 표현들은, πιστις가 역동적인 하나님 관계에서 이해되 기보다는 주어진 전승을 굳게 붙잡고, 그 전승 안에 확실하게 서 있음을 의미한다. 이는 골로새서가 기록될 시기는 이미 특정한 유형의 믿음 고 백이 상당히 확정되어 가는 단계였다고 할 수 있다. 바울의 주요 서신들 에서 믿음은 하나님과의 역동적인 관계로 이해되는데 반해, 골로새서에 서는 물려받은 전승에 굳게 서는 것이다.

f) 성령론

골로새서에서 성령론이 후퇴했다는 점은 특이하다.[20) πνευμα(영)라는 단어는 1:8; 2:5 등 두 곳에서만 나타난다. 게다가 2:5의 영은 인간의 영을 의미한다. 신학적인 차원의 영은 오로지 1:8에 사용될 뿐이다. 주 요 서신들에서 바울은 성령론을 신론과 기독론의 중요하고 역동적인 요 소로 말하는데 반해, 골로새서는 성령론을 주변적인 주제로 스치듯 언급 할 뿐이다. 왜 그럴까? 골로새서의 기독론과 종말론 안에는 공간적이고 정적인 차원이 지배적이기 때문에 역동적인 성령론이 설 자리가 없었기 때문으로 보인다. 사도 바울이란 인물과 그와 결부된 복음 전승, 그리고 믿음이 굳어진 내용을 받아들이는 것이라는 생각 등이 역동적인 성령에 대해서 말할 수 없게 했을 수도 있다(그에 반해서 살전 5:19; 고전 14:1 참 조). 역동적인 성령 체험을 강조할 경우, 전승에 확고하게 서는 일이 위 협받을 수 있다고 골로새서는 생각하고 있다. 혹은 골로새에 나타난 이 단자들이 성령을 말하면서 교인들을 유혹했기 때문에, 저자는 의도적으 로 성령에 대한 언급을 회피했을까?

---

20) 아래의 1:8의 주석을 더 참조.

지금까지 여섯 가지의 신학적인 주제들이 바울의 주요 서신과 골로새서 사이에서 어떠한 차이를 보이는지를 간략하게 살펴보았다. 문체와 언어적 차이들과 이런 신학적인 내용의 차이를 함께 고려하면, 로마서나 고린도전서 등을 저술한 바울이 골로새서도 저술했을까 하는 의구심이 드는 것도 사실이다.

그렇다면 골로새서의 저자는 구체적으로 누구일까? 바울의 비서 혹은 동역자 중의 한 사람이 썼다는 주장도 있다. 예를 들어 디모데가 서신의 저자라는 주장도 있고,[21] 에바브라가 저자라는 주장도 있다.[22] 그러나 그 어떤 주장도 확실한 것은 아니다. 바울의 저작설을 주장해도 많은 의문이 남고, 바울 이후의 저자에 의해 기록된 것으로 인정해도 여전히 해결될 수 없는 문제들이 남는다. 저자의 문제는 상대적인 해결책에 불과하다. 바울의 저작을 인정할 때 서신을 가장 잘 이해할 수 있느냐? 아니면 바울 이후의 저작을 인정할 때 가장 잘 이해할 수 있느냐? 필자는 골로새서를 바울 이후의 역사적, 신앙적인 상황에서 서신을 가장 잘 이해할 수 있다고 보고 있다. 그러나 이 저자 역시 "바울"이라는 이름을 사용하고 있을 뿐만 아니라, 바울의 사도적인 권위의 근거 위에서만 진정한 복음을 알 수 있고 선포할 수 있다고 믿는 사람이기 때문에, 우리는 그를 인용부호 안에 넣어서 "바울"이라고 부른다. 물론 그는 역사적인 바울은 아닐 수는 있어도 바울의 복음과 신학 안에 확고하게 서서, 바울의 신학적인 정신으로 새로운 상황에서 바울의 신학을 응용하고 발전시키며, 서신을 기록하고, 성도들을 위하여 투쟁하는 신학적인 "바울"이다.

---

21) E. Schweizer, J. D. G. Dunn, U. Luz 등의 주석서 외에도 A. R. Bevere, *Sharing in the Inheritance*, 54-59도 참조.
22) J. Lähnemann, *Der Kolosserbrief*.

4 기록 시기와 장소

서신 자체에서는 저작 장소와 시기에 대한 언급을 찾을 수 없다. 서신에 의하면, 바울은 감옥에 갇혀 있다. 만일 바울 저작설을 주장하는 사람은, 바울이 구체적으로 어느 감옥에 갇혀 있는지 설명해야 한다. 바울이 감옥에서 기록한 다른 서신들 곧 빌립보와 빌레몬서 등과의 관계도 밝혀내야 하지만 쉽지 않다. 반면에 AD 61년에 지진으로 골로새와 교회가 파괴되었다면, 이 서신이 61년 이후에 기록된 것으로 볼 때, 그때는 이미 존재하지도 않은 교회에 보내진 서신으로 기록되었다는 말인데, 이것도 역시 명쾌하게 설명하기 어려운 부분이다. 만일 정말로 골로새 교회로 보내진 서신이라면, 지진으로 파괴되기 이전에 기록되었다고 가정해야 더 설득력 있지 않는가? 앞에서도 언급했듯이, 골로새서는 골로새 교회만이 아니라 여러 교회에 보내진 일종의 회람 서신으로 볼 수도 있다. 어쨌든 이 모든 역사적인 문제들은 정확하게 밝혀질 수 없다.

어떤 이들은 바울의 생전에 바울의 부탁으로 디모데가 이 서신을 기록했다고 가정하기도 한다.[23] 그러나 바울이 빌립보서나 빌레몬서 등은 감옥에서 기록했으면서도, 왜 골로새서만은 자신이 직접 기록하지 않고 디모데에게 시켰을까? Bevere에 의하면, 바울이 감옥에서 골로새 교회가 유대교로부터 유대교 구원사의 상속자로 부정당하고 있다는 소식을

---

23) 예를 들어서 A. R. Bevere, *Sharing in the Inheritance*, 54-59.

들고, 그리스도인이야말로 하나님의 구원의 약속에 동참하는 사람이라는 확신을 심어 주고, 그 확신에 합당한 삶을 살아가도록 격려하기 위해 디모데에게 서신 기록을 부탁했다고 한다. 그러나 갈라디아서와는 달리 교회 내부적인 문제도 아닌 바깥에서 제기된 문제 때문에 유대교에 대하여 그토록 민감하게 반응할 이유가 있었을까? 더구나 골로새서가 율법이나 구약성서 등에 대해서는 언급조차 안 하는 현상은 그런 주장과 어떻게 조화될 수 있을까? 골로새서는 유대교와의 직접적인 논쟁은 거의 보여 주지 않는다. 또한 앞에서 말한 문체적 차이는 디모데의 대필을 가정하면 이해할 수 있지만, 신학적인 차이는 기록 시기를 바울의 생전으로 가정하기에는 어려움이 많다.

골로새서가 말하는 사도의 감옥생활에 관한 언급은, 서신을 바울의 저작으로 보이게 하려는 의도적인 표현으로 볼 수 있다. 서신에는 골로새(1:2), 라오디게아(2:1; 4:13,15,16), 히에라폴리스(4:13) 등 세 도시가 언급된다. 그러므로 이 세 도시 주변의 어느 곳이나 혹은 에베소에 바울의 제자들이 모여서 바울의 신학적인 유산을 유지 발전시키는 바울 신학교 곧 바울 학파의 거점이 있었을 것이라는 추측이 생기고, 바로 이들 영역 안에서 골로새서가 기록된 것이 아닐까 하는 짐작을 하게 된다. 어쨌든 서신은 소아시아의 서남쪽 어느 지역에서 기록된 것이 분명하다. 저자는 바울의 동역자들에 관한 풍부한 정보를 가지고 있었다. 에바브라가 교회를 세웠다는 언급도(1:7; 4:12) 역사적으로 신빙성이 있다. 언급된 교회들이 그것을 알고 있었을 것이기 때문이다. 서신이 비판하며 싸우고 있는 거짓 교리도 갈라디아에 나타난 거짓 교리와 가깝다. 서신의 저자는 스승인 바울 사도가 갈라디아서에서 그의 복음을 왜곡하는 사람들과 맞서 싸웠던 투쟁을 바울의 이름, 바울의 신학으로 골로새서에서 계속하고 있다. 제2바울 서신들 중에서 골로새서가 사도 바울에 역사적으로나 신학적으로 가장 가까이 서 있다. 서신은 아마도 바울의 순교적인 죽음이 있고 얼마 지나지 않았던 AD 70년경에 소아시아에서 저술되었을 것이다.[24]

---

24) 저자 문제와 함께 저작 시기나 장소의 문제도 분명히 말할 수 없다. 70년경에 소아시아에서 기록되었을 것이라는 우리의 주장도 가정이고, 오브라이언, 65-71이 주장한 것처럼, 60-61년에 로마 감금 생활 때에 혹은 54-57년에 에베소 감옥에서 바울이 기록했을 것이라는 것도 가정일 뿐이다.

5.
골로새서와
에베소서의 관계

공관복음에 속한 세 복음서처럼 두 서신은 매우 많은 유사점과 차이점을 동시에 보여 준다. 골로새서에서 찾을 수 없는 에베소서의 부분으로는 1장의 2-3.5.8-9.11-12.14절; 2장의 4.7-11.17-20.22절; 3장의 4.6.8-12.14-15절; 4장의 4-5.7.9-12.14.17.21.26-28.30절; 5장의 1-2.7.9.15.18.21.23-24.26.28-29.31-33절; 6장의 2-3.10-17.23-24절 등뿐이다. 반대로 에베소서에서 찾을 수 없는 골로새서의 부분으로는 1장의 6-8.15.17절; 2장의 1-2.5.9.11.15-18.20-23절; 3장의 2-4.7.11절; 4장의 9-18절 등뿐이다. 이들 부분을 제외하고 나머지 부분들은 두 서신에 공통적으로 등장한다. 그러나 문자적으로 비교적 정확하게 일치되는 부분은 소위 "가정 규범"이라 불리는 부분(골 3:18-4:1; 엡 5:21-6:9)을 제외하면 별로 없다. 그것은 두 서신이 매우 밀접한 환경에서 나온 것은 분명하지만, 서로 문자적으로 의존해 있는 것은 아니라는 점을 말해 준다. 두 서신은 "하나의 정신적인 공장에서 두 기술자에 의해서" 생산되었든가 아니면 "한 저자의 두 공장에서" 생산된 것이라고 할 수 있다.[25] 어쨌든 두 서신의 기원은 서로 밀접한 관계 속에 서 있는 것이 분명하다.

과거에는 더 짧은 골로새서를 더 긴 에베소서의 축약으로 보는 견해

---

25) P. Pokorny, 7.

가 많았다. 마이어호프와 함께 라오디게아 교회로 보내진 서신(골 4:16)을 지금의 에베소서와 동일한 서신으로 보는 P. Ewald는 골로새서 1:20이 에베소서 2:14-17에 의해서만 이해될 수 있다는 주장을 펴면서 골로새서가 에베소서에 의존한, 그러므로 나중에 기록된 것이라고 한다.[26]

그러나 근래에 들어서는 골로새서가 에베소서보다 먼저 기록되었다는 주장이 일반적인 의견이다. 에베소서가 골로새서보다 나중에 기록되었다는 주장의 근거는, 에베소서가 골로새서보다도 언어나 내용에 있어서 바울로부터 훨씬 더 멀리 떨어져 있다는 것이다. 언어적인 측면이나 문체 그리고 신학적 내용이 바울 → 골로새서 → 에베소서로 이어지는 발전적 변화를 보여 준다. 예를 들어보자. 골로새서는 거짓 교사들과의 치열한 싸움에서 우주의 머리가 되는 그리스도의 우주적인 주권을 강조한다면, 에베소서는 그러한 이단 논쟁이 아니라 교회 분열이라는 문제 앞에서 우주적인 주권자이신 그리스도의 몸으로서 결코 분열될 수 없는 교회상을 주제로 삼고 있다. 골로새서의 기독론으로부터 에베소서의 교회론으로의 발전이 자연스러운 흐름이지, 그 반대의 순서를 더 자연스럽다고 할 수는 없다. 에베소서와의 관계가 골로새서의 바울 저작설을 부정하는 또 다른 근거가 된다. 심각한 유사성과 차이성을 동시에 보여 주는 두 서신을 한 사람이 기록했다고는 볼 수 없기 때문이다. 적어도 두 서신중의 하나는 바울 서신이 아닐 수밖에 없다. 아니면 두 서신 모두 바울의 서신이 아닌데, 한 서신(에베소서)의 저자가 다른 서신(골로새서)을 바울의 서신으로 믿고 그의 서신을 기록하는 데 참조했다고도 할 수 있다. 아니면 두 사람의 저자가 동일한 "신학 공장"(바울 학파)에서 각기 독자적으로, 그러나 각기 다른 교회적인 상황에서 바울 신학을 적용하기 위하여 기록했다고 할 수 있다.

---

26) P. Ewald, 20ff.

서신의 구조와
내용

서신의 머리말

  1) 1:1-2   발신자, 수신자, 기원

  2) 1:3-14   감사와 기도

제1부(1:15-2:23) 구원의 토대: 우주적 주권자 – 예수 그리스도

  3) 1:15-23   그리스도 찬송가와 그 적용

  3.1) 1:15-20   그리스도 찬송가

  3.2) 1:21-23   찬송가를 교회에 적용

  4) 1:24-2:5   사도의 권위와 직무 : 사도의 선포와 구원의 관계

  5) 2:6-23   거짓 교사들과 논쟁

제2부(3:1-4:6) 윤리적인 교훈: "위에 있는 것을 추구하라"

  6) 3:1-4   그러므로 위를 보라

  7) 3:5-17   덕 목록과 악덕 목록

  8) 3:18-4:1   가정 규범

  9) 4:2-6   일반적인 교훈들

서신의 마무리

　　10) 4:7-18　　　　두기고와 오네시모를 통한 사도의 소식, 인사와
　　　　　　　　　　　마무리

　　큰 구조에 있어서 골로새서는 바울의 주요 서신들, 특히 로마서와 갈
라디아서를 따르고 있으며, 쌍둥이 서신이라고 할 수 있는 에베소서와도
동일하다. 서신의 전반부(제1부)는 주로 교리적-신학적인 주제를 설명하
며, 그에 근거해서 후반부(제2부)는 윤리적인 교훈을 한다(3:1의 "그러므로"
참조). 형식적인 차원에서만 보면 발신자, 수신자 그리고 기원에 이어지
는 감사의 말은 2:5에까지 계속되는 것처럼 보인다.27) 그러나 1:15부터
서신의 핵심적인 신학이 나오고 있기 때문에 우리는 1:15부터 서신의 몸
통이 시작되는 것으로 본다. 2:6부터는 골로새 교회에 나타난 이단자들
에 대한 날카로운 반박이 2장 마지막까지 이어지고, 3-4장은 성도들의
구체적인 삶에 관한 교훈으로 구성돼 있다.

　　더욱 구체적인 구조와 내용을 살펴보자.28) 1:1-2의 발신자, 수신자,
기원에 이어서 1:3-8은 감사의 말에 해당되고, 이어 긴 하나의 문장으
로 된 1:9-20은 골로새 교회 성도들을 위한 사도의 기도다. 형식상 이
기도의 한 중간에 위치해 있는 1:15-20은 저자가 인용하고 있는 초대
교회의 찬송가 가사다. 예수 그리스도의 우주적인 주권을 노래하는 찬송
가 가사를 인용한 후, 저자는 1:21-23에서 찬송가 내용을 그의 독자들
인 골로새 교인들에게 적용해 해설한다. 이어서 1:24-2:5에서 저자는

---

27) 근래에 들어서 골로새서를 고대 수사학적인 구조로 분석하려는 시도들이 있다. P.
　　Pokorny; M. Wolter 등의 주석서들이 대표적이다. A. de Oliveira, "Christozentrik
　　im Kolosserbrief", 72-79도 참조. 그러나 전체적인 구조 분석에서는 큰 차이를 보
　　여 주지 않는다. 서신의 서론을 2:5까지로 볼 것이냐, 그리고 2:6-8 및 3:1-4를 어
　　떻게 앞뒤 문맥과 연결할 것이냐 등의 물음에서 약간의 차이를 보여 준다.
28) 조경철, 「신약성서가 한 눈에 보인다」, 266-273 참조.

골로새 교회를 위한 바울 사도의 희생과 활동을 설명함으로써 골로새 성도들의 구원과 바울 사도의 희생적인 선포 활동의 관계를 강조한다. 이어지는 2:6-23은 골로새서의 신학적인 설명을 결정하는 거짓 교사들과의 논쟁이다.

3:1-4는 신학적인 설명 부분인 제1부와 윤리적인 교훈 부분인 제2부를 연결하는 중간다리 역할을 한다. 다시 말해 여기에서는 제1부의 신학적인 핵심 사상이 요약되면서 동시에 이것이 윤리적으로 해석되고 적용되는 교훈들로 구체화되어 윤리적 교훈 부분으로 나아간다. 교훈은 먼저 목록 형식으로 악행과 선행을 나열한다(3:5-17). 악행 목록이 두 번 나오고, 덕행 목록이 한 번 나오는데, 매번마다 다섯 개의 악행과 선행이 나열된다(5,8,12절). 이런 목록 형식의 윤리 교훈에 이어 역시 목록 형식으로 된, 그러나 이제는 기독교 가정생활에서 만나는 파트너들을 향한 교훈이 나온다(3:18-4:1). 고대 가정의 세 가지 중요한 구성원들을 각 파트너별로 언급하는데, 그 당시 사회에서 아래층에 해당하는 그룹이 먼저 교훈의 대상이 되고 상위층에 해당하는 가장에 대한 교훈이 뒤따른다(아내-남편, 자녀-부모, 종-주인). 그러므로 가장과 다른 가정의 구성원들의 관계를 가르치는 교훈이다. 이어서 기도와 세상 사람을 향한 바른 자세를 가르치고(4:2-6), 바울의 서신들, 특히 빌레몬서와 유사한 마무리로 끝을 맺는다.(4:7-18)

제 *2* 부
본문 주석

I.

1:1-14
서신의 머리말

서신의 머리말을 어디까지로 볼 것이냐에 대해서는 의견이 분분하다. 어떤 이는 1:1-2를 머리말로 보기도 하고, 다른 이는 1:1-8 혹은 1:1-11 혹은 1:1-29를 머리말로 보기도 하며, 아예 2:5까지를 머리말로 보려는 이들도 있다. 그러나 우리는 1:1-14를 서신의 머리말로 본다. 물론 형식적으로만 보면 1:23까지를 한 묶음으로 보는 것이 타당해 보인다. 하지만 1:15부터 시작되는 그리스도 찬송가는 서신 전체의 신학적인 핵심을 담고 있기 때문에 1:14에서 서두가 끝나는 것으로 보는 것이 적절하다. 머리말에는 발신자, 수신자, 기원, 감사 그리고 중보기도 등 다른 바울 서신들의 서두 부분에 있는 모든 요소들이 들어 있다.

1. 1:1-2 서신의 발신자, 수신자, 기원

◆ 본문 사역

¹ 하나님의 뜻으로 인하여 그리스도 예수의 사도가 된 바울 그리고 형제 디모데는 ²ᵃ 골로새에 있는 그리스도 안에서 거룩하고 신실한 형제들에게 씁니다. ²ᵇ 우리 아버지 하나님으로부터 오는 은혜와 평화가 여러분에게 있

기를 바랍니다.

◆ 본문의 문맥, 구조 그리고 특징

신약성서 시대의 서신의 서두에는 두 가지 종류가 있었다. 그리스식 서두와 오리엔트식 서두가 그것인데, 야고보서의 서두는 그리스식 서두의 전형이다(행 15:23도 참조). 야고보서의 서두는 단 한 문장으로 되어 있는데, 발신자가 주격으로, 수신자가 여격으로 언급된 후, 기원이 부정사형(χαίρειν)으로 이어진다("… 야고보는 … 열두 지파에게 문안하노라"). 그와는 달리 고대 오리엔트-유대식 서신의 서두는 두 개의 문장으로 되어 있다. 다니엘 4:1(LXX 3:98)에 그 전형적인 형태가 나온다. 첫 번째 문장에서 발신자가 주격으로, 수신자가 여격으로 나오는 것은 동일하나, 이어지는 두 번째 문장은 복을 기원하는 형식으로 된 문안 인사가 나온다. 기원의 형식은 다양하게 변화될 수 있으나, "평화"(샬롬)는 항상 들어간다. 바울은 항상 오리엔트식 서신의 서두를 사용하기 때문에, 기원을 말할 때는 언제나 "평화"와 "은혜"를 말한다. 은혜와 평화의 근원이 아버지 하나님일 뿐만 아니라 주 예수 그리스도라는 점에서 이 두 개념의 내용은 철저히 기독교적인 것이다. 유대교에서는 평화와 은혜를 오직 하나님으로부터만 기대할 수 있지만, 그리스도인들에게는 하나님과 더불어 예수 그리스도가 평화와 은혜의 원천이기 때문이다. 그러므로 바울 서신의 형식은 오리엔트-유대식이지만, 그 내용은 철저히 기독교적이다. 물론 수신자에 관한 언급도 상황에 따라서 다양하게 변형되거나 확장되었다. 가장 간단한 서신의 서두를 보여 주는 것은 최초로 기록된 데살로니가전서 1:1이다("바울과 실루아노와 디모데는 하나님 아버지와 주 예수 그리스도 안에 있는 데살로니가인의 교회에 편지하노니 은혜와 평강이 너희에게 있을지어다"). 나중에 기록된 서신들에서는 서신의 서두가 확장되는 경향을 보여 준다(고전 1:1-3; 갈 1:1-5; 롬 1:1-7). 이처럼 서두가 확장되는 것은, 서신의 서두에서 그 서신의 핵심적인 주제나 혹은 서신을 기록하게 된 역사적인 상황을 밝히려고 하기 때문이다.

바울의 다른 서신들과 마찬가지로 골로새서 역시 발신자, 수신자 그리고 기원을 말하는 것으로 시작한다. 그러나 바울의 다른 서신들은 은혜와 평화의 근원을 "우리 아버지 하나님과 주 예수 그리스도"라고 하는데 반해, 골로새서는 "우리 아버지 하나님"만을 언급한다. 이런 특이한 점을 다른 서신들과 유사하게 만들기 위해 나중에 기록된 몇몇 사본들은 "주 예수 그리스도의"를 첨가해 넣기도 했다.[1]

◆ 본문 주석

1절: 서신의 저자

바울의 다른 서신들처럼 골로새서를 시작하는 첫 단어는 **"바울"**이다. 발신자에 관한 언급은 고린도전서의 그것과 문자적으로 거의 일치한다(고전 1:1). 단지 공동 발신자가 고린도전서에서는 소스데네이지만 골로새서에서는 디모데라는 점과 "사도" 앞에 "부르심을 받은"(κλητὸς)이 없다는 것 정도가 고린도전서와 다를 뿐이다. 서신을 기록하는 사람이 자신의 신분을 정확하게 밝히는 것은, 그 서신에 특정한 성격과 권위를 부여하기 위한 것이다. 골로새서는 다른 어떤 사람의 서신이 아니라, 예수 그리스도로부터 부르심을 받고 복음을 위임받은 "사도"의 서신이다. 그러므로 골로새서는 성도들이 사도적인 권위를 가진 서신으로 받아들여서

---

1) 몇몇 사본에서는(ℵ, .A, C, I 등) "그리고 주 예수 그리스도로부터"를 첨가했는데, 이는 빌 1:2 등과 같은 바울의 다른 서신들의 기원과 골로새서의 기원을 합치시키기 위한 의도에서 일어난 것으로 보인다.

신앙생활의 중요한 기준(canon)으로 삼아야 할 서신이다.

여기서 "바울"은 갈라디아서 1:1 등에서와 같이 그 자신을 **"그리스도 예수의 사도"**라고 소개한다. "그리스도 예수의"라는 속격 표현은 두 가지 의미로 해석이 가능하다. 첫째, 주체적 속격으로 해석하면, 그리스도 예수는 바울을 불러서 사도로 삼은 주인이다. 바울 자신이 지망해서 사도가 된 것이 아니라, 그리스도 예수가 먼저 절대적인 주도권을 가지고 바울을 선택하고 불러서 사도로 삼았다. 그러므로 사도는 오직 자신을 사도로 부르신 주인을 위하여, 그분이 위임한 사명을 실현하기 위하여 산다. 그것이 사도로서 존재의 이유와 목적이다. 그러므로 사도라는 직분과 사도로서 행해야 할 복음 선포의 사명은 결코 분리될 수 없다. 둘째, 내용적 속격으로 해석하면, 그리스도 예수는 사도가 선포할 복음의 내용이다. 바울은 그리스도 예수를 선포하는 사도다. 그 두 가지 해석 중에서 어느 하나만을 선택할 필요는 없다. 본문은 두 가지 의미를 모두 생각하고 있다. 그리스도 예수는 바울을 사도로 부르셔서 그리스도 자신을 선포하게 하셨다. 그러므로 그리스도 예수는 사도의 주인이자 동시에 사도가 선포해야 할 내용 곧 복음이다.

바울은 **"하나님의 뜻으로 말미암아"** 사도가 되었다(고전 1:1; 고후 1:1; 엡 1:1; 딤후 1:1 참조). **"하나님의 뜻"**은 바울의 사도 직분의 근원이 어디에 있는지를 말한다. 바울이 사도가 된 것은 그 자신의 자원이나 의지에 의해서가 아니라, 오로지 하나님의 뜻에 따른 것이다. 그러므로 예수 그리스도가 바울을 사도로 부른 것은 하나님의 결정이며 하나님의 뜻이다. 사도적인 직분과 권위의 근원은 바울의 출생 성분이나 학벌, 지식, 혹은 그의 인간적인 어떤 능력이나 희생에 있는 것이 아니라 오로지 하나님의 선택에 있다. 사도 자신의 인간적인 결단에 의해서 사도가 된 것이 아니라, 복음을 전하게 하려고 하나님이 예수 그리스도를 통해서 그를 사도로 부르셨다(골 1:24-29). 이러한 사도직의 근원에 대한 바울의 확신은 특히 그로 하여금 그의 사도 직분을 의심하거나 부정하는 사람들에 맞서서 강력하게 주장하게 했다(갈 1:1 참조). 바울은 하나님의 일방적인 뜻에 의해서 예수 그리스도의 사도로 부름을 받았다. 그러면 바울은 구체적으로 언제 그리고 어디에서 사도로 부르심을 받은 것일까? 바울은 다메섹 도상에서 부활하신 예수 그리스도로부터 부르심의 체험을 하였다. 이 부르심의 사건은 바울에게 사도로서의 자기 이해와 신학의 근원이다.2) 부활 예수를 추종하던 사람들을 박해하기 위하여 가던 도중에 부활 예수를 만나고 그로부터 사도로 부르심을 받은 것이다. 바울은 그 자신이 운명적으로 사도가 되도록 정해졌다는 사실을 구약성서의 예언자들의 표현을 사용해 설명한다. 바울은 이사야 49:1과 예레미야 1:5를 인용하여 "하나님이 나를 모태에서 택정하셨다"(갈 1:15)고 고백한다. 이 말씀은 교회 역사에서 어떤 사람들에 의해 이중 예정론의 의미로 받아들여지기도 했지만, 그것은 정당한 해석이 아니다. 고린도전서 15장이 그 말의 진정한 의미를 밝혀 준다. "내가 나 된 것은 하나님의 은혜로 된 것이니"(고전 15:10). 다시 말해서 바울이 사도가 된 것은 그 자신의 능력이나 자원에 의한 것이 아니라 전적으로 하나님의 주도적인 부르심과 위임에 의해서 된, 그러므로 은혜의 사건이라는 말이다. 이러한 은혜의 철저성을 강조하기 위해 바울은 이사야와 예레미야의 소명기사를 인용한다.

이처럼 서신을 기록하는 사람의 정체를 그 첫머리에 분명하게 밝히는 것은, 서신의 성격을 규정하기 위한 것이다. 이 서신은 어떤 보통 사람의 서신이 아니라 하나님이 부르셔서 복음을 맡기신, 즉 누구도 부정할 수 없는 사도적인 권위를 가지고 있는 사람이 기록한 서신이다. 바울

---

2) 이에 대해서는 Chr. Dietzfelbinger, 「사도 바울의 회심 사건. 바울 신학의 기원에 관한 연구」; 김세윤, 「바울 복음의 기원」; M. A. Seifrid, *Justification by Faith*. 특히 136-181 등을 참조.

에 따르면,3) 사도는 예수 그리스도의 복음을 증언하도록 하나님으로부터 부름을 받아 권한을 위임받은 사람이다(고전 15:8-10 참조). 이에 사도적 증언으로서의 복음은 초대 교회 안에서 절대적인 권위를 갖게 되었고, 나중에 정경을 확정하는 데 사도성은 결정적인 요인으로 작용하였다. 바울은 그의 서신들 특히 고린도후서와 갈라디아서에서 자신이 그러한 사도로 부르심을 받았다는 것을 논쟁적인 맥락에서 격정적으로 주장한다. 골로새서 역시 이러한 바울의 사도적인 권위를 활용함으로써 이 서신이 사도적인 서신으로서의 권위를 가지고 있다고 밝힌다. 골로새서는 바울이 사도라는 사실을 인정할 뿐만 아니라, 한 단계 더 나아가 바울의 고난이 하나님의 비밀의 내용의 일부가 된다고 말한다.(이에 대해서는 아래 1:24의 주석을 보라)

"형제 디모데"가 서신의 공동 발신자로 언급된다. 고린도전서 4:17에서 바울은 디모데를 그의 영적인 아들이라고 부른다(딤전 1:1). 바울이 빌립보서 2:19-23에서 디모데가 자기의 형편을 가장 잘 알며 신뢰할 수 있는 사람이라고 적극 칭찬할 정도로, 디모데는 바울의 가장 중요한 동역자로 활동하였다. 사도행전 16:1-3에 의하면, 디모데는 이방인 아버지와 유대 그리스도인이었던 어머니 사이에서 태어났다. 그의 이름을 가진 두 개의 서신이 정경에 포함되어 있는데, 이 서신들에 의하면 그는 교회에서 매우 중요한 역할을 한 인물이다. 물론 디모데전서와 후서가 바울 이후의 서신이지만, 그에게 보내진 두 개의 서신이 있다는 사실은 초대 교회 안에서 디모데가 가지고 있었던 중요성을 충분히 증명해 준다. 디모데전서 1:3과 4:11-12에 의하면, 디모데는 에베소 교회의

---

3) 바울의 사도 이해와 사도행전의 사도 이해가 각기 다르다는 사실은 이미 널리 알려져 있다. 사도행전에서 사도는 지상 예수를 수행하던 사람들 중에서 선택되어야 한다(행 1:21-22 참조). 그런 의미에서 부활 예수로부터 부르심을 받은 바울은 사도가 될 자격이 없다고 볼 수 있다. 이에 초대 교회에서 바울의 사도권을 둘러싼 치열한 논란이 있었다는 사실을 고린도후서와 갈라디아서가 명백하게 보여 준다.

목회를 담당하고 있었다.

디모데가 공동 발신자로 언급됐다는 사실에서 디모데가 골로새서의 실제 저자이거나 적어도 골로새서의 문체와 신학에 상당한 영향을 미쳤을 것이라고 추측하는 학자들도 더러 있다.4) 디모데가 작성한 서신을 바울이 서명해서 그 자신의 이름으로 보냈다는 주장도 있다(4:18).5) 여기 외에도 고린도후서, 빌립보서, 빌레몬서에서도 디모데는 공동 발신자로 나타나며, 데살로니가전서와 후서에서는 실라와 함께 공동 발신자로 나타난다. 바울의 서신들이 이처럼 바울 개인이 아니라 공동 발신자(들)에 의해서 기록된 것으로 나타나는 것은, 그들이 실제로 바울과 공동으로 서신을 기록했다는 뜻이 아니다. 이는 신명기 17:6; 19:15 그리고 마태복음 18:16 등에서 찾을 수 있는 증언의 권위 문제와 관련되어 있다. 두세 사람의 증언이 일치해야 증언으로 인정받을 수 있는 유대 법적 전통이 여기에 작용한 것으로 볼 수 있다. 그러므로 바울은 공동 발신자를 언급함으로써 그의 서신에 더 많은 공감대를 형성하려고 했던 것 같다. 골로새서는 그런 의도를 충분히 활용하고 있다. 또 바울은 그의 목회와 선교 활동에 있어서 수많은 사람들과 더불어 동역하였다. 목회와 선교는 어느 한 사람이 홀로 할 수 있는 일이 아니다. 우리는 더불어 하는 목회와 선교의 모범적인 리더십을 바울에게서 배워야 한다.6) 그러나 디모데는 바울과 동일한 권위를 가진 사도로 불리지는 않고, 단지 **"형제"**라고 불린다. 여기에는 분명히 사도와 디모데의 매우 밀접한 관계를 말하면서도 동시에 이 두 사람을 구분하려는 의도가 드러난다.

---

4) E. Schweizer, 26-27; J. Lähnemann, *Kolosserbrief*, 181-182; J. Gnilka, 22,28 등을 참조.
5) Ollrog, *Mitarbeiter*, 226.
6) 이에 대해서는 Ollrog, 위의 책 외에도 조경철, "사도 바울의 리더십", 89-118 참조.

2a절: 서신의 수신자

수신자를 교회(εκκλησια)로 언급하는 다른 서신들(고전, 고후, 갈, 살전, 살후, 몬)과는 달리 여기서는 **"골로새에 있는 성도들과 그리스도 안에 있는 신실한 형제들"**이라고 한다. "성도들"과 "신실한 형제들"은 별개의 사람들이 아니라, 골로새 교회의 성도들을 일컫는 두 가지 표현이다. 수신자들을 **"신실한 형제"**라고 부른 것은 바울의 이름으로 기록된 서신들 중에서는 오직 여기뿐이다. 공동 발신자로 나타난 디모데에게 적용되었던 "형제"라는 칭호가 수신자들에게도 붙여진 것이다. 그럼으로써 발신자와 수신자 사이에 더욱 친근하고 가까운 인상을 불러일으킨다.[7] **"성도들"**은 윤리적으로 완벽하거나 특별히 경건한 사람들을 말하기보다는 하나님으로부터 부름을 받아서 세속적인 영역으로부터 구분된 사람들을 말한다. 이 말은 구약성서에서는 하나님의 백성을 일컫는 말이었다. "성도"는 그리스도인들이 자신을 지칭한 가장 오래된 명칭이다. 처음 그리스도인들은, 하나님이 그들을 선택하고 구별해서 그의 백성으로 삼았다는 의식을 가지고 있었다. 하나님이 거룩하신 분이고, 하나님께 속한 사람이나 물건, 시간이나 장소가 거룩하다. 그러므로 "성도"는 하나님이 선택해서 자기 백성으로 구별한 사람들이라는 말이다. 이들에게 복음의 비밀이 위탁되었다.(1:26)

두 개의 전치사 표현을 통해서 성도들이 머물러 살고 있는 두 영역을 말한다. **"골로새에 있는"**은 수신자들이 살고 있는 세상의 영역을 말하고, **"그리스도 안"**은 그리스도인들이 살고 있는 영적인 영역을 말한다. 그리스도인들은 "성도"로서 이 두 삶의 영역에서 동시에 산다. 하나는

---

7) "형제"가 사도에 이어지는 직분을 일컬으며, 그러므로 수신자들을 바울의 "형제들"이라고 말한 것은, 수신자들을 디모데와 같은 바울의 동역자들로 보는 것이라는 주장도 있으나 (E. E. Ellis, NTS 20, 128-144), 설득력 있는 주장이라고 할 수 없다.(E. Schwizer, 33, 각주 39; P. Pokorny, 27)

세상의 영역이고, 다른 하나는 믿음의 영역이다. 전자를 보지 않고 후자만을 강조할 때 열광주의가 되고, 반대로 후자를 보지 않고 전자만을 볼 때에는 세속주의에 물들고 만다. 그리스도인들은 세속의 영역에서 불러냄을 받은 "성도" 곧 그리스도 안에서 구별된 하늘의 백성이지만, 그러나 아직은 여전히 땅 위에서 살아야 한다. 그러나 땅의 가치관에 매몰되어 살지는 않는다. 그리스도인들은 땅 위에서 살면서도 동시에 하늘을 바라보며 산다(3:1). "그리스도 안"은 바로 3:1이 말하는 그리스도가 계시는 곳, 곧 "위"를 말한다. 이러한 "위"는 전혀 다른 가치관이 적용되는 삶의 영역이다. 이곳에서의 성도들은 인간의 관습과 사회가 만들어 놓은 모든 차별을 극복한 형제와 자매들이다(3:11). 그러므로 수신자들에 대한 이러한 언급에는 이미 3:1 이하에서 본격적으로 언급하게 될 그리스도인의 깊은 자의식과 윤리적 교훈이 암시되어 있다. 성도의 삶의 영역이 "그리스도 안"이라면, 그래서 세상의 영역에서 불러냄을 받았다면, 성도의 삶의 가치관 역시 세상의 그것과는 분명히 구분되어야 한다.[8] 또한 그리스도 안에서 모두가 형제와 자매라면, 그리스도인들은 서로 어떤 자세로 교회 안에서 인간관계를 형성해야 할 것인지가 분명해진다. 골로새 성도들의 삶의 영역으로서 "그리스도 안"은 골로새서의 신학과 윤리의 근본이다. 우리는 그것을 "오직 그리스도!"라는 표어(이 책의 제목)로 종합할 수 있다.

"그리스도"(χριστος)라는 말은 "기름부음을 받은 사람"이라는 뜻을 가진 히브리어 "메시아"를 그리스어로 번역한 것이다. 이 호칭은 예수 시대의 유대교에서 마지막 때에 이스라엘을 다스리게 될 왕을 일컬었다. 그러나 유대교에서 이 칭호는 항상 "主의" 그리스도, "그의" 그리스도 혹

---

8) 이것은 공관복음서에 있는 예수의 하나님 나라 선포에서도 분명하게 찾을 수 있다. 조경철, 「예수와 하나님 나라의 윤리」 289-312 참조.

은 "이스라엘의" 그리스도 등 특정한 수식어와 함께 사용되었고, 아무런 수식어 없이 그냥 그리스도라는 호칭은 초대 교회에 와서야 비로소 사용되었다. 유대교는 마지막 날에 主의 그리스도라 불리는 왕이 나타나서 이방의 지배 세력들을 물리치고 이스라엘을 다스리게 될 것을 간절히 기다리고 있었다. 그러나 초대 교회에서 이 호칭은 예수의 죽음이 갖는 구원의 의미를 말하는 맥락에서 예수에게 붙여졌다(갈 3:13; 고전 8:11; 롬 5:6,8 등). 또 유대인들과 로마인들이 합작해서 십자가에 죽인 예수를 그리스도라고 고백함으로써 초대 교회 성도들은 유대교인들을 당혹스럽게 만들었다(행 9:22). 초대 교회는 유대교가 종말 때의 왕으로 기다렸던 그리스도가 예수라는 확신을 가지고 있었다(막 8:29-33; 15:26). 그러나 유대교가 정치 군사적인 힘을 가진 민족적인 통치자로서의 그리스도를 기다렸던 데 반하여, 초대 교회는 십자가에 달려 죽은 예수를 그리스도라고 믿었다. 이러한 기독교 신앙은 특히 유대교인들에게는 최대의 역설이었다(고전 1:23). 기독교로 전향하기 이전의 바울도 이 역설 때문에 교회를 박해하였다. 물론 이 역설이 믿음의 내용이 된 계기는 부활 예수와의 만남이다. 유대교에서 이러한 의미와 역사를 가진 호칭이었던 그리스도가 부활 이후에 점차 예수라는 이름과 결합되어 하나의 고유대명사가 되었다. 바울 서신에서는 거의 예수 그리스도 혹은 그리스도 예수라는 두 이름이 결합되어 하나의 고유명사로 사용된다. 골로새서에서는 이 결합된 이름이 단 세 번만 사용되고(1:1,3,4), 그 외에는 항상 그리스도만을 말한다. 즉 그리스도만으로도 이미 예수 그리스도를 말할 수 있게 된 상당히 발전된 기독론이 골로새서에 나타나고 있는 것이다.

2b절: 기원

바울의 다른 서신들과 비교해 볼 때, 골로새서의 기원은 비교적 짧다. 여기서는 "주 예수 그리스도"를 말하지 않고 단지 **"우리 아버지 하나님으로부터 오는 은혜와 평화"**만을 말한다. 이보다 더 짧은 기원은 데살로니가전서 1:1("은혜와 평강이 너희에게")뿐이다. 은혜와 평강의 근원을 말하기 위하여 바울이 항상 하나님 아버지와 함께 말하는 "주 예수 그리스도"가 여기서는 빠져 있는 것이 특이하다. 그러나 하나님을 **"아버지"**라고 부른다는 점에서 이미 하나님의 아들인 예수 그리스도를 전제하고 있다고 할 수 있다(1:3). 그리스도인들은 오직 예수 그리스도를 통해서만 하나님을 아버지라고 부를 수 있기 때문이다.

　　"은혜"는 하나님으로부터 오는 사랑을 말하는데, 1:5-6에서는 복음과 동의어로 사용된다. 서신을 마무리하는 4:18의 인사에도 은혜가 나온다. **"평화"**를 기원하는 것은 이미 유대인들의 인사말이었다(눅 7:50; 요 20:19,21 참조). 이 평화는 매우 넓은 의미를 가지고 있다. 전쟁이 없는 상태를 말하는 좁은 의미에서 출발하여 신체적이고 정신적인 건강, 사회적인 안정과 아름다운 인간관계 그리고 하나님과의 바른 관계까지를 포함하는 광범위한 의미를 가지고 있는 것이 히브리어 샬롬(평화)이다. 이러한 평화는 인간이 이룩할 수 있는 것이 아니고, 오로지 하나님에 의해서만 이루어질 수 있으며 하나님으로부터만 올 수 있는 것이다. 그러므로 이 평화는 군사, 정치, 경제를 통해서 일시적으로 세워진 로마의 평화(pax romana)와는 근본적으로 다른, 종말론적인 하나님의 평화다. 이하나님의 평화는 근본적으로 예수 그리스도가 십자가에서 이룩한 것이며, 그러므로 "그리스도의 평화"(pax christiana)다(1:20; 3:15; 엡 2:14 참조). 평화는 하나님이 은혜를 베풀 때 나타나는 결과다.

◆ 설교를 위한 메시지 요약

1. 설교자의 자기 이해와 복음 이해

모든 그리스도인에게 그러하지만, 특히 설교자에게 필요한 것은 무엇보다 소명 의식이다. 하나님의 복음을 설교하도록 부르심을 받았다는 소명 의식 없이는 힘 있고 바른 설교를 할 수 없다. 또 설교자는 복음의 내용인 그리스도 예수를 설교하도록 부르심을 받았다. 세상의 지식이나 자기 경험을 전하도록 부름 받은 것이 결코 아니다. 설교 내용은 오로지 예수 그리스도가 되어야 한다. 우리는 설교할 때에 우리의 지식과 경험 그리고 성서가 증언하는 예수 그리스도 사이를 잘 구분해야 한다. 바울이 고린도전서에서 말한 대로, 그리스인은 지혜를 구하고 유대인은 능력을 원하나 우리는 오직 십자가에 못 박힌 그리스도만을 전한다(고전 1:22-23). 오직 예수 그리스도만이 우리가 설교해야 할 복음이다. 이러한 소명 의식과 복음 이해는 부활 예수를 만나는 영적인 경험을 통해서만 형성되고 확증된다.

2. 동역 목회론

바울과 디모데가 서신의 공동 발신자로 언급되는 것은, 단순히 형식적인 차원을 넘어서 우리에게 현실적인 메시지를 준다. 서신을 기록한 사람이 그 서신의 신빙성을 위하여 디모데라는 공동 발신자를 언급했다면, 오늘의 설교자들도 설교와 목회의 신빙성을 위하여 동역자들이 필요하다. 특히 바울의 서신들에 수십 명이나 되는 동역자들의 이름이 등장하고 있다는 사실은, 바울의 선교와 목회가 독불장군식이 아니었다는 증거이기도 하다. 다양한 분야로 분화되어 가는 현대 사회에서 목회와 선교도 다양한 목회자들 혹은 평신도 사역자들과의 공동 작업으로 이루어져야 한다. 오로지 내 설교만이 진정한 복음이고, 내 목회만이 최고라는 식의 독단적이고 폐쇄적인 사고방식은 바울 사도의 목회관에 합당하지 않다. 서로 믿고, 나누고, 확인하는 선교와 목회가 신뢰를 주고 효과적이라는 인식을 통하여 동역 목회가 활성화되어야 한다.

3. 성도의 자기 이해와 성도들 사이의 상호 관계(교회 윤리)

성도들은 "세상"에서 살지만, 동시에 "그리스도 안에" 있다. 성도들은 이 두 가지 상이한 영역에 존재하고 있다는 자기의식을 분명히 가져야 한다. 성도들은 세상을 떠나서는 존재할 수 없지만, 동시에 그리스도 예수 안에서 거룩한 사람들과 신실한 형제들이다. 자신이 거룩한 사람이라는 것을 알 때, 그들은 속된 삶에 물들지 않는다. 하나님은 그리스도 예수 안에서 그들을 불러내서 거룩한 하나님의 백성으로 삼으셨다. 또 그들 서로는 신실한 형제들이다. 세상에서 형성된 각종 차별이 그들 사이에서 중요한 판단 기준이 되어서는 안 된다. 특히 이러한 사람들이 모인 교회 안에서는 학벌, 문벌, 지역별, 계층별, 성별, 인종별 차이를 넘어서 서로가 신실한 형제자매임을 알아야 하며, 그에 합당한 가치관을 가지고 교제를 나누어야 한다. 성도들은 "골로새" 혹은 한국이라는 구체적인 세상과 "그리스도 안"이라는 또 다른 세상에서 동시에 살아가는 사람들이다. 그러므로 성도들을 지배하는 삶의 가치관은 세상의 가치관만은 아니며, 세상의 가치관을 초월하는 "위"의 가치관, 하나님 나라의 가치관이다. 이러한 "위"의 가치관에 따라서 살 때에 성도들은 구원과 기쁨을 누리고, 그것을 다른 사람들에게 나누어 줄 수 있다.

4. 진정한 평화는 하나님이 인간에 주실 때만 가능하다. 인간이 스스로의 노력으로 이루는 평화는 거짓된 평화일 수 있다. 전쟁과 총칼, 그

리고 억압으로 이루어진 로마의 평화는 거짓 평화다. 오직 그리스도 안에서 하나님이 주시는 평화만이 진정하고 영원한 평화다. 그리스도는 십자가에 달려서 평화를 이룩하셨고, 그 평화를 성도들이 서로 나누며 지키기를 원하신다. 성도들은 서로 간에 은혜와 평화를 기원하면서 그 의미와 사명을 되새겨야 한다.

2. 1:3-8 감사의 말씀

◆ 본문 사역

³ 우리는 여러분을 위하여 기도하면서 우리 주 예수 그리스도의 하나님 아버지께 언제나 감사를 드립니다. ⁴ 왜냐하면 우리가 예수 그리스도 안에 있는 여러분의 믿음과 사랑에 관해서 들었기 때문입니다. 그것은, 여러분이 모든 성도들을 향하여 가지고 있는 사랑입니다. ⁵ 여러분을 위하여 하늘에 보관되어 있는 희망 때문입니다. 여러분은 그 희망을 복음 곧 진리의 말씀 안에서 들었습니다. ⁶ 이 복음은 여러분에게 와 있습니다. 온 세상에서도 그런 것처럼 여러분 안에서도 그처럼 열매를 맺고 자라났습니다. 여러분이 진리 안에 있는 하나님의 은혜를 듣고 깨달았던 그 날로부터 말입니다. ⁷ 여러분이 우리의 사랑하는, 함께 종 된 에바브라로부터 배운 것처럼 말입니다. 그는 여러분을 위한⁹⁾ 그리스도의 신실한 일꾼입니다. ⁸ 그리고 그는 우리에게 여러분의 영 안에 있는 사랑을 전해 주었습니다.

---

9) 매우 신빙성 있는 사본들인 P46, א*, A, B, D*, F, G 등은 여기서 "우리를 위한"(υπερ ημων)이라고 한다. 아마도 이 본문을 더 원래의 것으로 볼 수 있다. P. Pokorny, 36 각주 50 참조.

◆ 본문의 문맥, 구조 그리고 특징

발신자, 수신자, 기원에 이어서 1:3-8은 감사의 말씀에 해당되고, 이
어서 하나의 긴 문장으로 된 1:9-20은 골로새 성도들을 위하여 사도가
드리는 기도다. 그러나 그 중간에 있는 1:15-20은 저자가 인용하고 있
는 초대 교회의 찬송가 가사다. 그러므로 그 부분을 뺀 1:3-14를 한 단
락으로 볼 수도 있다. 그러나 우리는 이 부분을 감사의 말씀(3-8절), 중
보기도(9-11절), 감사의 권고(12-14절) 등 세 부분으로 나누어 살펴본다.

발신자, 수신자, 기원에 이어서 하나님께 드리는 감사의 말씀이 나오
는 것은 거의 모든 바울 서신들에서 볼 수 있는 전형적인 형식이다.[10]
이 감사의 말씀에서 사도는 수신자들과 교회의 설립 초기를 회상하면서
(μνεια) 성도들의 믿음과 사랑의 행위에 대해서 하나님께 감사한다. 골로
새서의 감사 말씀에는 μνεια라는 단어가 빠져 있기는 하지만, 역시 유사
한 구조를 보여 준다. 특히 빌레몬서 4-7절에서처럼 골로새서에서도 사
도가 하나님께 감사하는 이유는, 수신자들이 훌륭한 믿음을 가지고 있고
또 다른 그리스도인들을 향하여 사랑을 베풀었기 때문이다. 바울이 서신
의 서두에서 항상 감사의 말씀을 하는 것은, 사도 자신과 수신자들 사이
의 밀접하고 친밀한 관계를 나타내려는 의도가 강하게 작용하고 있다.

주어에 주목을 하면서 본문을 읽으면 세 부분으로 구분된다.[11] 먼저
3-4a절은 1인칭 복수를 주어로 사용한, 저자가 드리는 기도와 감사의
말씀이다. 4b-7a절은 2인칭 복수를 주어로 사용하면서 골로새 성도들의
소망에 근거한 믿음과 사랑의 행동에 대해서 말하고, 7b-8절은 3인칭

---

10) P. Schubert, *Form and Function*, 158-179; O'brien, *Introductory Thanksgivings in the Letters of Paul*; T. Y. Mullins, "The Thanksgivings in Philemon and Colossians", 288-293 등을 참조.
11) J. Gnilka, 30-31 참조.

단수를 주어로 해서 에바브라의 교회 개척과 교회의 소식을 바울에게 전달해 준 것에 대해서 말한다. 그 밖에도 본문에서는 **"믿음-소망-사랑"** 그리고 **"하나님의 은혜-그리스도를 믿는 믿음-성령 안에서의 사랑"**이라는 두 개의 삼중 표현이 우리의 시선을 끌고 있다.

◆ 본문 주석

3절: 먼저 **"우리"**라는 1인칭 복수가 주어로 나오고 있는 것이 눈에 띈다. 공동 발신자를 말하지 않는 서신에서도 그렇지만(롬 1:8; 몬 3), 공동 발신자를 말하는 서신에서도 바울은 감사의 말을 할 때에는 "나"라는 단수를 사용했다는 점을 생각하면(고전 1:4; 빌 1:3), 이곳의 복수 주어는 특이한 것이다. 이 복수형에 대해서는 세 가지 해석이 있다. 먼저 발신자가 바울과 디모데 두 사람이기 때문에 복수 주어를 사용했다는 해석이다(Gnilka). 다음으로는 "우리" 속에 발신자와 수신자들을 한 묶음으로 넣어 말함으로써 바울과 골로새 교회 사이의 관계를 강조하려고 했다는 해석이다(Lohmeyer). 마지막 하나는 특별한 의미가 없는 일상적인 1인칭 복수라는 해석이다(Lohse). 이 중에서 하나만 선택하라고 하면, 세 번째 해석이 가장 적절해 보인다. 서신은 1인칭 단수(1:23 이하 참조)와 복수를 교차해서 사용하기 때문에 거기에 큰 의미를 부여할 필요가 없다.

바울의 다른 서신들처럼 여기서도 감사의 대상은 **"우리 주 예수 그리스도의 아버지이신 하나님"**이다. "하나님이 주 예수 그리스도의 아버지"라는 것은 신약성서가 말하는 기독교 신앙 고백의 가장 중요한 내용이다(고전 8:6; 고후 1:3; 11:31; 빌 2:11; 롬 10:9; 15:6; 엡 1:3; 벧전 1:3 등). 우리가 믿는 하나님은 천지를 창조하고 지배하시는 하나님이지만, 단순히 혹은 일차적으로 그러한 창조의 신으로 소개되지 않는다. 신약성서는 하나님을 단순히 자연을 창조하고 지배하시는 분이라거나 혹은 어떤 막연하고 공상적인 개념을 통해서 말하지 않고, 예수 그리스도의 아버지라고 매우 구체적이며 인격적으로 소개한다. 주 예수 그리스도는 인간을 향한 하나님의 구원 사건을 총체적으로 말하기 때문에, 역사에서 일어난 구원 사건의 체험을 통해 하나님을 알게 되며, 그로부터 창조의 하나님을 고백할 수 있다. 그것은 구약성서도 마찬가지다. 이스라엘 백성은 출애굽이라는 구원사적인 사건을 통해서 하나님을 체험했고, 그러므로 그들이 하나님을 말할 때면 항상 "우리를 애굽의 종살이에서 해방시키신 하나님, 우리를 광야에서 불기둥과 구름기둥으로 인도하시고, 결국은 젖과 꿀이 흐르는 가나안 복지로 인도하신 하나님"을 말한다(출 20:2). "아브라함과 이삭과 야곱의 하나님"(창 28:13; 출 3:6 등)이라는 말도 인간의 역사 속에서 구체적으로 살아 계시고 뜻을 이루시는 하나님을 말한다. 마찬가지로 신약성서는 하나님을 말할 때면, 항상 예수 그리스도를 죽은 자들로부터 다시 살리신 하나님을 말한다(살전 1:10; 고후 4:14; 롬 4:24; 8:11; 엡 1:20; 벧전 1:21 등). 골로새서는 예수 그리스도와 함께 "너희를" 살리신 하나님을 말한다(2:12; 엡 1:1-5도 참조). 구약성서와 신약성서는 하나님을 역사적인 체험을 통해서 알고 고백한다는 점에서 일치하지만, 구약성서에 비교해 신약성서의 독특한 하나님 이해는 "예수 그리스도의 아버지 하나님"이라는 말이다(롬 15:6; 고후 1:3; 엡 1:3; 벧전 1:3 등). "유대인들에게 야웨는 조상들의 하나님이지만, 그리스도인들에게 하나님은 우리 주님 예수 그리스도의 아버지다."[12] 신약성서에서 신론과 기독론은 떨어질 수 없는 관계 가운데 있다.

이러한 하나님 이해는 예수 자신에게서 나온 것이다. 예수가 하나님을 아버지, 그것도 어린이가 사랑과 신뢰의 마음을 가득 담아 아버지를

---

12) J. Gnilka, 31.

부르는 표현인 "아바"(Abba)라고 부른 것은 구약성서나 유대교의 역사에서 결코 전례를 찾을 수 없는 일이라는 사실을 밝힌 것은 독일의 신학자 요아킴 예레미아스다.[13] 물론 구약성서에서도 하나님을 아버지라고 말하는 곳은 많지만(신 31:6; 사 63:16 등), 그것은 하나님과 이스라엘 민족 사이의 관계를 말하는 객관적인 표현일 따름이다. 예수의 아바 아버지 호칭은 그런 차원을 넘어서 하나님과 그 자신 사이의 극히 개인적인 관계를 드러낸다. 예수는 주기도를 제자들에게 가르치면서 하나님을 "아버지"라고 부르게 하였다. 이러한 예수의 하나님 호칭과 가르침 등에 근거해서, 초대 교회는 매우 일찍이 예수를 하나님의 아들이라고 또 하나님을 예수의 아버지라고 믿고 고백하였다. 이러한 고백에 근거해서 그리스도인들도 하나님을 아버지라고 부르게 되었다. 바울은 갈라디아서 4:6과 로마서 8:15 등에서 아람어 "아바"를 인용하면서, 진정한 하나님의 아들이신 예수께서 그리스도인들에게 하나님을 아바 아버지라고 부를 수 있는 권리를 주었다고 말한다. 특히 마가복음에 따르면, 하늘의 음성을 통하여 예수가 하나님의 아들이라는 것을 두 번이나 반복해서 선언한다(막 1:11; 9:7). 요한복음에서 예수는 반복해서 하나님을 "아버지"라고 부른다. 요한복음 1:12에 의하면 하나님의 아들인 예수를 영접하는 자들에게는 하나님의 아들이 되는 권세를 주셨다. 그러므로 그리스도인들은 하나님을 아버지라고 부를 수 있게 되었다.

이러한 하나님의 아버지 되심을, 그리스 문헌들이 제우스를 아버지라고 부르는 것과 비교해 볼 수 있다. 예를 들어 시인 호머는 제우스를 "인간들과 신들의 아버지"라고 부르며,[14] 더 나아가서 모든 죽을 것과 죽지 않을 것들의 통치자라고 한다.[15] 그러나 호머는 제우스의 이러한

---

13) J. Jeremias, *Abba*, 15-67; *Neutestamentliche Theologie* I, 68-72.
14) 일리아스 1,544.
15) 일리아스 12,242.

아버지 됨과 무자비함을 결합시킨다. "아버지 제우스여, 당신은 모든 불멸의 존재들에 대해서 무자비하십니다. 당신은 당신이 낳으신 인간에게 자비를 베풀지 않습니다. …"16) 예수가 가르치고, 신약성서가 말하는 하나님 아버지는 전혀 다르다. 골로새서에서 하나님은 아들을 통해서 성도들을 구원하시고, 그들에게 영원한 하늘의 기업을 얻게 하시는 아버지다.(1:12; 3:17)

하나님이 예수의 아버지고, 예수가 하나님의 아들이라는 진리는 예수의 부활을 통해서 확증되었다. 하나님이 예수를 죽은 자들 중에서 다시 살리신 것은 하나님과 예수 사이의 독특한 부자 관계를 확인한 것이기 때문이다. 하나님은 예수의 아버지고, 예수는 하나님의 아들이다. 그런데 본문은 예수 그리스도에게 **주님**(κυριος)라는 칭호를 붙이고 있다. 이 주님이라는 칭호는 원래 구약성서에서는 하나님을 부르는 칭호(아도나이)였다. 그러나 초대 교회에서는 매우 초기에 예수를 이 칭호로 부르기 시작했다. 이는 예수가 하나님 오른편으로 승천하신 것에 대한 고백과 연결된다. 예수는 부활하여 하나님의 오른편으로 올라가셨고, 거기에서 세상을 다스리신다(롬 8:34; 행 2:33; 히 1:3; 벧전 3:22 등). 골로새서와 에베소서에서도 이것은 매우 중요한 신앙 고백이다(골 3:1; 엡 1:20-21). 골로새 교회에 나타난 거짓 교사들은 여러 우주적 지배자들을 섬길 것을 요구함으로써, 결국은 예수의 주님 되심 곧 주권을 약화시켰다. 그와 관련해서, 서신의 저자는 그러한 영적인 세력들이 아니라 오직 예수 그리스도만이 우주를 지배하시는 주님이라는 점을 강조한다. 하나님은 주님 되시는 예수 그리스도의 아버지시고, 아들이신 예수는 하나님의 오른편에서 세상을 다스리신다. 하늘의 보좌에서 친밀한 교제를 나누시는 하나님 아버지와 그의 아들 예수 그리스도 사이는 서로 구분이 되면서도(고전

---

16) 오디세이 201-202.

8:6 참조) 매우 밀접한 관계를 가지신다. 바로 이러한 관계를 은유적으로 표현하는 말이 아버지와 아들이다.

사도는 예수 안에서 인간을 만나셔서 인간에게 영원한 구원을 베푸시는 아버지가 되시는 하나님께 감사를 드린다. 그러므로 사도가 감사를 드리는 대상은 항상 하나님이다. 그의 감사의 대상은 예수 그리스도가 아니다. 예수 그리스도의 이름으로 기도하고 감사하기는 하지만, 기도와 감사의 대상은 항상 하나님이다. 예수 그리스도의 이름으로 기도한다는 말은, 예수 그리스도가 우리 기도의 중보자가 되신다는 의미다. 우리는 예수 그리스도를 통하지 않고는 기도할 수 없다. 그러므로 우리가 하나님께 기도할 수 있다는 것은 당연한 것이 아니고, 은혜의 사건이다. **"언제나"**에 대해서는 두 가지 해석이 가능하다. "기도할 때마다 항상" 감사한다는 것을 의미할 수도 있고, 혹은 "항상 기도하면서" 감사한다는 것을 의미할 수도 있다.[17] 전자는 기도의 기회 때마다 언제나 감사한다는 뜻이고, 후자는 쉼 없이 기도한다는 뜻이다. 아마도 첫 번째 해석이 더 타당해 보인다. 하나님께 감사하는 것은 항상 기도하는 것으로 표현된다. 기도를 통해서 사도는 하나님께 감사한다.

4절: 사도가 하나님께 감사를 드리는 이유는 골로새 성도들의 건강한 **"믿음"**과 **"사랑"**의 소식을 에바브라를 통해서(1:7-8) 들었기 때문이다. 5절에 의하면 골로새 성도들이 건강한 사랑을 베풀 수 있었던 것은, 그들이 소망을 가지고 있었기 때문이다. 소망에 근거한 건강한 믿음으로 말미암아 그들은 사랑의 행위를 실천할 수 있었다. 그러므로 본문은 믿음, 사랑, 소망을(살전 1:3; 5:8; 고전 13:13) 감사의 근거로 제시한다.

---

17) 우리말 개역개정 성경은 "기도할 때마다"로 번역함으로써 "언제나"를 해석하는 번역을 한다. 공동번역만 "언제나"를 명시적으로 번역한다.

사도는 골로새 성도들의 믿음과 사랑에 관한 소식을 듣고서 하나님께 감사한다. "너희의 믿음"의 대상은 "그리스도 예수"(ἐν Χριστῷ Ἰησοῦ)다. 그러므로 골로새서에서 "믿음"은 십자가에 달리시고 부활하셔서 하나님의 우편 보좌에서 지금도 세상을 지배하시는 우주적인 주권자 예수 그리스도를 믿는 것이다(골 1:15-20). 이러한 믿음이 얼마나 건강한 것인지는 사랑의 실천에 의하여 평가된다(갈 5:6; 마 7:15-27 참조). 반대로 단순히 인본주의적인 사랑이 아니라 그리스도 예수를 주님으로 믿는 믿음 안에서 그리스도의 사랑을 본받아 실천하는 사랑이라야 기독교적으로 건강한 사랑의 실천이다. 그러므로 골로새서에서도 믿음과 사랑은 서로 별개일 수 없으며, 나뉠 수도 없다. 골로새 성도들은 에바브라를 통해서 복음을 듣고 믿었을 뿐만 아니라, 이 믿음을 사랑의 실천으로 나타내고 지켰다. 믿음은 이미 과거에 일어난 사건(예수 그리스도의 사건)을 믿는 것이지만, 사랑의 실천을 통해서 항상 현재의 사건으로 살아난다. 이처럼 골로새 교회의 성도들은 믿음과 사랑이 서로 융합되는 건강한 그리스도인들이었다. 이처럼 저자가 서신의 서두에서 골로새 성도들의 믿음과 사랑을 칭찬하는 배후에는, 아마도 거짓 교사들의 가르침에 흔들리는 현재의 어려운 상태를 극복해 보려는 의도, 그러므로 건강한 믿음으로 자라나도록 (1:10 참조) 성도들을 격려하려는 의도가 있었을 것이다. 사람의 마음을 열게 하는 힘은 책망보다는 칭찬에 있기 때문이다.

골로새 성도들이 실천한 사랑은 "모든 성도들을 향한 사랑", 곧 형제 사랑이다(갈 6:10; 살전 3:12; 4:9; 롬 12:9-10; 히 13:1 참조). 신약성서에서 사랑(agape)은 단순히 윤리적인 차원을 넘어서 종교적인 구원을 목표로 하는 선교적인 사랑이다(롬 12:9.12.21 등 참조). 그러므로 아가페는 일차적으로 인간을 구원하시려는 하나님의 사랑이다. 예수는 원수까지도 구원의 대상이 된다는 의미에서 원수 사랑을 가르쳤고(마 5:44), 자신을 십자가에 못 박는 사람들의 용서를 위하여 기도하였다. 원수를 사랑하라는 예수의 가르침은 초대 교회에서는 형제 사랑으로 출발했고 구체화되었다. 요한복음은 이 형제 사랑 곧 자기 공동체 안에 있는 형제 사랑에 특히 집중한다. 구체적인 형제 사랑으로부터 출발하지 않는 원수사랑은 공허하고 이념적이고 추상적일 수 있다. 내 가족, 내 이웃, 내 형제를 사랑하지 않고서 원수를 사랑한다는 말은 공허한 메아리일 수 있다. 또한 사랑은 물질적인 도움과 같은 구체적인 행동으로 나타나야 한다. 그래서 어떤 학자들은 이곳에서 골로새 교회가 예루살렘 교회를 위한 바울의 모금 활동(고후 8-9장; 롬 15:25 참조)에 적극 동참한 사실을 회고하고 있는 것이라고 추측하기도 한다.[18] 빌레몬이 구체적으로 베푼 성도의 사랑은 도망간 종 오네시모를 용납하는 것이다(몬 5.7.16절). 이러한 구체적이고 실천적인 사랑이야말로 모든 교회와 성도를 하나로 묶는 띠다.(골 3:14)

5절: 이유나 근거를 말하는 διά+대격 표현("말미암음이니")을 사용하면서 사랑의 실천이 가능한 근거를 말한다. 믿음은 사랑의 행위로서 살아 있어야 생명력 있는 믿음이며, 이러한 사랑의 실천은 소망에 근거해 있다. 진정한 믿음은 소망을 가져오며, 그러한 희망이 있을 때만 사람은 다른 사람을 사랑할 수 있다. 희망이 없는 사람은 다른 사람을 사랑할 수 없다. 믿음을 갖는다는 것은 곧 희망을 갖는다는 것이고, 희망을 가진 사람은 다른 사람을 사랑한다. 세상의 승리자로서 지금도 인간과 세상을 다스리는 주권자이신 예수 그리스도를 자신의 주님으로 믿고 받아들이는 사람은 어떠한 상황에서도 절망하지 않으며, 이러한 소망으로 말미암아 다른 사람들을 사랑할 수 있다. 이처럼 "믿음, 소망, 사랑"은 그

---

18) F. Mußner, J. Ernst. 그러나 J. Gnilka, 33은 서신에는 모금에 관한 구체적인 언급이 없음을 들어 그러한 추측을 반대한다.

리스도인의 삶의 총체다.

그런데 여기서 특이한 것은 **"하늘에 쌓아둔 소망"**이라는 말이다. 대체로 소망은 시간적으로 미래에 이루어질 것을 말한다. 성도들이 주관적으로 믿음을 통하여 미래에 이루어 가는(롬 5:1-5; 갈 5:5) 희망을 말한다. 그러나 여기서는 시간적인 차원보다는 객관적인 장소의 차원이 더 강조돼 있다.[19] 골로새서에서 희망은 "시간적인 의미를 상실하고, 이미 실현되어서 하늘에 감추어져 "놓여 있는" 믿는 사람들의 구원의 실재를 포괄적으로 말한다."[20] 그러므로 골로새서에서는 실현되지 않은 것을 미래적으로 희망하는 것이 아니라, 객관적으로 이미 하늘에서 실현된 채 보관되어 있는 희망을 바라본다. 그러므로 희망한다는 역동적인 차원이 아니라, 이미 성취된 희망의 내용을 말하는 정적인 차원이다. 여기서도 바울의 다른 주요 서신들과의 차이를 분명히 볼 수 있다.[21] 바울은 역동적으로 희망을 이루어 가는 사람을 말한다면(롬 4:18), 골로새서는 이미 이루어져 하늘에 보관된 희망을 바라보는 그리스도인을 말한다.

하늘에는 하나님의 보좌가 있고, 그곳에는 승리하신 그리스도가 세상의 지배자로서 세상을 다스리고 계신다(1:18b-20; 3:1). 그러나 그리스도는 동시에 교회 안에도 계신다. 교회 안에 현존하시는 그리스도가 바로 영광의 희망이다(1:27). 그러므로 희망의 내용은 복음이다(1:23). 하늘에서 세상을 다스리시는 예수 그리스도, 그리고 동시에 교회 안에 현존하시는 예수 그리스도, 그분이 희망의 근거이고 내용이다.[22] 더 구체적으로는 그리스도와 함께 하늘에 있는 생명에 참여하는 것이다(3:4). 희망이

---

19) A. Lindemann, *Die Aufhebung der Zeit*, 42 각주 90.
20) G. Bornkamm, "Die Hoffnung im Kolosserbrief", 211.
21) G. Bornkamm과 A. Lindemann의 위 문헌들 외에도 P. Müller, *Anfänge der Paulusschule*, 16; A. Standhertinger, *Studien zur Entstehungsgeschichte*, 196 등을 참조.
22) G. Bornkamm, "Die Hoffnung im Kolosserbrief", 207.211; E. Lohse, F. Mußner 참조. 그러나 J. Gnilka, 33-34는 약간 다르게 생각한다.

앞으로 이루어질 것이 아니라 이미 이루어져 하늘에 보관되어 있다는 소위 공간적이고 현재적인 종말론은, 성도들로 하여금 인내로써 그 희망을 이루어 갈 의지를 약화시킬 염려가 있다고 주장하는 사람도 있다.[23] 그러나 그런 생각은 타당하지 않다. 오히려 눈에 보이지 않는 희망보다는 눈에 보이는 희망이 오늘의 삶에 더 큰 힘과 역동성을 줄 수 있다. 마라톤 선수가 결승점이 눈에 보일 때, 다시 힘을 내서 뛸 수 있는 것과 같다. 그러므로 우리는 여기서 마태복음 13:45-46 곧 밭에 묻힌 보화에 관한 예수의 비유가 간접적으로 영향을 끼쳤을 것이라고 추측할 수 있다.[24] 밭에 묻힌 보화를 발견한 농부는 모든 것을 팔아서 그 밭을 사는 단호한 행동을 할 수 있었기 때문이다. 골로새 성도들 역시 비유 속의 농부처럼, 하늘에 보관된 희망을 믿음의 눈으로 발견했기 때문에 최선을 다해서 다른 성도들을 사랑할 수 있었다. 경건한 사람들을 위하여 하늘에 구원의 희망이 보관되어 있다는 생각은 베드로전서 1:3-4에서도 찾을 수 있는데, 그러나 이는 원래 유대교의 묵시 사상에서 나온 것이다. 예를 들어서 한 묵시문헌은 이렇게 말한다.[25]

"의로운 사람들은 기꺼이 종말을 기다린다. 그들은 아무런 두려움도 없이 이 세상의 생명을 떠난다. 그들은 당신의(곧 하나님의) 창고에 보관된 행위의 보물을 가지고 있기 때문에 아무런 두려움 없이 이 세상을 떠난다. 그리고 기쁨에 가득 찬 확신으로 당신이 그들에게 약속하신 세상을 받을 것을 희망한다."(시리아어 바룩 묵시록 14:12-13; 그 외에도 24:1과 제4에스라 7:14를 참조)

---

23) J. Ernst, 157.
24) P. Pokorny, 34 각주 34.
25) R. Hoppe, 106; M. Wolter, 52에 더 많은 묵시문학적인 구절들이 있다.

하늘에 보관된 구원의 희망을 바라보면서 묵시 신앙인들은 자기의 생명을 기꺼이 버릴 수도 있었다. 하늘에 보관된 희망을 바라보게 함으로써 "하늘이 없는 세상에서 사는 인간에게, 그가 모든 삶의 의미를 그 자신이나 인간 혹은 자연 안에 두고 사는 것이 아니라, 인간과 자연 안에서 만나기는 하지만 그것들을 넘어선 곳에 계시는 그분에게 두고 살 것을 말하려고 한다."26) 이는 디모데후서 4:8에서 "바울"이 하늘에 예비되어 있는 "의의 면류관"을 바라보면서 끝까지 단호하게 진리를 지키고 따를 것을 말하는 것과 유사하다.

5b절은 골로새 성도들이 언제, 어디에서 그러한 희망에 관하여 듣고 알게 되었는지를 말한다. 우리말 개역성서 본문이 **"전에 … 들은 것이라"**고 나누어 번역한 헬라어 단어는 한 단어이다(προηκουσατε). 이 동사는 아직 일어나지 않는 것을 앞서 미리 듣는 것을 말한다. 그러므로 단어 자체만을 본다면, "미리 들었다"로 번역하는 것이 적절하며, 그러면 골로새 성도들이 "미리 들은 것"이 그리스도의 재림이라고 할 수 있다. 아직 일어나지 않은 그리스도의 재림에 관해서 그들이 미리 들었다는 뜻이다.27) 그러나 이 단어는 그리스도의 재림보다는 골로새 성도들이 에바브라를 통해서 처음으로 복음을 들었던 사건과 연결하는 것이 더 타당하며, 그러므로 "전에 들었다"로 번역하는 것이 문맥에서는 적절하다.28) 에바브라가 그들에게 처음으로 **"복음의 진리의 말씀"**을 증거하고 가르쳤을 때, 그들은 하늘에 보관되어 있는 희망에 관한 메시지를 들어서 알게 되었다. **"복음의"**는 **"진리의 말씀"**을 의미하는 해설적 혹은 동격의 속격 표현이다. 그러므로 그 둘 사이에 "곧"을 넣어서 번역하는 것이 적절해 보인다.29)

---

26) E. Schweizer, 36.
27) F. Mußner, 34.
28) J. Gnilka, 34.
29) 개역개정판 성경은 "복음의"에서 "의"를 빼버리고 "복음 진리의 말씀"이라고 번역한다. "복음 곧 진리의 말씀"이라고 번역하는 것이 더 적절하게 보인다.

"진리의 말씀"은 구약성서에서 온 표현으로(시 119:4), 신뢰할 수 있는 말씀이다. 하나님께서 하신 말씀만이 진정으로 신뢰할 수 있는 말씀이다. 복음은 하나님이 주신 신뢰할 수 있는 말씀, 곧 예수 그리스도에 관한 말씀이기 때문에 진리의 말씀이다.[30] 하늘의 보좌에 계시는 우주적인 주권자 예수 그리스도가 희망의 유일한 내용이라고 하는 말씀만이, 정말로 신빙성이 있는 말씀 곧 진리의 말씀이고 복음이다. 골로새 성도들은 에바브라를 통해 진리의 말씀인 복음을 듣고 그리스도인이 되어서 믿음을 고백하고, 소망을 갖고, 사랑을 실천하였다. 이러한 복음을 진리의 말씀이라고 규정하는 이 대목에서 벌써 우리는 거짓 교리에 대한 저자의 비판적인 견해를 엿볼 수 있다. 거짓 교사들의 가르침은 진리의 말씀이 아닌 거짓된 말이기 때문에 전혀 신빙성이 없으며, 그러므로 그 안에는 아무런 희망도 없다. 따라서 그들의 말은 복음이 아니다. 골로새 성도들은 에바브라를 통해서 처음 듣고 믿음을 갖게 된 진리의 말씀에서 떠나 거짓 교사들의 유혹에 넘어가서는 안 된다.

6절: 분사 구문으로써, 5절과 이어지는 6절은 5절이 말한 복음에 대해 부연 설명을 하고 있다. 5절이 골로새 성도들이 에바브라를 통해서 복음을 들은 것에 대해 말하고, 7절이 다시 그들이 에바브라에게서 복음을 배운 것을 말하는 연속성이 6절로 인하여 깨지고 있는 것처럼 보인다. 5절과 7절이 골로새 교회의 복음 선포에 대해서 말한다면, 6절은 골로새 교회를 포함한 세상의 모든 교회에서 공통적으로 일어나는 복음의 열매 맺음과 성장을 말한다. 5절과 7절이 골로새라는 개체 교회에 초점을 맞추고 있다면, 6절은 복음의 보편적인 작용을 말하고 있다.

6절은 두 개의 καθως("… 같이")–문장 때문에 정확한 분석과 해석이

---

30) E. Schweizer, 36-37.

쉽지 않다. 여러 가지 의견들이 있지만, 첫 번째 καθώς 표현부터 새로운 문장이 시작되는 것으로 보는 것이 적절해 보인다(위 사역 참조).[31] **"이르렀다"**는 동사의 주어는 5절 마지막에 있는 속격 표현인 **"복음"**이다. 복음이 온 세상에 나타난 것처럼 그렇게 스스로 골로새에 "이르렀다." 에바브라가 복음을 가지고 온 것이 아니라, 복음이 에바브라를 도구로 사용해서 골로새에 도달한 것이다. 복음은 스스로 활동할 수 있는 힘을 가지고 있으며, 사람들을 일꾼으로 부릴 수 있다. 사도 바울도 복음을 섬기는 일꾼에 불과하다(1:23). 사람이 복음을 가지고 다니며 전파하고 나누어 주는 것이 아니라, 복음이 사람을 활용하여 스스로 전파된다. 사람은 오직 복음을 섬기는 자가 될 수 있을 뿐이다.

　"온 세상에서도 그런 것처럼 여러분 안에서도 그처럼 열매를 맺고 자라났습니다." 복음은 스스로 전파되며, 전파된 곳에서는 열매를 맺고 자라나는 역동적인 힘을 가지고 있다. "바울"은 골로새 성도들에게 복음이 선포된 이후 열매를 맺고 자라는 것을 세계 모든 지역 교회들("온 천하")에서 동일하게 일어나고 있는 일이라고 강조함으로써 소위 에큐메니칼 신학을 전개한다. 복음이 선포되는 곳에서는 어느 지역, 어느 교회를 불문하고 열매를 맺는다. "복음은 그냥 존재하는 것이 아니라, 성장과 활동 안에서 사건이 된다."[32] 그러므로 선포된 복음 안에는 열매 맺는 힘의 작용이 있다. 마치 씨앗이 흙에 떨어지면 싹을 내고 열매 맺는 것처럼 복음도 그렇다. 씨앗 안에 새 생명의 기운이 들어 있는 것처럼, 복음 안에도 생명 창조의 힘이 들어 있다. 복음이 성도들에게서 맺는 열매는 믿음, 사랑, 소망이다. 어느 지역, 어느 시대든지 상관없이 복음에는 이러한 생명 창조적인 힘이 있고, 이러한 복음에 의해서 열매를 맺고 자라

---

31) J. Gnilka, 34 각주 35.
32) R. Hoppe, 106.

나는 교회는 "온 천하" 어디에 있든지 하나의 교회(una catholica ekklesia)다. 바로 이러한 복음의 보편성이 교회의 보편성을 결정한다. 그러나 반대로 교회가 복음의 보편성과 진리성을 결정하는 것은 아니다. 어느 특정 지역이나 시대 혹은 특정한 교회에만 통용되고 열매를 맺는 복음은 "진리의 복음"이 아니다. 사도 바울은 예루살렘과 유대의 지역적 경계를 뛰어넘어서 복음을 전 세계의 복음이 되게 하였다. 골로새에 나타난 거짓 교사들은 그들만이 특별한 복음을 전한다고 주장하면서 교회들 간의 연합과 연대를 깨뜨렸다.[33] 이러한 복음의 보편성은 과거처럼 지금도 그리고 앞으로도 모든 교회의 선포의 진리성 여부를 판가름하는 시금석이다.

골로새 성도들은 그 복음을 듣고 깨달은 날로부터 세계의 교회 곧 서신의 의미에서는 로마 제국 안에 있는 모든 교회의 성도들처럼 **"열매를 맺어 자라난다."** 나무는 어느 정도 성장한 후에 열매를 맺는 것이 정상인데, 여기서는 열매 맺음이 자라는 것보다 먼저 언급되어 있는 것이 특이하다. 그러나 여기서 **"열매를 맺음"**은 사랑의 행위를 말하고 **"자라는 것"**은 선교와 복음의 확장을 의미하는 것으로 볼 때 그 순서가 중요하다. 사랑의 행위가 먼저 있을 때, 교회는 자라난다. 교회가 성장한 후에 사랑을 실천하는 것이 아니라, 그 반대의 순서가 옳다. 선교는 입술의 사건만은 아니고, 사랑의 행위에 의해서 뒷받침될 때 비로소 성공한다. 복음이 전파되고, 성도들 사이에 사랑의 행위가 있을 때, 비로소 진정한 선교와 교회의 성장이 일어난다. 사랑이 없는 교회나 성도의 선교는 성공할 수 없다. 선교는 사랑의 삶과 동떨어진 언어의 사건만은 아니다.

"복음"은 **"하나님의 은혜"**와 동일시된다. 우리 사역에서 **"진리 안에 있는"**으로 번역한 εν αληθεια를, 개역개정판 우리말 성서 본문은 **"참으**

---

33) J. Gnilka, 35.

로"라고 번역함으로써 복음을 깨우치는 사람의 인식 행위를 강조하는 전치사구로 보고 있다. 그러나 εν αληθεια는 인간의 인식 행위를 말하는 것이 아니라, 인식된 내용 곧 하나님의 은혜와 연결된다.[34] 5절의 "진리의 말씀"이 보여 주듯이, 하나님의 은혜를 내용으로 하는 복음은 절대적으로 신빙성이 있고 진실한 말씀이다. 복음의 **"들음"**과 **"깨달음"**은 "그리스도인이 되는" 과정을 말하는 것으로(딤전 2:4; 4:3 딤후 2:25; 3:7; 딛 1:1; 히 10:26; 요이 1) 서로 구분은 되지만, 그러나 분리될 수는 없다.[35] 복음을 듣고 잘 분별해서 하나님의 은혜를 깨우치는 사람은 그리스도인이 된다. 그러나 "깨우침"도 순전히 인간의 이성적인 활동을 말하지 않고, 복음이 내적으로 일으키는 활동에 기인한 것이다. "믿음은 들음에서 난다"(롬 10:17)는 말씀처럼, 믿음과 깨우침은 우리 안에 들어온 복음의 활동 결과이다. 우리가 복음을 들으면, 우리 안에 들어온 복음이 우리 안에 깨우침을 일으켜서 믿음을 갖게 한다.

복음이라는 이름으로 선포된 것들이 모두 복음은 아니다. 오로지 그 안에 **"하나님의 은혜"**가 담겨져 있어서, 그것을 듣고 깨우쳐서 그리스도인으로의 변화를 가져오고 진정한 소망을 갖게 하여 사랑과 선교의 열매를 맺게 할 때에만, 그것이 진정으로 믿을 수 있는 진리의 말씀 곧 복음이다. 여기서도 저자는 골로새에 나타난 거짓 교사들에 대한 비판적인 시각을 드러내고 있다. 거짓 교사들은, 자신들이 진정한 깨달음을 가지고 있다고 하면서 거짓 가르침을 전파했다. 이에 저자는 역으로 진정한 깨달음이 무엇인지를 강조한다(1:9-10; 2:2; 3:10 참조). 진정한 깨달음은 생각의 유희나 이론의 전개가 아니라 복음이 우리 안에 일으키는 것으

---

34) J. Gnilka, E. Lohmeyer, E. Lohse. 오브라이언, 91-92는 두 가지 해석을 모두 받아들이는 듯하다.
35) "진리를 알다"는 목회서신에서 기독교의 바른 교리로서 가르쳐진 복음을 받아들이는 것을 뜻하며 이는 이단 논쟁의 맥락에 서 있다.

로, 사랑 행위와 복음 전파 그리고 교회 성장으로 나타난다. 영지주의적인 거짓 교사들은 깨달음을 생각의 유희 정도로 보았던 것이다.

7절: 골로새 성도들에게 맨 처음으로 복음을 전파한 에바브라에 관하여 말한다. 골로새 성도들은 에바브라로부터 복음을 "**배웠다.**" 배웠다는 말은 6절이 말하는 "듣고 깨달음"을 포괄한다. 그러나 배움은 교회의 교리 교육을 암시하기도 한다. 거짓 교사들도 "사람의 명령과 가르침"(2:22)을 가르쳤다. 에베소서 4:11에서는 "교사"가 "목사"와 함께 교회에 주어진 중요한 직분 은사 가운데 하나로 소개된다. 이러한 교리 교육은 목회서신에서는 훨씬 더 중요하게 나타난다(딤후 3:14 등).[36] 성령 안에서 권능으로 주어지는 복음 선포와는 달리, 교리 교육은 인간의 이성적인 인식과 설득의 과정을 전제한다. 바울은 복음을 가르치기보다는 주로 선포하였다. 그러나 목회서신에 반영돼 있는 후대 교회에서는 복음이 교리 교육을 통하여 가르쳐졌다.[37] 골로새서는 바울로부터 에베소서를 거쳐 목회서신으로 넘어가는 중간 단계에 있다고 할 수 있다. 에바브라는 바울이 선포한 복음을 골로새 성도들에게 가르쳤다.(2:7도 참조)

서신이 기록될 당시 에바브라는 골로새에 있지 않았고 저자와 함께 있었다(4:12). 에바브라는 에바브라디도의 줄임말이다. 그러나 여기의 에바브라가 빌립보서 2:25에 나오는 에바브라디도와 동일인인지는 알 수 없다. 하지만 빌레몬서 23절의 에바브라와는 동일인일 것으로 추정된다. 4:12의 "너희에게서 온"이라는 말을 고려하면, 에바브라는 수신자들과 같은 골로새 출신이라고 할 수 있다.

"**우리의 사랑하는**", "**함께 종 된 자**"와 "**너희를 위한 그리스도의 신실**

---

36) 조경철, "목회서신이 가르치는 거짓 가르침(이단)에 대한 대처 방식", 41-69 참조.
37) 물론 바울도 교육을 말하지 않은 것은 아니다. 롬 16:17; 빌 4:9 참조. 그러나 바울에게서는 가르치는 교육 활동보다는 선포 활동이 훨씬 더 중요하게 나타난다.

한 일꾼"이라는 연속적인 표현을 통해 에바브라를 소개하고 있다는 사실 자체가, 그가 어떤 사람이고 얼마 중요한 사람인지를 드러낸다. 골로새 서에는 비슷한 표현으로 설명되는 사람이 에바브라 외에 세 사람이 더 나온다. 두기고와 오네시모 그리고 의사 누가가 그들이다(4:7.9.14). 그러나 두기고만이 에바브라와 정확하게 일치된 호칭으로 일컬어진다. 4:12에 따르면 에바브라는 그리스도 예수의 종이다. **"종"**은 비하적인 표현이 아니라 매우 존경하는 표현으로서 바울은 자신과 소수의 선별된 사람들에게만 종이라는 칭호를 사용한다. 특히 구약성서에서는 하나님께서 선택하셔서 그의 비밀을 맡겨 두신 예언자들을 하나님의 종이라고 불렀다 (암 3:7; 계 1:1; 10:7도 참조).[38] 바울도 그 자신을 예수 그리스도의 종이라고 불렀다(롬 1:1; 빌 1:1; 갈 1:10). **"함께 종이 된 자"**는 바울과 에바브라가 다 같이 예수 그리스도의 종으로서 동역자 관계라는 사실을 말한다. 아마도 바울이 감옥에 갇혔을 때 에바브라도 실제로 그와 함께 갇혀 있었을 것이다(몬 23 참조). 그러나 "함께 종이 된 자"는 내용적인 측면에서 볼 때는 바울에게 위임된 사도적인 복음 선포의 사명을 함께 실천하는 사람을 말한다.

에바브라를 일컫는 두 번째 칭호는 **"그리스도의 신실한 일꾼"**이다. 1:23.25에서는 바울 자신이 "복음의 일꾼"과 "교회의 일꾼"이라고 불리고, 4:7에서는 두기고에게도 에바브라처럼 "신실한 일꾼"이라고 말한다. 그러나 오직 에바브라에게만 "그리스도의 일꾼"이라고 한다. "일꾼"으로 번역된 그리스어 디아코노스(διακονος)는 주인이 매우 신뢰할 수 있는 특별한 관계의 사람을 일컫는 말이다. 주인이 자기 식탁의 관리를 맡기거나 혹은 전쟁터의 장군이 명령을 전달하기 위하여 사용하는 사람을 그렇게 불렀다. 종교적으로 제사를 맡아서 하는 관리를 διακονος라고 부르

---

38) E. Schweizer, 38.

기도 했다. 주인 되시는 그리스도에게 매우 신뢰할 수 있는 일꾼이 에바브라였다. 그러므로 에바브라는 주인에게 철저히 순종한 "신실한" 일꾼이었다. 에바브라는 오로지 그리스도만을 주인으로 섬기며, 그리스도의 복음만을 전하고 가르쳤기 때문에, "사람의 명령과 가르침"을 전한 거짓 교사들과는 달리 믿을 수 있는 일꾼이었다. 우리는 에바브라에 대한 이러한 소개에서도, 저자가 거짓 교사들과의 논쟁을 염두에 두고 있다는 것을 알게 된다. 바울과 함께 그리스도의 종이고 또 신실한 일꾼인 에바브라가 가르친 것만이 복음이다.

에바브라가 바울과 "함께 종이 된 자"라는 말에서 우리는 에바브라를 **"너희를 위한"**보다는 **"우리를 위한"** 혹은 **"우리를 대신하는"** 일꾼으로 읽는 사본을 더 타당한 것으로 볼 수 있다.[39] 에바브라는 골로새 교회의 성도들을 위한 신실한 일꾼이기도 하지만, 그보다는 사도 바울을 대신해서 골로새에 복음을 전한 신실한 일꾼이라는 뜻이 더 강하다. 바울이 골로새에 올 형편이 못 되어 에바브라가 그를 대신해 이곳에 복음을 전한 것이다. 에바브라 그 스스로 복음을 전한 것이 아니라, 바울의 파송과 위임에 의거해서 복음을 전한 것이다. 바울과 에바브라의 이러한 밀접한 관계를 강조함으로써, 저자는 바울이 골로새에서 복음을 전하지 않았다 해도, 에바브라가 전한 복음이 사도적인 복음으로서 신빙성이 있는 것이라고 말한다. 복음이 사도에 의존하는 것이 아니라, 사도가 복음에 의존한다.[40] 그러므로 사도가 직접 선포하지 않았더라도, 에바브라에 의해서 사도적인 선포가 계승될 수 있다. 그러므로 거짓 교사들의 가르침에 맞서서, 에바브라가 바울을 대신해서 전한 복음이 사도적인 복음이다.

---

39) P46, ℵ*, A, B, D*, F, G 등의 사본. 우리말 개역성서는 Nestle-Aland 그리스어 성서 본문을 따라서 "너희를 위한"으로 읽는다. 그러나 거의 대부분의 주석서들은 "우리를 위한"이 더 적절한 것으로 보고 있다. J. Gnilka, 37 각주 51을 참조.
40) Ollrog, *Mitarbeiter*, 222.

골로새 성도들이 이것을 아는 것이 중요하다.

8절: 골로새 교회가 에바브라에 의해 개척되었기 때문에, 골로새 교회는 바울(과 디모데)을 직접 알지 못한다. 그(들)에게 골로새 교회의 아름다운 소식을 전해 준 것은 에바브라 자신이다. 에바브라가 사도의 위임으로 골로새에 복음을 전파했다면, 그는 그 결과에 대해서 사도에게 보고했을 것이다.

골로새 성도들에 관한 소식의 내용은 **"너희 사랑"**이다. 그러므로 에바브라를 통해 듣게 된 교회 소식은 매우 긍정적인 것이었다. 골로새 성도들의 사랑은 단순히 인간적인 감정이나 동정심이 아니라, **"성령 안에"** 있는 사랑이다. 신학적인 의미를 가진 명사 **"영"**(πνευμα)이 사용된 것은 골로새서에서 오직 이곳뿐이다. 2:5에 한 번 더 이 단어가 나오기는 하지만, 이곳에서는 육에 대조되는 인간의 정신을 말하는 인간론적인 개념이다. 그 외에는 1:9와 3:16에서 형용사 "영적인"이 사용될 뿐이다. 골로새서가 바울의 다른 서신들에 비교해서 보여 주는 신학적인 중요한 차이가 바로 이러한 성령론의 현저한 후퇴에 있다. 특히 유사한 내용을 말하는 바울의 다른 서신들과 골로새서의 표현을 비교해 보면 성령론이 뚜렷하게 후퇴되어 있음을 알 수 있다.[41] 골로새서 1:5는 "복음의 진리의 말씀"을 말하는데 반하여, 데살로니가전서 1:5는 "능력과 성령과 큰 확신으로 된" 복음을 말한다. 골로새서 2:6은 "그리스도 예수를 주로 받았으니, 그 안에서 행하되"라고 말하나 갈라디아서 5:25는 "성령으로 살면 성령으로 행할지니"라고 하며, 골로새서 2:11은 "그리스도의 할례"를 말

---

41) E. Schweizer, 38-39와 이곳의 각주 64; "Christus und Geist im Kolosserbrief"; P. Müller, *Anfänge der Paulusschule*, 17 참조. 이러한 현상은 골로새서의 쌍둥이 서신인 에베소서와 비교해 볼 때도 특이한 점이다. 이에 대해서는 조경철, "에베소서의 성령 이해" 참조.

하나 로마서 2:29는 "성령의 할례"를 말한다. 이처럼 바울이 성령을 말하는 바로 그 대목에서 골로새서는 성령 대신에 복음이나 그리스도를 말한다. 어째서 이런 성령의 후퇴 현상이 골로새서에서 생겨났을까? 가장 중요한 원인은 골로새 교회에 나타난 거짓 교사들이 성령을 내세우면서 성도들을 유혹했을 가능성이다. 그에 반대해서 서신은 성도들이 에바브라를 통해 물려받은 사도적인 복음이나 그 내용인 예수 그리스도를 강조했다고 할 수 있다. 성령은 예수 그리스도의 복음과 별개로 전파되거나 이해될 수 없고, 오직 예수 그리스도의 복음과 결합될 때에만 바르게 이해될 수 있다. 그러나 거짓 교사들은 성령을 말하면서 예수 그리스도를 말하는 대신 그 당시 만연했던 영적인 세력들과 결부시켰을 가능성이 크다. 저자는 이러한 문제를 직시하고 오해를 피하기 위해 의도적으로 성령에 관한 언급을 자제한 것이라고 할 수 있다. 그에게 중요한 것은 바울의 이름으로 전해진 복음을 굳게 붙잡는 것이었다. 그것은 내적으로 성령의 활동이지만, 저자는 거짓 교사들 때문에 오해의 소지가 있는 성령에 관한 언급을 의도적으로 피하고 있는 것이다.

지금까지 살펴본 대로, 저자가 사도의 이름으로 보내는 이 감사의 말씀(3-8절)만을 보면, 골로새 교회는 크게 칭찬을 받아 마땅한 매우 이상적인 교회라고 볼 수 있다. 그러나 과연 골로새 교회는 실제로 그렇게 이상적인 교회였을까? 골로새서 전체가 다루는 내용을 미리 살펴보면, 거짓 교사들의 문제나 윤리적인 문제가 교회 안에 심각한 위기 상황을 연출하고 있다. 그럼에도 불구하고 저자가 서신의 앞머리에서 골로새 성도들을 이처럼 칭찬하는 것은, 그의 의도적인 전략이라고 볼 수 있다. 본격적인 문제를 다루기 이전에 성도들을 치켜세우려는 속셈도 있었을 것이고, 더 중요한 것은 성도들의 이상적인 모습을 제시함으로써 그런 이상적인 교회로 성도들을 격려하며 이끌어 가려고 했을 수도 있다. 물론 골로새 교회도 위기 상황을 드러내기 이전 초기에는 그리고 위기 속에서도 부분적으로는 아름다운 신앙과 사랑의 모습을 보여 주었을 가능성을 배제할 수는 없다.

◆ 설교를 위한 메시지 요약

1. 감사는 오직 하나님께만! 감사의 이유와 근거는 사람들로부터 온다. 그러나 우리가 감사를 드릴 대상은 항상 하나님 한 분뿐이다. 물론 사람들에게 감사할 줄 모르는 그리스도인이 되라는 말이 아니다. 그러나 신앙적으로 우리가 감사할 분은 오직 하나님뿐이다. 모든 사람들을 통하여 섭리하고 역사하시는 분은 하나님뿐이시기 때문이다. 우리 그리스도인들이 주변 사람들에게 감사할지라도, 그 원천적인 감사의 대상은 오로지 하나님뿐이다.

2. 믿음, 사랑 그리고 소망은 우리 기독교 신앙에서 서로 떨어져서 생각할 수 없다. 진정한 믿음은 사랑의 실천으로 나타나야 하며, 진정한 사랑은 단순히 박애주의에 근거한 것이 아니라 예수 그리스도에 대한 믿음에 근거해야 한다. 그리고 믿음은 희망을 낳으며, 희망은 사랑에 힘을 준다. 우리는 희망이 있을 때에만 희생을 감당할 수 있기 때문이다. 또한 사랑은 구체적인 실천이어야 한다. 우리를 향한 하나님의 사랑이 독생자 예수의 십자가 죽음으로 나타났듯이, 다른 사람을 향한 우리의 사랑 역시 그처럼 구체적이어야 한다. 그리스도인의 사랑은 단순히 추상적 표어나 이데올로기가 아니고, 구체적 실천이고 삶이다.

3. 사도와 에바브라의 관계에서 우리는 복음 설교자들의 상호 관계에 관한 메시지를 들어야 한다. 그 둘의 관계는 요즘 말로 하면 담임목사와 부담임목사의 관계라고 할 수 있다. 담임목사와 부담임목사의 설교가 다르지 않다. 문제는 직분이 아니라, 복음 그 자체다. 설교를 통해서 복음이 전파되고 그 복음이 열매를 맺을 때, 그것이 진정한 설교다. 누구의 설교이냐 하는 것도 중요하나, 복음은 인간적 혹은 직분에 매이는 것이 아니라 오히려 설교자가 복음에 매여야 한다. 그것은 설교자가 평신도라고 해도 다르지 않다. 지나친 교권주의는 복음을 얽어매는 잘못을 범할 수 있다. 모든 설교자는 복음의 토대 위에 함께 서 있는 동역자들이다.

4. 하나님에 대한 구체적인 이해가 필요하다. 우리가 믿는 하나님은 예수 그리스도의 아버지가 되시는 하나님이다. 자연신론이나 창조신론, 그리고 관념적 신론으로는 신약성서가 말하는 하나님을 온전히 말할 수 없다. 예수 그리스도 안에서 내 아버지로 만날 수 있는 하나님, 바로 그 하나님이 하나님 이해의 출발점이고 핵심이어야 한다. 이것을 우리는 기독교의 계시 이해라고 한다. 하나님은 자신을 창조 세계 속에도 계시하셨고, 인간의 역사나 양심 속에도, 다른 종교들이나 혹은 위대한 사상가, 도덕가를 통해서도 계시하셨다, 하지만 가장 분명하고도 확실하게 자신을 계시하신 장소는 예수 그리스도와 그분에 관한 말씀 곧 신약성서다. 우리가 예수 그리스도와 신약성서 안에서 만나 알게 된 하나님 이해가 다른 계시의 매체들을 통해서 알게 되는 하나님 이해를 판단하는 시금석이다.

5. 사랑의 행위와 선교의 관계가 중요하다. 6절의 주석이 보여 준다. 사랑의 열매를 맺어야 교회는 성장한다. 사랑의 열매 없는 선교는 성공

할 수 없다. 복음에는 사랑의 행위를 가능하게 하고 복음을 확장하며 교회를 세워 가는 강력한 힘이 들어 있다. 진정한 복음이 선포되는 곳에는 이러한 능력이 나타난다. 오늘 한국 교회의 문제도 바로 이것이다. 교회 내적으로 성도들 사이에 진정한 사랑의 열매를 맺어야 교회 외적으로 봉사와 선교를 할 수 있고, 그리할 때 비로소 교회는 성장한다. 교회 내적인 사랑의 열매 없이 교회 성장의 전략이나 프로그램에만 몰두하는 것은, 복음 안에 있는 힘을 제대로 보지 못한 것이다.

6. 책망보다는 칭찬이 사람들의 마음을 열게 하며, 복음을 잘 받아들이게 한다는 사실도 눈여겨볼 만한 메시지다. 골로새 교회 안에는 책망을 받을 만한 많은 이유들이 있었지만, 저자는 서신의 서두에 그런 책망에 대해서는 전혀 언급하지 않고, 오히려 칭찬으로 서신을 시작한다. 이것은 골로새 성도들의 마음을 열게 하려는 의도적인 수단일 수 있다. 과도한 책망은 사람을 의기소침하게 하고 결국 마음의 문을 닫게 할 수 있다.

3. 1:9-11 골로새 성도들을 위한 중보기도

◆ 본문 사역

9a 그러므로 우리도 들었던 그 날부터 여러분을 위하여 기도하고 간구하기를 쉬지 않습니다. 9b 여러분이 충만해지기를, 그의 뜻을 아는 정확한 지식에 있어서, 모든 영적인 지혜와 통찰 안에서, 10a 행동하기를, 주님께 합당하게, 완전히 마음에 들도록, 10b 모든 선한 일에서 열매를 맺고 또 하나님을 아는 지식에 있어서 자라나도록, 11 모든 능력 안에서 강해지도록, 그의

영광의 힘에 따라서, 모든 인내와 참음을 위하여, 기쁨으로써.

◆ 본문의 문맥, 구조 그리고 특징

감사의 말씀에 이어서 중보의 기도가 나오는 구조는 빌립보서와 유사하다(빌 1:3-11; 살후 1:3-12도 참조). 9절이 3절로 연결되고 있는 것은 분명하다. 3절이 언제나 쉬지 않고 드리는 기도와 감사를 말한다면, 9절 역시 그치지 않는 중보기도를 말한다.

9-11절은 중보기도의 내용을 일목요연하게 정리하기에 쉽지 않은 문장 구조를 갖고 있다. 그리스어의 부정사 구문과 분사 구문이 중첩되어 사용되었기 때문이다. 그러나 특이하게도 본문에는 πας가 다섯 번이나 사용되고 있다. 9.10.11절(2회)에서는 "모든"으로, 10절에서는 "완전히"로 번역되었다. 그러나 개역성서는 "범사에"로 번역한다. πας는 한마디로 이상적인 그리스도인상을 말하며, 저자는 골로새 성도들이 그런 이상적인 그리스도인으로 성장할 것을 바라며 그것을 위하여 중보기도하고 있다.

9a절은 쉬지 않고 기도하고 있다는 사실을 말하고, 9b-11절은 그 기도의 구체적인 내용을 말한다. ινα-문장으로 된 기도 내용은 다음과 같은 병렬적인 구조를 가지고 있다.

a) 하나님의 뜻을 아는 모든 지식으로 충만해지기를(9b절),

b) 주님의 마음에 꼭 드는 행동을 하기를(10a절),

a') 모든 선한 일들의 열매를 맺으며 하나님을 아는 지식이 성장하기를 (10b절),

b') 하나님의 능력을 따라서 모든 인내로써 강건해지기를(11절).

a)와 a')는 모두 지식(επιγνωσις)을 말함으로써 하나님과 그의 뜻을 아는 것이 기도의 중심 내용이고, b)와 b')는 행동하는 능력이 중심이다. 이를 좀 더 단순화해서 말한다면, 골로새 성도들이 하나님의 뜻에 대한 지식을 충분히 가지고 그 지식에 합당하게 행동하는 이상적인 그리스도인들이 되게 해 주시기를 사도는 하나님께 기도한다. 성숙한 신학 지식과 그에 합당한 실천적인 행동, 이 둘은 진정한 그리스도인에게 요청되는 필수 조건이다. 성숙한 신학 지식을 갖게 되면, 주님의 마음에 합당한 행동을 하게 되고, 그러면 다시 신학 지식이 심화되면서 다시 인격과 행동도 강해진다. 더불어 하나님을 아는 바른 지식을 강조한다는 것은, 저자가 이미 여기서도 거짓 교사들과의 싸움을 염두에 두고 있다는 사실을 말한다.

◆ 본문 주석

9a절: **"이로써"**를 통하여 앞의 4절 및 8절로 연결된다. 8절이 말하는 에바브라를 통하여 들은 골로새 성도들에 관한 소식은 4절이 말하는 좋은 믿음과 형제를 향한 사랑이었다. 골로새 성도들의 사랑은 그들 상호 간의 사랑과 다른 형제자매들에 대한 사랑일 뿐만 아니라, 더 나아가 사도와 그의 동역자들에 대한 사랑이기도 했다. **"이로써"**("그러므로"가 더 좋은 번역이다) 이 사랑에 관한 기쁜 소식을 들은 사도는 골로새 성도들을 위한 중보기도로 응답한다. 잘 성장하고 있는 골로새 교회와 성도들이 결국 도달해야 할 목적에 잘 도착할 수 있도록 기도로써 후원하고 싶은 것이 사도의 심정이었다. 사도와 골로새 성도들은 개인적으로는 서로 모르는 관계지만, 사랑과 기도를 주고받는 아름다운 관계를 형성한다(4:3도 참조). **"그치지 아니하다"**라는 과장된 표현이나, **"기도하다"**와 **"구하다"**라

는 비슷한 말을 반복적으로 사용한 것은, 사도가 골로새 성도들을 위하여 얼마나 집중적으로 그리고 간절하게 기도하고 있는지를 강조하기 위한 것이다.

9b절: 기도의 내용이 11절까지 계속되는 접속사(ἵνα) 문장으로 표현된다. 먼저 사도는 골로새 성도들이 하나님의 뜻을 아는 지식으로 충만해지기를 기도한다. 하나님의 뜻이 1:1에서는 바울을 사도로 부르시고 사명을 부여하시는 하나님의 결정을 말하지만, 여기서는 4:12에서처럼 다른 의미를 갖는다. 하나님의 뜻을 어떻게 정확히 알 수 있는가? 오로지 **"모든 신령한 지혜와 총명"**으로써 인간은 하나님의 뜻을 알 수 있다. **"지혜와 총명(통찰)"**은 그 의미를 예리하게 구분할 수 없는 인식론적인 개념으로서, 골로새서에서 반복해 사용된다(1:10; 2:2-3; 3:1-2 참조). **"신령한"**은, 하나님의 뜻은 인간의 합리적인 인식과 이해 범위를 넘어서는 것임을 말한다. 우리에게 계시된 하나님의 뜻은 합리성을 무시하거나 부정하지 않지만, 그 합리성 안에만 국한되는 것도 아니다. 그러므로 하나님의 뜻을 알기 위해서는 인간의 합리성만으로는 불가능하고, 이성을 능가하는 성령의 조명이 필요하다. 여기서 하나님의 뜻을 인식하는 과정이 이처럼 강조되는 것은, 아마도 골로새 교회에 나타난 거짓 교사들과 연관이 있을 것이다. 진정한 복음과 거짓 교사들의 유혹을 구분하기 위해서는 인간적인 지혜와 이성도 필요하지만, 더 나아가서 "신령한 지혜와 총명" 곧 하나님의 영이 주는 지혜와 총명이 반드시 필요하다.[42]

하나님의 영이 주는 지혜와 총명으로 알아야 하는 **"하나님의 뜻"**은 무엇인가? 두 가지로 설명할 수 있다. 먼저 2:2-3에 의하면, 하나님의 비밀인 예수 그리스도 자신이 하나님의 뜻이다(1:27도 참조). 그러므로 예

---

42) 오브라이언, 103.

수 그리스도 안에서 인간을 구원하는 것이 하나님의 뜻이다. 다음으로 3:10에 따르면, 하나님의 뜻은 윤리적인 선행을 행하는 것이다. 여기서 하나님의 뜻은 옛 사람의 존재와 행실을 벗어버리고 새사람을 입은 그리스도인이 추구하는 가치관이고 그에 따라서 사는 것이다. 하나님의 뜻은, 신학적으로는 예수 그리스도를 알아서 구원을 받는 것이고, 윤리적으로는 새사람의 가치관에 따라서 사는 것이다. 이러한 하나님의 뜻을 아는 것은 인간의 지적이고 의지적인 노력으로만 되는 것이 아니라, 하나님이 베푸시는 은혜요, 성령의 조명이다. 그러기 때문에 사도는 중보기도를 한다. 구약성서와 유대인들도 하나님의 뜻을 알게 해 달라고 기도했다(출 28:3; 35:31; 시 143:10; 렘 5:5; 호 5:4; 시락서 17:7). 지식, 지혜 그리고 통찰 등과 같은 개념들은 고전 그리스 철학이나 스토아 철학 그리고 유대교의 쿰란 문헌 및 영지주의 등에서도 매우 자주 그리고 중요하게 사용되었다. 골로새에 나타난 거짓 교사들은 이들을 모두 섞어 인간적인 차원의 심오한 지식을 만들어서 성도들을 유혹했다. 저자는 이러한 거짓 교사들의 혼합주의적인 주장에 맞서서, 오직 그리스도 안에서 인간을 구원하시려는 하나님의 뜻에 대한 바른 지식으로 충만해지기를 기도한다. 거짓된 지식에 맞서서 진정한 신학 지식을 갖추어야 한다. 진정한 지식만이 거짓된 지식을 물리치고, 그에 합당한 행동을 가능하게 하기 때문이다. 합리적인 지식은 인간의 지적인 노력에 의해서 채워질 수 있지만, 하나님의 뜻을 아는 것은 합리적이고 이성적인 노력만으로는 불충분하다. 하나님의 뜻을 아는 진정한 지식은 오로지 하나님에 의해서만 채워질 수 있다. 때문에 저자는 여기에서 골로새 성도들에게 하나님의 뜻을 똑바로 알라고 명령하는 것이 아니라, 하나님께서도 그들에게 하나님의 뜻을 바르게 알게 해 주시기를 기도하고 있다.

10a절: 첫 번째 기도 내용이 영적인 지식에 관한 것이었다면, 두 번째 기도 내용은 올바른 행동에 관한 것이다. 골로새 성도들이 **"주께 합당하게, 범사에 기쁘시게 행동하도록"** 하나님께서 그들을 인도해 주실 것을 기도한다. **"행하다"**라는 부정사 표현(περιπατησαι)은 목적을 나타내는 부정사다. 행동하는 것이 목적이다. 9b절과 연결하면 중요한 의미가 생겨난다. 9b절에서 사도가 성도들이 온전한 지식을 갖도록 기도했다면, 그 온전한 지식은 반드시 행동하기 위한 지식이어야 한다는 뜻이다. 반대로 올바른 행동은 하나님의 뜻에 대한 온전한 지식에 근거해야 한다. 골로새 교회에 나타난 거짓 교사들의 혼합주의적인 지식은 행동을 수반하지 않은 이론적인 유희였다. 그들은 많은 신비한 지식을 자랑했으나, 그들의 행동에는 열매가 없었다. 행동의 기준은 **"주"**, 곧 예수 그리스도다(2:6 참조). 초대 교회의 성도들은 세례를 받음으로써 예수를 "주님"이라고 부르며, 주님의 종이 되었다고 믿었다. 그러므로 **"주께 합당하게"** 행동하는 것은 세례 교육을 받을 때 배웠던 예수 그리스도에게 합당하게 행하는 것을 말한다. 덧붙여진 **"범사에 기쁘시게 하고"**의 "범사에"는 "온전히"로 번역하는 것이 적절하다. 성도들은 주님께 "온전히 마음에 들도록" 행동해야 한다는 것이다. 적당히 혹은 어느 정도로 주님의 마음에 들도록 행하는 것이 아니라, 온전히 주님의 마음에 들게 행동해야 한다. **"기쁘시게 하고"** 혹은 "마음에 드는"으로 번역된 그리스어(αρεσκεια)는 신약성서에서 오직 이곳에 한 번 사용되는데, 부정적으로 사용될 때에는 "알랑거리다, 아부하다, 굽실거리다"를 의미하고(골 4:22의 ανθρωπαρεσκοι 참조), 하나님 혹은 주님과 연결될 때에는 "마음에 드는"이라는 긍정적인 의미를 갖는다.[43] 주님께 합당한 삶은 "단순히 사람의 인정을 받는 것이 아니라, 하늘에 계신 진정한 주님의 인정"[44]을 받는 삶이다. 주님은

---

43) 오브라이언, 104.

모든 행동에 대한 최후의 심판을 하시는 분이기 때문이다.

10b절: 10b절은 9b절과 10a절이 말한 두 가지 기도 내용을 종합하고 있다. 먼저 **"모든 선한 일에서 열매를 맺음"**은 10a절을, 그리고 **"하나님을 아는 지식에 있어서 자라남"**은 9b절을 반복한다. 그러므로 9b-10b절은 교차법(Chiasm) 구조로 되어 있다.[45]

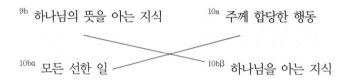

열매 맺음과 자라남은 1:6에서처럼 자연적인 현상과는 반대의 순서로 나온다. 물론 1:6에서 그 두 표현은 윤리적인 행위를 넘어서는 선교적인 열매와 자라남을 말하지만, 여기서는 윤리적으로 선한 행위와 신학적인 지식의 심화를 말한다. 열매를 맺는 것은 윤리적인 선을 행하는 것이고, 자라나는 것은 하나님을 아는 신학적 지식의 심화다. 선행의 열매를 맺는 것과 신앙적인 지식이 깊어지는 것이 굳게 결합되어 있다. 하나님의 뜻을 아는 진정한 지식은 선한 행위의 열매를 맺어야 하고, 반대로 선행을 할 때 하나님의 뜻을 아는 지식은 더 풍성해진다. 우리가 흔히 사용하는 지행일치(知行一致)라는 말을 상기시킨다. 하나님의 뜻을 아는 것과 그것을 행동으로 옮겨 선행의 열매를 맺는 것은 인간의 힘만으로는 불가능한 일이다. 오로지 하나님의 영이 작용할 때만 가능하다. 그러므로 저자는 그것을 위하여 기도한다.

---

44) P. Pokorny, 40.
45) J. Gnilka, 42 각주 19와는 다른 구조 분석이다.

11절: 하나님의 뜻을 아는 것과 그것을 행동으로 옮겨 선행의 열매를 맺는 것이 인간의 힘으로는 불가능하기에, 여기서 저자는 하나님께 **"하나님의 영광의 힘을 따라 모든 능력으로 능하게"** 해 주실 것을 기도한다. 에베소서 6:10-17이 성도의 삶을 영적인 전쟁으로 규정하고, 오로지 하나님의 전신갑주를 입을 때만 승리할 수 있다고 가르치는 것도 같은 차원의 교훈이다. **"힘"**, **"능력"**, **"능하게 하시고"**와 두 번이나 반복되는 **"모든"** 등과 같은 조금은 과장되고 중복되는 표현 등도 하나님의 능력을 강조한다. **"영광"**은 하나님의 종말론적인 현존을 말한다. 하나님이 현존하시는 곳에 하나님의 영광이 나타나고, 하나님의 힘과 능력이 나타난다. 하나님의 이러한 영광의 힘은 예수 그리스도를 죽은 자들 가운데서 일으키셨고(1:19; 엡 1:19-20), 성도들로 하여금 그리스도의 승리에 참여하게 한다. 하나님의 능력은 죄로 인하여 죽을 수밖에 없는 인간의 상황을 완벽하게 변화시켜서 구원하는 능력이다. 하나님의 이러한 능력이 성도들에게는 실천적인 차원에서 **"모든 견딤과 오래 참음"**으로 나타난다.[46] 이 견딤과 오래 참음은 전쟁터에서 어떠한 어려운 상황에도 불구하고 자기의 위치를 굳게 지켜야 하는 군인의 자세를 말한다. 그렇다면 성도들은 무엇을 견디고 오래 참아야 하는가? 당연히 믿음이다. 믿음이 지키기 어렵고, 그래서 포기하고 싶은 유혹이 아무리 강하게 들지라도, 인내로써 그 믿음을 지켜야 한다. 골로새 교회 성도들의 상황에서는 거짓 교사들의 유혹이 너무 강해서, 그리고 세속적인 세계로부터의 압박과 유혹이 너무 심해서 에바브라로부터 배운 복음과 믿음을 버리고 거짓 교사들의 유혹에 넘어가고, 세상으로 빠져들고 싶은 위기에 있을지라도 인내로써 견디며 복음과 믿음을 굳게 지켜야 한다. 사도는 이를 위하여 하나님께

---

[46] "견딤"과 "오래 참음"이라는 두 개의 덕목에 대한 더 구체적인 해설은 조경철, 「설교자를 위한 에베소서 주석」, 227-229 참조.

간절히 기도한다.

견딤과 참음은 하나님의 덕목이며 은사이기 때문에, 하나님의 능력 안에 있는 사람은 억지로, 마지못해서 견디고 참는 것이 아니라, **"기쁨으로"** 곧 적극적이며 능동적으로 견디고 참는다. 기쁨도 역시 성령의 열매다(갈 5:22). 그러므로 견딤, 참음, 기쁨은 모두가 하나님의 능력 안에 있을 때에 가능한 은사들이다. 주석 작업에서는 **"기쁨으로"**를 어디로 연결할 것이냐에 대한 논란이 있다. 12절의 "감사하라"로 연결해서 "기쁨으로 감사하라"고 해석하는 학자들도 많이 있다.[47] 그러나 갈라디아서 5:22; 로마서 12:12; 데살로니가전서 1:3-6 등에서도 인내와 기쁨이 연결되어 있는 것을 볼 때 견딤과 참음으로 연결해서, 기쁨으로 견디고 참아 내라는 뜻으로 해석하는 것이 더 타당해 보인다.

◆ 설교를 위한 메시지 요약

1. 사랑과 기도의 교제: 사도는 골로새 성도들의 믿음, 사랑, 소망에 관한 소식을 들은 그 날로부터 그들을 위하여 쉬지 않고 중보의 기도를 했다. 서로를 위한 중보기도는 그리스도인들이 서로 나눌 수 있는 최고의 사랑 표현이다. 사랑은 서로를 위한 중보기도로 나타나야 한다.

2. 진정한 지식과 행동에서 항상 자라야 한다. 거짓 교사들은 신비한 지식을 자랑하며 가르쳤다. 고대 교회의 이단으로 정죄된 영지주의자들도 자신들이 영적인 지식을 소유하였다고 자랑하였다. 그러나 그들은 말

---

47) M. Dibelius, E. Lohse, J. Gnilka, A. Lindemann, 오브라이언 등이 그렇다. Nestle-Aland의 27판 그리스어 신약성서 본문도 그런 연결을 찬성하고 있는 것 같지만, 우리말 개역성서는 분명하게 견딤과 오래 참음으로 연결해서 번역한다. E. Schweizer, P. Pokorny, R. Hoppe 등이 그렇다.

로만, 머리로만 지식을 자랑했을 뿐이고, 행동에 있어서 지식에 합당한 열매를 맺지 못했다. 마태복음 7:21-22에서 예수께서 말씀하시듯이, 예수를 주님이라고 아는 것만으로는 부족하고 주님의 뜻을 실천해야 하나님의 나라에 합당하다. 교회와 성도들은 영적인 지식에 있어서 끊임없이 자라나야 하고, 동시에 행동의 열매를 맺어야 한다. 하나님의 뜻을 아는 것은 하나님의 영의 활동에 의한 것이며, 하나님의 영은 항상 삶 속에서 역동적으로 작용한다.

3. 기쁨으로 견딤과 오래 참음: 교회와 성도들이 열매를 맺고 자라나 갈 때, 가로막는 방해 요소들이 많다. 골로새 교회와 성도들의 입장에서는 거짓 교사들의 이단적인 가르침, 세상의 안락, 그리고 세속적인 쾌락의 유혹이 그것이었다. 오늘의 그리스도인들에게는 문화의 이름으로 다가오는 세속화, 경제의 이름으로 다가오는 가치관의 혼란이라고 할 수 있다. 이런 혼란을 극복하기 위해서는 인내가 필요하다. 구원의 기쁨으로 가득 찰 때 우리는 인내할 수 있다. 이를 위하여 서로 중보의 기도로 교제를 나누어야 한다.

4. 1:12-14 두 번째 감사

◆ 본문 사역

¹²ᵃ 우리는 아버지께 감사합니다. ¹²ᵇ 그는 여러분을 빛 가운데 있는 성도들의 유업에 참여할 수 있게 해 주셨습니다. ¹³ 그분은 우리를 어둠의 권세로부터 구원해서 그의 사랑하는 아들의 나라로 옮기셨습니다. ¹⁴ 그 아들 안

에서 우리는 구원 곧 죄들의 용서를 얻었습니다.

◆ 본문의 문맥, 구조 그리고 특징

3절의 감사에 이어서 여기에서 두 번째로 감사가 나온다. 그리스어 구문으로 12a절은 감사의 대상인 아버지에 대해 말하고, 12b-14절은 감사해야 할 이유를 말한다. 1:9-20은 그리스어로는 한 문장이다. 여기에는 수많은 관계대명사, 분사 구문들이 연결되어 있다. 이들을 어떻게 구분해서 이해하고 번역할 것이냐에 대해서는 많은 논란이 있다.

12b-14절에 의하면, 그리스도 안에서 하나님으로부터 받은 구원에 대한 확신이 감사의 근거다. 12b-13절은 하나님의 구원을 과거 시제로 말하고, 14절은 그의 아들 곧 예수 그리스도 안에서 성도들이 받은 용서를 현재 시제로 말한다. 이 감사를 골로새서의 핵심 문제인 거짓 교사들과의 논쟁과 연결해서 살펴보면, 본문은 성도들이 구원의 확신에 근거해서 감사함으로써 그들의 유혹을 물리칠 수 있다고 말한다.

골로새 성도들은 12b-14절에서 말한 구원 사건을 세례 받을 때 경험하고 확신하였다. 신약성서에서 세례는 그리스도 안에서 일어난 하나님의 구원 사건을 체험하여 자기의 주체적인 구원으로 확신하는 사건이다. 그것은 이미 바울 이전부터 형성된 세례 신학의 핵심이었다(롬 3:24; 고전 1:30 참조). 학자들은, 골로새서의 저자가 12-14절을 스스로 말했는가 아니면 그에게 주어진 초대 교회의 어떤 세례 전승의 한 부분을 인용하고 있는가에 대해서도 논란을 벌인다.[48] 그러나 12-14절이 전체적으로 저자가 인용하고 있는 전승의 한 부분이라는 확실한 증거는 없고, 단지 세

---

48) 이에 대한 논의는 E. Käsemann, "Eine urchristliche Taufliturgie" 외에도 R. Derichgräber, *Gotteshymnus, und Christushymnus* 78-82; Chr. Burger, *Schöpfung* 68-70; J. Gnilka, 45-46 등을 참조.

례 전승의 조각들을 사용하고 있다고 할 수 있다.

◆ 본문 주석

12a절: 3절에 이어서 두 번째로 감사를 말하는 이 단락은 분사 구문
으로 시작함으로써 형식적으로는 9-11절의 중보기도와 연결되어 있다.
그러므로 이 감사는 형식상 기도의 한 부분이고, 이 분사를 – 대부분의
번역 성서들처럼 – 명령이나 촉구로 번역할 수 있다.[49] 그러나 형식적
으로 연결된 주동사가 9절의 "기도하기를 쉬지 않다"라면, 위 사역에서
보듯이 12a절은 "우리는 아버지께 감사한다."라는 확언적인 서술문으로
번역할 수도 있다.[50]

만일 여기서 사도가 수신자들이 감사할 수 있기를 기도한다면, 감사
는 아무나 하는 것이 아니라 하나님이 감사할 수 있게 하실 때만, 하나
님께 감사할 수 있다는 뜻이 될 것이다. 사도가 3절에서 하나님께 감사
를 드렸듯이, 이제 성도들도 사도를 본받아 하나님께 감사할 수 있게 해
달라고 기도한다. 하나님을 향한 감사는 아무나 할 수 있는 것이 아니라
성령의 도움으로만 할 수 있는, 성도들의 특권이다. 감사하는 성도가 되
도록 기도해야 한다. 성도들이 감사해야 할 대상은 **"아버지"**다. 아버지
는 위 3절이 말하듯이, 그리고 13절에서 예수를 "그의 아들"이라고 말한
것에서도 볼 수 있듯이, "예수 그리스도의 아버지"다. 성도들은 오직 예
수 그리스도를 통해서만 하나님을 아버지라고 부를 수 있다.(위 3절의 주
석을 참조)

---

49) E. Lohse, 66 각주 1; J. Gnilka, 44; P. Pokorny, 42; 천주교 200주년 기념 신약
　　성서는 "감사드리시오"라고 아예 명령형으로 번역한다. 개역과 표준새번역 그리고 공
　　동번역 성서 등은 "원하노라" 혹은 "바랍니다"로 촉구하는 기도의 연속으로 번역한다.
50) H. Conzelmann, M. Wolter 등이 그렇다.

12b절: 성도들이 아버지께 감사를 드리기 위해서는 그 아버지가 구체적으로 누구시며 또 어떤 일을 행하셨는지 알아야 한다. 12b절은 분사구문을 통해서, 13절은 관계대명사 문장을 통해서 아버지가 누구시며 무엇을 행하셨는지를 설명한다.

아버지는 **"너희를"**[51] 성도의 기업에 참여하기에 **"합당하게 하신"** 분이다. "합당하게 하신"으로 번역된 그리스어는 "능력이 있게 하는"으로도 번역할 수 있다. 하나님께서는 골로새 성도들을 새로운 차원의 삶을 살아갈 수 있도록 신분을 변화시켜 주셨고, 그에 합당하게 살아가도록 힘을 부어 주셨다. 그러므로 "합당하게 하셨다"는 말은 일차적으로 구원론적인 개념이다. 이 동사가 과거형으로 사용된 것으로 볼 때, "합당하게 하신" 사건은 하나님께서 이미 행하신 구원 사건, 그것도 유일회적인 사건을 말한다. 아마도 세례 사건을 말하는 것으로 볼 수 있다. 성도들은 유일회적으로 세례를 받음으로써 그리스도 안에서 일어난 하나님의 구원 사건에 참여하고, 새로운 사람으로 변화되어 하나님의 약속된 기업에 참여하기 때문이다.

"기업"으로 번역된 단어는 원래 법적인 개념으로, 누구의 재산에 지분을 가지고 있다는 것을 의미한다(창 31:14). 이 개념은 구약성서에서 구원을 의미하는데(신 10:9), 특히 가나안 땅 점령 후에 약속된 땅을 받는 것을 의미했다(수 13:7). 그런데 나중에 유대교에서는 종말에 하나님으로부터 받게 될 축복을 의미했다.[52] 쿰란 공동체에서는 자기 공동체에 가입하는 사람이 "기업"을 받게 된다고 가르쳤다. 신약성서에서도 "기업"은 그러한 종말론적인 구원을 의미한다.[53] **"기업의 부분"**이라는 표현은 그

---

51) 어떤 사본들은 "우리를"로 읽는다(A, C, D, F, G 등). 우리말 개역성서도 "우리"로 읽는다. "너희"가 더 오래된 본문이다(ℵ, B 등). "우리"가 문맥상 더 매끄럽기 때문에 후대의 개정으로 볼 수 있다.
52) 단 12:13; 지혜서 5:5; 1QS 2:2; 11:7; 1QM 13:5; 에디오피아 에녹서 34:4; 39:8 등. A. R. Bevere, *Sharing in the Inheritance*, 143-146 참조.
53) 막 10:17; 마 5:5; 고전 6:9-10; 15:50; 갈 3:29; 5:21 등.

냥 "기업"이라고 할 수 있는 것을 유사한 단어 둘[54])을 의도적으로 묶어서 확장시킨 표현으로, 골로새서 저자의 문체적인 특징에 속한다. 하나님은 골로새 교회의 성도들로 하여금 종말론적인 구원을 받을 수 있게 하셨다. 즉 골로새 성도들은 그들 스스로의 힘이나 노력으로 구원을 쟁취한 것이 아니라, 전적으로 하나님으로부터 받은 은혜의 선물로 구원을 받았다. 인간에게는 자신의 구원을 쟁취할 수 있는 힘도, 자격도 없다. 그러므로 그들이 하나님 아버지께 감사하는 것은 너무도 당연한 것이다.

골로새 성도들이 하나님 아버지로부터 받은 종말론적인 구원은 "**빛 가운데서**[55) **성도들의**" 기업이다. 구약성서에서 성도란 거룩하신 하나님께 속한 사람으로, 하나님의 보호를 받는 사람을 말한다(출 19:6). 그러나 여기서 말하는 "성도"가 구체적으로 누구를 말하는 것인지 확실하지 않다. 천사를 말한다는 의견도 있고,[56) 혹은 죽은 그리스도인들을 말한다는 의견도 있으며,[57) 하나님의 백성으로서 그리스도인들을 말한다는 의견도 있다.[58) 또 이방인 그리스도인들과 대조되는 유대인 그리스도인들을 말한다는 의견도 있고, 혹은 매우 포괄적으로 교회를 의미한다고 해석하는 학자도 있다.[59) 1:2에 의하면, 골로새 교인들이 "성도들"이라고 일컬어지며, 이는 초대 교회 그리스도인들의 자기 이해에 근거한 자기 호칭이었다. 그들은 스스로를 성도라고 부른 것이다. 반면에 유대교, 특히 묵시문헌에서는 하늘에서 하나님의 보좌를 둘러싸고 있는 천사들을

---

54) 기업(κληρος)과 부분(μεριϲ)은 비슷한 말이기 때문이다.(신 10:9; 12:12; 14:27,29; 18:1; 수 19:9; 렘 13:25 LXX 참조)
55) 우리말 개역성서 본문은 "빛 가운데서"라고 번역하나 표준새번역처럼 "빛 가운데 있는"으로 번역하는 것이 더 적절하다. 공동번역은 "광명의 나라"라고 아예 의역을 해서 "성도"가 아닌 "상속"과 연결한다.
56) E. Lohse; J. Gnilka; R. Derichgräber, *Gotteshymnus und Christushymnus*, 80-81.
57) H. Conzelmann.
58) M. Dibelius, J. Ernst, 오브라이언.
59) E. Schweizer.

성도라고 불렀다.[60] 에베소서 1:18이나 2:19 등과 연결해서 볼 때, 골로 새서의 이 구절에서도 "빛 가운데 있는"과 결합된 "성도"는 천사를 의미 하는 것 같다. 천사들은 하나님의 보좌 주위에 있는데, 이곳은 빛의 영역이다. 빛은 하나님 주변에 있는 구원의 영역을 말한다(사 60:19-20; 계 22:5). 인간은 예수 그리스도의 이름으로 세례를 받고 믿음을 고백함으로 써 그러한 빛의 영역으로 옮겨진다(엡 5:8-14 참조). 그러므로 그리스도인 들은 이미 지금 천사들이 거주하고 있는 빛의 영역으로 옮겨졌고, 그곳 에 있는 영원한 생명에 참여했기 때문에(골 2:12) 스스로를 "성도"라고 부를 수 있다. 빛 가운데 있다는 점에서 하늘의 천사들과 세상의 성도들은 동일한 영역에 있는, 곧 약속된 기업에 함께 참여한 존재다.

13절: 12절의 "아버지"를 선행사로 하는 관계대명사 문장으로 시작하는 이 구절은 하나님의 능력이 골로새 성도들에게 나타나서 일으킨 구원의 구체적인 과정을 공간적인 이동 과정으로 생생하게 묘사한다. 먼저 아버 지는 우리를 "흑암의 권세"로부터 "아들의 나라"로 옮기셨다. 그러므로 하나님은 우리의 구원자다. "건져내다"를 의미하는 그리스어 동사는 시편과 이사야서에서는 하나님의 구원 행동을 말하며, 바울은 자신이 처한 고통 으로부터 건져내신 하나님을 찬양하고(롬 15:31; 고후 1:10) 또 미래의 구원 을 말하기 위하여 자주 사용했다(살전 1:10; 고후 1:10; 롬 7:24; 11:26). 그러 나 바울이 다른 주요 서신들에서 미래의 사건으로 말하는 하나님의 구원 을, 골로새서는 과거 동사를 사용해서 이미 지금 일어난 사건으로 말한다.
"흑암의 권세"는 인간을 지배하고 있는 죄와 죽음의 세력이다. 모든 인간은 이 흑암의 권세 아래서 죄와 죽음의 운명에 처해 있다. 예수께서 는 그의 십자가 죽음과 부활을 통해 이 죄와 죽음의 세력을 이기셨다.

---

60) 1QS 11:7-8; 1QH 11:11-12; 에디오피아 에녹서 51장.

예수의 십자가와 부활 사건 곧 죄와 죽음에 대한 그리스도의 승리는 골로새 성도들이 그리스도의 이름으로 세례를 받는 순간 그들의 승리가 되며, 그래서 그들은 흑암의 권세에서 해방되어 아들이 다스리는 새로운 차원의 삶으로 옮겨간 것이다. 물론 궁극적인 해방은 종말에 완성되겠지만, 이미 지금 여기서 예수의 십자가와 부활을 믿고 세례를 받음으로써 그 해방은 확실한 것이 되었다. 그러므로 **"건져냈다"**는 종말에 일어날 일이면서도 여기서는 부정과거형 표현으로 사용되었다.

그런 후에 하나님은 **"그의 사랑하는 아들의 나라로"** 우리를 **"옮기셨다."** 주거지의 이동 곧 이사를 의미하는 "옮겼다"는 과거형 표현도 위의 다른 과거형 동사들과 같은 의미를 갖는다. 원래는 "옮기실 것이다"는 미래형이 사용되어야 하지만, 구원의 확실성을 강조하게 위하여 과거형 표현을 사용한 것이다. 종말에 아들의 나라로 우리가 옮겨질 때 우리의 구원은 완성되는 것이지만, 이미 지금 믿음 안에서 우리는 그 구원을 현재의 것으로 확신한다. **"그의 사랑하는"** 곧 하나님이 사랑하시는 **"아들의 나라"**라는 표현이 특이하다. 바울의 문헌 군에서 이와 유사한 표현은 이곳과 에베소서 5:5 그리고 고린도전서 15:24-28에서만 찾아볼 수 있다. 하나님이 사랑하셔서 죽음의 권세로부터 다시 살리신 아들 예수는 하나님의 오른편 보좌에 오르셨다(골 3:1; 엡 1:20). 하늘의 보좌에서 예수 그리스도는 세상 만물을 다스리고 계신다. 그러므로 "아들의 나라"를 말할 수 있다. 하나님이 아버지로 불리고 존중받게 되는 곳에서 아들의 나라는 이미 현재적이다. 또 아들이 "주님"으로 고백되는 곳에서도 아들의 나라는 현재적이다. 아들의 나라는 12절이 말한 "빛 가운데" 있는 삶의 영역과 같은 곳이고, 현실적으로는 교회를 말한다. 교회는 그리스도의 몸이기 때문이다.(1:18, 24)

12-13절에서 하나님의 구원 행동을 말하는 동사들이 모두 과거에 단

한 차례 일어난 사건을 말하는 과거(Aorist) 시제로 되어 있는 것("합당하게 하셨다"; "건져냈다"; "옮기셨다")은 하나님의 구원 행동을 세례 사건과 관련해서 말하기 때문이다. 단 한 번의 세례를 받음으로써 그리스도인들은 하나님의 구원 행동에 참여하며 교회의 일원으로 받아들여졌다. 초대 교회에서 세례는 세상의 나라("흑암의 권세")에서 하나님의 아들의 나라로 이사하는 것으로 여겨졌고, 그러한 이사는 단 한 번으로 족한 것이었다. 그리스도인들은 예수 그리스도와 연합하여 세례를 받음으로써 아들의 나라로 이사하는 하나님의 종말론적인 사건에 참여하였다(2:12). 아들의 나라로 거처를 옮긴 성도들은 이제는 결코 그 이전의 흑암의 권세가 지배하는 나라로 되돌아갈 수 없으며, 오히려 이제부터 아들의 나라의 법과 질서 그리고 가치관에 따라서 살아가야 할 의무와 능력을 동시에 받았다. 그러므로 과거 시제로 언급된 구원의 확신은 현실을 도외시하는 열광주의로 빠지는 것이 아니라, 지금부터 새로운 사람으로, 새로운 가치관에 따라서 살아가야 할 당위성과 가능성을 강조하는 것이다(3:1 이하 참조). 아들의 나라로 거처를 옮긴 성도들은 아버지 이외의 다른 신들이나 혹은 영적인 존재들을 숭배하는 과거의 위치로 결코 되돌아갈 수 없다고 말하는 13절에서 거짓 교사들에 대한 날카로운 반대 논조를 다시 한 번 읽을 수 있다.[61]

14절: 이 구절은 13절이 말한 흑암의 권세에서 건져내서 아들의 나라로 옮긴 하나님의 구원 사건을 **"그 안에서"**[62] 곧 하나님의 아들 안에서 일어난 속량, 즉 죄의 용서라고 말한다. 여기서 죄의 용서와 동일시되며 **"속량"**으로 번역된 그리스어(απολυτρωσις)는 일반적으로 노예나 포로를 무

---

61) M. Dibleius-H. Greeven.
62) 우리말 개역성서는 그 의미를 살려 "그 아들 안에서"로 번역하고 있는 것은 적절한 것이다.

력으로 혹은 금전적인 대가를 치르고 해방시킨다는 의미다.[63] 이 단어
는 구약성서에서 죄의 용서라는 의미로 사용되었고(시 129:8-9 LXX λυτρω
σις), 초대 교회에서는 이 단어를 예수 그리스도의 대속적인 죽음의 효력
을 말하기 위한 중요한 신학적 용어로 사용하였으며(막 10:45), 나중에는
골로새서의 이 구절이 명백하게 보여 주듯이, 예수 그리스도의 이름으로
세례를 받음으로써 얻게 되는 용서(αφεσις)를 의미하게 되었다(엡 1:7.
13-14; 벧전 1:18 등). "속량"과 "용서"는 이미 구약성서에서도 함께 결합해
사용하였다(시 129 LXX; 사 44:22). 십자가 사건이나 세례는 유일회적인
사건이기 때문에 12b-13절에서 과거 동사를 사용했지만, 그로 인하여
일어난 용서의 효력은 영원히 현재적이기 때문에 14절에서는 현재 동사
를 사용하였다.

구약성서나 신약성서에서는 하나님과 인간 사이의 관계가 회복되는
오직 유일한 길은 하나님께서 인간의 죄를 먼저 은혜로써 용서해 주시는
것이다. 죄의 용서 없이 인간은 하나님과 올바른 관계를 맺을 수 없다.
인간은 스스로의 힘으로는 용서받을 길이 없다. 하나님은 예수 그리스도
안에서 인간을 먼저 용서하셨고, 하나님의 용서를 믿음으로 받아들일 때
인간은 드디어 죄를 고백할 수 있게 된다. 하나님의 용서는 인간의 죄의
고백이 가져오는 열매가 아니라, 하나님의 용서가 인간으로 하여금 비로
소 죄를 고백하게 한다.[64] 그러므로 인간의 죄 용서는 하나님의 용서가
나타난 예수 그리스도, 특히 그의 십자가 죽음과 뗄 수 없이 밀접하게
결합되어 있다. 즉 죄의 용서는 오로지 "그 아들 안에서"만 일어날 수
있는 것이다. 이처럼 은혜로써 받은 용서는 형제와 이웃을 용서하는 것

---

63) 출 6:6; 15:13; 신 7:8; 9:26(모두 LXX) 등은 출애굽 사건, 곧 하나님이 애굽의 종살
이에서 이스라엘을 해방시킨 사건을 이 단어로써 말한다.
64) 이러한 용서의 의미는 용서에 관한 예수의 말씀이나 비유들에서 매우 분명하다. 이에
대해서는 조경철, 「예수와 하나님 나라의 윤리」, 267-288 참조.

으로 나타나야 한다(3:13). "그 아들 안에서" 일어난 죄의 용서를 받고, 형제와 이웃에게 용서를 베푸는 사람만이 하나님의 "사랑하는 아들의 나라"에 합당한 백성이 될 수 있다.

◆ 설교를 위한 메시지 요약

1. 하나님 아버지를 향한 감사는 아무나 할 수 있는 것이 아니다. 아무나 할 수 있는 것이라면, 사도가 감사할 수 있게 해 달라고 기도를 하겠는가? 감사는 구원받았음에 대한 절절한 심정이 넘쳐날 때 비로소 가능한 것이다. 성령의 도우심 없이 우리는 하나님 아버지께 감사할 수 없다. 하나님께 감사한다는 것은 그리스도인의 엄청난 특권이다. 하나님께 감사한다는 것은, 자신이 구원을 받고 죄의 용서를 받아서 전혀 새로운 사람이 되었다는 깊은 믿음에서 우러나는 것이다. 새사람이 되었다는 표시가 하나님께 드리는 감사다. 우리는 감사할 수 있는 사람이 되게 해 달라고 기도하고, 항상 감사할 줄 아는 그리스도인이 되어야 한다.

2. 구원의 확신은 그에 합당한 고백과 삶을 요청한다. "건져냈다"나 "옮기셨다"는 과거형 표현은 미래에 대한 소망의 여지를 남겨 놓지 않고, 이미 지금 여기서 모든 것이 완성되었다는 식의 열광주의적인 구원 이해를 말하지 않는다. 그러한 구원의 확신은 오직 예수 그리스도 안에서만 고백될 수 있다. 그러므로 여전히 미래는 열려 있다. 구원의 확정은 미래의 몫이다. 그러나 예수 그리스도 안에 있을 때, 그 확정된 미래는 이미 오늘의 삶의 내용을 규정한다. 그 미래에 걸맞는 오늘의 삶을 요구할 뿐만 아니라, 가능하게 한다는 뜻이다. 구원에 대한 확신은 이단자들의 유혹을 이겨 낼 수 있게 할 뿐만 아니라, 오늘의 삶을 구원에 정향된 의

로운 삶이 되게 하는 힘을 갖는다. 그것이 바로 복음서가 전해 주는 예수의 하나님 나라 선포이기도 하다.

　3. 모든 인간은 흑암의 권세 곧 죄와 죽음의 권세 아래 있다. 그러므로 구원은 죄와 죽음의 권세로부터의 해방이고, 죄의 용서다. 그리고 죄 용서는 오직 예수 그리스도 안에서 하나님만이 주실 수 있는 은혜다. 흔히 회개해야 죄 용서가 주어진다고 말하는 사람들이 있다. 그러나 그것은 예수와 신약성서의 근본적인 메시지는 아니고, 세례 요한이나 유대교의 메시지일 따름이다. 죄의 용서는 인간이 회개하기도 전에, 아니 인간이 죄를 인식하기도 전에 하나님이 먼저 베풀어 주시는 은혜다. 그것이 바로 예수님의 성육신의 의미기도 하며, 예수님이 선포한 하나님 나라기도 하며, 잃은 양, 잃은 동전, 잃은 아들을 다시 찾은 주인이나 아버지의 비유가 주는 메시지며, 예수님의 십자가 사건의 의미기도 하다. 어느 인간이 죄를 고백하고 회개하였기 때문에 그를 위하여 예수님이 십자가에 달려서 피를 흘렸는가? 그렇지 않다. 아무도 스스로가 죄인인 줄도 몰랐을 때, 예수님은 십자가에 달려서 인간의 죄인 됨을 깨우치고 용서해 주셨다. 인간은 하나님의 용서를 받을 때에 비로소 자신이 죄인임을 깨닫고 죄를 고백하며, 하나님이 베푸신 용서의 은혜 안으로 들어가며, 그 은혜에 보응하는 삶을 살 수 있게 된다. 그러므로 은혜로 용서를 받은 사람이 하나님 앞에서 할 수 있는 것은 오직 감사하는 삶뿐이다.

II

1:15-2:23
우주의 주권자 - 예수 그리스도

5. 1:15-20 오직 그리스도!(그리스도 송가)

◆ 본문 사역

¹⁵ 그는 보이지 아니하는 하나님의 형상이며, 모든 피조물보다 먼저 나신 분입니다. ¹⁶ 왜냐하면 만물이 그 안에서 창조되었기 때문입니다. 하늘에 있는 것이나, 땅에 있는 것이나, 보이는 것이나 보이지 않는 것이나, 왕권들이나 주권들이나 통치자들이나 권세들이나, 만물이 모두 그를 통하여 그리고 그를 향하여 창조되었습니다. ¹⁷ 또한 그는 만물보다 먼저 계셨으며 그리고 만물이 그 안에서 존재합니다. ¹⁸ 그리고 그는 교회인 몸의 머리입니다. 그는 처음입니다. 죽은 자들 중에서 첫 번째 살아나신 분입니다. 그분 자신이 만물 안에서 첫째가 되시기 위해서입니다. ¹⁹ 왜냐하면 모든 충만이 그 안에 거하시는 것을 기뻐하시기 때문입니다. ²⁰ 그리고 그를 통하여 만물이 그를 향하여(그와 더불어) 화해하기를 기뻐하시기 때문입니다. 그는 평화를 만드셨습니다. 그의 십자가의 피를 통하여, (그를 통하여) 땅에 있는 것들이나 하늘에 있는 것들이나

◆ 본문의 문맥, 구조 그리고 특징

문법적으로만 보면 15-20절의 본문은 1:1-23에 속한다. 그러나 바울 서신의 일반적인 모형에 따라서 감사와 기도로 서신의 서두가 마무리되고, 이어서 서신의 본론이 이 단락으로서 시작되는 것을 볼 수 있다. 일반적으로 15-20절은 저자가 인용하고 있는 초대 교회의 그리스도 송가로 알려져 있다. 저자는 서신의 본론을 성도들이 다 함께 부르며 신앙을 고백하는 찬송가의 노랫말을 인용하면서 시작하고 있다.[65] 그러므로 이 단락의 구조와 특징을 알기 위해서는 저자가 인용하는 송가에 대해 살펴보아야 한다.

주제 해설 1: 골로새서의 "그리스도 송가"

골로새서 1:15-20은 "획기적인 신약성서의 본문이다. 기독교의 신학이 존재한 이래 모든 시대를 통해서 이 본문은 연구의 대상이었다."[66] 이 본문은 기독교의 기독론과 구원론 형성에 지대한 영향을 끼쳤다.[67] 그러나 동시에 이 본문에 대한 역사 비평적인 연구는 많은 문제점들을 드러내기도 한다. 본문을 역사 비평적으로 연구한 학자들의 의견은 모두가 다를 정도로 다양하다. 백인백색의 연구 결과는 모두가 가설에 근거한 것이기 때문이다. 여기서 그런 가설들을 모두 반복할 필요가 없고, 본문을 객관적으로 이해하는 데 가장 필요한 것으로만 국한해서 살펴보

---

65) 구약성서와 유대교라는 전통의 뿌리에서 출발한 초대 교회가 찬송가를 즐겨 부르며 예배를 드리고 신앙을 고백했다는 것은 잘 알려진 사실이다. 이런 찬송가들 중에서 일부는 신약성서 안에 인용되어 있다. 그 대표적인 예가 빌 2:6-11이다. 이에 대해서는 조경철, "빌립보서의 그리스도 송가(2:6-10)"를 참조.

66) J. Gnilka, 77.

67) 이 본문이 끼친 후대의 기독교 교리의 영향사에 대해서는 E. 슈바이처, 267-300; J. Gnilka, 77-87 참조.

려고 한다.

1. 전승적인 성격

15-20절이 앞뒤 문맥에서 구분되는 찬송가 가사의 성격을 가지고 있다는 사실에 대해서는 거의 모든 학자들이 인정한다.[68] 그러나 이 찬송가가 골로새서 저자 자신에게서 나온 것인가?[69] 아니면 그가 물려받은 전승에 속한 것인가? 현대에 들어서 대다수의 학자들은 골로새서 저자가 이미 소아시아 교회들에 잘 알려져 있던 노랫말 전승을 물려받아 몇 가지 표현들을 첨가해 지금의 본문을 만들었다는 견해에 찬성한다. 15-20절이 문맥에서 구분되는, 즉 물려받은 전승에서 온 단락이라는 사실은 아래와 같이 다양하게 설명할 수 있다.[70]

1) 13절은 하나님이 주어고 14절은 "우리가" 주어인데 반하여, 15절은 "그가"(ὅς) 곧 그리스도가 주어다. 또 21절은 다시 "너희를" 말함으로써 20절과는 다른 주제로 넘어가는 것을 보여 주고 있는데, 이는 15-20절이 문맥으로부터 구분되는 단락이라는 사실을 드러낸다.

2) 전승된 찬송가가 15절에서 시작된다는 사실은 갑작스런 문체 변화에서도 확인할 수 있다. 1:14까지는 서신의 특징적인 문체(분사 구문, 느슨하게 연결된 부정사 구문, 동의어와 속격 표현의 중첩 등)를 보여 주는데, 15-20절에서는 골로새서의 독특한 문체적 특징이

---

68) 그러나 Schenk("Christus, das Geheimnis der Welt", 144)와 같이 이러한 견해에 의구심을 표하는 소수의 학자도 있다. 찬송가라고 해도 오늘날 우리가 부르는 노래 형식의 찬양만을 생각해서는 안 되고, 여기에는 "교의적, 고백적, 예전적, 논쟁적 혹은 찬양적 자료"를 포괄하는 것으로 보는 것이 좋다.(브라이언, 119)
69) 골로새서의 진정성을 전제하는 학자들 가운데는 찬송가적인 성격을 인정하지만, 바울이 이 찬송가의 저자라고 주장하기도 한다. M. Dibelius-H. Greeven, 10ff.; 브라이언, 129-133; 김세윤, 「바울 복음의 기원」, 219 이하 등을 참조.
70) M. Wolter, 72.

나타나지 않는다.

3) 15-20절에는 신약성서와 바울의 다른 서신에는 나오지 않고, 오직 이곳에만 나오는 단어나 표현들이 많다. ορατος(16절), πρωτευειν (18절), ειρηνοποιειν(20절) 등은 신약성서에서 오직 이곳에만 한 차례씩 나오는 단어들이다. 바울은 θρονοί αρχη(18절) 등의 단어를 사용한 적이 없으며, 또 그리스도의 피에 대해서는 언제나 전승된 자료를 사용할 때만 말한다(롬 3:25; 고전 10:16; 11:25,27). "그의 십자가의 피"(20절)는 바울의 다른 서신에서는 찾을 수 없는 표현이다.

4) 14절까지는 주로 하나님 아버지가 찬송과 감사의 대상인데 반하여, 15절부터는 그리스도가 찬송의 대상으로 나타난다는 점도, 문맥상 15-20절이 독특하다는 점을 뒷받침해 준다.

5) 이러한 형식적인 측면 외에도 서신 전체 안에서 15-20절이 작용하는 기능도, 이 단락이 골로새서 저자가 활용한 전승에 속한 것임을 말해 준다. 15-20절은 골로새서 전체의 신학적인 논제를 출발시키고 뒷받침하는 기능을 한다.[71]

2. 송가의 재구성

15-20절이 초대 교회 찬송가 가사의 인용이라면, 그 노래의 형태를 구체적으로 재구성할 수 있을까? 수많은 학자들이 노래를 재구성하려고 시도했으며 그 세부적인 결과는 매우 다양했지만, 큰 틀에서는 일치한다. 그 출발은 케제만의 연구였다.[72] 그는 송가를 두 절로 된 노랫말로 분석한다. 송가의 구조를 구체적으로 분석하는 출발점은 노래의 두 절이 각기 시작되는 15절과 18b절에 나란히 나오는 ὅς ἐστιν이라는 관계대명사

---

71) 특히 P. Pokorny, 22-26 참조.
72) E. Käsemann, "Eine urchristliche Taufliturgie", 36-37; 그러나 E. Lohmeyer, 61 각주 2도 참조.

문장이다. 또 15b절의 πρωτότοκος πάσης κτίσεως과 18b절의 πρωτότοκος ἐκ τῶν νεκρῶν도 표현이나 내용에 있어서 서로 유사하다는 점을 주목할 수 있다. 그러면 두 절로 된 노랫말을 재구성할 수 있게 된다. 각 절은 관계대명사 문장으로 시작해서, 이유를 말하는 ὅτι 문장으로 이어진다(16, 19 절). 17절과 18a절은 각기 καὶ αὐτός로 연결되며, 그에 상응하게 20절은 καὶ δι᾽ αὐτοῦ로 연결된다. 이러한 형식적인 측면을 고려할 때 노랫말은 다음과 같은 기본 뼈대로 되어 있다.

노래 말의 Ⅰ절: ὅς ἐστιν εἰκὼν τοῦ θεοῦ …… 찬양의 대상(15절)
ὅτι …… 찬양의 이유(16절)

노래 말의 Ⅱ절: ὅς ἐστιν ἀρχή …… 찬양의 대상(18b절)
ὅτι …… 찬양의 이유(19절)

이처럼 동일한 구조를 가진 노랫말의 각 절은, 형식적으로만 구분되는 것이 아니라 내용적으로도 구분된다. 첫 번째 절(15-18a절)이 우주적인 차원에서 그리스도 사건을 노래한다면, 두 번째 절(18b-20절)은 우주적인 그리스도 사건이 갖는 구원론적인 차원을 노래한다.

논란이 되는 것은, 이러한 기본 뼈대를 가진 노랫말의 어느 부분에서 저자의 손길을 찾을 수 있느냐 하는 것이다. 이러한 노랫말 전체가 서신의 저자가 물려받은 전승에 속하는 것이냐? 아니면 물려받은 전승에 서신의 저자가 첨가한 부분이 있는가? 이 물음에 대한 대답은 학자들마다 조금씩 다르기 때문에, 그것을 세세하게 다루는 것은 대단히 복잡할 뿐만 아니라 큰 의미가 없어 보인다.[73] 많은 학자들이 큰 문제없이 수용

---

73) J. Gnilka, 52-59; P. Pokorny, 50-52; 브라이언, 118-125; 슈바이처, 66-102 참조.

하고 있는 견해는, 서신의 저자가 해석하기 위하여 첨가한 부분이 두 곳에서 발견된다는 것이다.

먼저 18a절의 ἡ κεφαλὴ τοῦ σώματος에 이어지는 속격 표현 τῆς ἐκκλησίας가 그런 첨가 표현이라고 한다. 이 속격은 주석적인 기능을 하는 속격으로, 몸을 교회라고 해설하는 역할을 한다. 이 속격 표현이 노랫말을 재구성하는 데 거침이 되는 이유는, 그리스도 사건의 우주론적인 차원을 노래하는 첫 번째 절에서 그리고 이어지는 그리스도 안에 있는 구원을 노래하는 두 번째 절에서 이 "교회의"라는 속격 표현이 어울리지 않기 때문이다. 다시 말해서 우주적인 그리스도론과 구원론을 말하는 맥락에서는 교회에 관한 언급이 별로 어울리지 않기 때문이다.[74] 이 속격 표현은 교회를 그리스도의 몸으로 이해하려는 골로새서 저자의 해석이며, 이는 1:24이나 2:19에서 그가 전개하고 있는 교회론과 일치한다. 그러므로 이 속격 표현은 저자가 물려받은 찬송가 노랫말에다가 그의 교회론적인 해석을 삽입한 것이라고 할 수 있다.[75]

케제만에 의하면 전승된 송가 속에 삽입돼 있는 또 다른 표현은 διὰ τοῦ αἵματος τοῦ σταυροῦ αὐτοῦ [δι' αὐτοῦ](20절)이다.[76] 십자가 사건에 대한 언급은 서신의 저자가 노래 가사에 삽입한 것으로 보아야 한다.[77] 그는 그렇게 함으로써 우주적인 그리스도 사건을 역사적인 십자가 사건과 연결시킨다. 우주적 차원에 역사적인 차원을 결합시킨 것은, 빌립보서(2:6-11)에서 바울이 인용하고 있는 그리스도 송가에서도 찾을 수 있다. 골로새서나 빌립보서는 우주적인 그리스도 사건과 구원에 관한 찬송가

---

74) 그러므로 A. Standhartinger, *Studien zur Entstehungsgeschichte*, 206은 τῆς ἐκκλησίας는 원래의 전승에 속한 것이라고 하며, ἐκκλησία가 여기서는 교회를 의미하는 것이 아니라 하늘에서 천사와 같은 존재들의 모임을 의미한다고 한다.

75) G. Strecker, *Theologie des Neuen Testaments*, 580.

76) E. Käsemann, "Eine urchristliche Taufliturgie", 37.

77) G. Strecker, *Theologie des Neuen Testaments*, 580은 이 표현이 바울의 영향권에서 노래 안으로 삽입되어 골로새서 저자에게 전해졌다고 한다.

노랫말을 인용하면서, 십자가 사건에 관한 언급을 해석적으로 첨가한다.

간단히 말하면, 18a절의 "교회의"와 20절의 십자가에 관한 언급을 빼면, 노래 내용은 우주적인 차원에서의 그리스도 사건과 그 사건이 가져온 구원을 말한다. 이러한 우주적인 기독론과 구원론에 교회와 십자가에 관한 언급을 첨가함으로써 역사적인 차원이 주어지고, 그래서 바울 신학에 맞게 해석한다. 이러한 시도에 따라서 본문의 찬송가 노랫말을 다음과 같은 두 절로 재구성할 수 있다.(굵은 글씨 부분은 골로새서 저자의 첨가 부분)

제 I 절

15 ὅς ἐστιν εἰκὼν τοῦ θεοῦ τοῦ ἀοράτου,

그는 보이지 아니하는 하나님의 형상이시며,

πρωτότοκος πάσης κτίσεως,

모든 피조물보다 먼저 나신 분이십니다.

16 ὅτι ἐν αὐτῷ ἐκτίσθη τὰ πάντα

왜냐하면 만물이 그 안에서 창조되었기 때문입니다.

ἐν τοῖς οὐρανοῖς καὶ ἐπὶ τῆς γῆς,

하늘과 땅에 있는,

τὰ ὁρατὰ καὶ τὰ ἀόρατα,

보이는 것과 보이지 않는 것이,

εἴτε θρόνοι εἴτε κυριότητες

왕권들과 주권들이,

εἴτε ἀρχαὶ εἴτε ἐξουσίαι·

통치자들과 권세들이.

τὰ πάντα δι' αὐτοῦ

만물이 모두 그를 통하여

καὶ εἰς αὐτὸν ἔκτισται·

그리고 그를 향하여 창조되었습니다.

17 καὶ αὐτός ἐστιν πρὸ πάντων

또한 그는 만물보다 먼저 계셨으며

καὶ τὰ πάντα ἐν αὐτῷ συνέστηκεν,

그리고 만물이 그 안에서 존재합니다.

18a καὶ αὐτός ἐστιν ἡ κεφαλὴ τοῦ σώματος   그리고 그는 몸의 머리이십니다.

   τῆς ἐκκλησίας·   교회의

제 II 절

18b ὅς ἐστιν ἀρχή,   그는 시작입니다.

   πρωτότοκος ἐκ τῶν νεκρῶν,   죽은 자들 중에서 첫 번째입니다.

   ἵνα γένηται ἐν πᾶσιν αὐτὸς πρωτεύων,   그분 자신이 만물 안에서 첫째가

                                            되시기 위함입니다.

19 ὅτι ἐν αὐτῷ εὐδόκησεν   왜냐하면 하나님은[78] 그 안에서

                            기뻐하시기 때문입니다.

   πᾶν τὸ πλήρωμα κατοικῆσαι   모든 충만이 거하시는 것을

20 καὶ δι' αὐτοῦ ἀποκαταλλάξαι   그리고 하나님은 그를 통하여 화해

                                  하시기를

   τὰ πάντα εἰς αὐτόν,   만물이 그를 향하여,

   εἰρηνοποιήσας   그리고 하나님은 평화를 만드셨습

                    니다.

   διὰ τοῦ αἵματος τοῦ σταυροῦ αὐτοῦ,   그의 십자가의 피를 통하여

   [δι' αὐτοῦ]   (그를 통하여)[79]

   εἴτε τὰ ἐπὶ τῆς γῆς   땅에 있는 것들이나

   εἴτε τὰ ἐν τοῖς οὐρανοῖς.   하늘에 있는 것들이나.

---

78) 20절의 주어 "그는"은 하나님으로 보아야 한다. 여기서 필자는 πᾶν τὸ πλήρωμα를 주어
   로 보는 P. Pokorny, 50에 반대해서 G, Strecker, *Theologie des Neuen Testaments*,
   583 각주 23; Gnilka, 59, 72 등의 견해를 따른다.
79) 이 괄호 안에 있는 표현은 앞에 나오는 "십자가의 피를 통하여"를 반복한다. 이러한
   문체적인 부적절함 때문에 많은 사본들은 이 표현을 생략한다.(B, D*, F, G 등)

3. 송가는 어디에서 온 것인가?

"바울"이 찬송가의 노랫말을 인용하고 있다면, 그 찬송가는 어디에서 온 것인가?[80] 케제만은 이 노래가 기독교의 노래가 아니라, 기독교 이전의 것이라고 주장한다.[81] 그에 따르면, 원래는 영지주의 구원자를 찬양하였던 이 노래를 어떤 그리스도인이 교회와 그리스도 사건과 연결해서 기독교 찬송가로 만들었다는 것이다. 그는 "몸"을 교회로 연결하고, 만물의 화해와 평화를 그리스도의 십자가 피와 연결시키면서 기독교의 노래로 만들었다.

부르거(Chr. Burger) 역시 이 찬송가가 원래는 스토아 철학의 세계에서 온 것인데, 나중에 기독교적인 내용으로 각색되었다고 주장한다. 스토아 노래가 초대 교회 안에서 여러 단계의 편집 과정을 거치면서 지금의 그리스도 찬송가로 변했다는 것이다.[82]

그러나 이 찬송이 원래 기독교의 것이 아니었다면, 누구를 찬송하는 노래였는지가 설명되지 않는다. 이 노래는 철저히 기독교적인 내용으로 되어 있다. 골로새서 저자의 해설적 삽입 부분으로 여겨지는 "교회의"나 "그의 십자가의 피로"를 일단 제외한다 하더라도, "죽은 자들 가운데 먼저 나신 이"라는 표현은 기독교의 핵심적인 신앙 고백에 속한다. 또한 선재하신 하나님의 아들이 하나님의 창조 사역에 동참했다는 고백도 역시 이미 초대 교회의 중요한 신앙 고백에 속한다(갈 4:4; 고전 8:6; 롬 11:36; 엡 1:4; 요 1:3 등). 그러므로 "바울"이 이미 초대 교회 안에서 불리던 찬송가 노랫말을 여기 골로새서의 서두에서 인용하고 있다고 볼 수 있다.[83]

---

80) 브라이언, 125-129 참조.
81) E. Käsemann, "Eine urchristliche Taufliturgie", 39-43.
82) Chr. Burger, *Schöpfung*, 38-79. 이러한 편집 과정에 대한 연구 중에서 Burger의 연구가 가장 복잡하다. 그에 의하면, 처음에는 두 절로 된 노랫말이 편집 과정을 거치면서 4절로 확대되었다고 한다.
83) J. Gnilka, 57-58; G. Strecker, *Theologie des Neuen Testaments*, 583.

그러나 찬송가 자체는 기독교의 노래라고 하더라도, 이 찬송가 속에 있는 표현들이나 내용 혹은 사상이 종교사적으로 어디에서 유래된 것이냐에 대해서는 더 물어볼 수 있다.

먼저 구약성서의 영향은 별로 드러나지 않는다. 물론 "보이지 아니하는 하나님의 형상"이라는 표현이 창세기 1:26-27을 상기시키기는 하지만, 그 표현은 구약성서로부터 온 것이라기보다는 헬라주의 유대교에서 유래한 것으로 볼 수 있다. 알렉산드리아의 필로는 보이지 않는 하나님에 관해 말한 바 있다.[84] 고린도후서 4:4에서 바울이 그리스도를 하나님의 형상과 동일시하고 있는 것을 볼 때, 아마도 초기 기독교인들이 그리스도를 하나님의 형상이라고 고백한 것이 분명하다. 노래가 말하는 화해 사상을 이사야가 말한 "하나님의 종" 사상(사 52:13-15; 53:10-12)과 연결할 수 있다고 주장하는 사람도 있지만,[85] 확실하지 않다. 종교사적인 출처에 대한 물음에서 가장 중요한 것은 노래가 말하는 우주적인 차원의 내용이 어디에서 유래되었느냐 하는 것이다. 가장 유사한 것은 헬라주의 유대교의 지혜 전승인데, 여기서는 하나님의 선재하신 지혜(잠 8:22 이하; 시락서 1:1 이하)가 창조의 매개자,[86] 혹은 하나님의 선한 형상으로 언급된다(지혜서 7:26). 또한 선재하신 하나님의 지혜는 하나님의 백성 안에 거한다(시락서 24:3-8). 그러나 이러한 유대교의 지혜 전승에서 하나님의 지혜는 토라(율법)와 동일시된다는 점에서, 율법에 대해서는 아무런 언급도 하지 않는 골로새서의 찬송가와 근본적으로 다르다. 더구나 그 당시 헬라주의 여러 사상 안에는 지혜에 관한 많은 언급들이 있었다. 필로의 로고스에 관한 견해를 생각할 수 있다. 그에 따르면 로고스는 하나님의 지혜와 동일시되며, 더구나 이 하나님의 지혜는 "하나님의 형상(εικων)"이

---

84) Philo, Post 15 등. 이에 대해서는 W. Michaelis, ThWNT V, 319 이하 참조.
85) P. Pokorny, 75.
86) A. Standhartinger, *Studien zur Entstehungsgeschichte*, 206-212 참조.

나 시작(αρχη)이라고 한다는 점에서 골로새서의 찬송가와 매우 유사한 점을 보여 준다.[87] 그러나 필로에게서 로고스는 신적인 본질에서 하나님과 구별되었고, 창조 세계의 중간자였을 뿐이다.[88] 로고스는 눈에 보이는 세상을 형성하고 섭리하고 질서 있게 한다.[89] 팔레스타인 유대교의 바깥에서 유대교와 그리스 사상을 결합시킨 대표적인 인물이 바로 필로다. 필로의 로고스 사상과 유사한 점들은 플라톤 사상이나 혹은 그리스의 밀의 종교들에서도 흔히 찾을 수 있다.[90]

이러한 점들을 종합해 볼 때, 이 송가는 종교사적으로 헬라주의 유대교의 사상과 연결되어 있다. 단지 헬라주의 유대교가 지혜에 대해서 말하고 있는 것을, 골로새서의 송가는 그리스도에게로 적용한다. "바울"은 아마도 소아시아에서 생겨난 이 기독교의 찬송가 노랫말을 자신의 신학적 논증의 출발점으로 삼기 위해 서신의 서두에서 인용하고 있다. 수신자 교회의 성도들이 즐겨 부르는(3:16 참조) 찬송가 가사를 서신의 본론을 시작하는 서두로 인용함으로써, 저자와 수신자들이 함께 알고 인정하고 부르는 그 가사 내용을 신학적인 출발점으로 삼는다. 신학적인 공통점으로부터 출발하는 것은, 저자의 주장이 수신자들에게 그만큼 더 설득력을 가질 수 있기 때문이다. 더구나 수신자들이 거짓 교사들의 유혹 아래 있다는 사실을 고려할 때, 저자의 이러한 문학 기법은 매우 효과적이다. 날마다 부르는 찬송가의 노랫말을 상기시키면서 성도들에게 우주 만물의 유일한 주권자가 되시는 그리스도 믿음을 강화시켜, 거짓 교사들의 유혹을 이겨 내게 하려고 한다. 이는 요즘도 어떤 설교자들이 찬송가 가사를 서두에 인용하면서 그의 설교를 진행해 가는 것과

---

87) Philo, All I 43, 65; SpecLeg I 81 등.
88) All II 86; Op 24; Gig 52; VitMos II 133.
89) Fug 101; Her 188.
90) G. Strecker, *Theologie des Neuen Testaments*, 582.

유사한 기법이라고 할 수 있다.

4. 송가의 신학

더 구체적인 내용은 아래 주석 부분에서 다루겠지만, 우선 여기서 찬송가의 내용을 전체적으로 음미해 보자. 노랫말의 제I절(15-18a절)이 "보이지 아니하는 하나님의 형상"을 말하며 시작하고, 제II절(18b-20절)은 "으뜸" 곧 "죽은 자들 가운데서 먼저 나신 이"를 말하면서 시작한다는 것 자체가 두 절의 노랫말이 각기 말하고자 하는 내용을 웅변해 주고 있는 것이다. 그것은 한 마디로 그리스도다. 그런데 그냥 그리스도가 아니라, 우주적인 그리스도다. 제I절은 그리스도를 우주론적으로 창조의 처음과 창조의 매개자로 노래하며, 제II절은 종말론적인 구원과 생명의 중재자로 노래한다. 그러므로 이 찬송가는 창조론과 우주론 그리고 종말론을 총동원해서 예수 그리스도의 우주적이고 절대적인 주권을 노래한다. 이처럼 그리스도의 절대적 주권을 노래함으로써, 예수 그리스도 이외의 그 어떤 영적인, 세상적인 세력들은 인간의 운명에 대한 지배권을 가질 수 없음을 말한다. 오직 예수 그리스도, 오직 그분만이 우주와 인간을 창조하고 구원하고 다스리는 절대적인 주권자다. 그러므로 이 찬송가를 노래하며 고백하는 그리스도인은 오직 그리스도만이 그의 주인이라는, 결코 흔들리지 않는 믿음 속에서 살 수 있다.

제I절에 의하면, 그리스도는 단순히 하나님의 모상(模像; Abbild)일 뿐만 아니라, 하나님의 원형(原形; Urbild)이다. 다시 말해서 예수 그리스도의 인격과 존재는 하나님의 실재를 대변하는 신적인 본질이다. 그러므로 당연히 그리스도는 창조 이전부터 존재하며,[91] 하나님이 세상을 창조하실 때 함께 참여하였다. 이러한 그리스도의 본질에 합당하게 그리스도는

---

91) 빌 2:6-11; 요 1:1-8; 히 1:3-4; 딤전 3:16 등도 참조.

우주적인 주권자다. 창조자가 창조된 세상의 주인이 되는 것은 당연한 것이기 때문이다. 물론 우주 세계에는 다른 영적인 주권자들이 존재한다. 그러나 그 모든 우주적인 주권자들은 그리스도에 의해 창조되었고, 그리스도에 의해 존재하며, 그리스도를 향해서 존재하고, 오로지 그리스도를 통해서만 존재할 수 있다. 그러므로 그리스도는 "몸의 머리"다. 이때 "몸"은 우주를 말하지만, 저자는 "교회의"를 첨가함으로써 몸이 교회라고 해석한다.

제II절은 우주적인 주권자이신 그리스도가 갖는 구원론적인 의미를 노래한다. 창조에서 갖게 된 그리스도의 우주적인 주권은 부활을 통하여 죽음의 세력을 정복한 데서 분명히 드러난다. 그리스도께서는 처음으로 죽음을 생명으로 변화시켰으며, 그럼으로써 영생을 향한 믿음과 소망을 가능하게 했다. 예수 그리스도의 인격 안에는 하나님이 충만하고 완전하게 거하시며, 인류의 모든 역사를 포함한 창조 세계 전체가 그를 중심으로 존재하고, 그 안에서 하나님의 뜻이 온전히 드러난다. 하나님이 충만하게 거하시는 그리스도 안에서 온 인류와 모든 창조의 세계는 하나님과 만나 화해를 하고, 그로써 진정한 평화가 수립된다. 이 우주적이고 보편적인 화해와 평화는 그리스도를 통하여 역사적으로 실현되었다. 그리스도의 우주적인 주권은 창조 세계에 화해와 평화를 가져왔다. 아직도 모든 우주적인 세력들이 하나님의 뜻을 거슬러 대항하고 있는 것처럼 보이지만, 그들은 이미 예수 그리스도를 통한 이 구원의 역사 안에서 극복된 존재에 불과하다. 따라서 성도들이 숭배하거나 두려워해야 할 존재가 아니다.

이러한 찬송가의 신학적인 내용을 신약성서에 전해지고 있는 초대교회의 다른 찬송가들과 비교했을 때에 나타나는 특이한 점은, 이 찬송가가 성육신에 대해서는 거의 말하지 않고 있다는 것이다. 히브리서

1:3-4에 나오는 찬송가만이 골로새서의 이 송가에 비교될 수 있다.[92] 히브리서 1:3-4는 예수님이 인간의 죄를 씻어 준 후에 하나님의 오른편으로 오르셨다고 말함으로써, 성육신을 간접적으로 암시할 뿐이다. 골로새서의 송가는 그리스도를 창조의 매개자이며 죽은 자들 가운데서 일어난 첫 번째라고 하지만, 이를 죄인을 위하여 십자가에서 죽으신 예수와 동일시한다는 점이 분명하게 언급되지 않고 있다.

5. "바울"의 해석적인 첨가

"바울"은 18절에서 "교회의"를 첨가함으로써 그의 교회 이해를 드러낸다. 원래의 노랫말이 말하는 18절의 "몸"(σωμα)은 우주적인 몸 곧 세상을 유기체적으로 표현하는 말이었다. 그리스도가 그 세상의 머리 곧 지배자다. 그러나 저자는 여기에 "교회의"를 첨가해 "몸"과 동의어가 되게 함으로써, 우주적인 세상이 아니라 교회가 그리스도의 몸이라고 해석한다. 다시 말해서 창조의 매개자며 화해자신 예수 그리스도의 우주적인 주권이, 곧 우주를 향한 지배권이 오로지 교회 안에서만 고백되고 찬양된다는 의미에서 교회만이 그리스도의 몸이다. 세상은 그리스도의 주권을 인정하지 않기 때문에 그리스도의 몸이 될 수 없다. 그리스도의 우주적인 주권이 그리스도의 몸인 교회 안에서 온전히 고백된다면, 교회 안에서 그리스도 외의 다른 영적인 주권자들이 인정되고 예배될 수 없다. 저자는 "교회의"를 첨가함으로써 그의 교회 이해를 분명히 제시할 뿐만 아니라, 거짓 교사들의 유혹에 넘어갈 수 없는 교회의 본질을 분명히 밝힌다. 이러한 골로새서의 교회론은 그 이후 에베소서에서 더 발전되었다. 그리스도의 십자가에서 이루어진 하나님의 화해는 일차적으로 교회

---

92) 그래서 K. Wengst, *Christologische Formeln*, 179는 두 서신에 나오는 송가를 그리스도 송가라고 하지 않고, "창조의 매개자—즉위의 노래"라고 부른다. A. Standhartinger, *Studien zur Entstehungsgeschichte*, 206 참조.

안에 있는 그리스도인들에게 해당된다. 그리스도인들은 모든 악한 세력들의 지배로부터 해방되어 하나님과 화해를 이루었고, 이러한 해방되고 화해된 존재로서 하나님과 예수 그리스도에 대해 책임 있게 살아야 할 능력과 과제를 동시에 부여받았다. 그러므로 골로새서의 모든 윤리적인 교훈은 바로 이러한 신학적인 확신에 근거한 것이다.

6. 송가와 골로새서

이 노랫말에 "만물" 혹은 "모든"(παν)이 8번이나 반복되고(15절에 1회, 16절에 2회, 17절에 2회, 18절에 1회, 19절에 1회, 20절에 1회), 그에 해당하는 다른 표현들도(하늘과 땅 등) 지속적으로 반복되고 있다는 사실에 주목해야 한다. 존재하는 모든 것은 하나의 예외도 없이 모두가 그리스도 안에서 일어난 하나님의 창조 행위의 산물이며, 그 모든 것은 오직 그리스도 안에서 생명을 얻고, 서로 화해하는 평화 가운데서 살아간다. 그리스도의 창조와 화해의 사역에서 제외된 것이 없기에, 그리스도의 주권에서 벗어나 있는 것도 없다. 골로새서의 전체적인 맥락에서 보면, 이처럼 만물을 반복해 말하면서 그리스도의 우주적인 주권을 강조하는 것은 골로새 교회에 나타난 거짓 교사들의 유혹이 얼마나 헛된 것인지를 분명하게 폭로하기 위한 것이다. 만물이 단 하나의 예외도 없이 그리스도의 주권에 굴복하였는데, 성도들이 두려워하며 섬겨야 할 존재가 아직도 남아 있겠는가? 거짓 교사들의 주장은 철저하게 거짓된 것이다. 긍정적으로 말한다면, 성도들은 오직 유일한 우주적 주권자인 그리스도를 믿고 따르기 때문에 그리스도에 합당한 삶을 살아가는 것 외에 다른 길이 없으며, 세상으로 되돌아가는 것은 원칙적으로 불가능하다. 이처럼 긍정적으로는 성도들의 확고부동한 신분을 강조하고, 부정적으로는 거짓 교사들의 주장을 물리치는 데 그리스도 송가의 신학이 매우 유효

적절하고 의미심장한 것이었다.

서신의 저자는 노랫말에 나오는 중요 표현들을 서신의 다른 곳에서도 사용하는데, 경우에 따라서는 노랫말에서의 의미와는 상당히 다른 의미로 바꾸어 사용하기도 한다. 예를 들어 1:21-22는 노랫말의 20절에 나오는 우주적인 화해와 평화를, 교회 안에 있는 성도들의 화해와 평화로 바꾸어 적용한다. 또 2:15에서 저자는 노랫말 16절에 나오는 여러 영적인 세력들을 언급하면서, 그들이 그리스도에 의해서 극복되었다고 말한다. 2:9는 노랫말 19절의 "충만"을 다시 받아서 말하지만 "신성의"를 첨가함으로써 충만의 의미를 분명하게 설명한다. 3:1-4도 근본적으로는 이 노랫말의 표현과 신학을 전제하고 있다. 이처럼 서신의 서두에 인용된 노랫말은 골로새서 전체의 신학과 표현을 결정짓는 중요한 역할을 하고 있다. 노랫말에 몇몇 표현을 첨가하여 의미를 바꾸기도 하지만, 서신의 저자는 전체적으로 노랫말의 신학을 이어받아서 골로새서를 기록하였다.93)

◆ 본문 주석

15절: 13-14절에서 "바울"은 그리스도 안에서 일어난 용서, 세례를 받음으로써 믿는 사람에게 현재 실현된 용서에 관해 말한 후, 15절부터 관계대명사 문장(ὅς ἐστιν)으로 시작하는 초대 교회의 송가를 인용한다. 특히 14절에서 우리가 "그리스도 안에서" 용서를 얻게 되었다고 말한 후에, 그리스도를 선행사로 하는 관계대명사로 시작하는 노랫말을 인용해서, 우리의 죄 용서가 일어난 그리스도를 찬양한다. 그러므로 이 노래는 그리스도 송가다.94) 이 노래 안에는 그리스도를 일컫는 명칭이 여러 개

---

93) R. Schnackenburg, "Die Aufnahme des Christushymnus", 33-50 참조.
94) 초대 교회의 찬송가에는 하나님을 내용으로 하는 하나님 송가와 그리스도를 내용으로 하는 그리스도 송가가 있다. 이에 대해서는 Deichgräber, *Gotteshymnus und*

나온다. "보이지 아니하는 하나님의 형상", "피조물보다 먼저 나신 이", "몸의 머리", "만물의 으뜸" 등이 그것이다. 이처럼 그리스도 한 분에게 여러 개의 이름이 붙여진 것은, 그리스도의 위대함을 강조하려는 것이다.[95] 그러므로 이 노래의 핵심 주제는 하나님도 아니고, 세상도 아닌 그리스도시다.

15절은 그리스도인들의 찬송의 대상이 되는 그리스도에 관한 가장 근본적인 언급을 두 개의 관계 속에서 말한다. 하나는 그리스도와 하나님의 관계이고, 다른 하나는 그리스도와 피조물과의 관계다.

15a절은 먼저 그리스도와 하나님과의 관계를 노래한다. **"그는"** 곧 그리스도는 **"보이지 아니하는 하나님의 형상**(εικων)**"**이다. 여기에는 창세기 1:26-27이 암시되어 있다. 창세기에 따르면, 인간은 하나님의 형상 (selem)에 따라 창조되었다. 따라서 인간은 모든 피조물 중에서 하나님을 대표하는(창 1:28) 존재다. 그러나 여기서는 죄를 범한 인간이 아니라, 그리스도가 하나님을 대표한다. 하나님은 **"보이지 아니하는"** 하나님이다. 보이지 아니하는 하나님을 볼 수 있게 나타내는 분이 바로 그리스도다. 그런 점에서 그리스도는 **"하나님의 형상"** 혹은 현현이다. 하나님이 보이지 아니하는 하나님이라면, 그리스도는 보이는 하나님이다. 그러므로 그리스도는 하나님의 모상이다. 이와 유사한 생각은 알렉산드리아의 필로나 유대교의 지혜 문헌 등에서 찾을 수 있다. 필로는 헬라인들을 구약성서의 하나님께로 인도할 목적으로 플라톤적인 사고와 구약성서를 연관해 해설하면서, 처음 태어난 자를 로고스라 불렀고,[96] 이 로고스가 세상을

Christushymnus 참조.

95) J. Gnilka, 59는 고대 그리스 세계에서는 어떤 존재의 위대함을 강조하기 위해 그에게 많은 이름들을 붙였다는 사실을 제우스 송가의 예를 들어 말한다.

96) Conf.Ling. 63. 플라톤에 의하면, 이 세상은 영적인 신의 형상 곧 "눈에 보이는 신"이라고 말하면서(Timaios 92c), 이데아의 세계와 감각적인 세계를 대조하였다. 그러나 필로에게서 하나님의 형상이 되는 것은 세상이 아니라, 로고스다. H. Hegermann, *Schöpfungsmittler*, 96-98 참조.

창조하는 데 중재적인 역할을 했다고 하였다. 그에 의하면 로고스는 하나님의 형상이고, 세상은 로고스의 형상이다. 그러므로 세상은 하나님의 "형상의 형상"이다.[97] 유대교의 지혜 문헌에서는 지혜가 하나님의 형상이고(지혜서 7:26), 세상을 창조할 때에 하나님과 함께 있었다(잠언 8:22-31).[98] 신약성서는 분명히 이러한 헬라주의 유대교의 흐름에 서 있지만, 오직 예수 그리스도가 하나님의 형상이라고 말하는 점에서 분명한 차이를 보여 준다. 또한 필로가 말하는 로고스나 지혜 문헌이 말하는 지혜는 구체적인 사람으로 성육신하지 않지만, 신약성서가 말하는 하나님의 형상은 예수 그리스도 안에서 성육신되었다는 점도 중요한 차이다. 고린도후서 4:4에서 바울이 그리스도를 하나님의 형상(εικων)이라고 하는 이유는, 그리스도가 창조 세계에 대한 주권을 가지고 있으며, 더 나아가 그리스도가 하나님의 뜻과 비밀을 정확하게 알고 있기 때문이다. 골로새서 1:15에서도 그리스도를 "하나님의 형상"이라고 한다면, 그것은 고린도후서 4:4와 크게 다르지 않다. 그리스도는 하나님의 형상으로서 세상을 창조하고 다스리는 주권을 가지고 있다. 예수 그리스도를 "하나님의 형상"이라고 하는 것은 헬라주의 유대교에서 로고스나 지혜를 하나님의 형상이라고 한 생각으로부터 출발했겠지만, 근본적으로는 다메섹 도상에서 부활 예수의 계시를 받은 바울이 그리스도를 하나님의 형상이라고 이해했던 것에서 근거한 기독론이라고 할 수 있다.[99]

다음으로 15b절은 그리스도와 피조물들과의 관계를 말한다. 그리스도는 "모든 피조물보다 먼저 나신 이"다. 그리스도와 다른 피조물들 사이의 관계를 말하는[100] 이 표현도 창세기 말씀을 배경으로 이해될 수 있

---

97) J. Gnilka, 60.
98) A. R. Bevere, *Sharing in the Inheritance*, 124-128.
99) 김세윤, 「바울 복음의 기원」, 219 이하; 브라이언, 134.
100) Chr. Burger, *Schöpfung*, 43; 브라이언, 134-135.

다. "먼저 나신 이" 곧 장자는 다른 자녀들보다 우월한 지위를 갖는 법률적인 개념이다. 이를 장자권(πρωτοτοκια)이라고 한다. 구약성서에서는 하나님의 백성이나 왕을 장자라고 일컫는다(출 4:22-23; 렘 31:9; 시 89:27). 그러므로 맏아들은 하나님의 특별한 사랑과 보호의 대상이다. 제일 먼저 창조된 자라는 칭호는 대단히 명예로운 것이며(히 1:6), 다른 피조물들에 대한 우월적 권리를 나타내는 칭호다(창 1:27.29 참조). 따라서 그리스도를 가장 먼저 나신 분이라고 한다면, 그것은 다른 피조물들에 대한 그리스도의 우월적인 관계를 말한다. 그러나 그리스도의 우월함의 근거는 다른 피조물보다 먼저 존재했다는 단순한 시간적인 우선에 있는 것만이 아니라 아버지와의 특별한 관계에 있다. 그러나 여기에는 심각한 신학적인 문제가 있다. 그리스도가 과연 피조물이냐? 다른 피조물들과 별로 다름이 없는, 단순히 시간적으로 제일 먼저 창조된 인간에 불과한 것이냐? 아리우스 논쟁 이후 기독교의 중요한 교리 논쟁 속에 있었던 이 물음은 골로새서가 기록될 당시 아직 구체적으로 제기되지 않았다. 그리스도가 언제부터 보이지 아니하는 하나님을 드러내는 하나님의 형상이 되었느냐? 세상이 창조되기 이전에 소위 선재하시는 분으로서 하나님의 형상이었느냐 아니면 성육신해서 인간이 되심으로써 비로소 하나님의 형상이 되었는가? 이러한 논란 역시 후대에 그리스 철학의 형이상학적인 사고가 도입되면서부터 본격적으로 시작되었다. 15절은 그리스도의 신성과 인성에 관한 교리적인 논쟁을 하는 과정에서 매우 중요한 역할을 했다.[101]

본문을 바로 이해하기 위해서는, 골로새서의 저자가 서 있던 두 개의 신학적이고 역사적인 전제를 알아야 한다. 그 첫째는 앞에서도 여러 차례 언급한 바 있는 유대교의 지혜신학이다. 지혜서의 언급에 따르면, 지

---

101) J. Gnilka, 78-81; E. 슈바이처, 267-280 등을 참조.

혜는 세상의 창조에 참여했으며(7:21), 악을 극복했고 동시에 하나님과의 교제를 중재했다(7:27.30). 초대 교회는 이 지혜를 그리스도로 바꿈으로써, 지혜가 가지고 있던 계시적인 성격을 그리스도에게로 옮겨 적용했다. 그리스도는 하나님의 세상 창조에 참여했고, 보이지 아니하는 하나님을 사람들에게 보여 주었다. 둘째 전제는 "바울"을 포함한 초대 교회 성도들의 신앙 체험이다. 그들은 이 세상에서 인간으로 사시다가 십자가에 죽으시고 부활하신 예수를 체험했다. 그리고 그 예수가 그리스도라고 믿고 고백하며 찬양했다. 그러나 이 두 번째 전제가 첫 번째 전제보다 우선이다. 초대 교회 성도들은 예수 그리스도 안에서 하나님의 영광과 구원을 체험했고, 그로부터 출발해서 그리스도를 창조의 중재자로 고백할 수 있었다. 역사적인 신앙 체험으로부터 출발해 원초론적으로 고백을 확대해 나간 것이다.102) 이는 마치 구약성서를 기록한 이스라엘의 신앙 고백과도 유사하다. 이스라엘은 출애굽이라는 역사적 구원 사건으로부터 출발해 창조주 하나님에 대한 신앙으로 확대해 나갔으나, 구약성서는 창조주 하나님에 대한 신앙을 먼저 말한 후에 출애굽 신앙을 말한다. 이에 골로새서의 그리스도 찬송가가 I절에서 창조를 말하고 II절에서 구원을 말하나, 노래하는 성도들이 고백하는 신앙에 있어서는 그 반대가 바른 순서다. 그들은 먼저 구원을 역사적으로 경험하고 찬양한 후에, 그에 근거해서 창조신앙으로 나아갔다. 즉 기독교 신앙은 예수의 역사적인 십자가 사건과 부활 사건을 통한 구원의 경험으로부터 출발해, 그리스도의 선재와 창조주 되심으로, 그리고 하나님으로까지 거슬러 올라간다.

그러므로 골로새서에서 그리스도가 만물보다 앞서 나신 분이라고 한다면, 거기에는 그리스도가 피조물이냐 혹은 그리스도가 언제부터 보이지 않는 하나님을 드러내느냐 등과 같은 교리적인 물음에 대해서 대답을

---

102) Steinmetz, *Heils-Zuversicht*, 72.

하려는 것이 아니라, 모든 피조물의 창조에 개입하셨으며 모든 피조물들을 지배하고 다스리는 주권자가 되신다는 사실을 강조하려는 것이다. 골로새에 나타난 거짓 교사들이 그리스도 외에 다른 영적인 존재들의 주권을 인정하고 그들을 섬기도록 유혹하고 있다는 사실에 직면해서, 오직 그리스도의 주권을 강조하는 찬송가 노랫말을 이 대목에서 제시한 것은 매우 적절한 것이다.

16절: 이유를 설명하는 접속사 ὅτι("왜냐하면")로 시작하면서, 그리스도와 피조물의 관계를 더욱 상세하게 설명한다. 그리스도가 창조 세계를 향한 유일하고 절대적인 주권을 가지고 있는 이유는, 만물이 그 안에서 창조되었기 때문이다. 다시 말해서 그리스도가 세상을 창조한 창조주기 때문이다.

이 구절의 전체적인 이해를 위해서는 다음과 같은 교차적인 구조(Chiasm)를 파악해야 한다.

a: ὅτι ἐν αὐτῷ   ἐκτίσθη   τὰ πάντα
   그 안에서   창조되었다   만물이

                 ἐν τοῖς οὐρανοῖς καὶ ἐπὶ τῆς γῆς,
                 하늘에 있는 그리고 땅에 있는

                    τὰ ὁρατὰ καὶ τὰ ἀόρατα,
                    보이는 것들과 보이지 않는 것들

                    εἴτε θρόνοι εἴτε κυριότητες
                    왕권들과 주권들

                    εἴτε ἀρχαὶ εἴτε ἐξουσίαι·
                    통치자들과 권세들

b: τὰ πάντα δι᾽ αὐτοῦ καὶ εἰς αὐτὸν   ἔκτισται·

만물이   그로 말미암아/그를 위하여 창조되었다

a에서는 동사(창조하다)가 먼저 나오고 주어(만물이)가 나중에 나오는데, b에서는 그 순서가 바뀌어 주어가 먼저 나오고 동사가 나중에 나온다. 그러므로 a의 "만물이"와 b의 "만물이" 사이에 나오는 세 개의 표현은 모두가 이 만물을 구체적으로 나열하는 표현이다. a의 동사는 단순과거형(ἐκτίσθη)이고, b의 동사는 현재완료형(ἔκτισται)이다. 단순과거형은 일회적인 창조 행위를 말하고, 완료형은 창조된 세상의 현재적인 존재까지를 의미한다. 그러므로 a의 단순과거형은 태초에 일어난 일회적인 창조 행위를 말하며, b의 현재완료형은 17b절("만물이 그 안에 함께 섰다.")이 말하는 창조 세계의 현재 상태까지 염두에 두고 있다.

창조 세계를 **"만물"**이라고 표현하는 것은, 창조된 것들 중에서 단 한 가지라도 창조주의 지배권 밖에 있는 것은 없다는 진실을 강조하기 위한 것이다. 특히 이러한 표현은 초대 교회의 찬송가들에서 자주 찾을 수 있다.103) 첫 번째 줄(a)의 **"창조하였다"**라는 단순과거형 동사는, 언급한 것처럼, 태초에 있었던 세상의 일회적인 창조를 의미한다. 수동태는 신적인 수동태로써 하나님이 주어가 된다. 하나님은 **"그 안에서"** 곧 성육신하시기 이전에 하나님과 함께 선재하시던 예수 그리스도 안에서 세상을 창조하셨다. "그 안에서"가 문장의 첫머리에 나오는 것을 볼 때, 하나님의 창조가 일어난 장소가 어디인지를 강조하려는 의도가 분명하다. 오직 그리스도! 그리스도 외의 어느 다른 곳에서도 하나님의 창조는 일어나지 않았다.

---

103) 고전 8:6; 엡 4:5-6; 히 2:10 등. 그 외에도 빌 2:10과 엡 1:10 그리고 솔로몬의 지혜 1:14; 9:1; 11:20; 역대상 29:12.14.16 등도 참조.

그러나 전치사 ἐν("안에서")을 어떤 의미로 해석할 것인지에 대한 논란이 있다. 문법적으로 세 가지 가능성이 있다. 첫째, 장소적인 의미로 해석하는 것이다("그 안에서").104) 둘째, 도구적인 의미로 해석하는 것이고("그를 통해서"),105) 셋째, 관계적으로 해석하는 것이다("그와의 관계 속에서", "그와 교제 가운데"). 이어서 나오는 전치사 표현 "그로 말미암고(διά)–그를 위하여(εἰς)"를 함께 고려한다면, 세 번째 해석이 가장 적절해 보인다.106) 하나님은 그리스도와의 관계 속에서, 그리스도와 교제 가운데서 만물을 창조하셨다. 그리스도를 단순히 하나님의 창조 행위가 일어난 장소나 도구로만 보는 것은 문맥 속에서 적절하지 않다(요 1:3과 히 1:2-3 참조). 이 찬송가는 그리스도의 유일한 우주적인 주권을 노래하고 있으며, 그리스도가 만물의 창조에 하나님과 함께 참여했다는 사실을 강조한다. 그러므로 그리스도는 단순히 창조의 도구나 장소가 아니라, 주체적인 창조자다. 그러나 고린도전서 8:6; 로마서 11:36이 사용하는 전치사 ἐκ를 사용하지 않고 있다는 것도 특이한 점이다. 바울은 이 두 곳에서 창조주 하나님을 말하면서 전치사 ἐκ를 사용한다. 전치사 ἐκ가 출처나 기원을 의미한다는 점을 고려하면, 골로새서의 그리스도 송가는 의도적으로 이 전치사를 피하고 있다. 그럼으로써 창조의 근원은 하나님이고, 그리스도는 창조주 하나님과는 구별되는 창조의 중재자라는 점을 분명히 하려는 것이다. 그리스도는 하나님과 만물의 창조 사이에서 하나님 편에 서서 창조 행위에 참여한 창조의 매개자다.

이어지는 **"하늘과 땅에 있는"**은 앞의 "만물"을 강조하면서 수식하는 전치사 표현이다.107) 하늘과 땅에 있는 모든 것이라는 말은 구약성서가

---

104) E. Schweizer, 60; 브라이언, 136-137; Chr. Burger, *Schöpfung*, 36.
105) E. Lohse, 90 Anm. 4; P. Pokorny, 66; H. Hegermann, *Schöpfungsmittler*, 96
106) J. Gnilka, 64-65.
107) 우리말 번역 성서들은 "하늘과 땅에서"를 다음에 나오는 표현들로 연결해 번역하거나 (개역) 혹은 독자적인 표현으로 번역한다(새번역). 몇몇 사본들도 전치사 ἐν과 ἐπι 앞

창조에 관해 말할 때 자주 쓰는 표현이다(창 1:1; 2:1; 느 9:6; 대하 29:11; 계 10:6 등). 이어지는 세 개의 표현, 곧 "**보이는 것들과 보이지 않는 것들, 왕권들이나 주권들이나, 통치자들이나 권세들이나**"라는 표현은 "하늘과 땅에 있는 만물"을 세 가지로 구체화해서 말한 것이다. 만물 즉 모든 창조 세계를 구체적으로 지칭하는 이 표현들 중에서 특히 "왕권들이나 주권자들, 통치자들이나 권세들"이 눈에 보이는 창조 세계 곧 정치적이고 인간적인 것을 말하는지, 아니면 눈에 보이지 않는 창조 세계 곧 영적인 세력들을 말하는지에 대한 논란이 있다. 그러나 고대 세계, 특히 유대교에서는 그런 표현들로 천사들이나 타락한 천사들을 말하는 경우가 자주 있었다. 고대 세계관에 따르면, 고대인들은 악한 영적인 세력들이 하나님이 계시는 하늘과 인간이 사는 세상 사이의 중간 영역에 머물면서, 한편으로는 하나님께 대항하고, 다른 한편으로는 인간의 생각과 삶을 지배하고 조종한다고 믿었다.[108] 로마서 8:38-39에서 바울은 이러한 영적 세력들이 하나님으로부터 인간을 떼어 놓을 가능성을 전제하지만, 그리스도 예수 안에서는 그 가능성이 결코 실현될 수 없다고 말한다. 고린도전서 15:24에서는 마지막 때에 하나님께서 이 영적인 세력들을 이기고 승리하실 것이라고 말한다. 그리스도의 십자가와 부활을 통하여 이미 그런 악한 영적 세력들은 패배하였다. 그러나 골로새서 1:16에서 "왕권들이나 주권들, 통치자들이나 권세들"이 타락한 천사나 악한 영적인 세력들을 말한다고 보기 어렵다. 여기서 그것들은 하나님께 대적하는 부정적인 세력들이라기보다는 하나님의 피조물이기 때문이다.[109] 그들은 "**그리스도 안에서**" 곧 "**그리스도로 말미암아**" 창조되었고, "**그리스도**

에 각기 정관사 τα를 보충해서 독자적인 표현으로 보고 있기도 하다. 그러나 앞에 있는 τα παντα와 연결해서 "하늘과 땅에 있는 만물"로 번역하는 것이 적절해 보인다.

108) 고대 세계의 세계관에 대해서는 F. Mußner, *Christus*, 9-28; 그닐카, 「에페소서」, 125-128을 참조.

109) 브라이언, 138-139와는 다른 견해다.

를 위하여" 곧 그리스도에게 봉사하는 존재로 창조되었다. 따라서 하나님이 그리스도 안에서 창조한 만물 그 자체는 부정적인 것이 아니다. 죄로 인하여 이 창조 세계가 하나님으로부터 분리되고, 그 스스로를 신격화하고 영화롭게 함으로써 하나님을 대체하려고 할 때에 비로소 그들은 그런 부정적인 세력이 된다(롬 1:23-25). 바울은 로마서 8:39에서 앞에서 나열한 모든 세력을 하나님의 피조물이라고 하면서, 그 피조물이 예수를 주님으로 고백하는 사람들을 하나님의 사랑으로부터 분리할 수 없다고 말한다. 피조물이 그리스도를 섬기는 사명을 감당할 때, 창조된 본연의 사명을 감당할 때, 하나님과 그리스도와의 정당한 관계 속에 있게 된다. 그러므로 그리스도인들은 어떤 종류의 피조물 숭배라도 우상 숭배이기에 거부한다. 그리스도를 통해서, 그리스도 안에서, 그리고 그리스도를 위하여 창조된 물질적이거나 영적인 존재들은 그 자체로서 신적일 수 없다. 골로새에 나타난 거짓 교사들은 그러한 피조물들인 영적 존재들을 신적인 존재로 믿고 숭배하도록 성도들을 유혹했다.

b의 문장은 a 문장의 순서를 바꾸어서 반복하는 것으로 그치는 것이 아니라, "창조하다"의 시제를 현재완료형으로 바꾸고, 더 나아가서 "그 안에서"를 **"그로 말미암아 그리고 그를 위하여"**로 확장함으로써 더 깊고 넓은 내용을 말한다. 현재완료형의 "창조하다"는 단순히 태초에 있었던 일회적인 창조 행위만을 의미하는 것이 아니라, 태초에 창조된 만물이 지금도 여전히 그리스도를 통하여 존재의 기반을 갖고 있으며, 더 나아가 종말론적으로 그리스도를 향하여 존재하고 있다는 사실을 말한다. a의 창조론적인 언급이 b에서는 종말론적인 차원으로 확대된다. 만물은 오직 그리스도 안에서만 현재적으로 존재가 가능하며, 오직 그리스도를 향해서 존재할 때만 충만한 의미를 가질 수 있다. 그리스도는 모든 창조 세계의 존재의 시작과 근거고, 의미며, 심판자며, 최후 완성을 향한

목표다.

17절: 이 구절은 내용적으로 15-16절을 반복하면서 요약한다. 17a절의 **"그가 만물보다 먼저 계시고"**는 15절의 "모든 피조물보다 먼저 나신 이"를 반복한다. 그리스도가 만물보다 먼저(προ) 계셨다는 말은 첫 번째 피조물 곧 단순히 창조된 순서를 뜻하는 것이 아니다. 그리스도는 세상이 창조되기 이전부터 하나님과 함께 계셨기 때문이다. 창조된 순서가 앞서기 때문에 그리스도가 다른 피조물들보다 더 우월하다는 뜻도 아니다. 그리스도는 피조물에 대해서 그런 상대적인 우월성만을 가지고 계시는 분이 아니다. 오히려 그리스도는 하나님이 세상을 창조하실 때에 거기 함께 계셔서 하나님의 창조 사역에 동참하셨다. 세상이 창조되기 전에 이미 그리스도는 하나님과 함께 계셔서, 하나님과 교제를 나누는 가운데 세상을 창조하신 분이다.

17b절의 **"만물이 그 안에 함께 섰느니라."**는 16b절의 "만물이 다 그로 말미암고 그를 위하여 창조되었고"를 반복한다. 그러므로 16b절의 현재 완료형 동사(창조하다)의 의미가 구체적으로 무엇인지는 17b절에서 밝혀진다. "만물이 그 안에 함께 섰다"는 말은 그리스도가 만물을 창조하셨을 뿐만 아니라, 창조 이래로 지금까지 그리고 앞으로 종말에 이르기까지 만물의 질서를 지키고 존재하게 하는 섭리자며 주인임을 말한다. 그러므로 **"그 안에서"** 곧 그리스도 안에서만 창조 세계는 창조 질서와 생명을 유지한다. 그리스도는 태초에 세상을 창조하셨을 뿐만 아니라, 지금도 그리고 영원히 세상의 존재와 완성을 위하여 배려하고 섭리하신다. 우리는 요한복음 1:4,10-11에서 이와 가장 근사한 신학 사상을 찾을 수 있다. 요한복음에 의하면, 그리스도는 세상을 창조한 창조주일 뿐만 아니라, 창조된 세상은 그리스도 안에서만 영원한 생명을 유지할 수 있다.

그러므로 세상은 "자기 것" 곧 그리스도의 소유물이다. 창조와 종말론적인 생명 유지에 근거해서 그리스도는 세상의 주인이다. 요한복음의 로고스 송가는 주인을 거부해 버린 세상의 죄를 날카롭게 고발하지만, 골로새서의 찬송가는 아직 그런 고발을 하지 않는다.

이러한 기독론적인 세계관은 당시 주변 세계의 이해와 비교해 볼 때, 유사성과 독특성을 동시에 드러낸다. 그리스의 스토아 사상에 의하면, 세상은 여러 개의 부분으로 구성되어 있는데 서로 해체될 위기에 처한 그 부분들을 하나로 연합해서 존속하게 하는 것은 세상 속에 들어 있는 신적인 세계정신이다.[110] 헬라주의 유대인이었던 필로는 세상을 일치되게 묶어서 존속하게 하는 것은 로고스라고 하였다.[111] 구약성서와 유대교의 지혜 문헌에서 하나님의 영 혹은 하나님의 말씀(지혜)이 세상을 묶어서 존속하게 하는 띠의 역할을 한다(지혜서 1:7; 시락서 43:26). 그러나 골로새서(신약성서)에 의하면, 세상이 존속할 수 있는 유일한 토대는 오직 예수 그리스도다. 창조 이전부터 계셨고, 성육신하셔서 십자가에서 죽고 부활하시고 승천하셔서 하나님의 우편 보좌에 앉아 세상을 다스리고 계시는 "그 안에서"만 세상은 의미 있는 존속이 가능하다.[112]

18a절: 앞에서 말한 대로 **"교회의"**가 골로새서 저자가 몸을 해설하기 위한 삽입 표현이라면, 원래 찬송가에서 이 구절은 **"그는 몸의 머리다"**로 되어 있었을 것이다. 이 경우에 **"몸"**(σωμα)은 교회를 의미하는 것이 아니라, 17절이 말하는 "만물"을 의미한다. 그렇다면 "그는 몸의 머리다"는 표현은 만물 곧 창조 세계에 대한 그리스도의 주권을 노래한다. 그러므로 18a절은 내용적으로 17b절을 요약하고 있다. 15-17절은 창조 세계에

---

110) H. Hegermann, *Schöpfungsmittler*, 93-95.
111) H. Hegermann, 위의 책, 95.
112) J. Gnilka, 66-67.

대한 그리스도의 주권을 집중적으로 노래하고 있는 것이다. 그런데 이 대목에서 갑자기 "교회"가 언급된다는 것 자체가 어울리지 않아 보인다. 그러므로 "교회의"는 나중에 삽입된 것으로 추측해 볼 수 있다.

원래의 노랫말에서 "몸"은 우주고, 그리스도는 우주의 "머리"였다. 그러나 "교회의"가 첨가됨으로써 노랫말에서 우주를 의미했던 "몸"이 교회를 의미하는 "몸"으로 의미의 변화를 겪었다(1:24; 2:9-10.17.19; 3:15). 그러므로 서신 안에는 서로 다른 "몸" 이해가 공존하고 있는 셈이다. 우선 저자가 인용하고 있는 송가는 15-18a("교회의"를 제외하고)절에서 창조와 우주에 대한 그리스도의 주권을 노래할 뿐이고, 아직 구원에 대해서는 말하지 않는다. 따라서 이곳의 "몸"은 예수 그리스도의 십자가에 달린 몸이 아니다. 왜냐하면 저자는 22절에서 비로소 십자가에 달린 예수의 몸을 말하기 때문이다(σῶμα τῆς σαρκὸς αὐτοῦ διὰ τοῦ θανάτου). 그러므로 18a절의 "몸"과 "머리"는 우주론적인 개념으로서 그리스 철학이나 헬라주의 유대교에서 어렵지 않게 찾을 수 있는 견해기도 하다. 창조 세계를 마치 영혼이 있는 유기적인 조직체 즉 거대한 몸으로 보고, 또 인간을 포함한 피조물들을 그 지체들로 여기며, 신을 그 유기체를 움직이고 성장하게 하는 머리나 주인으로 보는 견해는 고대 그리스 세계에서 잘 알려져 있었다.113) 우주를 움직이는 신은 배를 움직이는 조타수에 비유되기도 하고, 국가를 움직이는 법에 비유되기도 했다.114) 플라톤은 우주를 이성이 지배하는 생명체로 이해하면서 우주를 "만물의 몸"(σωμα του παντος) 혹은 "세상의 몸"(σωμα του κοσμου)이라고 불렀다.115) 우주는 작은, 그러나 완전한 몸들로 구성된 거대한 몸이며, 그 안에는 영혼이

---

113) 다양한 출전에 대해서는 H. Hegermann, *Schöpfungsmittler*, 93-95; K. M. Fischer, *Absicht und Tendenz*, 54-75; E. Schweizer, ThWNT VII, Art. σωμα, 1025-1039를 참조.
114) PsArist. De Mundo VI,399b; P. Pokorny, 68 참조.
115) Tim 30b; 39e; 31b; 32a.c.

심겨져 있다.[116] 몸과 영혼을 가진 인간도 역시 우주에 따라서 형성되었다.[117] 스토아 철학에서 우주는 신에 의해서 채워지고 둘러싸인 몸이다.[118] 제우스는 우주의 머리고 중심이다.[119] 이러한 그리스 세계의 견해가 나중에 헬라주의 유대교(특히 필로)와 기독교 그리고 영지주의에도 들어오게 되었다.[120] 특히 필로는 영혼의 지배를 받는 몸과 세계영혼에 의해서 지배를 받는 우주를 동일한 차원으로 여겼다. 그는 머리가 되는 로고스는 우주를 의복처럼 입고 있으며, 영혼이 몸을 붙들고 있는 것처럼 그렇게 우주의 부분들을 붙들고 있다고 말하며, 또 하늘이 우주의 머리라고도 한다.[121] 이러한 그리스 철학을 잘못 이해하면, 그리스도 외에도 우주를 움직이고 지배하는 다른 주인들이 존재할 수 있다는 식으로 받아들일 수 있다. 골로새서가 철학과 헛된 속임수(2:8)에 맞선 치열한 싸움 속에서 기록된 서신이기 때문에, 여러 신들 혹은 신적인 존재들이 우주와 인간의 주인이라는 그리스 철학의 우주관과 인생관이 골로새 교회 안에서도 상당한 영향력을 행사하고 있었다고 추측할 수 있다.

"교회의"라는 첨가 표현을 제외하고 송가의 노랫말을 읽어 보면, 송가가 이러한 그리스의 머리-몸 사상에 깊이 영향을 받고 있다는 것을 알 수 있다. 만물은 그리스도를 통해서, 그리스도 안에서, 그리스도를 향하여 창조되었다(16절). 만물은 그리스도 안에서 존재하고 있다(17절). 머리가 지체들을 다스리듯이, 그렇게 그리스도가 만물을 다스린다. 어떠한 주권들이나 권세들, 어떠한 영적인 세력들도 그리스도 없이는 존재할 수 없다. 18a절의 "그는 몸의 머리다"라는 간단한 표현 속에 담긴 깊은

---

116) Tim 34b.
117) Tim 44d.3.
118) E. Schweizer, ThWNT VII, Art. σωμα, 1034-1036.
119) ebd. 1036.
120) 다양한 증거 구절들은 K. M. Fischer, *Absicht und Tendenz*, 52-67; E. Käsemann, *Leib und Leib Chrsiti*, 69ff.에서 찾을 수 있다.
121) Fug 108-113; Som 1,144.

고백이다. 세상은 몸이고, 그리스도는 머리로서 세상을 붙잡고 다스린다. 바울의 다른 주요 서신 어디에서도 이런 머리 사상은 찾을 수 없다. 고린도전서 12:21 이하에 비슷한 생각이 있는 것처럼 보이지만, 여기서는 머리가 여러 지체들 중 하나일 뿐이고, 그 머리에는 어떠한 특별한 위치나 권위가 주어지지 않는다. 반면에 골로새서의 송가에서는 머리가 몸 전체를 다스리고 존재하게 하는 근원이다.[122] 바울의 다른 주요 서신들에는 골로새서가 말하는 "몸" 사상도 분명하게 드러나지 않는다. 고린도전서 12:12 이하에서 바울은 머리와 함께 몸을 말하지만, 윤리적인 교훈의 문맥에서 교회의 모든 지체들이 조화를 이루어야 하는 몸에 대해 말할 뿐이고, 몸은 교회라는 식으로 교회를 규정하지 않는다. "그리스도의 몸" 혹은 "몸의 머리"라는 표현도 나오지 않는다. 골로새서가 교회 역사에서 처음으로 그리스도와 교회의 관계를 머리-몸의 관계로 분명하게 규정한 것이다. 이는 앞에서 말한 그리스 사상의 영향을 받은 것이 분명하다. 아마도 송가의 노랫말은 창조와 화해가 그리스도를 통해서 일어났다고 말하기 위해 헬라주의-유대교적인 몸 우주론의 도움을 받았다고 할 수 있다.[123]

이러한 우주적인 의미 맥락에 "교회의"를 첨가함으로써, 저자는 "몸"을 단순히 우주로 보는 것이 아니라 교회로 규정하고 해석한다. 그러므로 저자에 의하면, 그리스도의 몸은 우주가 아니라 교회다. 이것이 저자의 몸-교회론이다(1:24; 3:15). 이로써 그리스도의 주권에 대한 이중적인 의미가 분명하게 드러난다. 그리스도 안에서 일어난 하나님의 창조 사역

---

[122] 고전 11:2-3이 머리의 지배권을 말한다는 점에서 골로새서의 "머리" 사상과 유사하다고 할 수 있다.

[123] P. Müller, *Anfänge der Paulusschule*, 119. 초대 교회 당시 주변 세계에 몸-머리 사상이 다양한 갈래로 혼재하고 있었는데, 브라이언, 143-44 주장한 것처럼 바울이나 초대 교회가 그런 것들로부터 영향을 받지 않았다고 하는 것은 상식적으로 이해할 수 없다.

에 근거해서 그리스도는 우주 만물의 머리다. 이러한 그리스도의 우주적인 주권은 만물의 모든 존재들이 받아들이고 인정하느냐는 여부와 관계없이 창조 이래로 확립된 객관적인 주권이다. 그러나 신학적인 확신과 저자가 느끼는 현실은 달랐다. 그리스도의 우주적인 주권이 인정되고 찬송되는 것은 오로지 교회뿐이다. 아직도 엄연히 존재하는 반(反)그리스도적인 영적 세력들을 외면한 채 열광적인 승리주의에 도취되어 있을 때, 그리스도가 우주의 주권자라는 고백은 공허한 구호로 그칠 수 있다. 저자는 교회가 그리스도의 몸이라는 해설을 통해서 그리스도의 우주적인 주권이 인정되고, 고백되며, 높이 찬양되는 곳은 교회뿐이라는 현실을 분명히 말한다. 머리의 주권이 인정되고, 그 주권에 순종하여 움직이는 것만이 머리의 몸이 될 수 있다. 그러므로 그리스도는 창조 세계의 머리지만(2:10), 오로지 교회만이 그리스도의 몸이다. 교회 안에서만 그리스도의 주권을 경험할 수 있다. 이러한 현실 속에서 교회는 복음을 전파해 온 세상이 그리스도를 머리로 고백하고 찬양하는 열매를 거두어야 할 선교적인 사명을 갖게 된다(1:6). 우주가 그리스도의 몸이 되고, 그리스도가 우주의 머리로 고백될 때, 창조 세계는 본래의 자리를 찾게 될 것이다. 지금 교회 안에서 인정되고, 고백되고, 찬양되는 그리스도(머리)의 우주적인 주권이 창조 세계 전체에 의해서도 인정되고, 고백되고, 찬양될 때, 바로 하나님의 "사랑하는 아들의 나라"(1:13)가 온전히 드러날 것이다. 그러므로 교회는 온 세상을 향하여 그리스도의 유일한 주권을 선포한다(1:23). 그리스도의 창조와 구원에 관한 우주적인 시각은 우주적인 교회론으로, 그리고 온 세상을 향한 선교적인 실천으로 이어진다. 2:19는 결코 서신의 저자가 우주론적인 "몸" 이해를 포기한 것이 아니라, 교회론과 선교론으로 통합시켰다는 분명한 표식이다.[124] 그리스도는 고대

---

124) P. Müller, *Anfänge der Paulusschule*, 120.

인들이 인간의 운명을 지배한다고 믿었던 모든 영적인 세력들을 이기신 주님이다. 주님의 주권을 온전히 고백하는 곳이 교회다. 그러므로 교회 안에서 그리스도를 믿는 것 이외에 다른 어떠한 영적인 존재를 주권자로 받아들이는 것은 원천적으로 불가능하다. 우주의 주권자이신 그리스도를 믿는 사람들은 그리스도 외에는 어떠한 영적인 존재들에 대해서도 두려움을 가질 필요가 없다. 그런 영적인 세력들에 대한 믿음을 가르치는 것은 "철학과 헛된 속임수"에 불과하다(2:8). 이처럼 "교회의"라는 표현 하나를 첨가함으로써 저자는 거짓 교사들과의 싸움에서 이길 수 있는 가장 근원적인 진리를 말한다.

18b절: 노랫말의 제Ⅰ절을 시작하는 15절과 마찬가지로 제Ⅱ절을 시작하는 이 구절도 그리스도의 정체를 규명하는 관계대명사 문장(ὅς ἐστιν)으로 시작한다. 가장 먼저 그리스도가 **"근본"**이라고 한다. 여기서 "근본"으로 번역된 그리스어(ἀρχή)는 "시작" 혹은 "처음"이라는 의미를 가지고 있다. 그리스도가 무슨 시작이고 처음인지는 곧 이어지는 동격 표현인 **"죽은 자들 가운데 먼저 나신 이"**가 밝힌다. 그리스도는 죽음을 이기고 살아나신 종말론적인 부활의 시작이다. 그러므로 그리스도는 새 창조의 시작이고, 새 인류의 시작이다(3:10). 요한계시록 1:5를 여기서 참조한다면, "시작"은 단순히 시간적인 의미만을 말하는 것이 아니라 지상의 모든 왕들 중에서 가장 높은 왕을 의미하며, 이는 다시 시편 89:28을 배경으로 이해될 수 있다. 시편 구절에 의하면 왕들 중에서 최고의 왕은 제일 먼저 난 자를 말한다. 그러므로 "시작"은 최고의 권능과 주권을 의미한다.125) 이는 요한계시록 1:8; 21:6; 22:13에서 하나님을 알파와 오메가라고 한 것과 같은 의미다. 그리스도의 우주적인 절대 주권과 권능은 노

---

125) T. Holtz, EWNT Ⅰ, 155-156; P. Pokorny, 70.

래의 제I절이 말한 창조 사역 외에도, 죽음의 세력을 이기는 구원 사역에 근거한 것이다.[126]

15절과 18b절이 모두 그리스도를 πρωτότοκος(먼저 나신 이)라고 한다. 그러나 15절이 "모든 피조물보다 먼저 나신 이"라고 말한다면, 여기서는 **"죽은 자들 가운데서 먼저 나신 이"**라고 말한다. 그러므로 제I절이 우주적이고 창조론적인 차원에서 그리스도의 주권을 노래하였다면, 제II절은 종말론적-구원론적인 차원에서 그리스도를 노래한다. 제I절이 그리스도를 창조자로서의 주권자가 되신다고 노래했다면, 제II절은 구원자로서의 주권자가 되신다고 노래한다.

"죽은 자들 가운데 먼저 나신 이"라는 표현은 요한계시록 1:5에도 나온다. 로마서 8:29; 고린도전서 15:20 그리고 사도행전 3:15; 26:23 등에서도 정확하게 일치된 표현은 아니지만, 매우 유사한 표현을 사용해 동일한 내용을 말한다. 그러나 히브리서 2:10이 말하는 "구원의 창시자"도 같은 차원의 말이다. 죽음에서 생명으로의 전환이 예수 그리스도의 죽음과 부활로부터 시작되었다는 것은 신약성서의 근원적인 메시지에 속한다.[127]

그리스도가 죽은 자들로부터 먼저 일어나셔서 구원의 시작이 되신 것은 창조 이래 그가 가지고 있던 우주적인 주권을 확립하기 위한 것이다. **"친히 만물의 으뜸이 되기 위하여"** 그리스도는 최후의 원수인 죽음의 세력(고전 15:26; 롬 8:38)을 극복했다. 그리스도의 우주적인 주권을 부정하는 최후의, 그리고 가장 강력한 원수는 죽음의 세력이다. 그러므로 그리스도가 정말로 창조 세계 전체를 향하여 유일한 주권을 가지고 있다

---

126) 창조와 새 창조로서의 부활은 롬 4:17과 히 1:2-3에서도 결합되어 나타난다.
127) 그러므로 이 표현이 영지주의에서 온 것이라는 주장(E. Käsemann, "Eine urchristliche Taufliturgie", 39.42)은 별로 설득력이 없어 보인다. H. Hegermann, *Schöpfungsmittler*, 101; J. Gnilka, 70 등을 참조.

면, 죽음의 세력을 이겨서 그 주권을 만천하에 분명히 보여 주어야 했다. 과연 그리스도는 죽은 자들 가운데서 가장 먼저 일어나심으로 죽음을 극복했고, 그런 의미에서 오직 예수 그리스도만이 구원의 새 시대의 "맏아들"이며(롬 8:29), 첫 열매이고(고전 15:20), 구원의 창시자이고(히 2:10), 우주의 유일한 주권자다.

19절: 16절과 동일하게 이유를 나타내는 문장으로(ὅτι), 20절까지 계속된다. 그러므로 19-20절은 그리스도가 만물 안에서 유일한 주권을 갖게 된 근거와 이유를 설명한다. 첫 번째 근거를 말하는 19절을 다음과 같이 번역할 수 있다. "왜냐하면 하나님께서는 모든 충만이 그 안에[128] 거하시기를 기뻐하시기 때문이다."[129]

"기뻐하다"는 동사는 하나님이 좋아하시는 뜻을 나타낸다. 하나님은 이 세상에 오신 그의 아들 예수 그리스도를 기뻐하셨다(막 1:11; 마 3:17; 눅 3:22; 벧후 1:17). 하나님은 바울을 사도로 선택하셔서, 그를 통하여 하나님의 아들이 이방인들에게 전파되는 것을 기뻐하셨다(갈 1:15-16). 그러나 "기뻐하다"와 "거하다"는 동사가 결합되어 사용된 예는 구약성서의 시편(LXX)에서 찾을 수 있다. "하나님은 그 안에(시온 산)에 거하시기를 기뻐하신다."(시 67:17 εὐδόκησεν ὁ θεὸς κατοικεῖν ἐν αὐτῷ, 우리말 성서로는 시 68:16). 구약성서에 의하면 하나님은 그의 백성 가운데 거하시며(레위 26:12), 요한계시록에 의하면 새 예루살렘에 거하신다(계 21:3). 그러나 이러한 구절들과는 달리 19절에는 하나님이라는 말이 언급되지 않고 있다.

---

128) 우리말 개역성서는 "예수 안에서"라고 번역하는데, 이는 명백히 오역이다. 오히려 "그리스도 안에서"라고 번역하는 것이 더 타당할 것이다. 개역성서는 19-20절을 이유 문장으로 번역하지 않는 것도 잘못이다.
129) 우리말 성서 본문이 이 구절을 이유 문장으로 번역하지 않고 있는 것은 잘못이다. 그러나 개역성서가 19-20절을 하나로 묶어서 "기뻐하다"를 20절에 번역한 것은 적절한 것이다.

하지만 "기뻐하다"나 "거하다"는 동사가 사용된 구절들과 비교해 봤을 때, 여기서도 기뻐하시고 거하시는 주체가 하나님이라고 유추할 수 있다. 15-20절의 찬송가 노랫말에서 하나님은 15절에 단 한 번 언급됐을 뿐이고, 모든 언급은 그리스도에게 집중되어 있다. 그리스도는 하나님을 나타내 보이는 하나님의 형상이기 때문에, 하나님의 모든 구원 행동도 그리스도 안에서 구체적으로 실현된다. 창조와 구원에서 그리스도가 하나님을 대신하고 대표하기 때문에, 여기서는 그리스도에 집중하기 위하여 하나님의 이름을 의도적으로 뺐다고 할 수 있다.[130]

19절에서 하나님이 기뻐하신 것은 "모든 충만이 그(그리스도) 안에 거하시는 것"이다. 여기서 그리스도 안에 거하는 **"모든 충만"**은 무엇을 의미하는가? 다양한 해석들을[131] 세 가지 모델로 정리할 수 있다. 첫째, 신학적으로 완전한 하나님의 존재나 특성이 그리스도 안에 충만하다는 해석으로, 그리스도의 신성에 초점을 맞춘다.[132] 둘째, 하나님의 은혜와 생명이 그리스도 안에 가득 차 있다는 해석으로, 그리스도 안에서 완전하게 일어난 구원에 초점이 맞추어져 있다.[133] 셋째, 모든 존재하는 것이 그리스도 안에 가득 차 있다는 우주론적인 해석이다.[134] 그러나 모든 존재하는 것을 말하기 위해 τὸ πλήρωμα(충만)가 아니라 τα παντα(만물)를 자주 사용했다는 점을 고려한다면(특히 16, 20절), 세 번째의 우주론적인 해석은 적절하지 않다. 신학적인 해석이나 구원론적인 해석은 모두 나름대로의 타당성이 있다. 15a절이 말한 것처럼 그리스도가 "보이지 아

---

130) J. Gnilka, 73. 81-82에 있는 해석의 간단한 역사도 참조.
131) 다양한 해석의 모델들에 대해서는 J. Ernst, *Pleroma*, 83-84; 브라이언 147-148 참조.
132) E. Lohse, von Soden, P. Ewald, E. Conzelmann 등의 주석과 E. Percy, *Probleme*, 77 등이 그렇다.
133) E. Schweizer, J. Gnilka 등의 주석과 A. Standhartinger, *Studien zur Entstehungsgeschichte*, 207 등이 그렇다.
134) J. Ernst의 주석이 그렇다.

니하는 하나님의 형상"이라면, 그리스도 안에서 하나님의 신적인 존재와 특성이 완전히 나타났다고 보아야 한다. 보이지 아니하는 하나님은 그리스도 안에서 보이는 하나님이 되신다. 그러나 노래의 제II절이 구원론적인 차원에서 그리스도의 우주적 주권을 노래하고 있다는 점을 고려한다면, 구원론적인 해석이 가장 타당하게 보인다. 그러나 신학적인 해석과 구원론적인 해석을 서로 분리할 필요는 없다. 그리스도 안에는 하나님의 신적인 존재, 권능 그리고 영광이 온전하게 나타나고, 그 결과 그리스도는 창조 신학적으로는 세상의 창조주가 되셨고, 종말론적으로는 죽음의 세력을 이기고 새 생명의 시작이 되셨다. 하나님의 존재와 권능이 온전히 충만하게 거하시는 그리스도 안에는 하나님의 은혜와 생명이 완전하게, 충만하게 거하고 있으며, 이것은 하나님이 기뻐하시는 뜻이다. 그리스도의 창조 사역, 구원 사역 그리고 우주적인 주권은 하나님의 기뻐하시는 뜻에 따른 것이다.

언제부터 "모든 충만"이 그리스도 안에 거하게 되었느냐 하는 시기에 대한 물음은 별 의미가 없다. 특히 세례 요한에게서 세례를 받은 때부터라는 견해는 전혀 타당하지 않다.[135] 양자론적인 입장에서 세례 이후에야 비로소 예수가 하나님의 아들로 인정받았다는 견해는 본문에 근거해서 주장될 수 없다. 하나님의 존재적인 특성과 권능은 창조 이전부터 그리스도 안에 있었고, 부활하심으로써 세상에 분명하게 드러났다. 예수 그리스도는 창조 이전부터 하나님의 아들이었고, 부활로써 그 아들의 신분이 확증되었다.(롬 1:3-4 참조)

20절: 문법적으로 이 구절은 19절의 "기뻐하다"에 걸리는 부정사 구문이다. 그러므로 하나님이 기뻐하시는 것은 두 가지다. 첫째는 그리스

---

135) P. Pokorny, 72의 그런 해석에 우리는 전혀 동의하지 않는다.

도 안에 하나님의 존재적인 특성과 구원하는 권능이 충만하게 거하는 것이고(19절), 둘째는 만물 곧 땅에 있는 것이나 하늘에 있는 것을 막론하고 모든 것이 그리스도를 통해서 하나님 자신과 화해하는 것이다(20절). 그래서 하나님은 그리스도를 만물의 머리가 되게 하셨고, 구원의 시작이 되게 하신 것이다.(18b절)

일단 "그의 십자가의 피로"라는 표현이 없다고 생각하고 읽으면, 본문은 만물의 화해와 평화가 그리스도를 통해서 그리고 그리스도를 향하여 일어난 것을 노래함으로써 그리스도의 우주적인 화해와 평화 사역을 찬양한다. **"만물"**은 **"땅에 있는 것들이나 하늘에 있는 것들"**로 구체화된다. 이는 16a절과 같으나, "하늘에 있는"과 "땅에 있는"의 순서가 바뀌었다. "만물"은 **"화목"**의 대상으로, "땅에 있는 것들이나 하늘에 있는 것들"은 **"화평"**의 대상으로 언급된다는 점에서, 화해와 평화는 다른 것이 아니라 같은 것을 말하는 두 개념이다.

앞에서도 언급했듯이, 세상을 여러 개의 부분들로 구성된 유기적인 "몸"으로 보고, 각 부분들이 서로 분리될 우주적인 위기에 직면했을 때, 그 지체들을 하나로 묶어 유기체적인 몸(우주)을 보존하는 세계의 정신 혹은 신이 있다는 사상은 플라톤이나 스토아 철학과 같은 그리스-로마 세계에서 찾을 수 있다. 필로와 같은 헬라주의 유대교에서는 하나님의 영 혹은 말씀(로고스)이 우주라는 몸의 질서와 생명을 보존하고 있다고 말한다. 반면에 골로새서의 그리스도 송가는 몸을 지배하고 존속시키는 머리는 오직 예수 그리스도라고 말한다(18a절의 주석을 참조). 그러므로 머리가 되시는 그리스도 안에서 만물이 화해하고 평화를 유지한다. 이처럼 본문은 그리스 철학이나 헬라주의 유대교의 우주-몸 사상을 그리스도 신앙 안에서 새롭게 해석하고 있다.

만물은 **"그로 말미암아, 그를 위하여"**(δι' αὐτοῦ καὶ εἰς αὐτὸν) 화해되었다.

이 표현은 16b절에도 나온다. 우리말 번역 성서들은 δι' αὐτου를 "그로 말미암아"로 번역하는 반면 εἰς αὐτὸν을 "**자기와**" 혹은 "당신과"로 번역하지만, 16b절에서는 εἰς αὐτὸν을 "그를 위하여"로 번역한다. 우리말 성서들이 번역하는 "자기" 혹은 "당신"은 하나님을 지칭한다. 우리말 성서들처럼 번역을 하면, 만물이 그리스도를 통해서 하나님 자신과 화해하는 것을 하나님이 기뻐하신다는 뜻이다. 이러한 화해 사상은 고린도후서 5:19에 나오는 바울의 화해 사상과 일치한다.[136] 그러나 바울은 하나님이 자신과 화해하게 했다는 것을 말하기 위해서 우리의 본문처럼 전치사 표현(εἰς αὐτὸν)을 말하지 않고, καταλλάξαντος ἑαυτῷ이라는 재귀대명사를 사용한다(고후 5:18,19). 더구나 우리의 본문은 어디에도 하나님을 말하지 않는다. δι' αὐτοῦ καὶ εἰς αὐτὸν이 16절에서도 그대로 나오며, 그곳에서 εἰς αὐτὸν을 "그를 위하여"로 번역한다면, 이곳 20절에서도 16절에서처럼 "그를 위하여"로 번역하는 것이 일관성이 있을 것이다. 그러면 만물이 그리스도를 통해서, 그리스도를 위하여 상호 화해하는 것을 하나님이 기뻐하신다는 의미가 된다. 16절에 의하면 그리스도를 통해서, 그리스도를 위해서 만물이 창조되었다. 그러므로 그리스도는 창조의 매개자면서 동시에 목적이다. 그런데 여기 20절에서는 그리스도가 화해의 매개자이면서 동시에 목표로 나타난다. 그러므로 창조도 구원도 모두 그리스도를 통해 일어나며, 그리스도를 향하여 일어난다. 창조와 구원의 근원과 목표는 그리스도다. 그리스도 없이는 창조도 구원도 일어나지 않는다.

하나님은 그리스도 안에서 창조하신 그 어떤 사소한 것도 멸망하기를 원치 않으신다. 모든 창조 세계가 서로서로 그리고 하나님과 화해하기를 기뻐하신다. 물론 이러한 우주적인 화해에 관한 말은, 모든 창조 세계가 하나님을 배반하고 죄에 빠져 있기 때문이다. 우리의 찬송가는

---

136) 바울의 화해 사상에 대해서는 조경철, "화해는 하나님의 구원 사건이다", 111-146 참조.

어떻게 해서 이러한 우주적이고 보편적인 타락이 일어났는지에 대해서는 말하지 않고, 단지 세상이 타락해 있다는 사실을 전제할 뿐이다. 만물이 하나님과 그리고 상호간에 화해할 수는 있는 오직 유일한 길은 예수 그리스도를 통하는 길이다. 오직 예수 그리스도 안에만 하나님의 존재적인 특징과 주권이 온전하게 드러나 있기 때문이다. 하나님은 그리스도 안에서 세상과 만나시고, 세상의 죄를 용서하시고, 세상을 자신과 화해하게 하신다. 창조 세계는 그리스도 안에서 그 창조 목적에 도달하게 된다. 이를 에베소서 1:10은 "하늘에 있는 것이나 땅에 있는 것이 다 그리스도 안에서 통일되게 하려 하심이라"고 한다. 그리스도 안에서 실현된 하나님의 우주적인 화해는 평화를 이루는 것이다. 여기서 "화해"(혹은 화목)와 "평화"(혹은 화평)는 내용적으로 같은 말이다. 신약성서에는 그리스도 안에서 일어난 우주적인 평화나 화해를 노래하는 찬송가 노랫말이 많이 인용되어 있다.[137] 이러한 우주적인 평화의 메시지는 근본적으로는 예수께서 선포하신 하나님 나라의 도래에 관한 메시지로부터 출발한다. 이 하나님 나라 메시지가 예수의 십자가 죽음과 부활 그리고 하나님의 우편 보좌에로의 승천을 고백함으로써 그리스도의 우주적인 승리, 우주적인 주권으로 연결되었다. 초대 교회는 이를 찬송가로 만들어 예배에서 부르면서 신앙을 고백하였다. 특히 하나님이 계신 하늘과 인간이 살고 있는 땅 사이의 중간에 인간의 운명을 지배하는 많은 영적인 세력들이 존재한다고 믿었던 그리스적인 세계관 속에서 이러한 신앙 고백은, 그리스도가 그 모든 영적인 혼돈과 협박적인 세력들을 이기고 최후의 적인 죽음까지도 이김으로써 온 우주의 질서를 바로 잡은 화해와 평화의 성취자로 찬

---

137) 우리가 해석하고 있는 골로새서의 그리스도 찬송가 외에도 빌 2:6-11; 엡 1:10; 2:14-18; 딤전 3:16 등이 대표적이다. 물론 엡 2:14-18이 초대 교회의 찬송가 전승의 인용인지에 대해서는 논란이 있다. 이에 대해서는 조경철, "신약성서의 평화 신학에 관한 소고 -에베소서 2:14-18을 중심으로-", 103-126 참조.

양하였다.

바울의 신학에서 화해와 평화는 하나님의 은혜로써 선물로 주어진 칭의를 말하는 다른 표현들이다. 특히 고린도후서 5:18-21은 화해를, 로마서 5:1-11은 평화와 화해를 함께 말한다. 바울 역시 "세상"의 화해를 말하기는 하지만(고후 5:19), 이때 세상은 온 인류를 말하는 개념이지, 아직까지 우주론적인 차원으로 확대되지는 않는다. 로마서 8:18 이하와 고린도전서 8:6이 우주적인 차원의 창조 세계와 만물을 말하기는 하지만, 바울의 시각은 주로 인간과 인간의 역사에 초점이 맞춰져 있다. 따라서 바울은 주로 사람들을 위하여 십자가에서 죽으시고, 부활하신 그리스도를 말한다. 그에 반하여 바울이 인용하고 있는 빌립보서 2:6-11의 찬송가나 골로새서와 에베소서 등은 그리스도 사건의 우주적인 차원에 초점을 맞추고 있다. 그에 따르면 그 당시의 사람들이 인간의 운명을 지배한다고 믿었던 모든 영적인 세력들을 그리스도가 이기셨다고 고백한다. 그러므로 그러한 영적인 세력들을 숭배하는 것은 어리석은 것이다.

골로새서 저자는 이러한 그리스도의 우주적인 주권과 화해 사역을 노래하는 찬송가에다가 **"그의 십자가의 피로"**를 첨가해 넣음으로써 그리스도의 십자가 죽음이라는 역사적 차원을 연결한다. 그럼으로써 그는 우주적인 기독론과 화해론을 노래하는 찬송가의 신학을 바울의 십자가 신학으로 해석한 셈이다. 로마서 5:9-11에 의하면 예수 그리스도의 십자가 죽음을 통하여 평화와 화해가 일어났다. 대다수의 학자들과 달리, 최근에 슈탄트하르팅거는 "그의 십자가의"가 18b절의 "교회의"와 마찬가지로 골로새서 저자에 의한 해석적인 첨가가 아니라, 원래의 노랫말에 있었던 것이라고 주장한다.[138] 그러나 골로새서가 바울 자신의 저작이거

---

138) A. Standhartinger, **_Studien zur Entstehungsgeschichte_**, 212-217. 그녀는 2:14 에서 다시 한 번 언급되는 "십자가"도 역시 저자의 말이 아니라, 물려받은 전승에 포함되어 있던 것이라고 한다. 왜냐하면 골로새서 전체 안에서 십자가는 별로 중요

나 적어도 바울의 신학적인 전통에 굳게 서 있다는 사실을 상기한다면, 십자가에 대한 언급은 서신의 저자가 우주적인 화해와 평화를 바울의 십자가 신학으로 해석하고 있다는 사실을 의심할 필요가 없다.

◆ 설교를 위한 메시지 요약

골로새서가 인용해서 그의 신학적인 논증의 배경과 출발점으로 삼고 있는 그리스도 송가에는 매우 깊고 다양한 신학적인 메시지가 담겨져 있다.

1. 하나님과 그리스도 사이의 관계가 첫 번째 핵심이다. 우리 그리스도인들은 어디에서 하나님을 알고 하나님을 만나는가? 창조 세계를 보면서 하나님을 알 수 있다. 인간의 역사를 보면서 하나님을 알 수 있다. 어떤 이들은 다른 종교들에도 희미하나마 하나님을 알 수 있는 점이 있다고 주장하기도 한다. 그러나 신약성서는 예수 그리스도 안에서 하나님을 가장 분명하고 정확하게 만날 수 있다고 가르친다. 그리스도 안에 하나님의 성품과 능력이 가장 분명하게 드러나 있기 때문이다. 그리스도를 알면 하나님을 안다(요 14:9). 그러므로 그리스도가 곧 하나님이라고 고백할 수 있다(요 20:28). 하나님은 보이지 않으시는 분, 그러므로 인간이 도저히 접근할 수 없고, 만날 수 없고, 알 수 없는 분이다. 그러나 그 보이지 않은 하나님이 그리스도 안에서 보이는 하나님으로 나타났다.

한 역할을 하지 않고 있으며, 1:20이나 2:14가 말하는 십자가도 바울이 말하는 비참한 죽음을 말하기보다는 승리의 십자가 전승에 속하기 때문이다. 그러므로 그녀에 의하면, "피"도 예수의 십자가 죽음을 말하기보다는 오히려 헬라주의 유대교에서 유래되는 순교자 신학과 연관된 의례적인 표현이라고 한다(위의 책, 210-212). 그녀는 근본적으로 이 송가를 기독교적인 송가라기보다는 유대교의 지혜 송가로 보고 있다.

2. 다음으로 그리스도와 인간을 포함한 창조 세계와의 관계가 두 번째 핵심이다. 한 마디로 그 관계는 창조주와 피조물의 관계다. 그리스도는 세상을 창조하신 창조주다. 하나님의 창조하시는 능력이 그리스도 안에 나타났고, 그리스도는 그 능력으로 세상을 창조하셨다. 그리스도의 창조에서 제외된 존재는 없다.

3. 그리스도가 세상을 창조하신 분이기에, 그리스도는 세상의 주권자다. 창조주와 피조물의 관계는 주인과 소유의 관계다. 그러므로 세상은 오로지 창조주이신 그리스도 안에서만 그 존재가 가능하다. 그러므로 세상은 그리스도에 의해서 창조되었고, 그리스도 안에서 존재가 가능하며, 그리스도 안에서 창조적인 목적이 완성될 것이다. 세상에 대한 그리스도의 이러한 관계를 간략하게 한 마디로 "머리"라고 표현한다. 머리가 몸을 지배하고 부양하고 인도하듯이, 그리스도는 세상을 지배하고 지지하고 인도한다. 그러므로 인간과 창조 세계는 그리스도를 떠나서 바르게 존재할 수 없다.

4. 그리스도가 세상의 주권자라는 말은 단순히 세상적인 권력의 시각으로 이해해서는 안 된다. 그리스도의 우주적인 주권은 창세 이전에 있었던 그의 창조 사역에 근거할 뿐 아니라, 그의 십자가 죽음과 부활 승천에도 근거한 것이기 때문이다. 인간을 포함한 창조 세계가 하나님을 배반하고 하나님을 떠났을 때, 하나님은 그리스도 안에서 세상으로 오셔서 십자가에 달려 죽음으로 그 배반의 죄를 대속하셨고, 그것이 하나님의 진정한 뜻이라는 사실이 바로 그의 부활과 승천으로 확인되었다. 그러므로 그리스도의 주권은 우주에 평화를 이루고 하나님을 떠난 창조 세계를 하나님과 화해시키는 주권이다. 그러한 화해와 주권이 확립된 것은 "십자가의

피"를 통해서다. 십자가의 죽음이 없는 그리스도의 주권은 불가능하다. 진정한 주권은 세상을 위한 희생적인 죽음을 통해서 확립된다.

5. 저자가 노랫말에 첨가한 "교회의"에서 진정한 교회의 모습을 본다. 창조와 구원에 근거하여 창조 세계 전체를 지배하고 다스리는 그리스도의 우주적인 주권은 아직 교회 안에서만 인정되고 고백 찬양되고 있다. 그러므로 교회만이 그리스도의 몸이다. 그리스도의 몸인 교회 안에서는 그의 주권을 고백하고 찬양할 뿐만 아니라, 그의 주권에 복종하여 모두가 화목을 나누어야 한다. 그러므로 교회는 결코 분열될 수 없다. 교회가 분열된다면, 그리스도의 주권을 부정하는 것이며, 그리스도의 몸으로서 자기 정체를 부정하는 것이다.

6. 서신은 처음 독자들이 서 있는 역사적, 정신사적인 상황에서 그리스도의 우주적인 승리를 선포한다. 다시 말해서 그 당시 사람들은 수많은 우주적이고 영적인 세력들이 인간의 운명을 지배한다고 믿음으로써 세상을 불안과 부조화의 세상으로 보았다. 그리스도를 믿은 사람들까지도 그러한 헛된 철학을 가르치는 사람들의 유혹에 빠져 불안을 느꼈다. 서신은 이에 대처하기 위하여 그리스도의 우주적인 승리와 주권, 우주적인 평화를 가르친다. 그리스도의 승리와 우주적인 주권에 대한 확실한 믿음이 흔들리지 않는다면, 어떠한 이단자들의 유혹이 있어도 우리의 신앙과 삶은 평화로운 것이다. 오늘날도 이단자들의 갖가지 이론들이 우리 성도들의 영혼을 유혹하고 있다. 그럴 때마다 골로새서가 선포하는 이 메시지는 거듭 되새겨야 할 만큼 중대한 의미를 갖는다. 오직 그리스도의 종말론적이고 우주적인 승리와 주권에 대한 확신만이 이단의 유혹을 이길 수 있고, 또 온갖 어려움 속에서도 흔들리지 않는 평화를 누릴 수

있는 유일한 길이다.

주제 해설 2: 골로새서의 "그리스도의 몸" 교회 이해

골로새서는 "몸"(σωμα)이라는 단어를 8번 사용한다(1:18,22,24; 2:11,17, 19,23; 3:15). "몸"으로써 1:22는 십자가에 달려 죽으신 예수의 육체를 말하고, 2:11은 그리스도인이 할례를 받고 벗어버린 옛 사람의 존재를 상징적으로 말하며, 2:17은 그림자에 대조되는 구원의 실체를 의미하며, 또 2:23은 가장 일반적인 의미로써 사람의 몸을 말한다. 이들 네 구절을 제외하고 남는 나머지 4구절은 교회를 "그리스도의 몸"이라고 정의하는 신학적인 의미로 사용되었다(1:18,24; 2:19; 3:15). 골로새서와 쌍둥이 서신인 에베소서는 "몸"을 9번 사용하는데(1:23; 2:16; 4:4,12,16(2회); 5:23,28,30), 그 중에서 구약성서의 인용인 5:28을 제외한 나머지 8번 모두가 "그리스도의 몸"으로써의 교회를 말한다. 이러한 사용 빈도와 집중력으로 볼 때, "그리스도의 몸" 교회론은 골로새서보다는 에베소서에서 더 심도 있게 다루어지는 신학적인 주제다.[139] 그렇다면 골로새서가 말하는 "그리스도의 몸"으로써의 교회는 어떤 교회를 말하는가?

1. 에클레시아(εκκλησια)

골로새서는 εκκλησια를 2회 사용한다. 그것도 1:18,24 두 번 모두 "σωμα"의 동의어로, 몸=교회라는 의미로 사용된다. 앞의 1:18 주석에서도 보았듯이, 여기서 εκκλησια는 골로새서 저자가 물려받은 찬송가 노랫말에 해설적으로 첨가한 말이다. 그러므로 몸=교회는 골로새서가 교회를

---

139) 에베소서의 그리스도의 몸 교회론에 대해서는 조경철, 「설교자를 위한 에베소서 주석」, 81-113 참조.

이해하고 말하는 핵심이라고 할 수 있다.

일반적으로 "교회"로 번역되는 εκκλησια 개념은 1세기 무렵에 정치적인 영역에서 사용되었다. 그리스-로마 세계에서 이 개념은 한 도시의 참정권을 가진 시민들의 모임을 의미했다. 그들이 회합을 하면, 그것을 εκκλησια라고 했다(행 19:40 참조). 이 개념이 초대 교회에서 그리스도를 믿는 사람들의 모임에 적용되었고, 바울은 εκκλησια를 당연히 그런 교회론적인 의미로만 사용하였다.

바울은 이 개념을 단수형으로 20회, 복수형으로 15회를 사용한다. 반면에 골로새서는 항상 단수형으로만 사용한다. 바울이 단수형으로 이 단어를 사용할 때는 거의 개체 교회를 의미하며, 복수형으로 사용할 때는 한 도시나 구역 안에 있는 여러 교회들을 말한다(고전 7:17; 고후 8:18-19,23-24; 11:8,28; 12:13; 롬 16:16; 갈 1:22). 그러므로 바울은 그리스도를 믿는 사람들의 회합을 εκκλησια라고 불렀다. 이는 마치 정치적인 공동체가 회합을 하면 그것을 εκκλησια라고 부른 것과 같다. 바울의 εκκλησια 이해를 보다 분명히 보여 주는 것은 εκκλησια του θεου이다(갈 1:13; 고전 1:2; 10:32; 11:16,22; 15:9; 고후 1:1). 신명기 23:1-3을 해설하는 느헤미야 23:1-3으로 소급되는 이 표현은, 유대교에서는 하나님의 백성인 이스라엘에 속할 수 있는 사람들의 조건에 대해서 말한다. "하나님의 교회"는 하나님의 백성을 말한다. 바울이 "하나님의 교회"를 말한다면, 그것은 유대 백성이 아니라 그리스도를 믿는 성도들이 하나님의 거룩한 백성이라는 의미다. 유대교는 제의적인 전제들을 충족함으로써 하나님의 백성이 거룩해진다고 여긴 것과는 달리 교회의 거룩함은 성도들이 예수 그리스도 안에서 거룩하게 되었다는 사실을 통해서 확인된다. 그러므로 교회는 하나님의 거룩한 백성이다.[140] 바울이 εκκλησια를 말

---

140) H. Merklein, "Ekklesia", 63.

한다면 항상 "하나님의 교회"를 말하는 것이다.141) 그러나 바울과는 달리 골로새서는 "하나님의 교회"를 말하지 않는다. 하지만 수신자들을 "골로새에 있는 거룩하고 신실한 형제들"이라고 한다면(1:1), 하나님의 거룩한 백성으로서 "하나님의 교회"를 암시하고 있다.

2. 그리스도의 몸(σωμα χριστου)

"그리스도의 몸"은 바울 이전에 형성된 성만찬에 관한 말씀에서 처음으로 찾을 수 있다(고전 11:24). 성만찬에서 떡을 떼는 것은 "그리스도의 몸에 참여함"이다(고전 10:16). 이는 예수 그리스도의 죽음에 참여하는 것을 의미한다. 그러므로 성만찬 말씀에 있는 "그리스도의 몸"은 십자가에 죽은 예수 그리스도를 말하는, 곧 기독론적인 개념이다. 그러나 이어지는 고린도전서 10:17은 "몸"을 교회론적으로 해석한다. 그러나 정확히 말하면, 이때 "몸"은 교회를 의미하기보다는 함께 성만찬에 참여한 성도들의 일치와 조화를 강조하기 위한 비유적인 표현이다(고전 12:12; 롬 12:5). 그러므로 엄격히 말해서 "몸" 교회론은 바울의 주요 서신에서는 별로 찾을 수 없다. 오직 고린도전서 12:27에서만 몸-교회론을 생각할 수 있다. 바울은 고린도전서 12:12-31과 로마서 12:3-8에서 로마의 황제 시대 초기에 메네니우스 아그립파(Menenius Agrippa)가 한 것으로 잘 알려진 우화에 나온 것과 매우 유사한 이야기를 한다. 아그립파는 이 이야기를 통해 평민들을 진정시키고 호민관의 직책을 도입하는 근거를 제공했다. 이 우화에 의하면, 한때 몸의 지체들이 배에 대해 반란을 일으켰는데, 지체들의 생각에 배는 아무런 일도 하지 않고 손과 발 그리고

---

141) J. Hainz, *Ekklesia*, 232. "하나님의 교회"가 바울이 박해한 예루살렘 교회를 지칭할 때만(갈 1:13; 고전 15:9) 사용되거나 혹은 오직 고린도 교회에만 사용되기 때문에 다른 교회들에게는 적용되기 어렵다는 주장(A. Standhartinger, *Studien zur Entstehungsgeschichte*, 220 각주 153)도 있지만, 별로 설득력 있어 보이지 않는다.

입과 목 등이 넣어 주는 밥만 먹는 것처럼 보였기 때문이다. 다른 지체들이 배가 미워서 밥을 먹는 행위를 거부해 버린 결과, 배뿐만 아니라 몸의 모든 지체가 힘을 잃게 되었다. 이로 인해 지체들은 배가 반드시 필요하다는 사실을 깨닫게 되었다.[142] 백성들이 보기에 호민관의 직책이 아무 일도 하지 않는 불필요한 것으로 보일지라도 호민관 없이는 백성들도 어렵게 된다는 것을 이 우화를 통해서 설득하려 한 것이다. 바울은 이러한 로마의 국가철학에서 나온 유사한 이야기를 통해서 은사의 다양성 속에서 교회의 일치를 가르친다. 마지막에 바울은 "너희는 그리스도의 몸이요 지체의 각 부분이다"(고전 12:27)고 말한다.

　　앞의 1:18a를 주석하면서 언급했듯이, 창조 세계를 마치 영혼이 있는 유기적인 조직체 곧 거대한 몸으로 보고, 또 인간을 포함한 피조물들을 그 지체들로 여기며, 신을 그 유기체를 움직이고 성장하게 하는 머리나 주인으로 보는 견해는 로마의 정치철학, 헬라와 유대 사상에서 찾을 수 있다. 공화정에서 제정으로 넘어가는 시기에 쿠르티우스 루푸스(Curtius Rufus)는 국가를 몸에 비유하면서 이 몸에는 반드시 하나의 머리가 필요하다고 하였다. 머리가 없을 경우나 머리가 많을 경우에는 전쟁과 분열이 생길 수밖에 없다고 하면서 황제 제도의 필요성을 역설하였다.[143] 바울은 몸과 머리의 계급적인 구조에 대해서는 아무런 말도 하지 않은데 반해, 골로새서는 머리-몸의 관계를 지배와 피지배의 계급 구조로 말한다. 머리를 굳게 붙들고, 온 몸이 머리로부터 마디와 힘줄을 통해 힘을 공급받아서 연합해야 그 몸이 바르게 성장한다는 생각(2:19)도 로마의 정치철학에서 나온 것이라고 할 수 있다. 세네카에 의하면, 황제는 국가의 백성을 하나로 묶는 띠와 같다고 했다.[144] 이에 세네카는 국가

---

142) A. Standhartinger, 위의 책, 225.
143) Curt. X 9,1-5. A. Standhartinger, 위의 책, 226-227.
144) Sen. clem, III,2,1-3.

의 건강은 머리와 일치하느냐에 의해서 결정된다고 했다.

3. 에클레시아(교회)를 그리스도의 몸이라고 하는 골로새서의 교회론에는 네 가지 요소가 결합되어 있다.[145]

첫째, 골로새서가 기록되고 읽혀졌던 바울의 교회들에는 그리스도의 몸에 관한 생각이 널리 알려져 있었다. 저자는 이런 생각을 받아들여서 교회를 그리스도의 몸과 동일시하는 교회론으로 발전시켰다.

둘째, 바울이 로마 세계의 정치철학에서 국가의 일치와 조화를 말하기 위해서 널리 사용되던 표상을 받아 그리스도의 몸 교회론을 발전시켰다면, 골로새서는 정치철학에서 황제와 백성의 관계를 계급적으로 보았던 것 – 바울이 분명하게 드러내지 않고 있는 – 을 그리스도와 교회의 관계로 옮겨 와 적용했다.

셋째, 골로새서는 몸 – εκκλησια를 그리스도를 믿는 사람들의 보편적이고 세계적인 모임을 말하는 일반적인 개념으로 사용한다. 황제의 몸이 로마 제국인 것처럼, 그리스도의 몸이 교회다. 황제가 제국의 일치와 평화를 보장해 주듯이, 그리스도가 교회의 일치와 평화의 근거며 보증이다. 이처럼 골로새서의 몸–교회론은 로마의 정치철학과 유사한 패러다임을 보여 준다.[146]

넷째, 헬라, 로마 그리고 유대교에서도 널리 알려져 있었던 몸–우주론에 근거해서 신앙을 이해하려는 "철학자들"이 골로새 교회에 들어와서 신앙과 교회의 질서를 어지럽히고 있는 현실이 작용하고 있다. 우주를 몸으로 보고 머리가 되는 신들을 그 지배자로 보는 그리스의 우주철학은 잘못 이해하면, 그리스도 외에도 우주를 움직이고 지배하는 다른 주인들

---

145) A. Standhartinger, *Studien zur Entstehungsgeschichte*, 227–228.
146) K. Berger, Art. Kirche II, TRE 18, 205.

이 존재할 수 있다는 식으로 받아들여질 수 있다. 골로새서가 철학과 헛된 속임수(2:8)에 맞선 치열한 싸움 속에서 기록된 서신이라는 점을 고려하면, 그런 오해가 교회 안에서도 상당히 만연되어 있었다고 추측할 수 있다. 저자는 "교회의"를 첨가해서 몸을 우주에서 교회로 옮겨 해석한다. 그럼으로써 그리스도의 주권에 대한 이중적인 이해가 생겨난다. 그리스도 안에서 일어난 하나님의 창조 사역에 근거해서 그리스도는 우주 만물의 머리다. 그러나 그리스도의 몸인 교회에서만 그리스도의 우주적인 주권이 인정되고, 고백되며, 그래서 높이 찬양된다. 머리의 주권이 인정되고 그 주권에 순종하여 움직이는 것만이, 머리의 몸이 될 수 있다. 그러므로 그리스도는 창조 세계의 머리지만(2:10), 오로지 교회만이 그리스도의 몸이다. 교회 안에서는 그리스도 외의 다른 어느 주권자도 인정되거나 찬양될 수 없다. 서신은 교회가 그리스도의 몸이라는 신학을 통해 이런 확신을 분명히 하고, 그럼으로써 거짓 교사들의 주장의 허구성을 물리친다.

4. 바울과 골로새서/에베소서의 차이

두 쌍둥이 서신 이전에 "그리스도의 몸"을 교회론적이고 신학적인 의미에서 사용한 것은 바울이다. 바울은 교회를 말하기 위하여 고린도전서 6:15-16; 12:12-31; 로마서 12:4-5 등에서 "몸"이라는 개념을 사용하였다. 그러나 바울과 쌍둥이 서신 사이에는 "그리스도 몸" 교회론에 있어서 커다란 차이를 드러낸다. 그 차이를 다음과 같은 네 가지로 요약할 수 있다.147)

첫째, 앞에서도 언급했듯이 바울은 "몸"을 비유적으로 사용한다(고전 12:12; 롬 12:4-5). 그에 반해서 골로새서와 에베소서는 교회를 설명하고 규정하는 표상으로 "몸"을 사용한다. 바울은 한 몸에 많은 지체들이 있

---

147) P. Pokorny, 125-127 참조.

음을 비유적으로 말한다. 따라서 바울의 몸에 관한 언급은 많은 지체들이 받은 은사들을 잘 활용해서 서로 유기적으로 협력하여 교회의 일치를 이루라는 윤리적인 교훈의 맥락에서 나타난다. 이처럼 비유적으로 사용되는 몸은 얼마든지 다른 개념으로 바뀌어 사용될 수 있다. 반면에 골로새서와 에베소서는 "교회는 그리스도의 몸이다"는 규정적인 정의를 내린다. 이는 단순히 비유나 윤리적인 교훈을 위해서 한 것이 아니라, 교회를 신학적으로 정의하기 위한 말이다. 이처럼 규정적으로 사용하는 개념은 다른 어느 것으로도 대체할 수 없다.

둘째, 바울은 어디에서도 "몸"과 "머리"의 복종과 지배의 관계를 말하지 않고 오히려 몸과 머리를 동등한 지체로 언급하나, 우리의 쌍둥이 서신은 머리가 되시는 그리스도와 몸의 뗄 수 없는 관계, 곧 지배와 복종의 관계를 말한다. 두 서신은 바울이 미처 생각하지 않은 그리스도와 교회의 관계를 신학적으로 더 깊이 언급하기 위하여 머리-기독론과 몸-교회론을 결합한다.

셋째, 골로새서와 에베소서 역시 바울처럼 몸에 관한 언급을 윤리적인 교훈의 맥락에서도 사용한다(골 3:15; 엡 4:1-16). 그러나 바울은 개체 교회들 곧 고린도 교회와 로마 교회를 생각한다면, 골로새서와 에베소서는 어느 한 개체 교회가 아닌 교회 전체, 요즘 말로 하면 기독교 전체를 생각한다. 바울은 고린도전서 10:16에서 성만찬에 관해 말하면서 "그리스도의 몸"을 말한다. 이때의 "그리스도의 몸"은 골로새서와 에베소서가 말하는 "그리스도의 몸"과는 그 의미가 전혀 다르다. 고린도전서의 "그리스도의 몸"은 십자가에 달려 피 흘린 예수를 말하지만, 두 서신이 말하는 "그리스도의 몸"은 우주의 지배자가 되신 예수 그리스도의 주권에 참여하는 우주적인 존재로서의 교회를 말한다.[148] 그러므로 두 서신이 "그

---

148) H. Hegermann, "Zur Ableitung der Leib-Christi-Vorstellung", 839-842 참조.

리스도의 몸"을 윤리적인 교훈 맥락에서 사용한다면, 하나의 개체 교회를 넘어서 전 세계적인 교회들, 모든 그리스도인들에게 부과된 일치의 사명을 강조한다. 우주의 지배자 그리스도, 그의 몸으로써 머리의 우주적인 주권에 참여하는 교회의 지체들인 그리스도인들은 모든 교회의 하나 됨을 지키기 위하여 노력해야 할 사명을 갖는다. 이처럼 바울보다는 그 시야가 우주적으로 확대되어 있는 것이 골로새서와 에베소서가 바울과 다른 점이다.

넷째, "그리스도의 몸"에 관한 언급에서 두 서신은 바울의 주요 서신들에서는 찾을 수 없는 몸의 "성장"을 말한다(골 1:24; 2:19; 엡 4:16; 5:29). 이 "성장"이라는 말은 "그리스도의 몸"인 교회의 신학적인 본질이 현실적으로 실천되고 실현되어야 함을 말한다.149) 교회는 그리스도의 몸으로써 이미 지금 머리가 되시는 그리스도의 우주적인 승리와 주권에 참여하고 있다. 그러나 이러한 신학적인 본질은 역사적으로 반드시 실현되어야 한다. 신학적인 본질의 역사적인 실현, 그것이 바로 교회의 "성장"이다. 성도들은 선교와 윤리적 행동을 통하여 이 종말론적인 성장에 참여한다. 그러므로 두 서신에서 교회론은 종말론 및 윤리와 깊숙이 결합되어 있다. 린데만이 두 서신에서 "시간의 중지"를 말한다면,150) 그는 교회론과 종말론의 이러한 결합을 보지 못했기 때문이다.

이러한 차이들을 고려한다면, 우리는 골로새서와 에베소서가 바울의 주요 서신들과는 사뭇 다른 차원의 교회 이해를 가지고 있다는 사실을 인정해야 한다. 엄격한 의미에서 바울의 주요 서신들은 "몸-교회론"을 말하지 않았고, 단지 몸-교회론으로 발전할 수 있는 전 단계의 생각을 드러냈다. 몸-교회론은 골로새서와 에베소서에 와서야 본격적으로 전개

---

149) H. Merklein, "Paulinische Theologie", 51 참조.
150) A. Lindemann, *Die Aufhebung der Zeit*, passim.

되었다. 이는 아마도 바울의 생전에는 그의 사도적인 권위에 근거해서 교회들이 일치를 이루었는데, 그의 사후에 교회들을 하나로 묶을 수 있는 권위가 사라지고 분열될 위기에 처하게 되었던 상황과 연관된다고 할 수 있다. 골로새서와 에베소서는 우주적인 몸-교회론을 통해 교회들이 서로 분열될 수 없는 원리를 신학적으로 발전시켰다고 할 수 있다.

6. 1:21-23 그리스도는 여러분을 하나님과 화해시켰다 – 송가의 적용

◆ 본문 사역

²¹ 그리고 전에는 멀리 떠나 있었고 또 악한 행실 속에서 마음의 생각으로 원수들이었던 여러분을, ²² 그러나 지금은 그분이 그의 육체의 몸 안에서 죽음을 통하여 화해시키셨습니다. 여러분이 그 앞에서 거룩하고, 흠이 없고, 책망할 것이 없는 사람들이 되도록 하기 위한 것입니다. ²³ 만일 여러분이 믿음에 터를 내리고 확고해지며 그리고 여러분이 들은 복음의 희망으로부터 벗어나지 않는다면 (그렇게 될 것입니다.) 그 복음은 하늘 아래에 있는 모든 피조물에게 선포되었고, 나 바울은 그 복음을 섬기는 사람이 되었습니다.

◆ 본문의 문맥, 구조 그리고 특징

초대 교회의 찬송가 노랫말을 인용하면서 시작된 서신은 이제부터 이 찬송가의 신학을 독자들에게 적용한다. 우리는 21절이 2인칭 복수 "너희"

로 시작하고 있다는 사실에서, 21-23절에서 저자가 가장 주목하고 있는 것이 무엇인지를 알게 된다. 15-20절에서 말한 기독론적이고 우주적인 구원 사건을 이제 독자들에게 적용하려고 한다. 이는 3인칭 단수로 된 15-20절의 찬송가 노랫말 전승을 건너뛰어 1인칭 복수 혹은 2인칭 복수로 된 12-14절로 이어진다는 점에서도 밝혀진다. 이로써 노랫말이 말한 그리스도 안에서 실현된 우주적인 화해와 구원 사건이 "너희를 위한" 구원 사건으로 규정된다. 그러므로 앞에서 인용한 찬송가의 핵심 개념인 "화목"(화해)이라는 표현이 여기에 반복되는 것은 결코 우연이 아니다.

이 단락은 초대 교회 전도 설교의 전형적인 형식을 쓰고 있다. 21-22절에 나오는 "전에는 - 그러나 이제는"(ποτε - νυνι δε) 식의 대조하는 표현은 초대 교회가 전도하면서 설교했던 전형적인 도식에 속하며,[151] "너희가 들은"이라는 표현은 독자들이 그러한 전도 설교를 듣고 기독교인으로 변화되었다는 것을 전제한다. "전에는" 흑암의 권세에 속해 있던 골로새 성도들이 에바브라를 통해 선포된 복음을 듣고, 믿고, 세례를 받음으로써 존재의 변화를 경험했고, 그래서 "지금은" 하나님과 화목하게 되었고 "아들의 나라"로 옮겨오게 되었다(13절 참조). 그들은 과거 믿음에 들어오기 이전에 하나님의 원수였던 신분에서 이제는 하나님과 화해한 신분으로 변화되었다. 이러한 변화는 그리스도의 죽음을 통해서 일어났고, 세례를 통해 믿는 사람들의 사건으로 확증되었다. 그래서 이제는 하나님과 화해한 사람들로서 거룩하고 흠 없는 성도로 살아가야 할 목표와 과제를 갖는다. 하나님의 화해가 일어난 그리스도 사건에 관한 복음을 골로새 교회 성도들에게 전한 사람은 에바브라였으나, 그도 역시 바울에게서 복음을 듣고 배웠다. 그러므로 골로새 교회 성도들을 변화시킨 복음의 선포는 바울로부터 출발해 에바브라를 거쳐 골로새 교

---

151) P. Tachau, *"Einst" und "Jetzt"* 참조.

인들에게 전해졌다.

21-23절은 그리스어 본문에서는 단 하나의 문장이다. 문장의 주어는 명확하게 언급돼 있지 않지만, 22절로 미루어 볼 때 15-20절의 핵심 주제인 "그리스도"가 분명하다. 그리스도의 행동의 대상은 21절이 말하는 "너희를"이고, 그리스도의 행동의 내용은 화해다. 15-20절의 노랫말에서 우주의 창조자와 화해자로 찬양되었던 "그리스도가 너희를 화해시켰다" 이 문장이 바울이 섬겼던 복음의 핵심이며, 23절 마지막에 "나 바울"이 그 복음의 일꾼이라는 사실을 분명히 밝히는 것은 24절 이하로 넘어가는 중간 고리 역할을 한다. 21-23절의 내용을 다음과 같이 정리할 수 있다. 1) 그리스도의 십자가 죽음(복음)이 있었고, 2) 바울이 그 복음의 일꾼으로 세움 받아 복음을 온 천하에 선포했고(1:6), 3) 바울을 통해 그리스도인이 된 에바브라가 골로새사람들에게 복음을 전했고(1:7), 4) 하나님의 원수였던 그들이 에바브라가 전한 복음을 듣고 세례를 받아 그리스도인들이 되었으며, 5) 그들이 이미 갖게 된 그 믿음에 굳건히 선다면, 6) 하나님 앞에서 거룩하고 흠 없고 책망할 것이 없는 사람들이 될 것이다. 저자가 이처럼 복음에 흔들리지 말고 굳건히 서 있으라고 특별히 권면할 이유가 있었는가? 수신자 공동체가 바울의 복음에서 떠날 위기에 처해 있었는가? 교회 안에 나타난 거짓 교사들의 유혹 때문인가? 아니면 바울의 죽음 이후에 일어난 일반적인 현상이었는가?[152]

---

152) 1:23과 2:6-7을 함께 읽으면, 골로새서가 건축과 식물 용어들을 활용해서 유난히 굳게 뿌리를 내리고 서는 것을 강조한다는 것을 알 수 있다. A. Standhartinger, *Studien zur Entstehungsgeschichte*, 176-194에 의하면, 골로새 교회 안에 나타난 거짓 교사들 때문이 아니고 사도 바울의 죽음 이후에 나타난 일반적인 현상으로써, 믿음에 흔들리는 제자들과 성도들을 확고하게 하기 위하여 골로새서가 기록되었다고 한다.

◆ 본문 주석

21절: 그리스도의 구원 사역의 수혜자인 "**너희**"를 먼저 말함으로써, 저자는 15-20절에서 객관적으로 설명한 그리스도의 구원 사건을 지금부터 독자들에게 적용한다. 본문은 두 개의 표현을 사용해서 그리스도인이 되기 이전 과거 독자들이 어떤 사람들이었는지를 폭로한다. 그 하나는 분사 표현으로 "**멀리 떠나 있음**"이고, 다른 하나는 "**악한 행실 안에서 마음으로 원수**"라는 표현이다. 전자는 존재에 관한 표현이고, 후자는 행위에 관한 표현이다. 그러므로 "악한 행실"을 "멀리 떠나 있음"과 "마음으로 원수 됨"에 동시에 걸리는 것으로 번역한 우리말 개역성서나 표준새번역 성서의 본문은 적절하지 않다.[153] 악한 행실로써 멀리 떠나 있는 것이 아니라, 멀리 떠나 있기 때문에 악한 행실을 하는 것이다. 악한 행실은 하나님을 멀리 떠나 있는 결과고 증표다.[154] 행동은 존재의 결과이고, 존재는 행동으로 드러난다.

복음을 믿기 "**전에**" 골로새서 독자들은 먼저 "**멀리 떠나 있는**" 존재였다. 물론 어디로부터 멀리 떠나 있었는지에 대해서는 말하지 않지만, 하나님의 생명으로부터 멀리 떠나 있었다는 것을 말하는 것이 분명하다.[155] 현대 철학적인 용어로 말하면, 그들은 과거에 하나님으로부터 소외된 사람들이었다. 하나님의 생명과 약속에서 배제된 존재였고, 하나님의 진노의 심판에 떨어진 존재였다. 2:13은 이러한 존재를 한 마디로 "죽었던 너희"라고 말한다(엡 2:1 참조). 골로새서의 처음 독자들이 대부분

---

153) 공동번역성서가 그리스어 본문에 더 적절하다.
154) P. Tachau, *"Einst" und "Jetzt"*, 103.
155) 동일한 동사가 신약성서에서는 엡 2:12와 4:18에만 더 나온다. 에베소서의 두 구절은 그리스도인이 되기 이전 사람들이 어디에서 떠나 있었는지를 분명하게 드러낸다. "그때에" 그들은 "그리스도 밖에 있었고 이스라엘 나라 밖의 사람이라 약속의 언약들에 대하여는 외인이요 세상에서 소망이 없고 하나님도 없는 자"들이었고(엡 2:12), 엡 4:18에 의하면, 그들은 "하나님의 생명에서 떠나 있었다."

이방인들이었던 점을 감안하면, 하나님의 생명에서 멀리 떠나 있었던 사람들이라는 표현은 이방인들을 일컫는 말일 수도 있다(1:27; 겔 14:5; 사 57:19도 참조). 그러나 여기서는 이방인과 유대인을 구분하려는 의도보다는, 모든 인간이 하나님을 떠나 죽은 존재에 불과했다는 기본적인 확신을 말한다.

하나님의 생명에서 소외된 사람은 그 생각과 행동으로 하나님을 대적하게 된다. 존재는 행동으로 나타나기 마련이다. **"마음으로"**는 생각, 의지, 감정을 포괄하는 말로써, 하나님을 떠나 있는 인간의 가장 깊은 차원을 말한다(엡 2:3; 4:18). 그리스도를 알기 이전의 인간의 오성은 하나님으로부터 떠나서 어두워져 있기 때문에, 하나님을 알 수도 없고, 필연적으로 하나님에 적대적일 수밖에 없다. 마음에 있는 무신론 혹은 하나님에 대한 적대 의식은 반드시 그 행동으로 표출된다. 그러므로 하나님을 향한 **"마음으로 원수"**는 예수께서 가르친 "마음을 다하여 하나님을 사랑하는 것"(막 12:30)에 정반대를 말한다. 이러한 원수 의식은 **"악한 행실"**로 나타나기 마련이다(롬 1:18-32 참조). 그러나 아직 악한 행실이 구체적으로 어떤 것인지에 대해서는 설명하지 않는다. 어쨌든 21절은 존재와 행동에 있어서 전체적으로 하나님을 떠난, 하나님의 원수가 되었던 골로새 성도들의 과거를 매우 날카롭게 고발한다.

22절: **"그러나 이제는"**을 통해 21절이 말한 부정적인 과거로부터 완전히 변화된 전혀 새로운 사람으로의 현재를 말한다.[156] 21절의 "전에"가 죽음이 지배하는 시대를 말한다면, **"이제"**는 위의 18b절이 말하고 있는 "죽은 자들 가운데서 먼저 나신" 곧 죽음의 세력을 이기고 부활하신

---

156) 개역성서는 "그러나"를 번역하지 않고 있는데, 이는 롬 3:21에서와 마찬가지로 변화의 극적인 차원을 외면한 오역이라고 할 수 있다.

그리스도의 시대를 말한다. 죽음이 결코 최후가 될 수 없는 생명의 시대다. 부활의 소망이 확실하고 풍성하게 살아 있는 시간이다. 하나님으로부터의 소외가 극복되고, 하나님의 원수가 아니라 마음을 다하여 하나님을 사랑하는 삶을 누리는 시간이다. 이 위대한 변화를 본문은 **"화해(목)"**라고 한다. 그러므로 하나님의 원수에서 하나님과 화해한 사람으로의 변화를 말한다.

누가, 어디에서, 무엇을 함으로써 이 위대한 변화가 믿음의 사람들에게 일어났는가? 그리스도의 **"십자가 죽음으로 말미암아"** 위대한 변화가 일어났다. 그리스도의 십자가 죽음에서 원수를 향한 하나님의 사랑이 최고조로 나타났기 때문이다(롬 5:1-11 참조). 그러나 한 걸음 더 나아가서, 바울 사도가 그리스도의 복음의 일꾼이 되어, 에바브라를 통하여 골로새 사람들에게 복음을 전함으로써 위대한 변화가 그들에게까지 이르게 되었다. 그리스도인들은 에바브라를 통해 선포된 복음을 믿음으로 받아들이고 세례를 받음으로써 이러한 "이제"의 시대에 속한 사람들이 되었다. 십자가에서 완성된 그리스도의 구원 행동과 그것을 내용으로 한 복음의 선포, 그리고 그 복음을 믿고 세례를 받아 자기의 구원으로 확증한 것이 골로새 성도들에게 위대한 변화를 가져온 구원 사건이다. 전자를 구원 사건의 행위 차원이라고 한다면, 후자는 구원 사건의 말씀과 성례전적인 차원이라고 할 수 있다. 우리말 개역성서는 그냥 **"육체"**라고 번역하지만, 이에 해당하는 그리스어 본문은 **"육체의 몸"**이라는 이중적인 표현을 사용한다. 이러한 이중적인 표현을 사용함으로써 저자는 교회를 의미하는 **"몸"**(1:18.24)과 십자가에 달려 죽은 예수의 "육체"를 혼동하지 않게 구분한다.

"화목하게 하다"의 주체는 누구인가? 하나님인가 혹은 그리스도인가? 여기서는 그리스도라고 보는 것이 더 문법적으로 적절해 보인다.[157] 그리스도가 십자가 죽음을 통해 하나님과 사람들을 화해시켰다. 그런 점에서 하나님을 화해 행동의 주체라고 분명하게 말하는 고린도후서 5:18-19와는 약간 다르다. 고린도후서에서는 화해가 하나님의 구원 사건인데 반해,[158] 여기서는 그리스도의 구원 사건이다. 고린도후서와 비교해서 골로새서는 화해의 기독론적인 차원을 더 강조한다고 할 수 있다.

그리스도의 십자가 죽음을 통해 일어난 화해 사건은 그 자체로 멈추어 버린 정적인 사건이 아니라, 그에 상응하는 삶으로 나타나는 것을 목표로 한다. **"너희를 … 세우고자 하셨으니"**라는 목적을 나타내는 문장이 그것을 말한다. 하나님과 화해한 사람에게는 반드시 **"거룩함"**, **"흠 없음"** 그리고 **"책망할 것이 없는"** 삶이 나타나야 한다. 원래 이 세 표현은 구약 성서에서 하나님께 드리는 온전한 제물을 설명하는 말들이었는데, 나중에는 윤리적인 의미로도 사용되었다(엡 1:4).[159] 하나님과 화해한 성도들의 존재와 삶은 하나님께 드려지는 온전한 제물과 같은 것이다. 그들에게는 조금의 흠도 없고, 깨끗하고, 거룩해서 책잡을 것이 없는 제물과 같은 삶이 요구된다(롬 12:1-2 참조). 그러나 **"그 앞에"**는 하나님보다는 그리스도 자신을 말한다.[160] 그들을 구원하고 새로운 사람으로 변화시키기 위하여 십자가의 죽음도 마다하지 않으신 그리스도 앞에서, 흠 없고 거룩한 존재로 살아가는 것은 성도들의 책무다. 그리스도의 구원 사건은 성도들의 그러한 삶을 목표로 한다. 그리스도 안에서 일어난 하나님의 화해 사건은 인간의 어떠한 전제에도 좌우되지 않는 하나님의 독자적이고 일방적인 사건이다. 즉, 그것은 은혜의 사건이다. 그러나 이 은혜의 사건은 목표 지향적이다. 그러므로 은혜는 반드시 그에 상응하는 삶의

---

157) E. Lohse는 하나님으로 보고, J. Gnilka, 89 각주 9는 그리스도로 본다.
158) 이에 대해서는 조경철, "화해는 하나님의 구원 사건이다", 참조.
159) 특히 "흠 없음"에 대해서 민 6:14; 19:2; LXX 시 14:2; 17:24; 시락서 31:8; 40:19 참조.
160) J. Gnilka, 90-91.

실천을 지향하며, 또 그런 삶을 요구한다. 은혜는 은혜받은 인간을 단순한 대상으로 만들지 않고, 책임적으로 응답하는 주체로 만든다. 만일 주체적이고 책임적인 삶이 결여되면, 은혜는 진정한 은혜, 하나님으로부터 오는 은혜가 되지 못한다.

23a절: 이러한 화해의 목표 지향적이고 은혜적인 성격을 바로 알면, 23절이 조건절이라는 사실 앞에서 놀라지 않게 될 것이다. 23절이 말하는 조건을 충족시키는 사람만이, 22절이 말하는 하나님 앞에 거룩하고 흠이 없는 사람으로 서게 된다. 그러므로 23절은 골로새 성도들을 향한 저자의 호소다. 조건 문장으로 표현된 호소의 핵심은 두 가지다. 첫째는 **"믿음에 거하고 터 위에 굳게 서라"**는 것이고, 두 번째는 **"소망에 흔들리지 말라"**는 것이다. 두 가지 조건을 충족하는 사람들은 그리스도 앞에 흠 없고, 거룩하며, 책망할 것이 없는 사람으로 서게 되며, 그리스도의 십자가 죽음에서 일어난 하나님의 화해 안에 있는 사람이다.

첫 번째 호소부터 살펴보자. **"터 위에 서다"**는 건축 용어로써 기초를 튼튼히 하는 것을 뜻하고, **"굳게"**는 외부의 영향에 흔들리지 않는 확고 부동함을 말한다. 특히 **"거하다"**란 현재 동사는 믿음이란 한순간의 행동으로 그치는 것이 아니라, 지속적으로 믿음 위에서 생활해야 함을 말한다. 그러므로 여기서 "믿음"은 복음을 듣는 순간에 믿는 일회적 행위를 말하기보다, 이미 형성되어 있는 믿음의 내용을 지속적으로 받아서 의미를 되새기고 그에 합당하게 살아가는 것을 말한다. 1:5의 주석에서 설명했듯이, 이는 마치 희망이 이미 실현된 내용을 말하는 것과 같다. 골로새서는 "믿다"라는 동사를 별로 사용하지 않고, **"믿음"**이라는 명사를 주로 사용한다. 또 "믿음"은 "서다", "뿌리를 내리다", "거하다", "흔들리지 않다"는 동사들과 함께 쓰인다(2:5,7도 참조). 그러므로 믿음은 역동적인 믿음의 행위가 아니라, 이미 골로새 성도들에게 전승된 객관적인 내용을 의미한다.[161] 골로새 성도들은 믿음의 내용 위에 굳게 서 있어야 한다. "우리의 생명이신 그리스도께서 나타나실 그때"까지 굳게 서 있어야 한다(3:4). 그런데 골로새에 나타난 거짓 교사들은 이 믿음의 내용을 변조하려고 한다. 이러한 위기에 대하여 분명하게 알고 있는 저자는 바울이 에바브라에게 가르치고 에바브라가 골로새사람들에게 전해 준, 그 믿음의 내용에 흔들리지 말고 굳건히 머물러 있어야 튼튼한 기초 위에 세워진 건물처럼 안전하다고 호소한다. 그러므로 바울로부터 출발해서 에바브라를 통해 전해진 믿음의 내용이 생명의 터전이다. 이 믿음의 내용을 변조하거나 버리는 사람은 생명의 터전 곧 하나님과의 화해 안에 머물 수 없다.

두 번째 호소는 **"복음의 소망에서 흔들리지 아니하는"** 것이다. 믿음과 소망은 별개일 수 없다. 소망이 흔들리면 믿음에 머물 수 없다. 믿음과 소망은 손에 손을 맞잡고 가야 한다. 여기서도 **"소망"**은 "믿음"과 마찬가지로 소망하는 행위라기보다는 소망하는 내용이다(1:5의 주석을 참조). 소망의 내용과 믿음의 내용은 다를 수 없다. 둘 모두 복음이 주는 것이기 때문이다. **"복음의"**라는 속격은 주어적인 속격이다. 그리스도가 우리를 하나님과 화해하게 하셨다는 것이 복음이다. 이 복음이 소망을 창조해 준다. 복음의 내용을 받아들여서 그 안에 굳게 머무는 것이 믿음이다. 그러나 이 믿음은 미래를 향하여 열려 있는 것이다. 그리스도 안에서 일어난 하나님과의 화해는 믿음 안에서 현재적이지만, 동시에 미래에 완성

---

161) 이 점이 또한 바울의 주요 서신들과 골로새서를 구별하는 것이다. 바울에게서 "믿다"는 "순종하다"와 거의 동의어지만, 골로새서의 믿음 이해에는 그런 역동성이 사라지고, 객관적인 내용을 받아들이는 것을 의미하는 정적인 차원이 보다 강하다. P. Müller, *Anfänge der Paulusschule*, 16-17 참조. 이런 현상은 목회서신에서 더욱 강화된다. 목회서신에서는 "바른 교훈"이라는 말을 통해서 믿음의 내용을 말하며, 그 교훈 위에 굳게 서는 것이 믿음이고, 그렇게 해야 거짓 교사들의 유혹에 맞서 이길 수 있다. 조경철, "목회서신이 가르치는 거짓 가르침(이단)에 대한 대처 방식" 참조.

될 소망이다. 성도들은 믿음 안에서 그리스도와 함께 일으킴을 받았지만 (2:12), 동시에 하나님의 우편에 앉아 계시는 그리스도를 바라보는 소망 가운데 있다(3:1). 이처럼 믿음과 소망은 같은 것이면서, 또한 구분된다. 소망을 현재가 되게 하는 것은 믿음이고, 믿음의 미래적인 지평을 여는 것은 소망이다. 성도들은 물질이나 세속적인 어떤 것이 주는 소망이 아니라 복음이 주는 소망을 굳게 붙잡고 믿음의 터 위에 서서 흔들리지 않아야, 하나님 앞에서 거룩하고 흠 없는 사람이 된다.

23b절: 듣는 사람 안에서 믿음과 소망을 창조하는 복음에 대해서 세 가지로 설명한다. 첫째, 이 복음은 골로새 성도들이 **"들었던"** 복음이다. 복음의 들음과 소망은 1:5에서도 함께 결합되어 있다. 믿음과 소망은 복음을 들음으로써 생겨난다. 아니 복음을 들으면, 그 복음이 듣는 사람 안에 들어가서 믿음과 소망을 창조해 낸다. 그러므로 이 "들음"은 객관적인 청각 현상이 아니라, 믿음과 소망을 창출해 내는 성령의 활동이다 (엡 1:13). 믿음은 들음에서 난다는 바울의 말(롬 10:17)과 같은 차원이다. 그러므로 믿음과 소망은 인간이 만들어내는 것이 아니라 내 안에 들어온 복음이 창조해 내는 은혜의 선물이다.

둘째, 이 복음은 **"천하 만민에게"**[162] 선포되었다고 한다. 물론 천하 만민이나 하늘 아래 모든 피조물에게 복음이 선포되었다는 과거형은 과장된 표현이다. 골로새서가 기록될 당시에 벌써 바울의 세계 선교가 끝났기 때문에, 바울의 선교를 여기서 회상하고 있는 것일까? 설령 바울의 세계 선교가 끝났다고 하더라도 그것이 어찌 천하 만민이나 하늘 아래

---

162) 이 표현을 정확하게 번역하면 "하늘 아래에 있는 모든 피조물에게"다. 그러나 이 표현은 많은 해석적인 상상력과 논란을 가져온다. 달이나 태양, 새나 동물 그리고 눈에 보이지 않는 영적인 존재들에게도 복음을 선포해야 하는가? 이에 대한 다양한 논의에 대해서는 J. Gnilka, 91-92 참조.

모든 피조물들에게 복음이 선포되었다고 말할 수 있겠는가? 저자는 이런 과장된 표현으로 복음의 선포가 가져오는 전 세계적인, 온 우주에 미치는 결과를 강조한다. 복음이 선포된 소수의 사람들에게 일으키는 결과는 모든 인류에게 그대로 적용될 수 있다. 그 당시에 많은 사람들이 복음을 들었다. 그러나 그 모든 사람이 믿음과 소망을 가진 것은 아니다. 그러므로 들음에는 두 종류의 들음이 있다. 하나는 믿음과 소망이 생겨나는 들음이고, 다른 하나는 믿음과 소망을 전혀 생산해 내지 못하는 들음이다. 골로새서는 이러한 두 종류의 들음이 누구의 책임인지에 대해서는 언급하지 않는다. 듣는 사람 자신의 책임인가? 아니면 하나님 섭리의 결과인가? 요한복음과 에베소서는 하나님의 섭리에 의한 것이라고 말한다(요 8:37-47; 10:26-27; 엡 1:4). 여기서의 섭리는 이중예정론을 말하는 것이 아니라, 복음을 듣고 믿음을 갖게 되는 것은 전적으로 하나님의 은혜에 의한 것이라는 뜻이다.

복음에 대한 세.번째 설명은 **"나 바울은 복음의 일꾼이 되었다"**는 것이다. **"나 바울"**이라는 강조적인 표현이 특히 눈에 띈다. 골로새 성도들은 바울을 통하여 복음을 들은 것이 아니라, 에바브라를 통하여 복음을 들었다(1:7). 에바브라는 "그리스도의 일꾼"이라고 소개되었다. 그러나 여기서는 바울 자신이 "복음의 일꾼"이다. 복음의 내용이 그리스도기 때문에, 그 두 표현은 사실상 같은 것이다. 바울은 "복음"을 주인으로 섬기는 신실한 종이다. 골로새 성도들이 에바브라를 통하여 복음을 들었을지라도, 그것은 곧 바울을 통하여 들은 것과 마찬가지다. 에바브라는 바울과 함께 일꾼이 된 사람이기 때문이다. 에바브라는 바울과 골로새서 교회 사이에서 복음을 전달해 준 중개자에 불과하다. 복음의 진정한 선포자는 바울 자신이다. 그러므로 복음의 진정한 진리는 바울의 선포에 의해서 입증되어야 한다. 골로새서는 복음 진리의 보증인 바울을 "나 바울"이

라고 강조함으로써[163], 바울로부터 온 복음을 왜곡하고 변질시키려는
거짓 교사들에 맞서서 바울의 사도적인 권위에 근거한 복음이 진정한 복
음이라는 사실을 분명하게 말한다.

◆ 설교를 위한 메시지 요약

1. 1:15-20이 매우 객관적인 차원에서 그리스도의 창조 사역과 구원
사역을 해설했다면, 이 본문은 그 객관적인 구원 사건이 믿는 사람 개인
의 주관적인 사건이 되어야 한다고 말한다. 아무리 좋은 금은보석이 창
고에 가득 차 있어도 그것들을 활용하지 못한다면 무슨 소용이 있겠는
가? 그리스도의 구원 사건은 객관적인, 오래전의 옛날이야기로 그쳐서는
안 된다. 믿음의 고백과 세례를 통하여 믿는 사람을 위한 구원으로 확증
되어야 한다.

2. 우리의 과거를 알아야 한다. 그러나 그리스도 안에서 변화된 현재
의 새로운 사람의 시각으로 과거를 보아야 한다. 그리할 때 과거에 대한
기억은 우리를 절망하게 하는 것이 아니라 그 과거로부터 벗어나게 한
그리스도의 사건, 복음의 선포와 듣고 믿게 된 구원의 사건에 대한 감사
와 찬양을 더 풍성하게 한다. 그리스도인은 과거의 죄책에 매여 한숨짓
는 사람이 아니라, 그로부터 해방시켜 새사람이 되게 한 그리스도에게
감사하는 사람이다.

---

163) 어떤 후대 사본들은 복음에 대한 바울의 권위를 강조하기 위하여 본문에 다양한 호
칭을 첨가하기도 한다. 예를 들어서 ℵ* 사본은 "선포자와 사도"를 첨가해 말하고, A
사본은 "선포자, 사도, 일꾼"을 말한다. 이러한 복음의 보증인으로서 바울의 사도적
권위에 대한 강조는 목회서신에 가장 분명하게 나타난다.

3. 그리스도가 원수였던 우리를 하나님과 화해시켜 주셨다. 그러나 이러한 구원의 사건은 우리로 하여금 정적으로 구원에 머물거나, 신비주의적으로 혹은 열광주의적으로 종교 행사나 의식(儀式)에 머물게 하지 않는다. 하나님의 구원 사건은 구원받은 사람들로 하여금 그리스도 앞에서 책임적으로 살게 한다. 구원 사건의 목표는 구원받은 사람들이 그리스도 앞에서 거룩하고, 흠 없고, 책망할 것이 없게 살아가는 것이다.

4. 구원받은 삶을 실천하기 위해서는 두 가지 조건이 충족되어야 한다. 하나는 가르침을 받고 믿게 된 믿음의 내용을 분명히 알고, 그 안에 굳건히 서는 것이다. 이단자들의 거짓된 가르침에 속아 넘어가서 흔들리면, 구원받은 삶을 살 수 없다. 다른 하나는 역시 복음을 듣는 순간 우리에게 주어진 소망의 내용을 굳게 붙잡는 것이다. 소망에 대한 확신이 없을 때, 사람은 흔들린다. 이단에 넘어가는 사람들의 공통점은, 교회에서 배운 믿음의 내용에 확신하지 못하고 소망이 흔들린다는 것이다.

5. 교회는 성도들에게 올바른 복음의 내용을 가르쳐야 할 의무를 가지고 있다. 올바른 복음은 바울을 비롯한 사도들에 의해서 선포되고, 신약성서에 기록된 말씀에 분명하게 담겨져 있다. 바른 자세로 성서를 읽고, 해석하고, 가르쳐야 한다. 그렇지 못할 때 성도들을 유혹하는 무리들이 교회에서 힘을 얻게 되고, 성도들은 흔들려서 거짓된 사람들에게 넘어가게 된다.

7. 1:24-2:5 이방인을 위한 복음의 일꾼, 사도 바울

1:24-2:5를 한 단락으로 묶어서 볼 것인지에 대해서는 논란이 있다. 학자들은 다양한 문단 나누기를 시도한다.[164] 그러나 다음과 같은 여러 가지 이유로 인하여, 우리는 1:24-2:5를 한 단락으로 묶어서 보려고 한다.

우리의 단락(1:24-2:5)을 떼어놓고, 1:23에서 2:6으로 연결해 본문을 읽어 보면 그 문맥이 상당히 매끄럽다. 1:23은 바울이 복음의 일꾼이라고 말하고, 2:6에서는 복음의 일꾼으로서 바울은 골로새 독자들에게 "너희가 그리스도 예수를 주로 받았으니 그 안에서 행하라"고 권위 있게 명령한다. "복음의 일꾼"으로서 권위를 가진 자가 권위 있게 명령하는 것은 자연스러운 연결이다. 또 1:23이 골로새 성도들이 듣고 믿은 복음을 말하며, 2:6은 그 복음("그리스도 예수는 주님이다")에 굳게 머물러야 한다고 말한다면, 그것도 매우 자연스러운 연결이다. 이에 1:23이나 2:6은 모두가 "너희"가 주어로 나온다. 그에 반하여 1:24-2:5는 1인칭 단수 "나"가 주어다. 즉, 1:21-23과 2:6 이하에서는 독자들("너희")에 포인트가 맞추어져 있다면, 1:24-2:5에는 바울("나")에게 포인트가 맞추어져 있다.

그러므로 1:24-2:5는 23b절의 "나 바울"을 해설하기 위해서 중간에 삽입되었다는 인상을 받는다. 이 단락은 복음의 일꾼인 사도 바울의 복음 선포 활동 및 사도 바울과 교회와의 관계를 집중적으로 반성한다. 사도 바울에게 주어진 하나님의 직분(계획)과 그 직분(계획)을 수행하기 위하여 "교회의 일꾼"으로서 사도가 겪은 고난과 무서운 싸움이 골로새 교

---

164) Nestle-Aland 27판이나 우리말 개역성서, 새번역성서, 그리고 E. Lohse; P. Pokorny 등은 1:24-2:5를 한 단락으로 묶는다. 그러나 J. Gnilka는 1:24-29; 2:1-3; 2:4-7 등으로 단락을 구분하지만, E. Schweizer는 1:24-29; 2:1-5; 2:6-23으로 단락을 구분하고, E. Lohmeyer는 1:24-29; 2:1-7로, 전경연은 1:24-2:5를 한 단락으로 보되, 다시 1:24-29; 2:1-5의 소단락들로 구분한다. 브라이언 역시 두 개의 소단락으로 구분하지만, 주석은 구분하지 않는다.

회뿐만 아니라 라오디게아 교회에게도 어떤 의미를 가지는지를 설명한다. 반복되는 "너희를 위하여"(24, 25절), "세우려 함이니"(28절), "이를 위하여"(29절), "위하여"(2:1), "하려 함이니"(2:2, 4)와 같이 목표를 나타내는 표현들은 사도의 수고와 고난이 무엇을 목표로 한 것인지를 말한다. 사도는 오로지 복음과 교회를 위하여 고난을 감당하였다(4:3의 "내가 이 일 때문에 매임을 당하였노라"도 참조). 그러므로 사도는 "복음의 일꾼"이고, "교회의 일꾼"이다.

1:24가 바울의 기쁨을 말하면서 시작하고, 2:5가 다시 바울의 기쁨을 말하면서 마무리한다는 것도 1:24-2:5를 한 단락으로 묶게 한다. 그러므로 1:24-2:5는 복음의 일꾼이요 교회의 일꾼인 "바울"에 관한 특별 해설이다. 이처럼 복음과 교회를 위한 바울의 고난을 강력하게 회상하며 해설하는 이유는 무엇인가? 그것은 거짓 교사들과의 싸움에 대비하기 위한 것이다. 바울이 전파한 복음, 바울의 선포로부터 출발하여 전해진 복음만이 진정한 복음이다. 그로부터 벗어나는 가르침은 "교묘한 화술"로 성도들을 속이는 것에 불과하다. 골로새 교인들이 믿고 있는 복음의 보증인인 바울의 사도직과 그 직분을 수행하기 위하여 받은 고난과 수고를 유난히 강조하며 회상함으로써 바울의 사도적인 권위를 돋보이게 한다. 이러한 사도적인 권위는 2:6부터 거짓 교훈을 논박하는 근거가 된다. 바울의 고난과 권위에 대한 이러한 강조적인 회상은 에베소서 3:1-13에서 더욱 강화된다. 이와 함께 "내가 육체로는 멀리 떠나 있을지라도, 그러나 영으로는 여러분과 함께 있습니다."(2:5)라는 말에서 골로새서가 바울의 육필 저작은 아닐지라도, 바울의 정신적인 유산이라는 인상을 강하게 풍기고 있다.

이처럼 1:24-2:5를 한 단락으로 보는 것이 적절하다. 그러나 그 안에서도 우리는 작은 단위의 구분이 가능하다. 1:24-29가 이방인 사도 바울의 선포 활동과 고난에 대해서 매우 일반적으로 말한다면, 2:1-5는 구체적으로 골로새 교회를 위한 바울의 활동에 집중되어 있다. 1:24-29가 넓은 범위에서 바울을 말한다면, 2:1-5는 구체적인 지역 교회의 차원에서 바울의 활동을 말한다.

7.1 1:24-29 이방인 사도, 바울의 복음 선포 활동과 고난

◆ 본문 사역

[24] 지금 나는 여러분을 위한 고난 속에서 기뻐합니다. 그리고 나는 그리스도 때문에 받아야 할 환난의 남겨진 것들을 그의 몸인 교회를 위하여 내 육체 안에서 완성합니다. [25] 나는 교회의 일꾼이 되었습니다. 여러분을 위해 나에게 주어진 하나님의 계획에 따라서, 하나님의 말씀을 성취하기 위하여 [26] 시대들과 세대들로부터 감추어졌던 비밀이 - 그러나 지금은 그의 성도들에게 계시되었습니다. [27] 하나님께서는 그들이 이방인들 가운데서 이 비밀의 영광의 풍성함이 어떠한 것인지를 알기를 원하셨습니다. 이 비밀은 여러분 가운데 계시는 그리스도 곧 영광의 소망입니다. [28] 그분을 우리는 선포하며, 모든 사람을 경고하고, 또 모든 지혜 가운데서 모든 사람을 가르칩니다. 각 사람을 그리스도 안에서 온전하게 세우기 위해서 그러합니다. [29] 그것을 위하여 나도 역시 힘껏 싸우면서 수고합니다. 내 안에서 활동하는 그의 능력에 따라서

◆ 본문의 문맥, 구조 그리고 특징

1:15-20에서 그리스도 송가를 인용하여 그가 전하고자 하는 복음의 핵심 곧 그리스도가 창조 세계의 유일한 주권자이자 화해자라고 설명한 저자는, 이어서 1:21-23에서는 그리스도의 구원 사역이 복음 선포와 믿음의 고백 및 세례를 통해 골로새 성도들을 변화시켰다는 것을 설명했다. 본문은 23절 말미에 바울이 복음의 일꾼이라고 간단히 밝힌 후, 1:24부터는 복음의 일꾼 바울에 대해 집중적으로 조명한다. 복음의 선포는 바울의 사도적인 직분과 사역, 특히 바울의 고난과는 뗄 수 없이 굳게 결합되어 있다.

1:24 이하가 1:23의 "나 바울"을 해설하고 있다는 사실은, 1:23과 1:24-29가 교차적인 구조(chiasm)로 되어 있다 점에서도 드러난다. 23a절은 바울의 복음 선포 활동을 말하고, 23b절은 바울을 "복음의 일꾼"이라고 소개한다. 24-29절에는 순서가 뒤바뀌어 있다. 먼저 24-25절은 바울을 "교회의 일꾼"이라고 소개하고, 이어 26절 이하는 복음을 드러내고 전파하는 바울의 활동을 소개한다. 이때 바울은 단순히 개체 교회에 복음을 전하는 사도가 아니라, "천하 만민에게"(23절)와 "성도들"과 "이방인들"에게 전하는 세계의 선교사 곧 이방인 사도로 소개된다.(26-27절)

◆ 본문 주석

24절: 사도 바울의 고난에 대해 말하는 이 구절은 번역과 해석이 쉽지 않지만, 바울의 다른 서신들에 나타난 생각들과 많은 공통점을 가지고 있으면서 동시에 매우 중요한 차이점을 보여 준다. 고난은 사도적인 활동의 중요한 특징이다(롬 8:31-39; 고전 4:9-13; 고후 4:4-18; 6:1-10;

7:4-5; 11:23-33; 12:9-10; 갈 6:17 등). 사도행전 9:16에 의하면, 회심하고 부르심을 받은 바울에게 아나니아를 통해서 주어진 말은, 주를 위하여 고난의 삶을 살게 된다는 것이었다. 그러므로 바울은 고난과 약함을 자랑하고 기뻐한다(고후 12:9-10; 7:4도 참조). 고난과 약함 속에 있는 사도에게 위로를 주시는 분은 하나님 자신이다(고후 1:3-4). 바울이 사도로서 자신의 삶을 고난과 약함이라고 말한다는 점에서 **"너희를 위하여 받는 괴로움 속에서**[165) **기뻐한다"**는 말은 바울의 다른 서신들에서 찾을 수 있는 자기 이해와 동일하다고 할 수 있다.

그런데 바울의 고난은 **"너희를 위한"**(ὑπὲρ ὑμῶν) 것이라는 말이 특이하다. 바울은 교회와 성도들을 위하여 대리적인 고난을 당하고 있다. "너희를 위한"(ὑπὲρ ὑμῶν)은 특히 성만찬 전승에서 그리스도의 십자가 죽음을 죄인들을 위한 대리적인 고난이라고 말하기 위해서 사용되었다(고전 11:24). 다른 곳에서 바울은 그리스도의 십자가 죽음을 "우리를 위한" 그리스도의 대리적인 고난이라고 더 자주 말한다(살전 5:10; 고전 5:3; 롬 5:8; 8:32 등). "너희를 위한" 혹은 "우리를 위한"은 그리스도의 십자가 죽음을 말하는 전형적인 표현이다. 그런데 24절에서는 바울의 고난을 "너희를 위한" 고난이라고 말한다. 이를 고린도전서 1:13과 비교해 보면 그 차이를 더 분명히 알 수 있다. 고린도전서 1:13에서 바울은 "너희를 위하여" 십자가의 고난을 받으신 분은 그리스도고 바울 자신이 아니라고 말한다. 1:22로 미루어 볼 때, 골로새서 저자는 그리스도의 대리적인 고난에 대해서도 알고 있다. 그럼에도 불구하고 바울의 대리적인 고난을 말한다. 그리스도의 고난과 바울의 고난이 교회를 위한 대리적인 고난이라는 점에서 동일한 차원에 있다. 복음을 전파하고, 교회를 세우고, 성

---

165) 우리말 개역성서 본문은 "괴로움을 기뻐하다"로 번역하지만, 그리스어 본문은 "괴로움(고난) 속에서 기뻐하다"로 번역되어야 한다. 이 구절의 번역에 대해서는 조경철, " 골 1:24와 2:18의 번역과 해석에 관한 고찰", 124-134를 참조.

도들을 바른 복음으로 세우기 위한 바울의 고난의 삶이 그리스도의 대리적인 고난에 포함된 것으로 이해된다. 그러므로 골로새서에서 바울의 고난은 이미 복음의 한 부분으로 자리를 잡고 있다. 이처럼 "교회를 위한 (ὑπέρ)" 바울의 대리적인 고난이라는 생각은 바울의 다른 서신들과 비교해서 골로새서가 보여 주는 "새로운 것"이다.[166]

더구나 이어서 **"그리스도의 남은 고난을 그의 몸 된 교회를 위하여 내 육체에 채우노라"**는 말은 골로새서에서 해석하기 어려운, 그래서 매우 논란이 되는 부분이다. **"그리스도의 남은 고난"**으로 번역된 헬라어 표현 (τὰ ὑστερήματα τῶν θλίψεων τοῦ Χριστοῦ)을 직역하면, "그리스도의 고난들이 남겨 놓은 것들" 혹은 "그리스도의 고난들에서 부족한 것들"이다. 이 표현을 어떻게 해석하느냐에 따라서 큰 오해의 여지가 생겨난다. 그리스도가 십자가에서 받은 고난은 인간의 구원을 위하여 온전한 것이 아니며, 부족한 부분이 있어서 아직도 채워져야 한다는 말인가? 그렇다면 그리스도가 우리의 온전한 구주가 될 수 있겠는가? 바울이 그리스도의 남은 고난을 **"내 육체에 채웠다"**는 것은 무슨 뜻인가? 그렇다면 그리스도와 바울이 합작해서 인간의 구원을 위한 고난을 완성한 것인가? 전경연은 그의 주석에서 다양한 해석 모델을 소개하고 있지만, 그 자신의 해석을 포함해서 어떤 모델도 본문 이해에 충분하지 않다.[167]

그리스도의 고난이 인간의 구원을 위하여 불충분하다는 것은, 신약성서 전체, 특히 바울의 신학에 비추어 볼 때 도저히 불가능한 생각이다. 바울의 다른 서신들은 그리스도의 십자가 고난과 부활로써 인간 구원의 사역은 완성되었다고 분명히 말한다(예, 롬 3:24-25; 4:25; 5:6-11 등; 골

---

166) A. Standhartinger, *Studien zur Entstehungsgeschichte*, 164.
167) 전경연, 190-194; 브라이언, 182-185; J. Gnilka, 95-96; M. Wolter, 100-102도 참조. 우리말로 번역된 E. Schweizer의 주석도 분명하지 않기는 마찬가지다. 가장 설득력 있는 것은 P. Pokorny, 81-82; J. Gnilka, 97-98의 해석이다.(E. Lohmeyer의 주석서와 E. Percy, *Probleme* 132도 참조)

1:20도 참조). 골로새서가 인용하고 있는 그리스도 송가도 그리스도의 화해 사역에 부족함이 있다는 여지를 남기지 않는다. 만일 그리스도의 창조와 화해 사역에 부족함이 있다면, 그리스도는 우주의 유일한 주권자가될 수 없다. 골로새서 2:13에 의하면, 그리스도는 그의 십자가 죽음과부활로써 모든 죄를 용서하셨다. 그리스도의 구원 사역에는 어떤 부족함도 없다는 것이 바울과 골로새서의 확신이다. 에른스트의 주장처럼,168) 적대자들과의 논쟁 맥락에서 24절을 이해해야 할까? 다시 말해서, 골로새에 나타난 거짓 교사들이 그리스도의 고난에는 부족한 부분이 있다고공격했고, 그래서 골로새서의 저자는 그 부족한 부분을 바울이 채웠다고주장한 것일까? 그러나 그것도 전혀 설득력이 없다. 바울이 채웠다는 주장은 어쨌든 그리스도의 구원 사역의 불충분함을 인정하는 것이기 때문이다.

본문을 바로 이해하기 위해서는 그리스어 표현에 주목해야 한다. 본문은 사도의 "괴로움"을 위해서는 그리스어 παθημα를 사용하고, 그리스도의 "고난"을 위해서는 θλιψις를 사용한다.169) 그런데 θλιψις는 신약성서 어디에서도 그리스도의 고난을 말하기 위해서는 사용되지 않지만, 반대로 성도들의 "환난"이나 "곤고"(롬 5:3; 고후 1:4.8; 요 16:33) 혹은 종말의 "환난"을 말하기 위해서 자주 사용된다(마 24:9.21.29; 막 13:19.24). 과거 애굽에서 이스라엘의 조상이 "환난"을 당했고(행 7:1), 악을 행하는 사람들도 "환난"을 당하게 된다(롬 2:9).170) 신약성서에는 그리스도의 십자가 고난을 말하기 위해서 θλιψις가 사용된 예가 없다. 그러므로 본문이

---

168) J. Ernst, 186-187
169) 특히 고후 1:4-11에는 괴로움과 고난으로 번역된 두 개의 그리스어 단어가 모두 사용되는데, 골 1:24와는 반대로, θλιψις는 "우리" 곧 사도의 환난을 말하고, 5절에서 παθημα는 그리스도와 연결해서 "우리를 위한 그리스도의 고난"(τὰ παθήματα τοῦ Χριστοῦ εἰς ἡμᾶς)를 말한다.(빌 3:10도 참조)
170) H. Schlier, Art. θριβω, ThWNT 142ff.

부족하다고 말하는 "그리스도의 고난"(θλίψεις τοῦ Χριστοῦ)은 그리스도가 당한 십자가 고난을 말하지 않는다고 보는 것이 신약성서 전체의 언어 사용에 합당하다. 결국 그리스도의 고난이 아니라, "그리스도 때문에 사도들과 교회가 받는 환난"으로 이해하는 것이 적절할 것이다.171)

그렇다면 **"남은"**으로 번역된 그리스어(τα ὑστερήματα)는 어떻게 이해할 것인가? 여러 학자들은 "남은"을 그리스도의 "부재중"이라는 인격적인 의미로 이해한다.172) 그러나 이 그리스어 단어는 **"남겨 놓은 것들"**로 번역되어야 한다. 즉 이 말이 그리스도의 부재중을 의미하는 것이 아니라, 그리스도 때문에 받을 환난의 남은 것들을 말한다.173) 그러면 그리스도 때문에 받은 환난의 남은 것들은 무엇인가? 그것은 땅 끝까지 이르러 복음을 전하는 세계 선교를 위한 환난이다. 그리스도의 십자가 고난으로 이룩된 구원의 소식을 모든 인류가 듣게 하기 위한 환난이다. 28절과 연결해서 이해하면, 그리스도를 전파하는 환난이다. 또 25절과 연결해서 읽으면, 하나님의 말씀을 이루기 위한 고난이다. 그리스도는 십자가와 부활에서 인류 구원의 사역을 성취하셨지만, 그 구원 사역을 모든 인류에게 전파하는 일은, 그의 제자들과 사도들 그리고 교회에게 맡기셨다.

---

171) P. Müller, *Anfänge der Paulusschule*, 228-229.
172) 신약성서에서 이 단어는 "가난함"을 뜻하기도 하고(눅 21:4; 고후 8:14), 혹은 사람에게 적용할 때에는 "지금 자리에 없음"(不在中)을 의미하기도 한다(고전 16:17; 빌 2:30). 바울의 이 두 구절을 우리의 구절을 해석하는 데 중요하게 여기는 학자들이 있다. 이 구절들에서는 골 1:24와 마찬가지로 이 명사가 **"채우다"**라는 동사와 결합되어 어떤 부재중인 인물(들)을 대신한다는 의미로 사용되었다. 빌 2:30에 따르면, 에바브로디도는 빌립보 교회의 헌금을 바울에게 전달함으로써 빌립보 교회의 성도들이 직접 사도를 뵙고 돕고 섬기는 일을 대신하였다. 이 의미를 골로새서의 구절 해석에 적용하면, 이 구절은 하나님의 우편 보좌에 앉아 계시는, 그러므로 육신으로는 골로새 교회와 함께 하지 않으시는, 곧 육신으로는 不在中이신 예수 그리스도를 바울이 육신적인 삶으로("내 육체에") 대신해서 고난을 받고 있다는 것을 말한다. 그러므로 사도 바울은 고난을 통해서 인간 구원을 완성하시고 하나님의 우편에 계시는 그리스도를 인격적으로 대신하여 그리스도 때문에 받아야 할 환난의 남겨진 것들을 그의 육체로 채운 것이다. 이런 해석은 상당히 매력이 있다. 하지만 θλιψις가 그리스도의 십자가 고난을 의미할 수 없다는 것과 "남겨 놓은 것들"이라는 복수형이 그리스도의 "부재중"으로 해석되기에는 어려움이 있다는 점에서 본문상의 근거가 희박하다.
173) P. Müller, *Anfänge der Paulusschule*, 228.

그리스도가 십자가의 고난으로 인류를 구원하셨듯이, 이 복음을 땅 끝까지 전해야 하는 사도적인 삶의 특징 역시 고난일 수밖에 없다. 그런 점에서 그리스도의 고난과 사도의 환난 사이에는 "놀라울 정도의 병행성"[174]이 드러난다. 여기서 저자가 그리스도 때문에 받는 "환난"이나 그 환난이 "남겨 둔 것들"을 모두 복수형으로 말하는 것은, 아마도 여러 사도들과 교회들이 선교적인 사명 수행에서 받게 될 다양한 환난을 말하기 위해서일 것이다. 사도들과 교회들은 복음 선교를 위하여 고난을 함께 감당해야 하는 동료들이다. 골로새서 저자와 골로새 교회에게는 다른 사도들의 선교적 고난은 전혀 논제가 되지 않는다. 그들에게는 오로지 바울의 선교적인 고난이 중요할 뿐이다. 그들은 오직 바울의 선교적인 고난을 통해 복음을 받았기 때문이다.

이방인 사도 바울이 오직 그들에게 복음을 전하기 위하여 고난을 받았기 때문에, 바울의 **"육체로 채웠다"**고 말할 수 있었다. ἀνταναπληρωω는 이중 접두어를 가진 동사다(αντ-ανα-πληρωω). 이를 단순히 "채우다"라고 번역하는 것은 정확하지 못한 것이다. 이중접두어라는 사실을 좀 더 신중하게 고려한다면, 이 단어는 "대리해서 채우다"로 번역할 수 있다.[175] 누구를 대리한 것인가? 승천하시고 현현하셔서 복음 선포를 위임한 그리스도를 대리한 것일 수도 있고, "너희를 위하여"가 말해 주듯이 교회를 대리해서 고난을 받은 것일 수도 있다. 어쨌든 복음을 전파하기 위하여 사도는 온갖 고난을 받아야 했다. 그런 점에서 사도는 그리스도의 고난의 모범을 뒤따른 것이다. 그러므로 사도의 고난은 하나님의 구원 사건 자체에 속한다. 그런 점에서 바울에 의하여 전파된 복음을 통하여 그리스도인이 된 후대의 교회와 성도들에게 바울의 고난은 복음과 떨어질

174) J. Lähnemann, *Kolosserbrief*, 45; P. Müller, *Anfänge der Paulusschule*, 229.
175) Ernst G. Hoffmann/Heinrich v. Siebenthal, *Griechische Grammatik zum Neuen Testament*, § 184, d: "in Stellvertretung ausfüllen".

수 없다. 바울과 그가 전한 복음을 말할 때에는 항상 바울이 받은 고난이 함께 언급될 수밖에 없었다(행 9:16; 엡 3:1,13; 딤후 1:8,16-17; 2:9). 골로새서를 포함한 제2바울 서신들이 바울의 고난을 유난히 강조하고 있는 것은 결코 우연이 아니다.

25절: 바울을 **"교회의 일꾼"**으로 소개한다. 이는 23절의 "복음의 일꾼"과 같은 말이다. 24절의 주석에서 말한 바와 같이, 그리스도께서 십자가의 죽음과 부활을 통하여 이룩하신 구원을 모든 인류에게 전파하여 그들로 하여금 믿고 구원을 얻게 하는 일꾼의 사역은 결코 쉬운 일이 아니다. "일꾼"이 주인을 위하여 섬길 때는 고난과 아픔이 항상 따르기 마련이다. "일꾼"이 그러한 고난과 아픔을 두려워하고 회피하려고 한다면, 그는 더 이상 일꾼일 수 없다. 바울이 복음의 일꾼이 되어 세상에 그 복음을 전함으로써 교회가 생겨났다. 여기서 말하는 **"교회"**는 일차적으로는 골로새 교회지만, 더 넓게는 바울의 선교 활동을 통해서 생겨난 모든 교회들, 우주의 주권자이신 그리스도의 지배를 받고 있는 그의 몸으로서의 모든 이방인 교회들을 포괄해서 말한다.

바울이 교회의 일꾼이 된 것은 **"하나님이 너희를 위하여"** 바울에게 주신 **"직분에 따른"** 것이다. 바울이 그것을 스스로 원하거나 노력해서 얻은 것이 아니라, 오직 하나님의 계획에 따라서 그를 일꾼으로 부르셨기 때문이다. 하나님이 그를 부르신 것은, 바울 자신을 위한 것이 아니라 "너희를 위한" 것이다. 24절이 말한 바울의 대리적인 고난은 하나님의 계획에 따른 것이다. 교회를 위하여 바울을 일꾼으로 부르신 것은 하나님의 오이코노미아(οικονομια)에 따른 것이다. **"직분"**으로 번역된 이 그리스어는 가정이나 국가를 운영하기 위하여 제반 사항들을 계획하고, 섭리하며, 관리하는 활동이나 직무를 의미하거나 혹은 그런 활동을 위한 규정이나 질서를 의미하기도 한다. 일종의 청지기 직에 해당하고, 경우에 따라서는 종들이 수행하는 직무를 의미하기도 했다. 에베소서에서 이 단어는 하나님의 구원 계획 혹은 그 계획의 실행을 의미한다(엡 1:10; 3:2,9). 여기서도 특정한 교회의 직분을 의미하기보다는 하나님의 계획으로 번역하고 이해하는 것이 더 적절하다. 바울 자신은 이 단어를 사용해서 아무런 보상도 바랄 수 없는 복음 전도자의 활동을 말하기도 하였다(고전 4:1; 9:17).176) 그러나 바울은 자신에게 주어진 직분을 말하기 위해서 οικονο μια보다는 χαρις(은혜)를 더 자주 말한다(롬 1:5; 12:3.6; 15:15; 고전 3:10; 15:10; 갈 2:9. 엡 4:7도 참조). 바울이 하나님으로부터 은혜를 받았다는 것은, 사도 직분으로 부르심을 받았다는 말이다. 그의 사도직은 하나님의 계획에 따라서 은혜로 그에게 주어진 것이다. 이 은혜에 감복해서 바울은 그리스도를 대신하여 복음을 전파하는 데 온갖 고난을 기쁨으로 감당하였다.

하나님의 계획에 따라서 교회의 일꾼으로 부르심을 받은 바울이 수행해야 할 최대 사명과 목표는 **"하나님의 말씀을 이루는 것"**이다. "하나님의 말씀"은 26절에서는 "비밀"과 동일시되고, 27-28절에서는 "그리스도"와 동일시된다. "하나님의 말씀을 이루다"는 말의 의미는 이미 24절의 주석에서 밝혔듯이, 세계 선교를 말한다. 더 구체적으로는 그리스도가 이룩하신 구원에 관한 복음을 전파하여서 사람들로 하여금 믿고 구원에 이르게 하는 것이다. 그리스도에 의해서 십자가와 부활에서 이미 성취된 객관적인 구원은 전도를 통해서 사람들에게 전달되어야 하고, 믿음을 통해서 믿는 사람들의 주체적인 확신이 된다. 그 중간 다리 역할을 하는 것이 사도의 선교 활동이다. 그리스도의 구원을 사람들에게 전해서 그들로 하여금 믿고 구원받게 하는 사도의 활동은 "하나님의 말씀을 "이

---

176) A. Standhartinger, *Studien zur Entstehungsgeschichte*, 131-132. 169.

루는 것이다.(롬 15:19 참조)

26절: 아무런 연결 설명도 없이, 저자는 여기서 갑자기 성도들에게 나타난 **"이 비밀"**을 말한다. **"이"**(το)라는 정관사는 앞에서 언급한 것을 지적하기 때문에, "이 비밀"은 25절이 말한 "하나님의 말씀"을 의미하는 것이 분명하다. 이 비밀은 예수 그리스도의 죽음과 부활과 하늘에 올라가심을 말한다. 그것은 "복음"이다. 그것은 이곳에서뿐만 아니라, 비밀을 말하는 신약성서의 다른 구절들에서도 마찬가지다(예, 딤전 3:16).[177] 이 비밀이라는 말은 유대교의 묵시문학적인 사상과 연결되는 표현이지만, 그러나 묵시문학과 근본적으로 다른 점이 중요하다. 묵시문헌에서 비밀은 비밀스러운 책들 속에 감추어져 있어서 아무나 볼 수 있지 않다면, 여기서는 예수 그리스도의 사건과 그에 관한 사도의 복음 선포에서 모든 사람들에게 분명하게 드러난다. 그러므로 묵시문학에서는 종말에 가서야 비로소 그 비밀이 알려지게 될 것이고,[178] 그 이전에는 오직 지혜로운 소수의 사람들에게만 알려질 뿐이지만,[179] 사도는 이미 지금 그 비밀을 공공연하게 그리고 분명하게, 그것도 모든 사람들에게 선포한다. 여기서는 묵시문학의 계시 도식(이전에는 감추어져 있으나, 종말에는 알려질 것이다)을 사용해서 복음의 계시와 선포를 말하지만,[180] 그러나 묵시문학이 미래에 기대하는 종말은 이미 그리스도의 사건과 그에 대한 사도의 선포를 통해서 현재가 되었다. **"이제는"** 그리스도를 통해서, 사도의 선포를 통해서 일어난 새로운 시대다. 이러한 계시의 도식은 성도들에게 지금 나타

---

177) C. C. Caragounis, *The Ephesian Mysterion*, 140 등 여러 곳; 브라이언, 192–193 참조.
178) 예, 에디오피아 에녹서 104:11–13.
179) 예, 제4에스라서 14:26.
180) 고전 2:7–10; 롬 16:25–26; 엡 3:3–10; 딤전 3:16; 딤후 1:9; 딛 1:2–3; 벧전 1:20 등에도 이런 비슷한 계시의 형식 문구가 나온다.

난 비밀의 계시가 얼마나 위대한 것인지를 강조하기 위해서 사용되었다. 그러므로 비밀의 계시라는 위대한 사건의 수혜자들인 "성도들"[181]은 이미 지금 종말론적인 구원의 현재를 사는 특권을 누리고 있다. **"만세와 만대로부터"** 곧 영원 전부터 감추어져 있던 하나님의 비밀이 이제 그리스도 사건에서 드러났고, 사도의 복음 선포를 통하여 모든 성도들에게도 **"나타났다."** 이 비밀이 먼저 사도에게 계시되었고, 사도가 그 비밀을 성도들에게 전파했다는 연결 사슬은 여기서는 암시되어 있지만, 에베소서 3:3,5에서는 보다 분명하게 언급됨으로써 복음의 비밀의 계시자로서 바울의 권위가 한층 강조된다.[182]

27절: **"그들"** 은 26절이 말한 "성도들"이다. 하나님의 비밀 계시의 처음 수혜자들인 이 성도들은 이방인과 유대인을 포함한 그리스도인들 전체를 말한다. 비밀 계시의 수혜자는 이방인 선교가 시작되기 이전의 유대인 그리스도인들로만 국한되지 않고, 혹은 에베소서 3:5처럼 "사도들과 선지자들"로만 국한되지도 않고, 오히려 모든 성도들로 확대된다. **"이 비밀"** 에는 **"영광의 풍성함"** 이 있다. "영광의 풍성함"은 1:19와 2:9로부터 볼 때, 그리스도 안에 온전하게 거하는 하나님의 신성을 말한다. 만세 전부터 감추어졌으나 사도에게 계시된 비밀의 내용인 그리스도 안에서 우리는 하나님을 온전하게 만난다. 그럼으로써 우리는 그리스도 안에서 온전한 구원과 하나님과의 온전한 교제를 풍성하게 경험한다. 이런 "영광의 풍성함"이 단순히 소수의 사도들이나 유대인 그리스도인들에게만이 아니

---

181) E. Lohmeyer는 "성도들"을 천사라고 해석하지만, 적절하지 않다. 비밀의 계시가 사도들과 같은 특정한 사람들에게만 제한되어 나타났다는 어떠한 암시도 본문에서는 찾을 수 없다.

182) 조경철, 「설교자를 위한 에베소서의 주석」, 외에도 최근에 나온 다음의 논문도 참조: G. E. Sterling, "From Apostle to Gentiles to Apostle of the Church", ZNW 99(2008), 74-98.

라, 모든 이방인들에게도 허용되었다. 그것이 하나님의 뜻이다. 따라서 이방인 선교는 하나님의 뜻이다. "이방인"은 구체적으로 골로새 성도들을 말하지만, 더 나아가 이방인 사도로 부르심을 받은 바울의 선교 활동의 모든 대상이다. 에베소서 3:1-13은 처음으로 비밀의 계시를 받은 사도들과 선지자들 중에서도 특히 바울을 이방인 사도라고 분명하게 말하지만, 여기서는 강하게 암시되어 있을 뿐 분명하게 말하지는 않는다.

이어서 본문은 하나님의 비밀을 그냥 "그리스도"라고 하지 않고, "너희 안에 계신 그리스도"라고 한다. "너희"는 이방인들을 말하기 때문에, 이방인들에게 선포된 그리스도, 그래서 이방인들이 믿는 그리스도, 이방인 그리스도인들 안에 거하시는 그리스도가 곧 비밀이다. 그러므로 여기에는 이방인 사도로서 그들에게 복음을 선포한 바울의 활동이 깊이 포함되어 있다. 그러나 다시 비밀을 "영광의 소망"이라고 한다. 1:23은 복음이 주는 소망을 말하며, 1:5는 하늘에 쌓아 둔 소망을 말한다. "영광"은 구약성서에서는 하나님의 임재, 본질, 생명을 일컫는 말이지만, 여기서는 그러한 영광이 그리스도 안에 풍성하게 나타났으며, 그것이 사도의 선포를 통해서 이방인들에게 전달되었다는 사실을 강조한다. 그리스도인들은 이미 "영광의 풍성함"에 거해 있지만, 그러나 다른 한편으로 그리스도는 "위에" 계신다(3:1). 그러므로 "영광의 소망"을 말할 수 있다. 위에 있는 소망이 이방인들에게 계시된 비밀이다. 하나님의 우편에 앉아 계시는 그리스도의 생명에 참여하는 것은 믿음 안에서 이미 확실한 현재며(2:12), 동시에 항상 바라보아야 하는 소망이다.(3:1)

이러한 비밀에 대한 설명은 에베소서 3:3-5와는 상당한 차이를 보여 준다. 에베소서에서는 만세 전에 감추어져 있다가 사도들과 선지자들에게 계시된 하나님의 비밀은 유대인과 이방인이 함께 그리스도 예수 안에서 상속자가 되고, 지체가 되고, 약속에 참여하는 자가 되는 것이다. 반면에 골로새서의 이 구절에서는 성도들이 소망 가운데 바라보는 그리스도가 하나님의 비밀이라고 한다. 그러므로 하나님의 비밀이 골로새서에서는 기독론적인 차원을 가지고 있다면, 에베소서에서는 교회론적인 차원을 가지고 있다. 골로새서의 기독론 신학이 에베소서에서는 교회론 신학으로 그 강조점이 바뀌어 있다.[183]

28절: 관계대명사를 통해서 27절과 연결되는 이 구절은 "복음의 일꾼", "교회의 일꾼"으로서 하나님의 말씀을 이루도록 사도로 부름받은 바울(25절)이 행한 구체적인 활동 내용과 목적을 설명한다. 물론 1인칭 단수가 사용되는 문맥에서 갑자기 1인칭 복수 **"우리"**가 사용되고 있는 점은 당황스럽다. 1인칭 복수 "우리"는 실제로는 바울 자신을 일컫는 말이면서도, 동시에 골로새에 복음을 전한 에바브라, 그리고 이 서신의 공동 발신자인 디모데 등과 같은 다른 동역자들의 활동을 함께 염두에 두고 있다(1:7-8; 4:7-8,12-13 등 참조). 바울의 사도적인 권위는 이들에게도 주어져서, 그들은 바울과 같은 권위를 갖고 복음을 전하고 성도들을 가르쳤다. 바울의 사도적인 권위의 우산 아래서 이들은 거짓 교사들과는 달리 바울에게서 배운 그리스도를 전파하였다.[184] 그들은 **"전파했고", "권했고", "가르쳤다."** 전파하고 권하고 가르친 내용은 27절이 말한 하나님의 비밀인 "그리스도"고, 전파하고 권하고 가르친 대상은 **"각 사람"**이며, 이런 세 활동은 **"모든 지혜로"** 행해졌다. 그리고 그러한 세 활동의 궁극적인 목적은 **"각 사람을 그리스도 안에서 완전한 자로 세우는 것"**이다.

이 세 개의 동사가 사도적인 활동의 서로 다른 세 가지 형식을 말하는지, 아니면 만세와 만대로부터 감추어졌던 시대가 끝나고 드디어 사도

---

183) 이에 대해서는 H. Merklein, "Theologie" 참조.
184) 바울의 사도적인 리더십에 관해서는 조경철, "바울의 사도적인 리더십에 관한 연구 –사도적인 권위와 그 실천–", 참조.

를 통해서 성도들에게 비밀이 드러났다(265절)는 것을 의도적으로 강조하기 위해 동의어들을 반복한 것인지 확실하게 말할 수 없다. 그러나 "전파하다", "권하다", "가르치다"는 사도의 각기 다른 세 가지 활동을 말하는 것으로 보는 것이 좋다. 전파하는 것은 믿지 않는 이방인들에게 복음을 설교하는 것이고, 권하는 것은 이미 믿음 안에 있는 성도들에 대한 신앙인의 삶을 훈계하는 것이며, 가르치는 것은 교리적인 교육 활동을 말한다. 사도는 이방인들에게 비밀의 풍성함을 알게 하기 위하여 복음을 설교했다. 그의 설교를 듣고 믿음 안으로 들어온 사람들, 곧 교회 성도들에 대해서는 때로는 교리 교육으로, 때로는 훈계와 책망하는 방식으로 경고하고 가르침으로써 지속적으로 믿음 안에 거하고 강해질 수 있도록 하였다(1:23 참조). 그러므로 "전파하다"는 주로 믿지 않은 사람들을 향한 전도 설교를 말하고, "권하다"와 "가르치다"는 이미 그리스도인이 된 사람들에 대한 목회 활동을 말한다. 윤리적인 교훈으로 "경고하는" 일도 게을리하지 않았던 사도 바울의 주요 서신들에서는 주로 선포하는 활동이 두드러지게 강조되고 있으며, 교육 활동은 교회가 형성되고 전승과 교리가 어느 정도 확정된 시대에 기록된 목회서신에 가서야 비로소 목회자의 핵심 활동으로 부각된다.[185] 이런 점에서도 골로새서는 바울의 주요 서신들로부터 목회서신으로 넘어가는 중간 과정에 서 있다고 할 수 있다.[186]

사도적인 복음 선포와 교육 활동의 내용은 오직 그리스도("그를")다. 사도는 오로지 그리스도를 선포하고 가르친다. 빌립보서 3:8이 말하듯이

185) 물론 바울도 롬 6:17; 고전 4:17; 14:6,26; 갈 1:12 등에서 교육 활동에 대해 말하지만, 특히 이단의 위협 속에 서 있는 교회 지도자들에게 보내진 목회서신에서 교육이 목회자의 가장 중요한 과제가 된다(딤전 2:12; 4:11; 6:2; 딤후 2:2; 4:2; 딛 1:9,11). 이에 대해서는 조경철, "목회서신이 가르치는 거짓 가르침(이단)에 대한 대처 방식" 참조.
186) J. Gnilka, 103; P. Müller, *Anfänge der Paulusschule*, 231 각주 223.

그리스도 외의 다른 모든 것은 배설물과 같은 것으로, 사도적인 선포와 교육 활동의 내용이 될 수 없다. **"모든 지혜로"**는 선포와 교육의 방식을 말한다. 사도가 "지혜로써" 성도들을 가르쳤다면, 성도들도 피차 지혜로써 가르쳐야 하고(3:16), 교회 밖에 있는 사람들에게도 "지혜로써" 행동해야 한다(4:5). 그래서 사도는 성도들에게 지혜 주시기를 기도했다(1:9). "그리스도 안에 모든 지혜가 감추어져 있기" 때문에(2:3), 지혜롭게 가르치고 행동한다는 것은 그리스도께 합당하게 가르치고 행동한다는 뜻이다. 거짓 교사들은 지혜로운 척했지만, 그리스도께 합당한 것이 아니라 사람의 명령과 가르침을 따르는 것이었기 때문에, 실제로는 그렇지 못했다.(2:22-23)

이러한 사도적인 선포와 교육 활동의 대상은 어떤 특정한 사람이나 민족 혹은 특정한 지역으로 제한될 수 없고, **"각 사람"** 곧 모든 사람이다. 이 구절에서 "각 사람"이 세 번이나 반복된다는 점을 생각한다면, 본문이 사도적인 선포와 교육 활동의 보편성을 얼마나 강조하고 있는지를 알게 된다. 그리스도 안에서 하나님이 이루신 구원은 모든 사람에게 해당된다. 하나님의 창조가 보편적이라면, 하나님의 구원 역시 보편적이고, 그를 이루기 위한 사도의 활동 역시 보편적이다(3:11 참조). 그러나 "각 사람"이라는 말에는 선포와 교육 활동이 대중적으로 진행되었다기보다는, 한 사람씩 세밀하게 보살피며 복음을 전하고 교육했다는 의미도 포함되어 있다.

이러한 사도적 활동의 목적은 각 사람을 그리스도 안에서 **"완전한 자로 세우려"**는 것이다. **"완전한 자"**가 무엇을 의미하는지는, 1:22가 말하는 "거룩하고, 흠 없고, 책망할 것이 없는 자"에서 드러난다. 이는 3:10이 말하는 "새사람"으로서, 그리스도의 구원 사역을 통해 새로운 존재로 변화를 겪고 새로운 존재에 합당하게 살아가는 사람이다. 그 안에 그리스도가 계시는 사람이다(1:27). 그러므로 완전한 사람을 단순히 윤리적인 차원에서만 이해해서는 안 된다. 완전한 사람은 구원의 확신을 가지고 그리스도 앞에서 책임적으로 사는 사람, 하나님과 바른 관계 가운데 있는 사람이다. 이는 거짓 교사들과의 싸움에서 더 잘 이해할 수 있다. 거짓 교사들은 그리스도 외에 다른 영적 존재들을 섬기기 위해 여러 가지 금기사항이나 사람의 명령 혹은 가르침을 따라야 구원을 받는다고 가르쳤지만(2:20-23), 사도는 오직 그리스도 안에서 구원의 확신을 갖는 "완전한 사람"을 세우기 위해 복음 전파와 목회 활동을 했다. 그러므로 사람은 오로지 **"그리스도 안에서"**만 하나님과 바른 관계를 누리는 완전한 사람이 된다. 그리스도 안에 있으면, 하나님의 최후 심판대 앞에서 완전한 사람으로 판정을 받게 될 것이다. 성도들을 완전한 사람으로 세우는 것이 1:22에서는 그리스도의 구원 사역의 목표로 제시되었지만, 여기서는 사도의 선포와 교육 활동의 목표로 나타난다. 여기에는 그리스도의 구원을 선포하고, 권하고, 가르치는 과제를 수행해야 하는 "우리" 곧 사도와 그의 동역자들의 책임이 암시되어 있다(4:12). 요즘 말로 하면, 목회자의 과제와 책임이 무엇인지를 말한다.

29절: 28절이 1인칭 복수 주어를 사용했다면, 여기서는 다시 24-25절과 같이 1인칭 단수 주어를 말하며 바울에게로 초점을 맞춘다. 28절이 말한 사도 활동은 24절에서 보았듯이 결코 쉬운 것이 아니고, 오로지 고난 속에서만 가능하다. 사도의 선포 활동과 교육 활동이 얼마나 어려운 것인지를 말하기 위해서 이 구절은 두 개의 동사를 겹쳐 사용한다. 우리말 개역성서가 **"수고하노라"**로 번역한 동사는 땀을 흘리는 무겁고 힘겨운 노동, 특히 노예의 노동을 말하며, 바울은 이 단어를 사용해서 그 자신뿐만 아니라 그의 동역자들의 선교 활동을 말한다(살전 5:12; 고전 4:12; 15:10;

16:16; 갈 4:11; 롬 16:6,12; 빌 2:16; 그밖에도 살전 2:9; 고후 6:4-5; 11:23-28도 참조). 또 **"힘을 다하다"**로 번역된 동사는 싸움을 하거나 혹은 씨름과 같은 경기를 한다는 뜻이다. 성도들을 온전한 사람으로 세우기 위하여 처절하게, 힘겹게, 애쓰며, 수고하는 바울의 모습이 이 두 개의 동사를 통해서 선명하게 그려진다. 마지막 순교의 죽음에 이르기까지 복음을 전하고 교회를 세우며 성도들을 돌본 바울의 사도적인 삶 전체가 후인들에게 남긴 인상은, 이 두 개의 동사로 충분히 표현하기 힘들 것이다. 바울이 그의 제자들에게 남긴 가장 인상적인 모습은, 1:24가 보여 주듯이 "너희를 위하여" 곧 교회를 위하여 고난당하는 모습이다. 바울의 제자 에바브라의 목회 활동을 말할 때도 같은 동사가 사용된다(4:12). 제자들에게 바울의 힘쓰고 애쓰는 모습은 따라가고 싶은 모범이었다.

그러나 사도의 이러한 수고와 노력은 단순히 인간적인 능력으로 행한 것이 아니라, **"내 속에서 능력으로 역사하는 이의 역사를 따라서"** 일어난 것이다. 사도 안에서 활동하고 있는 주님의 능력이 그로 하여금 그런 수고와 노력을 할 수 있게 한 것이다(빌 4:13-14 참조). 여기에서는 "능력", "역사하다", "역사" 등과 같은 동의어를 3중적으로 반복하면서 주님의 능력을 강조한다. 주님의 이러한 능력이 아니고서는 사도도 한낱 인간에 불과할 것이다. 결국 주님이 사도 안에 능력으로 임재하시기 때문에, 사도는 기꺼이 고난을 감당할 수 있었고, 수고와 노력을 통해서 복음을 전하고, 경고하고, 가르침으로써 사람들을 최후의 심판대 앞에서 완전한 사람으로 서게 할 수 있다. 그러므로 사도의 고난은 곧 주님의 고난이고, 사도의 선포와 교육 활동은 곧 주님의 선포와 교육 활동이다. 사도 자신의 힘이 아니라 그 안에 계신 주님의 힘으로써 활동한다는 이 말은, 사도의 권위를 제한하는 것이 아니라 오히려 강화한다. 하나님이 그를 사도의 직분으로 선택하셨을 뿐만 아니라(25절), 바울은 자기 안에 계시는 주님의 활동에 순종하여 온갖 고난을 감당하면서 이방인 성도들을 위하여 복음을 전하고 경고하고 가르치는 사역을 행한 가장 모범적인 인물이 되었다. 그러므로 이방인 교회와 성도들에게 바울의 사도적인 권위는 결코 의심될 수 없었다.

◆ 설교를 위한 메시지

1. 본문이 제시하는 사도 바울의 모습을 정리해 보자. 바울의 모습은 그 이후 모든 시대 교회 목회자들, 지도자들의 전형과 모범이다.

a) 먼저 바울은 사도로 부르심을 받은 "복음의 종(일꾼)"이었다. 만세 전부터 감추어져 있던 하나님의 비밀의 계시를 받았으며, 그 비밀인 그리스도에 관한 메시지를 이방인들에게 전파하였다. 그럼으로써 그는 이방인들에게 결코 무너질 수 없는 희망을 가져다주었다. 세계 선교는 바울의 공헌이다. 그러나 그의 세계 선교는 말할 수 없는 고난의 길을 통해서만 가능했다. 그리스도가 십자가 고난을 통해서 인간의 구원을 이룩하셨다면, 바울은 역시 고난을 통해서 그 구원의 사건을 이방인들에게 전파하였다. 그런 의미에서 그의 고난은 그리스도께서 부탁한 선교의 삶을 고난으로써 성취한 것이다. 그리스도의 사역은 결코 고난 없이는 불가능한 것이다. 복음을 위한 고난을 피하려는 사람은 "복음의 일꾼"이 될 수 없다.

b) 다음으로 바울은 "교회의 일꾼"이었다. 그에게 계시된 복음을 고난의 삶을 통하여 전파함으로써 교회를 세웠고, 그 교회를 확고하게 하고, 내외부에서 오는 여러 가지 유혹과 시련으로부터 교회를 지키기 위하여 얼마나 힘쓰고 애썼는지를 모든 시대의 성도들은 잊어

서는 안 된다(2:1). 처절한 고난 속에서 복음을 전하여 교회를 세웠고, 그 교회가 확실한 토대 위에 서서 성장하도록 역시 말할 수 없는 고난 속에서 힘을 다하여 목회를 한 바울. 그런 바울이기에 그의 얼굴을 모르는 모든 시대의 성도들에게까지도 명령할 수 있는 사도적인 권위를 갖는다.

2. 진정한 권위는 어디에서 오는가? 물론 하나님이 예수 그리스도 안에서 바울을 사도로 부르시고 복음을 위임하셨다는 사실에 바울의 사도적인 권위의 뿌리가 있다. 그러나 그 부르심을 이루기 위하여 그가 흘린 땀과 피, 고난과 아픔으로 인해 그의 권위는 진정한 권위가 되었다. 바울의 사도적인 권위를 생각하면서, 모든 시대, 모든 교회의 목회자들과 지도자들은 진정한 의미에서 권위를 가질 수 있어야 한다. 바울처럼 "복음의 종", "교회 종"으로서 복음과 교회를 위하여 스스로 고난을 감당하는 사람에게만 진정한 권위가 주어지는 것이다. 오늘 우리 시대의 문제는 복음과 교회를 위한 고난에 근거한 권위를 가진 지도자들이 점점 사라지고 있다는 것이다.

7.2 2:1-5 골로새 교회를 위한 사도 바울의 활동

◆ 본문 사역

¹ 그러므로 나는, 여러분이 내가 여러분과 라오디게아에 있는 성도들 그리고 내 육신의 얼굴을 본 적이 없는 많은 사람들을 위하여 얼마나 커다란 싸움을 싸우고 있는지를 알기를 원합니다. ² 그들의 마음이 위로를 받고, 사랑

안에서 연합을 하고, 그리고 모든 풍성하고 확실한 이해에 도달하고, 하나님의 비밀인 그리스도를 알게 하기 위하여(내가 큰 싸움을 싸웁니다.) ³ 그 안에는 모든 지혜와 지식의 보물이 숨겨져 있습니다. ⁴ 내가 이것을 말하는 목적은, 누구도 여러분을 교묘한 화술로써 속이지 못하게 하려는 것입니다. ⁵ 비록 내가 육체로는 멀리 떠나 있을지라도, 그러나 영으로는 여러분과 함께 있습니다. 그래서 나는 여러분의 질서정연함과 그리스도를 향한 여러분의 믿음의 확고부동함을 기쁘게 보고 있습니다.

◆ 본문의 문맥, 구조 그리고 특징

1:24-29가 이방인 교회 전체를 위한 바울의 사도직 수행에 대해서 포괄적으로 설명했다면, 이 단락에서는 초점을 구체적인 지역 교회에 맞추고 있다. 1:24가 말한 "너희를 위하여"가 이방인 성도들 전체를 말한다면, 2:1의 "너희를 위하여"는 골로새와 라오디게아 교회의 성도들을 말한다. 1절의 "얼굴을 보지 못한"이나 5절의 "육신으로는 떠나 있으나" 그리고 4절의 "속이다" 등과 같은 표현에는 골로새 교회가 처해 있는 시대적이고 현실적인 상황이 나타나 있다. 골로새 교회는 사도의 얼굴을 보지 못하는 사도 이후 시대의 교회며, 거짓 교사들의 유혹이 심각한 상황에 처해 있었다. 이런 상황에서 이방인 교회에 절대적인 권위를 가지고 있었던 "바울"이 문제 해결을 위하여 가르침을 베풀고 있다.

◆ 본문 주석

1절: 골로새 교회와 라오디게아 교회를 위한 바울의 활동을 말하기 위하여 1:29에 나왔던 동사와 동일한 어원의 명사(ἀγών)를 사용한다. 이

명사는 동사와 함께 **"힘쓰다"**로 번역되었다. 이 명사는 씨름, 투쟁을 의미하기도 하고, 때로는 순교를 의미하기도 한다.[187] 바울은 누구를 위해서 피땀 흘리며 싸웠고 순교를 했는가? 그 대상이 세 그룹으로 나온다. 첫째, "너희" 곧 골로새 성도들이고, 둘째, 라오디게아 교회의 성도들이고, 셋째, 바울의 **"육신의 얼굴을 보지 못한"** 사람들이다. 바울의 얼굴을 보지 못했다는 점에서 골로새 교회와 라오디게아 교회뿐만 아니라, 바울 이후 시대의 모든 교회와 성도들은 같은 처지에 있다.

그들이 알아야 할 것은("너희가 알기를 원한다.") 사도 바울이 이방인 교회와 성도들을 위하여 얼마나 수고하고 애썼느냐 하는 것이다. 고린도후서 11-12장이 웅변적으로 말해 주듯이, 그리고 1:24-29가 말하듯이, 이방인 교회를 위한 사도 바울의 고난과 수고는 교회를 있게 한 원동력이었다. 그를 통하여 복음을 알게 되고 구원의 기쁨을 누리고 있는 세상의 모든 그리스도인들은 어느 시대를 막론하고 바울의 이런 수고와 고난을 결코 잊어서는 안 된다. 사도의 제자가 스승의 이름으로 골로새서를 기록했다는 전제하에서 읽는다면, 바울 이후 시대를 살고 있는 그리스도인들에게 스승 바울의 사도적인 선교의 수고와 싸움을 잊지 말기를 간곡히 당부하는 말이다. 저자는 골로새 교회와 라오디게아 교회를 구체적으로 거명하는데, 아마도 두 교회 안에서 비슷한 상황이 벌어지고 있었을 것이다. 그것은 거짓 교사들의 유혹이라는 상황이다. 이런 상황의 극복을 위해서 "바울"은 교회를 위한 자신의 수고를 강조함으로써 바울의 사도적인 권위를 다시 한 번 회상시키려고 한다. 그 권위의 옷을 입고 그는 거짓 교사들과 싸우려는 것이다. 바울의 수고와 고난을 잊는다는 것은 그의 복음을 떠날 수 있는 위험에 빠지는 것이고, 그런 사람은 거짓 교사들의 유혹에 넘어갈 수 있다.

---

187) 브라이언, 204-205.

2절: 바울이 그토록 엄청난 수고와 고난을 감당한 목적이 무엇인가? 1:28에서처럼 목적을 말하는 부문장(ἵνα)을 통해서 그것을 말한다. 1:28이 사도적인 활동의 목표로 제시한 "각 사람을 그리스도 안에서 완전한 자로 세우는 것"이 여기서는 네 가지로 구분되어 있다.

첫째, 바울은 성도들의 마음이 위로를 받을 수 있도록 하기 위해 힘 썼다. "너희"가 기대되는 문맥에서 **"그들"**이 언급된 것은, 1절에서 말한 수신자들을 골로새 성도들이나 라오디게아 성도들뿐만 아니라 그의 얼굴을 보지 못한 모든 시대의 그리스도인들로 폭넓게 말하려는 의도로 보인다. 바울을 알고 있는 사람들뿐만 아니라, 그의 얼굴을 모르는 그리스도인들까지도 위로를 받게 하는 것이 사도의 활동 목표다. **"마음"**은 인간의 의지, 노력 그리고 모든 의도와 소원이 총체적으로 모여 있는 곳으로, 인간 자체를 말한다. **"위안을 받다"**로 번역된 동사는 바울이 주로 성도들의 삶에 관한 교훈을 말할 때 사용하는 것으로 다양한 의미를 가지고 있다. "위로하다" 외에도 "간절히 구하다, 경고하다, 약속하다, 격려하다, 강하게 하다" 등을 의미하는 단어다. 요즘 말로 해서 이 단어는 목회자의 목회 활동 전체를 포괄하는 의미를 가지고 있다. 성도들의 의지와 의도 그리고 소원이 강하게 되어서 어떠한 상황에서도 흔들리지 않고 용기를 잃지 않으며 위로를 받는 것이 바로 바울의 사도적인 활동의 목적이다.

둘째, 바울은 그들이 **"사랑 안에서 연합하는"** 것을 위하여 힘썼다. 물론 이 사랑은 성도 상호간의 사랑을 말하는데, 그들의 그러한 사랑은 그들을 향한 하나님의 사랑 - 그리스도 안에서 나타난 - 에 근거한 것이다. 하나님의 사랑을 받아서 그리스도인들이 된 사람들은 서로 사랑함으로써 연합하는 것이다. 그러므로 이 사랑은 성도들을 서로 묶어 주는 띠로써(3:14), 교회 일치와 성장의 가장 근본이 된다.(2:19)

셋째, 바울은 그들이 **"확실한 이해의 모든 풍성함"**을 갖게 하기 위하여 힘썼다. 목적을 의미하는 전치사 구문으로 된 그리스어 본문을 순서대로 번역하면, "이해의 확실함의 모든 풍성함을 위하여"다. 무엇을 확실하게 이해해야 한다는 말인가? 아마도 다음에 나오는 넷째 목적 문장과 같은 내용, 곧 "하나님의 비밀"을 말하고 있는 것으로 보인다.

넷째, 바울은 성도들이 **"하나님의 비밀인 그리스도를 깨닫는 것"**을 위하여 힘썼다. 동일한 표현이 나오는 1:26-27의 주석을 함께 읽으면 좋겠다. 1:27에서처럼 바울에게 계시되었고 이방인들에게 선포된, 하나님의 비밀인 그리스도를 말한다. 이방인 그리스도인들이 믿고 깨닫게 된 하나님의 비밀인 그리스도, 곧 "너희 안에 계신 그리스도"에 대한 참된 지식을 갖게 하는 것이 바울의 사도적인 활동의 목표다.

바울의 사도 활동의 이 네 가지 목표는 두 개의 범주로 묶을 수 있다. 첫째와 둘째 목표는 성도들 사이의 일치와 단합을 말하고, 셋째와 넷째 목표는 하나님의 비밀인 그리스도의 복음에 대한 진정한 지식과 깨달음을 말한다. 그러면서도 첫째 목적으로 언급된 내용이 나머지 세 개를 포괄한다. 교회의 일치와 복음에 대한 진정한 깨우침은 별개지만, 서로 분리되어 생각할 수 없다. 일치와 단합이 없이는 진정한 복음의 깨우침을 말할 수 없고, 반대로 복음에 대한 진정한 지식이 없는 교회에서는 일치를 말할 수 없다.[188] 성도들이 복음에 대한 진정한 지식과 확실한 이해를 가지고 서로 사랑으로 연합하면, 힘과 용기를 갖게 되고 어떠한 상황에서도 좌절하거나 넘어지지 않는 강한 성도가 될 수 있다. 바울은 이러한 성도의 모습을 목표로 해서 힘쓰고 애쓰기를 마다하지 않았다. 만일 골로새 성도들이 거짓 교사들의 유혹에 넘어간다면, 바울의 사도적

---

188) 이는 에베소서에, 특히 4:1-16에 더욱 분명하게 나타난다. 이에 대해서는 조경철, 「설교를 위한 에베소서 주석」, 260-262 참조.

인 활동을 헛된 것으로 만들어 버리는 것이다. 여기서도 저자는 골로새 교회에 나타난 거짓 교사들과 그들의 유혹으로 인한 교회의 분열 가능성을 염두에 두고 있다.

성도들 상호간의 권면과 사랑 안에 있는 교회의 일치와 그리스도에 대한 바른 통찰이 서로 별개로 나뉠 수 없다는 것은, 사도 바울이 예루살렘 교회를 위하여 헌금을 모아 전달한 것에서도 분명히 드러난다. 바울은 그의 선교 지역에 있는 교회들에서 예루살렘 교회를 위한 구제 헌금을 모금했다(고후 8-9장). 그는 체포당하거나 혹은 유대인들에 의해서 살해당할 위험이 도사리고 있다는 소식을 전해 듣고도(롬 15:25-33; 행 21:11-14), 이 헌금을 예루살렘 교회에 직접 전달하고자 예루살렘으로 갔다. 그에게 이 구제 헌금을 직접 전달하는 일은 매우 중요했다. 왜냐하면 그 자신이 평생 설교했던 그리스도가 이방인 교회와 예루살렘 교회가 함께 믿는 한 분 주님이심을 헌금을 전달함으로써 확인하고 또 확인받고 싶었기 때문이다. 구제 헌금은 단순한 돈이 아니라, 이방인 교회와 예루살렘 교회가 한 주님을 믿고 있는 하나의 교회라는 사실을 확인하는 매우 중요한 의미를 가지고 있었다. 그리스도가 누구인지를 바르게 깨닫고 아는 사람은 교회가 결코 분열될 수 없는 하나라는 사실을 안다. 그러므로 그 둘은 항상 어깨를 나란히 할 수밖에 없는 것이다. 진정한 복음을 깨닫고 그 복음을 평생 선포했던 바울은 교회가 하나라는 것을 확인하고 지키기 위하여 죽음의 위기를 무릅쓰고 예루살렘으로 갔다. 감옥에서 쓴 빌립보서에서도 바울은 여러 차례 성도들의 일치와 단합을 강조한 바 있다(빌 2:1-5; 4:2-3). 이런 의미에서도 후세의 그리스도인들은 그의 수고와 싸움을 결코 잊어서는 안 된다.

3절: **"그 안에"**는 2절의 마지막에 언급된 "그리스도"를 선행사로

하는 관계대명사 문장이다. 그러므로 "그 안에"는 하나님의 비밀인 "그리스도 안에"다. 오직 그리스도 안에만 지혜와 지식의 보화가 숨겨져 있다.

골로새서 저자는 **"지혜"**, **"지식"**, 통찰, 이해 등과 같은 용어들을 자주 사용한다(1:9-10; 3:1-2,10). 진정한 지식과 이해를 둘러싼 논쟁이 교회 안에서 벌어지고 있는 상황이 반영되어 있다. 헛된 철학을 가르쳤던 (2:8) 거짓 교사들이 그런 용어를 자주 사용했기 때문에(2:23), 그들에 맞서서 서신도 그런 용어를 자주 사용한 것으로 보인다. 물론 거짓 교사들이 사용하는 지혜나 지식의 내용과 서신이 말하는 내용은 전혀 다르다. 저자는 지혜와 지식의 보물들은 오직 그리스도 안에만 감추어져 있다고 확신한다. 본문에는 "오직"이라는 말이 없지만, 전체적인 흐름으로 볼 때, 본문은 여기서 "오직 그리스도 안에"를 강조한다. 세상이 말하는 지혜와 바울이 말하는 하나님의 지혜는 전혀 다른 것이었다(고전 1:18-2:16). 하나님의 지혜는 그리스도의 십자가다. 이는 능력을 추구하는 유대인에게는 거리낌이고, 지식을 구하는 그리스인에게는 미련한 것이었다(고전 1:23). 예수는 하나님 나라를 **"보화"**라고 했고(마 13:44), 바울은 복음을 보화라고 했다(고후 4:7). 골로새서는 그리스도 안에서 하늘에 있는 소망을 보물이라고 한다.(1:5)

그러나 이 보화가 오직 그리스도 안에만 **"감추어져 있다."** 1:26-27에 의하면 만세 전에 감추어진 비밀이 사도에게 나타났고, 사도는 그것을 성도들에게 전파했다. 2:2에 의하면, 이 비밀에 대한 깊은 깨달음을 얻게 하는 것이 사도의 피땀 흘린 활동의 목표였다. 그런데 여기서 다시 "감추어졌다"고 말한다. 이 말은 두 가지로 이해될 수 있다.[189] 첫째, 사도에게 계시되고 그에 의해서 선포된 그리스도의 비밀은 인간의 본성

---

189) P. Müller, *Anfänge der Paulusschule*, 233.

적인 이해의 범위를 넘어서 있다는 의미다. 그러므로 그리스도를 믿지 않는 사람은 결코 그 보화를 발견할 수도, 소유할 수도 없다. 믿음이 없는 사람들에게는 언제나 감추어져 있지만, 믿음의 사람들 곧 그리스도 안에 있는 사람들은 그 보화를 항상 볼 수 있고, 소유할 수 있고, 누릴 수 있다. 둘째, 이 비밀은 아직도 여전히 하늘에 있는 그리스도 안에 감추어져 있다는 의미로 해석할 수 있다(3:3-4). 믿음의 사람들은 이미 땅에서 그리스도 안에 있는 생명을 확신하며 살지만, 아직도 여전히 "위에" 계신 그리스도를 바라보면서 소망 가운데 산다.

"**모든**"이라는 강조는 그리스도 외의 다른 곳에는 보화가 없다는 것을 말한다. 모든 보화가 그리스도 안에 있는데, 다른 어디에서 보화를 찾을 수 있다고 한다면, 그것은 거짓말이다. 골로새 교회에 나타난 거짓 교사들은 그리스도 외에도 다른 곳에 보화가 있다고 주장했지만, 그것은 분명하게 배격되어야 하는 거짓말이다. 4절이 이것을 말하고 있다.

4절: "**내가 이것을 말함은**"이라는 표현은 지금까지 서신이 말한 내용의 실질적인 이유를 밝히면서, 동시에 앞으로 중요한 주제가 무엇인지를 미리 예상하게 해 준다.[190] 저자는 본래 하고 싶었던 말을 지금까지는 암시적으로만 드러내 보였으나, 여기서부터는 분명하게 밝힌다. 그것은 거짓 교사들에 관한 것이다.

그들이 성도들을 "**속이지 못하게**" 하려고 이 서신을 쓰고 있다. 신약성서에서 오직 한 번 이곳에서만 사용된 단어인 "**교묘한 말**"은 수사학적으로 잘 다듬어진 설득의 기술이나 진실이 없는 화려한 말의 기술을 말한다. 소크라테스의 제자들, 특히 플라톤과 아리스토텔레스 등이 궤변론자(Sophist)들과 논쟁하면서 그들이 진실한 내용 없이 화려한 말솜씨로

---

190) 브라이언, 212.

외적인 성공만을 추구한다고 공격하며 이 표현을 사용했다.[191] 거짓 교사들은 달변이었고, 그 능란한 말솜씨로 성도들을 "속였다." 그들이 무엇을 가르쳤는지, 그 내용에 대해서는 아직 말하지 않고, 여기서는 단지 그들의 교묘한 설득의 기술만을 비판한다. 그들의 교묘한 말솜씨에 속지 않고 이길 수 있는 방법은 무엇인가? 그 대답은 앞의 2-3절에 나와 있다. 바울이 전파한 그리스도의 복음을 확실하게 깨달아 아는 것이 그 하나고, 사랑 안에서 서로 연합하는 것이 또 다른 하나다. 이 두 가지 길 중에서 어느 것 하나라도 허물어지면, 성도들은 거짓 교사들의 교묘한 말솜씨에 속아 넘어갈 위험에 처한다. 진리는 교묘한 말솜씨에 있지 않다. 고린도전서 2:4-5에서 바울은 그 자신이 교묘한 말솜씨로 복음을 전하지 않았다고 밝힌다. 고린도 교회에 나타난 바울의 적들은, 바울이 말솜씨가 없다고 공격하기도 했다(고후 10:10). 거짓 교사들은 항상 교묘한 말솜씨를 가지고 등장한다(롬 16:18). 교회와 복음을 위하여 고난을 무릅쓰고 수고하는 바울의 선교와 목회 활동이 거짓 교사들의 "교묘한 말"의 사역과 극명하게 대조된다.

5절: 1:24와 마찬가지로 여기서 다시 사도의 **"기쁨"**을 말한다. 그것은 1:24-2:5를 한 단락으로 구분할 수 있는 외적인 증거 중의 하나다. 골로새서를 쓰고 있는 "바울"은 **"육신으로는 떠나 있고"** 영으로만 성도들과 함께 있는 바울이다. 그러므로 이 바울은 위의 2:1의 주석에서도 말했듯이, 역사적인 바울이 아니라 신학적인 바울, 영으로 말하는 바울이다. 고린도전서 5:3에 나오는 비슷한 표현과 비교해 보면, 이 구절이 무엇을 말하는지 더욱 분명해진다. 바울은 고린도전서 5:3에서 고린도 교회와 몸으로 함께 있지 못하나 영으로 함께 있어서 음행한 자들을 판단

---

191) A. Standhartinger, *Studien zur Entstehungsgeschichte*, 182.

하고 있다고 말한다(ἐγὼ μὲν γάρ, ἀπὼν τῷ σώματι παρὼν δὲ τῷ πνεύματι). "몸으로 함께 있지 못하다"(ἀπὼν τῷ σώματι)와 우리 구절의 "육신으로는 떠나 있고"(τῇ σαρκὶ ἄπειμι)를 비교하면, 바울이 σωμα(몸)를 사용한 반면에 골로새서는 σαρξ(육체)를 말한다는 차이가 있다. 반면에 "영으로는 함께 있다"(τῷ πνεύματι)는 표현은 —동사가 생략되기는 했지만— 동일하다. "몸"과 "육체"는 어떤 차이가 있을까? "육체"는 죽음을 통해 세상에서 사라지는 인간의 실존이나(1:22; 2:23; 고전 15:50) 혹은 하나님의 뜻에 어긋나는 삶의 방식을 말한다(2:11-13,18; 고후 10:2). 그러므로 여기서 "육체로 함께 있지 못하다"는 말은 바울의 죽음을 강하게 드러내고 있다고 해석할 수 있다.192)

바울이 죽고 육신적으로 함께 있지 못하는 시대에도 바울의 신학과 정신은 여전히 살아서, 그의 얼굴을 모르는 성도들의 신앙을 격려하고 때로는 책망한다. 이러한 바울의 신앙과 정신은 바울의 제자들을 통해서 계승되었고, 그런 제자들 가운데 누군가가 그의 스승 바울의 **"심령"**으로, 곧 바울의 이름으로 이 서신을 쓰고 있다. 육신으로 함께 하지 못하는 바울은 서신으로 성도들과 함께 있다.193) 여기서 말하는 "영"이 우리말 번역처럼 인간학적인 "심령"만 말하는 것인지 혹은 하나님의 영과 관련된 것인지에 대해서 논란이 있다.194) 육신으로는 떠나 있는 사도 바울을 골로새 교회와 연결시킴에 있어서, 단순히 인간적인 심령만으로 보기보다는 하나님의 영이 바울과 골로새 교회를 연결시킨다고 보는 것이 더 적절할 수 있다. 그러므로 그 둘은 어느 것 하나만을 선택할 문제가 아

---

192) A. Standhartinger, 위의 책, 173.
193) 그래서 H. D. Betz는 골로새서를 "하늘의 서신"이라고 한다.(A. Standhartinger, 위의 책, 173에서 재인용)
194) 인간학적인 "심령"으로 보는 사람은 E. Schweizer, J. Gnilka, P. Müller, a.aO. 등이고, 신학적인 성령과의 관계로 보는 사람은 M. Dibelius, E. Lohse, P. Pokorny 등이다.

니라, 인간학적이고 신학적인 영 이해가 결합되어 있다고 할 수 있다. 따라서 "심령"은 바울이 하나님의 영 가운데서 전파한 복음의 정신이라고 할 수도 있다. 바울 이후 시대의 교회와 성도들은 바울이 전파한 복음 안에서 바울을 만나게 된다.

육신이 아니라 심령으로 독자들과 함께 있는 사도는 골로새 교회 성도들의 삶을 **"기쁘게 보고"** 있다. **"기쁘게 봄이라"**로 번역된 본문에는 "기뻐하다"와 "보다"라는 두 동사의 현재 분사가 나란히 나온다.[195) 바울은 교회를 한순간에만 보고 기뻐하는 것이 아니라, 지속적으로 보고 기뻐한다. 육신으로는 함께 있지 않은 그리고 얼굴도 모르는 사도가 지금 교회와 성도들의 삶을 계속해서 지켜보고 있다. 복음의 종이요 교회의 일꾼으로서 온갖 고난을 마다하지 않았던 사도의 복음과 정신이 언제까지나 교회와 성도들을 지켜보고 있다고 말함으로써, 본문은 골로새 교회와 성도들이 사도의 복음과 정신에 부합하는 신앙생활을 해야 한다고 말한다. "보고 있다"고 현재 시제로 말하는 것은, 그런 소망이 이미 현실이 된 것처럼 기정사실화함으로써 성도들을 격려하려는 것이다.

사도가 기쁘게 보고 있는 것은, 그들의 **"질서 있게 행함"**과 **"그리스도를 믿는 믿음이 굳건한 것"**이다. 이 두 가지 표현이 군대 용어에서 온 것이라면,[196) 한편으로는 성도들이 군인들처럼 서로 화합하며 질서 있는 교회 생활을 하면서, 다른 한편으로는 에바브라를 통해서 전해진 바울의 복음에 굳건히 서서 거짓 교훈에 맞서 싸울 것을 격려하고 촉구하는 의미라고 할 수 있다.

---

195) Blass, Debunner, Rehkopf, § 471,1 참조.
196) E. Lohse; E. Lohmeyer 그러나 J. Gnilka, 115; 브라이언, 215-216은 그에 회의적이다.

◆ 설교를 위한 메시지

1. 사도적인 활동의 목표를 생각해 보라. 하나는 교회의 일치를 이루어 지키는 것이고, 다른 하나는 그리스도에 대한 진실한 깨우침과 풍성한 지식을 갖게 하는 것이다. 성도들이 사랑 안에서 연합하는 것과 하나님의 비밀인 그리스도에 관한 신학적인 이해와 통찰, 이 두 가지는 참된 믿음 생활을 위해서나 바람직한 교회 성장을 위해서 반드시 필요하다(2:1). 특히 교회를 지도하는 사람들에게는 깊고 올바른 신학적인 통찰이 필수불가결한 것이다. 그런 바탕 위에서 성도들을 가르치고, 그래서 성도들이 사랑으로 연합할 때 교회는 바른 방향으로 나아갈 것이다.

2. 오직 그리스도 안에만 지혜와 지식의 보화가 들어 있다(2:3). 그리스도 외에 다른 구원의 길은 있지도 않고 필요하지도 않다. 골로새에 나타난 거짓 교훈은 오직 그리스도만을 구세주로 믿는 믿음을 불충분하거나 수준이 낮은 것으로 비판하고, 수준이 더 높은 지식과 지혜라고 할 수 있는 철학이나 다른 종교적이고 영적인 차원의 구원의 길을 가르친다고 주장하였다. 하지만 그것은 그리스도의 죽음과 부활, 그리고 승천에 대한 잘못된 인식에 근거한 것일 따름이다. 우리 그리스도인들에게는 "오직 그리스도!" 외에 다른 구원의 길은 없다. 그러나 그런 믿음이 철학이나 다른 학문들에 대해서 적대적이어야 한다는 뜻은 아니다. 진정한 믿음은 다른 학문에 대해서도 열려 있어야 한다. 그러나 구원은 오직 그리스도 안에 있다는 믿음은 어떤 것에 의해서도 흔들려서는 안 된다.

3. 설교는 교묘한 말솜씨를 자랑하는 것이 아니다(2:4). 바울 자신이 고린도전서 2:4-5; 로마서 16:18 등에서 말한 것처럼, 거짓된 내용으로

성도들을 유혹하는 자들은 항상 화려한 말솜씨를 가지고 등장한다. 바울 자신은 말이 어눌한 사람이었다(고후 10:10). 설교는 그 내용이 중요한 것이지, 말의 기교가 중요한 것이 아니다. 물론 대중 설교에서 말솜씨가 중요한 역할을 하는 것은 사실이지만, 울고 웃기는 교묘한 말솜씨 속에 성도들의 영혼을 병들게 하는 잘못된 내용이 들어 있을 수 있다.

주제 해설 3: 골로새서의 바울 이해

앞에서 언급했듯이, 1:24-2:5는 1:23의 "나 바울은 복음의 일꾼이 되었노라"는 말을 해설하는 부록과 같은 역할을 한다. 단락의 주석을 마무리하면서 골로새서가 바울을 어떤 사람으로 이해하고 소개하는지 종합적으로 살펴보자.

1. 서신은 저자를 하나님의 뜻으로 부르심을 받은 예수 그리스도의 사도 바울이라고 밝힌다(1:1). 그러므로 골로새서에서 바울은 사도다. "사도"는 복음의 진리성을 좌우하는 시금석 역할을 하는 절대적인 권위의 직분이고, 역사적으로 반복될 수 없는 직분이다. 골로새서의 메시지는 "사도" 바울의 증언이기 때문에 복음이다. 바울을 사도로 이해하는 것은 바울의 저작이 의심을 받지 않는 서신들에서와 동일하다. 그러나 골로새서는 바울의 사도직의 근원에 대해서는 말하지 않는다. 바울의 주요 서신들에 의하면, 그의 사도 직분은 부활하신 예수와의 만남에 그 근원을 두고 있다(고전 15:5 이하; 갈 1:15 이하). 바울을 모태에서부터 선택하시고 부르셨으며 그에게 아들을 보여 주신 분은 하나님이다(갈 1:15). 그러므로 바울은 "하나님의 뜻에 따라서" 예수 그리스도의 사도가 되었다.(고전 1:1; 고후 1:1)

2. 서신은 바울이 천하 만민에게 전파된 복음을 섬기는 "일꾼"이라고 한다(1:23). "일꾼"이라는 말에는 복음을 위하여 피와 땀을 흘리며 절대적인 충성을 바치는 바울상이 담겨져 있다.

3. 그러므로 바울은 "교회의 일꾼"으로서 그 사명을 감당하기 위하여 그리스도로 인한 괴로움을 감당하면서 기뻐한다(1:24-25). "일꾼"과 "괴로움"은 떨어질 수 없다.

4. 하나님은 만세와 만대로부터 감추어진 비밀을 바울에게 알려 주셔서, 그 비밀의 풍성함을 이방인들에게도 선포하게 하셨다(1:26-27). 즉, 바울이 선포한 복음은 하나님이 바울에게 직접 계시한 것이다(갈 1-2장 참조). 바울이 선포한 복음의 사도적인 권위의 근거는 하나님의 계시에 있다.

5. 바울은 골로새와 라오디게아 성도들과는 직접적인 안면식이 없다. 그들은 에바브라에 의해서 그리스도인이 되었다. 그럼에도 불구하고 그들의 믿음과 구원을 위하여 수고하고 고난을 기꺼이 받았다(2:1-5). 결국 바울은 그 당시의 그리스도인들에게만 아니라, 바울의 얼굴을 모르는 시대의 그리스도인들, 따라서 오늘에 이르기까지 모든 그리스도인들을 위하여 수고와 고난을 받았다. 모든 시대 모든 그리스도인들은 바울의 사도적인 수고와 고난의 열매라고 할 수 있다.

6. 바울은 지금 감옥에 갇혀 있다(4:3,10,18). 감옥에 매여 있으면서도 복음을 전하고자 하는 뜨거운 열망은 조금도 식지 않았으며, 이 열망이 이루어질 수 있도록 성도들에게 기도해 달라고 부탁한다. 서신을 마무리

하는 구절에서도 그는 자신의 매임을 생각해 달라고 부탁한다.

7. 바울의 주변에는 많은 동역자들이 있다(4:7-14). 심지어 함께 갇혀 있는 사람들도 있다(4:10). 감옥에 갇혀 있으면서도 그는 많은 사람들의 인사를 대신 전해 주기도 하고, 일면식도 없는 라오디게아 교회의 인사들에게 문안해 줄 것을 부탁하기도 하며(4:15), 사람을 골로새 교회에 파견하기도 하고(4:9), 직무 수행을 명령하기도 한다(4:17). 그는 감옥에 갇혀 있으면서도 해야 할 일은 다 하고 있다.

전체적으로 볼 때, 골로새서는 바울을 복음 선포를 위하여 스스로 고난을 당하는 사도로 소개한다. 고난당하는 사도상은 이미 바울의 주요 서신들에서도 분명하게 찾아볼 수 있으며, 특히 바울 이후 시대의 사람들이 바울을 생각할 때 가장 분명하게 의식했던 사도 상(像)의 특징에 속한다. 이는 바울 이후에 기록된 신약성서의 문헌들에서 분명히 읽을 수 있다. 바울의 그룹에서 기록한 제2바울 서신들 중에서 특히 골로새서, 에베소서, 디모데후서 등이 고난당하는 사도 바울상을 분명하게 그리고 있다. 골로새서에서 바울은 단순히 복음 선포자가 아니고, 그의 인격과 그가 받은 고난도 이 비밀의 내용에 속한다(골 1:24-29). 그의 인격은 복음의 내용과 분리될 수 없다. 바울의 선포에 따르지 않는 그 외의 다른 모든 선포는 사도적인 전승으로서 복음이 아니라 인간의 가르침에 불과하다. 그러므로 복음은 그 내용인 예수 그리스도로부터만 정의되는 것이 아니라, 사도의 선포를 통해서도 규정되어야 한다. 다시 말해서 진정한 복음은 다른 사람이 아닌 오직 바울에 의해서 선포된 그리스도의 복음뿐이다. 다른 복음은 없다. 다른 복음의 선포자도 없다. 바울이 선포하고 가르쳐 준 복음만이 진정한 복음이고, 다른 사람이 전하는 것은 복음이 아니라 인간의 가르침일 뿐이다. 그러므로 하나님의 비밀의 한 부분으로 편입된 사도 바울의 인격과 복음은 뗄 수 없이 결합되었다. 따라서 골로 새서에서 바울은 단순히 선포자가 아니라 선포의 내용에 속한다.

바울 그룹에서 기록한 제2바울 서신들 외에는 사도행전이 가장 분명 하고 세세하게 바울 상(像)을 증언한다.[197] 사도행전이 말하는 바울 상 (像)을 요약해 보자.

1. 사도행전에서 바울은 사도가 아니고, 복음의 가장 중요한 증인이 며 이방인들에게 복음을 선포한 가장 중요한 인물이다. 사도행전은 바울 이 증언하고 선포한 복음은 예루살렘의 사도들이 선포한 복음과 일치한 다는 점을 강조한다(10:1-11:18; 13:16-41; 15:1-35; 17:3). 바울의 주요 서 신들에서는 이방인 선교가 당연한 것으로 전제되기보다는 싸워서 쟁취해 야 할 것으로 나타나는데 반해, 사도행전에서는 이방인 선교가 이미 바 울 이전에 진행된 것으로 전제하고 있다. 사도행전에서 바울은 베드로와 함께 훌륭한 설교가로 나타난다(21:40; 21:1ff.). 바울은 기적을 행할 수 있었는데(20:6ff.), 그의 옷깃을 만진 사람에게도 기적의 능력이 나타났다 (19:12; 베드로에게서도 그렇다: 9:36ff.; 5:15). 이처럼 바울은 말씀에서나 행 위에서 하나님의 위대한 선포자로 나타난다.

2. 사도행전은 바울의 선교가 고난과 어려움 속에서 일어났다고 말 한다. 그는 자주 도망해야 했고(13:5-51; 17:10), 감옥에도 갔고, 매를 맞 기도 했다(16:16ff.; 21:27ff. 등). 결국은 체포되어 갇힌 몸으로 로마로 압 송되었다(27-28장). 그러나 어떠한 고난도 그의 복음 선포를 막을 수 없

---

197) 그 외에도 클레멘트, 폴리캅, 이그나티우스 등과 같은 많은 교부들도 고난당하는 바 울에 관해서 말한다. 이에 대해서는 A. Lindemann, *Paulus*; P. Müller, **Anfänge der Paulusschule**, 235-236 참조.

었다. (28:31)

3. 바울은 사도행전에서도 많은 동역자들과 함께 사역을 한다(20:4). 바나바, 실라, 디모데 등이 그의 선교 여행에 동반한다. 이방인들을 위하여 한순간도 쉬지 않고, 또 숱한 곤경과 고난에도 불구하고 복음을 전하는 바울의 모습은 사도행전이나 골로새서나 공통적이다.

사도 이후 시대의 문헌들에 나타나는 바울의 공통적인 모습은 다음과 같다. 1) 바울은 고난을 무릅쓰고 복음을 선포한 사람이다. 2) 바울은 교회들을 개척하였으며, 각 교회들을 튼튼하게 조직한 행정가다. 3) 바울은 지칠 줄 모르는 열정과 동력으로 이방인 선교를 추진한 사람이다. 4) 바울은 자신이 선포한 복음을 훼손하는 이단에 맞서 단호하게 싸운 복음의 투사다.[198] 바울 자신에게서나 바울 이후 초대 교회에서나 사도적인 사명과 삶은 일치하여야 했다. 물론 바울이 사도냐 아니냐는 논란의 여지가 있었다. 사도행전은 바울이 사도가 아니라고 한다. 반면에 바울의 이름으로 기록된 후대의 서신들은 바울을 거의 유일한 사도라고 여긴다. "그리스도의 사도"는 그리스도를 대신하고 그의 위임 속에서 활동하며 말하는 권위와 권능을 의미한다. 그런 점에서 바울의 이름으로 기록된 서신들은 분명히 사도적인 권위를 활용하고 있다. 그러나 사도 직분에는 그런 권위와 권능만이 있는 것이 아니고, 고난과 박해, 땀과 피까지도 담겨져 있다. 십자가에 달려 죽으신 분의 사도로서의 고난과 박해는 위임된 사명을 수행하는 데 필연적인 것이었다. 바울의 사도 직분을 애써 외면하는 사도행전도 복음을 위한 바울의 고난을 잘 알고 있었고, 바울이야말로 복음을 이방인에게 전파한 가장 위대한 증인

198) P. Müller, *Anfänge der Paulusschule*, 236.

이라는 사실을 부정하지 않는다. 오히려 누가복음과 사도행전의 구원사 신학에 가장 부합한 인물이 바울이다. 그러므로 사도행전에서 바울의 활동에 가장 많은 분량이 할애된 것은 당연한 것이다. 바울 이후 시대의 복음 선포는 바울의 인격을 포함한다. 복음이 말해지는 곳에서는 항상 바울도 말해진다. 예수 그리스도의 복음은 바울이 전한 복음, 곧 바울의 복음이다.

8. 2:6-23　거짓 교사들과의 논쟁

골로새서가 말하고자 하는 본론에 해당하는 단락이다. 그것은 골로새 교회에 나타난 거짓 교사들의 주장을 반박하면서, 성도들에게 그들의 궤변에 속아 넘어가지 말고, 에바브라를 통해서 받은 바울의 복음에 굳게 설 것을 강력하게 권고하는 것이다. 이 부분은 다시 두 개의 소단락, 곧 6-15절과 16-23절로 나뉜다. 6-15절은 거짓 교훈에 대한 논쟁을 염두에 두면서 그리스도인들이 믿고 고백하는 가장 중요한 믿음의 내용을 설명하고, 16-23절은 그러한 신앙 고백에 근거해서 구체적으로 거짓 교사들의 유혹에 넘어가서는 안 된다고 결론적으로 명령한다.

8.1 2:6-15　그리스도와 함께 죽고, 함께 살아난 그리스도인

◆ 본문 사역

⁶ 그러므로 여러분이 그리스도 예수를 주님으로 받은 것처럼, 그 안에서 살

아가십시오. [7] 그 안에 뿌리를 깊이 내리고 또 세워져야 합니다. 그리고 믿음에 굳건해지고, 여러분이 배운 것처럼, 감사함으로 넘치게 하십시오. [8] 어느 누구도 철학과 헛된 속임수로써 여러분을 사로잡지 못하게 유의하십시오. 그것은 사람의 전승에 합당한 것이고, 세상의 기초 요소들에 합당한 것이지만, 그리스도에게는 합당한 것이 아닙니다. [9] 왜냐하면 그 안에는 하나님 성품의 모든 충만이 육체적으로 거하고 있으며 [10] 그리고 여러분은 그 안에서 충만해졌기 때문입니다. 그분은 모든 주권과 권세의 머리입니다. [11] 그 안에서 여러분도 손으로 행하지 아니한 할례로써 할례를 받았습니다. 육체의 몸을 벗음으로써, 그리스도의 할례로써 말입니다. [12] 여러분은 세례에서 그와 함께 묻혔습니다. 또한 그 안에서 여러분도 그를 죽은 자들 가운데서 일으키신 하나님의 힘을 믿음으로써 함께 일으켜졌습니다. [13] 그리고 여러분의 범죄와 육체의 할례받지 못함으로 인하여 죽어 있던 여러분을 그(하나님)는 그(그리스도)와 함께 살리셨습니다. 그는 우리의 모든 죄를 용서하셨습니다. [14] 그는 우리를 반대하여 고발하는 조항들로 된 증서를 없애버렸습니다. 그는 그것을 십자가에 못 박음으로써 그것을 중간에서[199] 제거해 버리셨습니다.[200] [15] 그는 주권들과 권세들을 극복하셔서 공개적으로 드러내 보였습니다. 그는 그 안에서[201] 그들에 대한 승리의 행진을 하셨습니다.

◆ 본문의 문맥, 구조 그리고 특징

지금까지는 서술문으로 말하던 맥락에서 떠나 2:6이 명령문으로 시

---

199) 우리말 개역성서는 그리스어 본문에서 두 번 반복되는 "그것을"과 "중간에서"를 번역하지 않는다. 표준새번역 성서만이 "그것을 … 우리 가운데서"라고 번역한다.
200) 우리말 개역성서는 "제하여 버리사 십자가에 못 박으시고"라고 번역하나, 공동번역이나 표준새번역처럼 순서를 뒤바꾸어 번역하는 것이 더 적절하다.
201) 우리말 개역성서와 공동번역성서는 14절과 연결해서 "십자가로"라고 의역하고, 표준새번역은 "그리스도의"라고 의역한다.

작하는 것을 볼 때, 2:6으로써 새로운 단락이 시작되고 있음을 알 수 있다. 1:24-2:5는 사도 바울의 고난을 통한 복음의 선포 활동과 교회를 위한 수고를 회상했다. 그런 후 2:6에서부터 "바울"은 교회의 성도들에게 권위 있게 명령하면서, 그들이 처해 있는 거짓 교훈의 문제를 본격적으로 논하기 시작한다. 그런 논쟁의 핵심은 골로새 성도들이 믿음으로 받아들인 복음 진리와 그로 인하여 변화된 그들의 신분을 분명하게 밝히는 것이다. 따라서 6-15절에서 저자가 독자들과 함께 고백하며 확인하고 싶은 것은, 세례를 통해서 확증된 그리스도인이 누구냐 하는 것이다.

6-8절은 명령문이고, 9-15절은 서술문이다. 명령문은 거짓 교훈에 맞선 논쟁의 분위기를 드러내며, 이어지는 서술문은 그 명령문이 서 있는 신학적인 토대를 말한다. 그러나 실제로 이 단락은 세 부분으로 나뉜다. 6-7절은 골로새 성도들이 받은 믿음을 회상하며 그 믿음 위에 굳게 설 것을 명하고, 8절은 거짓 교훈에 유의할 것을 명하고, 9-15절은 거짓 가르침에 결코 속아 넘어갈 수 없는 신학적인 근거를 설명한다.

이 단락에서 가장 분명하게 눈에 띄는 것은 무려 일곱 번이나 반복되는 "그 안에(서)"라는 표현과 "그"라는 주어다. 13-15절에 반복되는 주어 "그"는 하나님이다. 구원은 하나님께로부터 나온다. 하나님의 구원을 우리 인간에게 집행하고 전달하신 분은 예수 그리스도다. 그러므로 "그"(하나님)는 "그 안에서" 곧 그리스도 안에서 인간을 구원하셨고, 우리들은 "그 안에서" 하나님의 구원을 경험하였으며, 주권들과 권세들은 "그 안에서" 패배했다. "그 안에서" 곧 그리스도 안에서 하나님의 구원 사건이 일어났고, 오직 그리스도 안에서만 인간에게 하나님의 구원이 실현된다. 바로 이 "오직 그리스도"(solus christus)가 본문이 말하는 가장 중요한 포인트다.

성도들의 구원을 말하면서 미래 동사를 전혀 사용하지 않고, 대부분과거 시제 동사들을 사용한다는 것도 이 단락의 놓칠 수 없는 특징이다. 성도들의 구원을 과거 시제로 말하는 것은 그만큼 구원의 확실성과 그로 인하여 변화된 존재의 확실성을 강조하려는 것이며, 그것은 그대로 명령문의 확실한 근거로 작용한다. 창조 세계와 인간의 운명을 지배하는 주권자는 오직 그리스도뿐이라는 확신을 갖게 되면, 그로부터 구원의 현재적인 확신이 나오는 것은 당연한 결과다. 구원론은 기독론에서 결정되기 때문이다. 그리스도의 주권에 대한 의심이 나타나는 곳에 구원의 확신도 약화되고, 그런 곳에 세속화와 거짓 교훈의 위험이 도사리고 있다. 우리는 세례를 받음으로써 우주의 주권자 그리스도의 몸인 교회의 지체들이 되었기 때문에, 구원의 확신을 가지고 있으며, 그러므로 거짓 교훈에 넘어가거나 세상에 빠진다는 것은 감히 생각할 수 없다. 그러므로 거짓 교훈이 무엇인지도 분명해진다. 오직 그리스도 안에서 구원이 성취되었다는 것을 조금이라도 약화시키거나 부정하는 가르침은 거짓 교훈이다. 물론 이러한 거짓 교훈에 대해서는 16절 이하에서 본격적으로 다루게 될 것이다.

◆ 본문 주석

6절: 골로새 성도들은 그리스도 예수를 주님으로 **"받았다(παρελαβετε)."** 이 동사와 "전해 주다(παραδιδωμι)"라는 동사는 유대교와 신약성서에서 전승을 물려주고 받는 연결고리를 말하기 위해서 사용되는 전문 용어다(살전 2:13; 고전 11:23; 15:3). 에바브라는 바울로부터 받은 복음을 다시 골로새 성도들에게 전했다(1:7). 물론 그러한 전승의 뿌리는 예수 자신이다. 이로써 예수 → 바울 → 에바브라 → 골로새 교회로 이어지는 전승의 고리가 분명해진다. 골로새 성도들이 받은 전승의 내용은 **"그리스도 예수**

가 **주님이다**"는 것이다(고전 12:3; 롬 10:9; 빌 2:11 참조). **"그리스도 예수"**
는 십자가에 달려 죽으셨다가 부활하신 분을 말하고, **"주님"**은 하늘에
오르셔서 하나님의 우편 보좌에 앉아 현재 온 세상을 지배하고 계시는
분을 말한다. 이 두 기독론적인 칭호가 결합됨으로써 기독교 신앙 고백
의 핵심이 완성되었다. 그리스도인들은 예수 그리스도가 십자가에 달려
죽으셨다가 부활하시고 하나님의 우편 보좌에 앉으셔서 온 우주를 다스
리시는 현재적인 주권자이심을 믿고 고백한다. **"그리스도 예수가 주님이
다"**는 1:15-20에서 인용한 노랫말의 신학을 한 마디로 요약한 것이며,
동시에 골로새 교인들이 에바브라를 통해서 받은 복음이다. 이 복음의
일꾼이 된(1:23) 바울은 천하 만민에게 복음을 전하기 위하여 그리스도의
남은 고난을 자기 육체에 채우는 것을 마다하지 않았다.(1:24-2:5)

　복음을 받았다는 것은, 단순히 신앙 고백 조항을 물려받고 신학적인
지식을 습득했음을 의미하지 않는다. 이는 그 복음에 삶 전체를 바치고
순종한다는 뜻이다. 그러므로 성도들은 **"그 안에서"** 행해야 한다. 신앙
고백과 삶의 실천은 결코 떨어져서는 안 된다. **"행하다"**는 바울의 서신
에서 실천적인 삶을 말하는 전문적인 용어다. 예수 그리스도가 우주적인
주님이라고 신앙을 고백한다면, 그 주님 외에 어떤 영적인 존재나 인간
을 주인으로 섬기고 두려워하는 삶을 사는 것은 있을 수 없다. 예수 그
리스도 외에 다른 영적인 존재들을 더 섬겨야 한다고 주장하는 거짓 교
사들의 유혹에 넘어가는 것은, "그리스도 예수가 주님이다"는 신앙 고백
을 부정하는 것이다. 진정한 믿음을 지키는 것은, 소위 교리 수호로써
일어나는 것이 아니라 고백한 신앙에 합당하게 일상의 행동으로 실천하
며 살아가는 것이다. 그리스도 예수를 온 우주와 세상 그리고 자기 자신
의 주님으로 믿고 고백했다면 오로지 그분만이 자신의 인생의 주인이 되
시기 때문에, 그 주님의 뜻에 순종하는 삶을 살아가는 것이 진정한 믿음

을 지키는 길이다. 물론 주님 안에서 사는 것이 윤리적인 차원에서 무엇을 말하는 것인지, 그 구체적인 내용은 3:1 이하에서 밝혀질 것이다.

7절: 4개의 분사 문장으로 이루어져 있다. 이 분사들은 6절의 주문장("행하라")에 이어지는 명령 문장으로 볼 수 있다. 첫 번째 분사는 완료 분사고, 나머지 세 개는 현재 분사라는 점이 특이하다. 진정한 믿음을 지키는 길은 그리스도의 주권에 순종하는 삶을 사는 것인데, 그것은 믿음 공동체인 교회를 굳게 세우는 일이기도 하다. 그러므로 6절에서 주 안에서 행동하라는 명령은 이어서 교회 공동체를 세우는 일로 나아간다.

이를 위하여 저자는 **"뿌리를 박다"**라는 농사 용어와 **"세우다"**라는 건축 용어를 사용한다. 나무가 생명력을 유지하려면 뿌리를 깊이 내려야 한다. 건물이 굳건히 세워지려면 터를 깊이 파고 기둥을 튼튼히 세워야 한다. "뿌리를 박다"를 말하는 분사는 완료 분사다. 이는 복음을 처음 듣고 믿음을 갖게 된 이후로 지금까지 그랬던 것처럼 그렇게 계속해서 복음 안에 굳게 서 있기를 바라는 뜻이다. 골로새 성도들은 복음을 받고 세례를 받음으로써 그리스도 안에 이미 뿌리를 깊이 내린 사람들이다. 그들은 그 뿌리에서 흔들리지 말아야 하고, 이제 그 뿌리 위에 세워져야 한다. 세워지는 일을 현재 분사로 말하고 있는 것은, 그 일이 지금도 그리고 앞으로도 계속되어야 할 과제이기 때문이다. "이미"의 현재적인 종말론과 "아직 아님"의 미래적인 종말론이 여기에 결합돼 있다. 성도들은 그리스도의 이름으로 세례를 받음으로써 이미 구원의 확신 가운데 있지만, 교회라는 건물은 아직 완성되지 않았고, 여전히 계속해서 완성을 향하여 가는 과정 중에 있다. 바울은 다른 곳에서도 교회를 말하기 위하여 농사나 건물 혹은 건축의 메타포를 사용한 바 있으며(고전 3:5 이하), 에베소서는 이 교회론의 가장 발전된 모습을 보여 준다.(엡

2:20-22; 4:12.16)[202]

　　세 번째 분사는 **"믿음에 굳게 서라"**는 명령으로 번역할 수 있다. 골로새 성도들은 **"교훈을 받은 대로"** 믿음에 굳게 서야 한다. 1:7과 2:6에 의하면, 그들은 에바브라로부터 믿음을 배웠다. 성도가 뿌리를 내리고 굳게 서야 할 토대는, 배운 "그" 곧 예수 그리스도다. 믿는다고 해서 모두가 좋은 것은 아니고, 무엇을 믿느냐가 중요하다. 거짓 교사들이 가르치는 거짓 교훈을 믿는 것도 믿음이라고 말할 수 있지만, 그것은 진정한 진리를 믿는 것이 아니다. 바울로부터 전해지고 에바브라를 통해서 받은, "그"에 관한 복음을 믿는 것이야말로 진정한 믿음이다. 그러므로 여기서의 **"믿음"**은 주관적인 믿는 행위(fides qua)를 말하는 것이라기보다는, 전해 받은 객관적인 믿음의 내용(fides quae)을 말한다.[203] 이는 에베소서 2:20이 예수 그리스도를 모퉁잇돌로, 사도와 선지자들을 터라고 말한 것과 같다. 전승을 전해 준 것은 사도고, 그 전승의 내용은 예수 그리스도다. 사도를 통해서 배운 믿음의 내용 곧 "그리스도 예수가 주님이라"는 신앙 고백에 굳게 뿌리를 내리고 서 있는 사람은 이미 구원의 확신 가운데 있다. 예수 그리스도는 성도들이 흔들리지 않고 생명력을 유지할 수 있는 원천이다. 여기서 벗어나면 뿌리가 뽑힌 나무처럼 말라버리고 말 것이다.

　　예수 그리스도 안에 뿌리를 깊이 내리고 생명의 풍성함을 누리는 성도들은 **"감사함을 넘치게 해야 한다."** 구원의 확신이 없는 사람은 감사할 수 없다. "바울에 의하면 넘치다(περισσευω)는 그리스도를 통해서 시작된 구원 시대의 표식이다."[204] 그닐카는 바울의 서신에 사용된 이 동사의 용례를 들고 있다. 은혜가 넘치고(롬 5:15.17; 고후 4:15), 기쁨이 넘치

---

202) 이에 대해서는 조경철, 「설교자를 위한 에베소서 주석」, 81-113 참조.
203) 전경연, 골로새서 222; J. Gnilka, 117.
204) J. Gnilka, 117.

고(고후 8:2), 희망이 넘치고(롬 15:13), 위로가 넘치고(고후 1:5), 영광이 넘치고(고후 3:9), 사랑이 넘치고(살전 3:12), 자랑이 넘치고(빌 1:26), 주의 일이 넘치며(고전 15:58) 그리고 온갖 선한 일이 넘치고 풍성하듯이(고후 9:8), 그렇게 감사가 넘치도록 풍성한 것은 구원 시대의 징표다(고후 9:12). 여기서 감사가 넘치게 하라고 명령하는 것은, 하나님으로부터 받은 온갖 좋은 것의 풍성함에 상응하게 넘치도록 감사하는 삶을 살라는 것이다. 감사는 구원의 확신을 가진 그리스도인이 하나님 앞에서 할 수 있는 거의 유일하게 마땅한 자세이고, 또한 할 수 있는 최대한의 행동이다. 진정한 감사는 믿음의 가장 깊은 표현이다. 따라서 감사의 반대는 우상 숭배다(엡 5:3-5 참조).[205] 이러한 감사를 하지 못하는 사람에게 거짓 교사들이 접근하고, 거짓 교훈이 틈탈 수 있게 된다.

8절: 6-7절에서 골로새 성도들이 에바브라를 통해서 배운 바울의 복음 곧 예수 그리스도가 주님이라는 믿음의 내용을 말한 후에, 8절에서는 그러한 바른 믿음에 반대되는 거짓 교사들의 부정적인 교훈에 대해 경고한다. 성도들이 그 거짓된 교훈에 속아 넘어가지 않도록 "주의하라"는 명령 형식을 통해서, 본문은 그 거짓 교훈의 본질을 분명하게 폭로한다. 그리스어 본문에서는 8-15절이 한 문장으로 되어 있어서, 정확하게 구분하여 번역하기가 매우 어렵다.

"주의하라"는 바울이 기독교 신앙과 삶을 위협하는 잘못된 가르침이나 교훈들에 반대하는 논쟁을 도입할 때 자주 쓰던 표현이다(갈 5:15; 고전 8:9; 10:12,18; 빌 3:2). 거짓 교훈으로 유혹하는 사람들은 "누가(τις)"라는 일반적인 말로써 간접적으로 지칭한다. 저자의 관심은 거짓 교사들에게 있지 않고 그들의 공격을 받고 있는 성도들에게 있기 때문에 거짓 교

---

205) 이에 대해서는 조경철, 위의 책, 324-327 참조.

사들을 구체적으로 말할 필요가 없었다.[206] 거짓 교사들은 성도들을 **"사로잡으려"**고 한다. 이 동사는 전쟁에서 포로나 전리품을 끌고 간다는 뜻인데, 고대 그리스의 철학자들이 거짓 철학자들을 비난하면서 사용하기도 했다. 거짓 교사들은 성도들을 영적인 전쟁의 포로나 전리품으로 끌고 가서 진리를 떠나 거짓을 따르게 강요한다. 그들이 사용하는 방식은 이미 2:4가 말한 바 있는 교묘한 화술이다. 여기서는 **"헛된 속임수"**라고 말한다. 그들의 가르침은 화려하고 교묘한 화술로 무장되어 그럴듯하게 들리지만, 실제로는 내용이 없는 빈 껍질과 같다.(2:23 참조)

우리의 주목을 끄는 것은, 저자가 거짓 교사들의 교훈을 **"헛된 속임수"**와 **"철학"**으로 규정하고, 이를 그리스도가 아닌 **"사람의 전통"**과 **"세상의 초등 학문"**에 따른 것이라고 철저히 부정적으로 설명한다는 것이다. 고대 세계에서 **"철학"**은 존재에 대한 사유나 삶과 도덕의 발전을 위하여 연구하는 철학자들의 사상을 의미할 뿐만 아니라, 종교적 신념이나 사상을 의미하기도 하고, 혹은 그러한 사상을 공유하면서 종교적-제의적인 예전을 실천했던 사람들의 그룹을 일컫는 매우 포괄적인 말이기도 했다. 예를 들어서, 알렉산드리아의 필로가 대표하는 헬라주의 유대교는 그들의 믿음을 헬라주의 철학자들에게 전파하기 위하여 철학이라고 말하기도 했다.[207] 요세푸스는 바리새파, 사두개파, 엣세네파를 각기 "철학"이라고 불렀다.[208] 그러므로 "철학"이라는 말 자체는 부정적인 의미를 갖지 않는다. 그러나 이 구절에서의 "철학"은 이어지는 "헛된 속임수"라는 말과

---

206) 2:16,18에도 나오는 이런 일반적인 지칭이 골로새 교회에 실제로 나타난 구체적인 거짓 교사들을 말하려는 것이 아니라, 그럴 수 있는 일반적인 가능성을 말할 뿐이라고 해석하는 학자들도 있다. A. Standhartinger, *Studien zur Entstehungsgeschichte*, 181-186과 이곳의 각주 168 참조.

207) 4Makk. 5:4; Philo Mut. 223. 슈바이처, 149 각주 28 참조.

208) Josephus, Bell 2,119; Ant. 18,11. 그렇다고 골로새서가 비판하는 철학이, A. R. Bevere, *Sharing in the Inheritance*, 90-115가 주장하듯이, 유대교로만 국한된다고 볼 수는 없다.

세 개의 κατα("따름") 문장으로 된 부연 설명에 의해서 매우 부정적인 의미로 규정되었다. 거짓 교사들은 그 당시 철학자들이 자주 사용하던 수사학적인 화법을 잘 구사했던 것 같다. 철학에 대한 이러한 부정적인 견해가 기독교의 반(反)지성주의나 반(反)문명주의를 부추기는 것은 결코 아니다.[209] 그러나 이 철학이 기독교 신앙의 핵심을 부정하거나 왜곡할 때, 곧 이단적인 차원으로 전개될 때에는 단호하게 맞서야 한다. 골로새 교회에 나타난 거짓 교사들은 인간의 구원을 위한 그들의 특별한 가르침을 "철학"이라고 규정하였다. 그리고 그러한 "철학"이 오직 예수 그리스도로 구원을 얻는다는 바울의 복음을 뛰어넘는 진정한 구원의 가르침이라고 성도들을 유혹하였다. 그러나 그들의 "철학"은 인간을 죄와 죽음에서 구원시키는 진정한 힘이 없는 공허한 것이요, **"헛된 속임수"**일 뿐이다.

"철학"을 설명하는 첫 번째 κατα 문장에 의하면, "철학"은 **"사람의 전통"**에 부합한 것이다. 종교적인 교리 논쟁에서 그 교리가 얼마나 오랜 전통을 가진 것이냐는 매우 중요한 판단의 근거가 된다.[210] "사람의 전통"은 사람들의 오래된 관행이나 생각을 하나님의 뜻으로 왜곡시키는 현상을 강조한다. 마가복음 7:8도 "하나님의 계명"과 "사람의 전통"을 대조한다(2:22와 딛 1:14의 "사람의 계명"; 벧전 1:18도 참조). 의식적이든 무의식적이든 간에 사람의 계명이나 관습을 마치 하나님의 계명인양 곡해하여 가르치고 지키는 것을 경고하는 것이다. 골로새에 나타난 거짓 교사들은 자신들이 가르치는 "철학"이 오랜 전통을 가지고 있으며, 비교적 최근에 바울에 의해서 선포된 "오직 그리스도!"라는 메시지보다는 더 오래된, 더

---

209) 고대 교회에서는 기독교 신앙과 철학의 관계에 대한 두 가지의 상반된 흐름이 있었다. 클레멘스나 오리겐으로 대표되는 알렉산드리아 학파는 그 둘을 연결하고 종합하려고 했던 반면에, 터툴리안은 철학을 진리를 뒤흔드는 것이라고 배척하였다. 터툴리안은 그의 주장을 위하여 골 2:8을 근거로 내세웠으나, 그는 이 본문을 제대로 이해하지 못했다. J. Gnilka, 122 각주 20.
210) E. Lohse, 145 각주 5와 6 참조.

권위가 있는, 더 나아가 더 큰 신적인 정당성을 가지고 있다고 주장하면서 사람들을 현혹한 것 같다.[211]

"철학"을 설명하는 두 번째 κατα 문장은, 거짓 교사들이 가르치고 주장한 철학 혹은 사람의 전통의 내용을 말한다. 신약성서에서 오직 갈라디아서 4:3.9와 이 구절에만 나오는 **"세상의 초등 학문"**을 어떻게 번역하고 이해할 것인지는 매우 어려운 문제다. 근본적으로 세 가지의 이해들이 있다. 첫째, 2:10이 말하는 이 세상을 지배하고 다스리는 영적인 존재들을 일컫는다고 보는 견해다. 둘째, 흙, 물, 공기, 불 등과 같이 그리스 철학이 말하는 세상을 구성하는 기초적인 요소들을 일컫는다고 보는 견해다. 셋째, 히브리서 5:12가 말하는 가장 기초적이고 종교적인 교훈들을 말한다고 보는 견해다.[212] 이런 의미들 중에서 어떤 것이 골로새서에 합당한 것인가? 거짓 교사들과의 논쟁의 맥락이나 2:9의 말씀과의 반제적인 상황을 고려할 때, 2:10이 말하는 "통치자와 권세"와 거의 동일시되는 초인적인 힘을 가진 어떤 영적인 존재들을 말한다고 볼 수 있다. 거짓 교사들은 예수 그리스도를 믿는 것 외에도 이러한 영적인 존재들을 예배하고 섬겨야 구원을 받는다는 혼합주의적인 주장을 했다.(골로새 교회에 나타난 "헛된 속임수, 철학"에 대한 더 상세한 설명은 이 책 261쪽 이하를 참조.)

"철학"을 설명하는 세 번째 κατα 문장은 부정문장이다. 거짓 교사들이 오랜 전통을 가진, 그래서 구원을 위한 권위를 가지고 있는 "철학"이라고 가르치는 것은 결코 **"그리스도를 따름이 아니다."** 그리스도와 "세상의 초등 학문"이 맞서 있는 것을 고려하면, 초등 학문은 그리스도처럼

---

211) O. Michel, ThWNT IX, 183.
212) F. Mußner, *Galaterbrief*, 293-197; T. Sappington, *Revelation and Redemptation*, 164-168; A. R. Bevere, *Sharing in the Inheritance*, 90-115; C. E. Arnold, *The Colossian Syncretism*, 183-190 참조.

인간을 지배하고 구원할 수 있다는 인격적인 존재를 말한다는 것임이 밝혀진다. 지금까지 서신은, 특히 1:15-20에서, 예수 그리스도가 세상의 창조자일 뿐만 아니라 온 세상에 화해와 해방을 가져다준 유일한 주권자라는 복음을 전했다. 세상과 인간의 구원은 "오직 그리스도" 안에서 해결된다는 것이 복음인데, 그리스도 외에 다른 영적인 존재들을 섬겨야 구원을 받는다는 거짓 교사들의 가르침은 당연히 그리스도를 따르는 것이 아니다. 그리스도 안에는 온갖 지혜와 보화가 풍성하게 감추어져 있고, 신성이 풍성하게 나타나 있기 때문에(2:3.9), 거짓 교사들의 가르침에 유혹을 받아서는 안 된다.

  "… 따름이요, … 따름이요, … 따름이 아니다"[213]라는 대조하는 표현을 통해서 저자는 골로새 성도들에게 양자택일을 요구한다. 거짓 교사들의 유혹에 넘어가서 사람의 생각과 전통을 따르며 운명론적인 억압에 매여서 살 것이냐, 아니면 에바브라를 통해서 전해진 바울의 복음을 따라서 우주의 유일한 주권자이신 예수 그리스도에게 삶과 미래를 맡기고 자유롭고(2:16) 질서 있는 삶을 살 것이냐? 골로새 성도들은 이 둘 중의 하나를 선택해야 한다. 참된 믿음은 사람의 유치한 생각이나 운명론적인 억압에서 벗어나, 세상을 창조하셨으며 죄와 사망에 빠진 인간을 십자가와 부활을 통하여 하나님과 화해시킨 예수 그리스도를 믿고 그리스도의 권위에 순종하면서 자유로운 삶을 사는 것이다. 그리스도인들에게는 오직 그리스도만이 믿음과 행동의 규범이고 근거기 때문이다.

  9절: 8절이 말한 내용 곧 "헛된 속임수인 철학"이 "그리스도를 따르는" 것이 아닌 이유가 9절에 제시되어 있다. 또한 이어지는 10-15절은 골로새 성도들이 사람의 전통과 세상의 유치한 원리 곧 초등 학문을 따

---

213) 그리스어 본문에는 "… 따름이요, … 따름이요, 그러나 … 따름이 아니다"로 되어 있다.

라서는 안 되는 이유를 말하고 있다.

왜 골로새에 나타난 "철학"이 그리스도를 따르는 것이 아닌가? 이유는 간단하다. 오직 그리스도 안에만 **"신성의 모든 충만이 육체로 거하기"** 때문이다. 그리스도 외의 다른 존재들 안에는 하나님의 본질이 충만하게 드러나 있지 않다. 이 표현은 앞에서 인용했던 초대 교회의 찬송가 가사(1:19)를 약간 변경한 것이다. 1:19에는 "하나님이"라는 주어가 생략돼 있고 충만의 내용이 언급되어 있지 않지만, 여기서는 분명하게 **"신성"**이 충만의 내용으로 언급되고 있다. "신성"은 하나님의 신적인 본성, 하나님의 창조적인 권능, 생명의 주인으로서 하나님의 영광이며, 한 마디로 하나님의 생명이다. 이러한 하나님의 생명이 오직 그리스도 예수 안에("그 안에") 충만하게 거하기 때문에, 성도들은 오직 그리스도 안에서 그리스도를 따라서 살아야 한다. 하나님의 생명은 그리스도 안에 충만하게 거한 것처럼 다른 그 어떤 것 안에서는 그렇게 충만하게 거하지 않는다. 그러므로 거짓 교사들의 "철학"이 가르치는 인간의 운명을 지배한다는 천사나 기타 어떠한 영적인 세력이나 요소들 안에도 하나님의 영광과 권능은 거하지 않는다. 따라서 그리스도인들은 그것들을 숭배할 이유도 없고, 두려워해야 할 이유도 없다. 거짓 교사들이 하나님의 신성이 그리스도 안에만 나타난 것이 아니라 다른 영적인 존재들 안에도 나타나 있다고 주장한다면, 그것은 그리스도가 보이지 않는 하나님을 드러내는 형상이며 오직 그리스도를 통해서만 세상이 창조되고 화해(구원)되었다는 기독교 신앙의 근본을 부정하는 것일 뿐이다. 그러므로 성도들이 그것들을 숭배하거나 두려워한다면, 그것은 곧 그리스도 안에 나타난 하나님과 그의 구원을 부정하거나 완전히 인정하지 않는, 곧 믿음 없음을 뜻하는 것이다.

1:19와 비교해서 여기서는 **"거하다"**는 동사가 현재형이며, 거기에 **"육**

체로"라는 표현이 더 첨가되어 있다. 그렇다면 "신성의 모든 충만이 그 안에 육체로 거하시고"가 무엇을 의미하는가? 세 가지 해석이 가능하다. 먼저 "신성의 모든 충만"이 하나님을 일컫는 표현이기 때문에,[214] "육체로 거하시고"는 하나님이 육신이 되신 사건 곧 성육신을 의미할 수 있다. 그렇다면 완전한 인간으로 사신 예수 안에 하나님이 충만하게 나타났다는 것을 말한다.[215] 그러나 현재 동사 "거하다"가 그러한 해석을 어렵게 만든다. 성육신은 과거 사건이며 또 과거 한때 인간으로 세상을 사셨던 예수를 생각한다면, 1:19에서처럼 부정 과거 동사(Aorist)가 사용됐어야 했을 것이다. 여기서 현재 동사가 사용됐다면, 그것은 과거의 성육신 사건뿐만 아니라 지금도 그리고 앞으로도 영원히 살아 계시는 그리스도를 말한다.

따라서 "그 안에는"은 과거 한때 인간으로 사셨던 역사적인 예수를 말하기보다는, 부활하셔서 지금도 하나님의 우편 보좌에 앉아서 우주를 다스리시는 주 예수 그리스도를 말한다. 두 번째 해석 모델은 "육체로"를 "실제로" 혹은 "구체적으로"라는 의미로 해석하는 것이다. 이는 다른 종교나 철학 등이 말하는 추상적이고 공상적인 하나님이 아니라, 지금도 살아 계신 그리스도 안에서 하나님을 "실제로" 만나게 된다는 것을 강조한다.[216]

"육체로"(σωματικως)에 대한 세 번째 해석도 가능하다. 1:15-20에 인용된 찬송가 신학에 따르면, 그리스도는 우주의 머리며, 우주는 그의 몸(σωμα)이다. 그리고 서신의 저자는 교회를 그리스도의 몸으로 해석한다 (1:18,22,24; 2:17,19). 따라서 "육체로"는 그리스도의 몸인 교회와 그 지체

214) Chr. Burger, *Schöpfung*, 60,87.
215) E. Schweizer, ThWNT VII, 1075; J. Lähnemann, *Kolosserbrief*, 118; 브라이언, 237.
216) M. Dibelius-H. Greeven, 29; E. Lohse, 151 각주 4. 전경연 228-230에 있는 논의도 참조.

들인 그리스도인들과 밀접하게 연결된다.217) 결국 신성의 충만이 거하는 **"그 안에는"**은 성육신하셔서 인간으로 사셨던 역사적인 예수, 부활 승천하셔서 하나님의 우편 보좌에 지금도 살아 계시는 주 예수 그리스도, 그리고 그의 몸이 되는 교회를 모두 포괄하는 말이라고 할 수 있다. 이러한 포괄적인 의미를 가진 "그 안에" 하나님의 본성과 권능 그리고 영광이 충만하게 거하고 있다. 그러므로 성도들은 하나님의 권능과 영광이 충만하게 거하는 그리스도와 그의 몸인 교회 안에 머물러서 올바른 신앙 고백에 뿌리를 깊이 박고 있어야 헛된 속임수에 속지 않을 수 있다.

10-15절: 성도들이 거짓 교사들의 가르침에 넘어가서는 안 되는 이유를 9절이 기독론적인 차원에서 설명했다면, 10-15절은 구원론적인 차원에서 설명한다. 그리스도 안에서 일어난 구원을 골로새 성도들은 세례를 받음으로써 그들 자신의 구원으로 체험하였다. 그럼으로써 그리스도 안에서 일어난 객관적인 구원이 성도들의 체험적인 구원이 되었다. 이러한 구원을 직접 체험한 성도들은 거짓 교훈의 유혹에 넘어가서도 안 되고, 넘어갈 수도 없다. 10a절은 간단하게 "너희도 그 안에서 충만하여졌다"라는 말로 골로새 성도들의 구원체험을 말하고, 그러한 구원 체험이 어디서 어떻게 구체적으로 일어난 것인지는 11-15절이 말한다. 중간에 있는 10b절은 마치 일종의 삽입된 표현처럼 들린다.218) 9-10절이 현재 동사와 완료형을 사용한 것과는 달리, 11-15절은 주로 부정 과거 동사를 사용한다. 그러므로 골로새 성도들이 구원을 체험한 장소는 단 한 차례 받은 세례에서다. 세례에서 그리스도인들은 그리스도 안에서 일어난 하나님의 구원을 구체적으로 체험하였다. 10a.11-12절은 세례에서 체험한

---

217) J. Gnilka, 129; P. Pokorny, 102-103; Chr. Burger, *Schöpfung*, 88.
218) J. Gnilka, 130과 각주 56을 참조.

구원을 말하고, 13-15절은 세례에서 체험한 하나님의 구원 사건을 객관적으로 묘사한다. 때문에 10b.11-12절은 주어가 "너희"다. 그러나 동사들은 모두 수동태로, 행동의 주체는 하나님이다. 13-15절은 주어가 명시적으로 "하나님"이다. 한편으로 하나님께서는 "그들을(통치자들과 권세들을)" 이기셨고, 다른 한편으로는 "너희를" 혹은 "우리를" 구원하셨다. 구원은 오직 하나님으로부터 나온다.

10a절: 9절이 말한 기독론은 수신자들에게 구원론으로 적용된다. 따라서 "너희"가 주어다. "너희" 곧 골로새 성도들은 "그 안에서", 곧 신성의 충만이 "육체로 거하고 있는" 그리스도 안에서 그리고 그의 몸인 교회 안에서 "충만해졌다." 9절에서 명사로 사용된 "충만"이 여기서는 "충만해졌다"는 완료 수동 분사로 사용된다. 골로새 성도들은 세례를 통해 그리스도 안에서 일어난 사건에 참여함으로써, 하나님의 생명을 확실하게 경험했다. 그리스도 안에서 무슨 일이 일어났는가? 1:18b-20에 의하면, 그리스도 안에서 하나님의 화해가 일어났다. 그리스도 안에서 일어난 하나님의 화해는 가장 먼저 그리스도 자신에게 해당하였다. 그리스도께서 죽은 자들 가운데서 살아나신 것은, 하나님의 화해에 완전하게 참여한 첫 번째 사건이다(1:18b). 고린도전서 15:20의 말을 빌리면, 그리스도는 "잠자는 자들의 첫 열매"다. 그리스도 안에 하나님의 신성이 충만하게 나타났고, 하나님의 구원하시는 영광과 권능이 온전하게 드러났기 때문에, 모든 성도들 역시 그리스도 안에서 하나님의 화해를 경험하고 새로운 생명을 갖게 되었다. 하나님의 생명이 충만하게 거하는 그리스도 안에서 그들은 충만해졌다. 9절과 10a절에는 "충만"과 "충만해지다"라는 일종의 어희(語戱)가 작용하고 있다.

"충만해졌다"는 완료수동태로 구원의 현재적인 확신을 말한다.

2:12-13에서도 저자는 구원의 현재성을 강조한다. 이처럼 구원을 이미 얻은 것으로 확신하는 것은, 바울의 다른 서신들과 비교해서 골로새서의 신학적인 특성에 속한다. 바울은 빌립보서 3:12-14에서 자신이 아직도 목표를 향하여 달려가고 있다고 말한다. 골로새서가 구원의 현재성을 강조하는 것은, 거짓 교사들과의 싸움에서 이해할 수 있다. 그들은 그리스도 외에 다른 영적인 존재들을 믿고, 그에 따른 종교적인 예배 행위를 해야 구원을 얻게 될 것이라고 주장했다. 이에 맞서서 서신은 우리의 구원은 이미 그리스도 안에서 확실한 현재가 되었기 때문에, 구원의 다른 길을 모색할 필요가 없다고 말한다. **"그 안에서"**도 그런 논쟁적인 의도를 가지고 있다.[219] 오직 "그 안에서", 오직 그리스도 안에서 우리의 구원은 이미 확실해졌다. 그러니 다른 영적인 존재들에게는 구원을 위한 어떠한 역할도 주어질 수 없다.

10b절: 이어지는 10b절은 그리스도의 현재적인 지위를 말하는 9절과 연결되며, 우리가 왜 오직 "그 안에서"만 충만해졌는지 이유를 설명한다. 그리스도는 **"모든 통치자와 권세의 머리"**다. 송가의 노랫말 1:16에서 온 "통치자와 권세"는 현세의 정치 세력이나 권력을 말하는 것이 아니라, 인간의 운명을 지배하고 있다고 믿는 영적인 세력들을 말한다. 그리스도는 부활하심으로써 모든 영적인 세력들을 물리치고 우주의 주권자가 되었다. 오직 승리자시며 주권자신 그리스도 안에만 하나님의 생명이 충만하게 거하고 있을 뿐, 패배자인 영적인 세력들에게는 어떠한 생명도 없다. 그럼으로써 9-10a절과 10b절은 1:15-20에 인용된 찬송가 내용을 역순으로 요약하고 있다. 즉 9-10a절은 그리스도 안에서 일어난 하나님의 화해 사건을 노래하는 1:18b-20을 요약하면서 독자들에게 적용하고,

---

219) P. Müller, *Anfänge der Paulusschule*, 121.

거꾸로 10b절은 그리스도의 우주적인 주권을 노래하는 1:15-18a를 요약한다.220) 그리스도 외에는 누구도 창조 세계의 주인이 될 수 없으며, 따라서 그리스도의 몸 안에 있는 성도들은 그리스도 외의 어떠한 영적인 존재도 두려워하지 않는다.

11절: 그리스도인들은 어떻게 그리스도 안에서 충만해지는가? 그들은 그리스도 안에서 세례를 받음으로써 충만을 체험한다. 그리스도인이 받은 세례가 **"손으로 하지 아니한 할례"**라는 표현으로 설명된다. 즉 그리스도인의 세례는 손으로 육체에 행한 유대교의 할례와는 근본적으로 다르다. **"손으로 행한"**은 대개 부정적인 차원을 말하기 위해서 사용하는 표현이다(막 14:58; 고후 5:1; 엡 2:11).221) 구약에서는 우상이나 이방의 신들을 말할 때 이 단어를 사용한다(레 26:1,30; 사 2:18; 16:12; 31:7; 46:6 등을 참조). 그것은 "하나님이 행하신" 것이 아니기 때문에 하나님의 뜻에 어긋나는 것이고,222) 사실상 전혀 의미가 없는 것을 말한다. 여기에는 육체에 행하는 할례와는 대조되는 "마음의 할례"를 말하는 구약과 바울의 견해가 반영되어 있다.(레 26:4; 신 10:16; 렘 4:4; 롬 2:29)223)

이어서 세례를 두 가지의 긍정적인 표현으로 설명한다. 세례는 **"육의 몸을 벗는 것"**이자, **"그리스도의 할례"**다. 할례는 신체의 일부를 제거한다는 점에서, 그리고 세례는 **"육의 몸을 벗는 것"**을 의미한다는 점에서, 할례는 세례의 본질적인 부분을 상징적으로 의미할 수 있다. "육의 몸"은 1:22가 말하는 십자가에 달린 예수의 몸도 아니고,224) 1:18a

---

220) Chr. Burger, *Schöpfung*, 87-91 참조.
221) 조경철, 「설교자를 위한 에베소서 주석」, 140.
222) 전경연, 232-233 참조.
223) 바울이 롬 2:29에서 율법에 따른 할례에 반대해서 "마음의 할례"를 말한다면, 골로새서는 기독교의 세례를 율법에 따른 유대교의 할례에 대조하지 않는다.
224) 브라이언, 242-243 참조.

가 말하는 우주 세계도 아니며, 그렇다고 교회를 말하지도 않는다. 오히려 2:13,18,23 등이 말하는 매우 부정적인 의미를 가진 표현이다. "벗다"로 번역된 그리스어(απεκδυσις)는 전치사 απο + 전치사 εκ + 명사 δυσις가 합성된 명사다. 떠나는 것이나 혹은 벗어나는 것을 의미하는 두 개의 전치사가 이중으로 사용된 이 단어는 결코 되돌아올 수 없는 상황, 과거와 현재의 철저한 분리를 강조한다.225) "벗다"는 3:9에서도 사용되는데, 이 두 구절을 함께 고려하면, "육의 몸을 벗다"는 3:9의 "옛 사람을 벗다"와 같은 의미다. 그러면 "육의 몸"은 그리스도인이 되기 이전의 사람, 세례를 받기 이전 사람의 존재와 삶을 전체적으로 표현한다. 그러므로 "육의 몸을 벗다"는 옛 사람을 벗어버리고 그리스도인으로 변화되는 사건, 곧 세례를 상징적으로 표현한 말이다.226) 그리스도인들은 세례를 받음으로써 죄와 죽음의 지배를 받았던 옛 사람을 완전하게 벗어버리기 때문에, 옛 사람으로 되돌아간다는 것은 결코 있을 수 없다. 육체의 한 부분에 손으로 행하는 유대교의 할례와는 달리, 기독교의 세례는 인간을 전인적(全人的)으로 새롭게 만드는 하나님의 새 창조 행위다.

　"그리스도의 할례"는 예수가 받은 육체의 할례(눅 2:21)를 의미하는 것이 아니라, 그리스도의 이름으로 받는 성도들의 할례 곧 기독교 세례를 말한다. 그러나 "그리스도의 할례"를 "그리스도의 죽음을 상징"하는 것으로 이해하려는 이들도 있다.227) 물론 세례가 그리스도와 함께 죽었다가 살아나는 것으로 해석되기도 하지만(롬 6:3-5), 세례가 그리스도의 죽음은 아니다. 세례는 인생의 주인을 교체하는 것을 의미하기에, "그리스도

---

225) J. Gnilka, 131.
226) P. Müller, *Anfänge der Paulusschule*, 121.
227) A. R. Bevere, *Sharing in the Inheritance*, 69. E. Lohmeyer, 109; Chr. Burger, *Schöpfung*, 94-95; J. Lähnemann, *Kolosserbrief*, 122; P. Müller, *Anfänge der Paulusschule*, 122 각주 174; 브라이언, 243; 전경연 234-237의 논의도 참조.

의 할례"는 그리스도의 이름으로 세례를 받음으로써 그리스도의 죽음으로 일어난 구원에 참여하며, 그래서 그리스도가 세례받은 사람의 주인이 됨을 의미한다.[228] 그리스도의 이름으로 세례를 받은 사람은 그 이후부터는 그리스도를 주인으로 섬기게 된다.

그리스도가 그의 전인적인 죽음을 통하여 인간을 향한 하나님의 새 창조(화해)를 이루었다면, 그리스도인들은 그리스도의 이름으로 세례를 받음으로써 그리스도가 이룩한 전인적인 새 창조에 참여한다. 결국 그리스도인이 받는 세례는 죄의 용서와 주인의 교체를 의미한다. 죄를 담보로 인간을 억압하던 모든 거짓 주인들의 사슬을 끊고, 오로지 그리스도만이 인생의 진정한 주인 되심을 공개적으로 고백하고 선포하는 것이 바로 세례다. 그러므로 그리스도의 죽음과 부활에 연합하여 받은 세례는 하나님의 백성이 되었다는 표식이다.[229]

11절에 나오는 "너희는 할례를 받았다"는 표현은 신약성서 문헌들 안에서 유일하다. "손으로 하지 아니한"이라는 말이 덧붙여지기는 하지만, 기독교 세례를 할례와 동일시하고 있는 것은 비슷한 사례를 찾기 어렵다. 바울은 "육체의 할례"와 "마음의 할례"를 대조하기는 하지만(롬 2:28-29; 참조 고전 7:19; 빌 3:3; 엡 2:11), 할례와 세례를 비교하지는 않는다. 왜 저자는 이 구절에서 성도들이 "손으로 행하지 아니한 할례를 받았다"고 말하는가? 여기서 우리는 다시 거짓 교사들에 맞서는 저자의 입장을 보게 된다. 아마도 거짓 교사들은 그들의 가르침을 따르는 사람들에게 "손으로" 할례를 베풀어서, 그들의 가르침을 따르지 않는 사람들과 구분하였을 것이다. 그들은 자기들의 무리에 가입하는 표시로 손으로 행한 할례를 시행했던 것 같다.[230] 그러나 거짓 교사들이 손으로 행한 할

---

228) J. Gnilka, 132 각주 70; P. Pokorny, 105.
229) A. R. Bevere, *Sharing in the Inheritance*, 70 등 여러 곳.
230) J. Gnilka, E. Lohse, E. Lohmeyer, M. Dibelius 등의 주석서들과 P. Müller,

례는 유대교의 할례와는 다른 것이었다. 유대교에서는 할례받는 사람들에게 반드시 율법을 지킬 의무를 부여하지만, 골로새서에서 유대교의 율법은 거의 문제가 되지 않고 있기 때문이다.[231]

12절: 12-13절은 골로새서가 말하는 핵심적인 메시지가 응축되어 있는 구절이다.[232] 그것은 그리스도의 죽음과 부활에 참여함으로써 성도들이 구원을 이미 지금 확실하게 받았다는 것이다. 본문은 이를 위하여 바울의 다른 서신들에도 나오는 표현들을 그 나름대로 수정하여 사용한다.[233] 특히 12절은 로마서 4:24와 6:3-9를, 13절은 갈라디아서 1:1; 로마서 6:11; 8:32를 종합하고 있다는 인상을 준다. 로마서 구절들은 예수 그리스도의 죽음과 장사, 부활을 밀접하게 연결시키며[234] 또 세례를 받은 사람과 그리스도 사이의 "함께"를 매우 강조한다. 세례받는 사람은 그리스도와 함께 죽고, 함께 살아나는 운명을 같이 한다.[235] 그리스도에게 일어난 일은 세례받는 사람에게도 일어난다. 더 정확하게 말하면, 예수 그리스도는 "우리를 위하여" 곧 우리를 대신하여 죽으셔서 우리의 죄를 용서하시고, 우리를 위하여 부활하셔서 우리의 생명의 희망을 세우셨는데, "우리는" 그리스도의 이름으로 세례를 받음으로써 그리스도의 죽음과 부활을 통하여 일어난 용서와 구원에 참여한다. 바울은 로마서 6장에서 한편으로는 세례를 받음으로써 그리스도인은 이미 지금 여기서

Anfänge der Paulusschule, 122는 모두 그런 추측에 동의한다. 그러나 E. Schweizer, P. Pokorny, 전경연 등은 회의적이다.

231) A. R. Bevere, *Sharing in the Inheritance*는 다른 의견이다.
232) P. Pokorny, 19-22 참조. Pokorny는 수사학적인 분석을 통해서 2:12-13이 서신 전체의 중심임을 밝혀낸다. 특히 그의 주석서 20쪽의 도표를 참조.
233) P. Pokorny, 106-112; E. P. Sanders, "Literary Dependance in Colossians", 40-41; A. Standhartinger, *Studien zur Entstehungsgeschichte*, 138 이하는 바울 서신들에 대한 문헌적인 의존을 부정하고 구전적인 영향을 말한다.
234) 살전 4:14; 롬 8:34; 14:9 등은 장사를 말하지 않고, 죽음과 부활을 결합시켜서 말한다. 특히 고전 15:3b-5는 예수 그리스도의 죽음, 장사, 부활을 결합해서 말한다.
235) 고전 15:29; 벧전 3:18-20; 엡 5:14 등도 참조.

새로운 사람이 되었고, 또 그 새사람에 부응하는 삶을 살아야 하는 의무를 가지고 있다고 강조하며(6:4.6.11.13; 7:4b; 고후 5:15; 갈 2:20도 참조), 다른 한편으로는 세례받은 사람들의 구원을 미래적인 확실한 희망이라고 말한다(6:5.8; 10:9). 미래의 구원을 향한 종말론적인 희망은 새사람에 부응하는 현재적인 삶의 추동력이다.

로마서 6장과 골로새서의 이 구절을 비교하면, 로마서와는 달리 여기서는 종말론적인 유보가 없어졌다. 로마서 6:4에 의하면, 세례를 받은 사람은 그리스도와 함께 이미 죽어서 장사되었다. 그러나 그와 함께 할 부활은 미래의 것으로 남겨져 있다(롬 6:5.8). 반면에 골로새서의 이 구절에서는 세례를 받은 그리스도인들은 이미 그리스도와 **"함께 일으킴을 받았다"**(13절; 엡 2:5-6도 참조). 로마서의 희망이 골로새서에서는 이미 현실이 되었다.236) 이처럼 골로새서가 구원의 미래보다는 현재를 강조하는 것은, 한편으로는 앞에서 인용한 초대 교회의 찬송가 신학의 영향을 받은 것이고, 다른 한편으로는 거짓 교사들과의 논쟁이 중요한 역할을 했다.237) 거짓 교사들은 영적인 존재들이 하나님과 인간 사이의 중간에서 인간의 운명을 지배하며 구원을 방해할 수 있기 때문에, 그 영적인 존재들을 숭배해야 한다고 가르쳤다. 이로 인해 그리스도 안에서 받게 될 구원의 확실성이 불확실성으로 변질되고, 성도들이 그러한 영적인 존재들을 두려워하는 상황에 처하게 되었다. 서신은 그러한 불확실성과 두려움을 제거하기 위하여 성도들이 그리스도의 이름으로 세례를 받음으로써

---

236) 이에 대해서는 P. Müller, *Anfänge der Paulusschule*, 68.87ff. 등을 보라. 물론 E. Percy, *Probleme*, 110은 로마서 6장의 미래형을 논리적인 미래로 보려고 하지만, 그러면 바울에게 독특한 "이미-아직 아님" 사이의 변증이 사라지게 된다. 전경연, 240-241; 브라이언, 247-248도 바울과의 차이를 이어보려고 시도한다.

237) 그에 반해서 바울은 로마서 6장에서 은혜를 강조함으로써 도덕적인 요청을 무시했다며 그의 은혜론을 비난하는 사람들에 맞서서, 미래적인 부활과 "새생명 가운데 행하는 것"을 연결해서 말한다(롬 6:4-5). 따라서 로마서와 골로새서는 세례 신학을 말하는 구체적인 동기와 배경이 각각 다르다. J. Gnilka, 135.

죄의 용서뿐만 아니라 종말론적인 부활까지도 이미 현재 확실하게 참여하였다고 말한다.[238] 이러한 구원의 확실성을 말하기 위해서는 부활을 이미 일어난 것으로, 그러므로 부정 과거형으로 표현하는 것 외에 다른 길이 없었다. 그리스도 안에서 이미 일어난 구원의 확실성은 영적인 존재들에 대한 두려움을 극복할 수 있는 유일한 길이었다. 물론 골로새서가 미래적인 구원을 전혀 언급하지 않은 것은 결코 아니다.(3:4, 24)

그러나 골로새서가 현재적으로 말하는 구원은 모든 사람이 볼 수 있는 객관적인 차원의 구원이 아니다. 만일 그런 객관적인 구원의 현재를 말한다면, 그것은 디모데후서 2:18이 책망하는 거짓 교사들의 주장에 불과할 것이다. 골로새서가 말하는 구원의 현재는 **"믿음으로 말미암아"**라는 말과 함께 이해해야 한다. 현재의 구원은 모든 사람이 볼 수 있는 객관적인 것이 아니라, 오로지 **"믿음으로"**만 볼 수 있는 것이다. 물론 우리가 생명을 객관적인 차원으로 말할 수 있다면, 그것은 "감추어진 것"으로써만 말할 수 있다(3:3). 그러므로 골로새서가 구원의 현재성을 특별히 강조하고 있기는 하지만, "믿음으로 말미암아"라는 통제 장치를 통해서 열광주의로 흘러가지 않게 하고 있다.

본문을 잘 살피면, 예수 그리스도의 죽음을 말하지 않고 그의 장사만을 말하고 있는 것을 보게 된다. 장사는 죽음의 확증이다(고전 15:4). 세례받는 사람이 물속에 잠기는 것을 상징적으로 말하는 **"함께 장사 됨"**은 예수 그리스도의 죽음에 참여하는 것을 말한다. 그리스도인들은 세례를 받음으로써 그리스도의 죽음에 참여하여 이미 "장사된" 사람들이다. 장사된 옛 사람, 곧 "육의 몸"(11절)은 다시 살아날 수 없다. 옛 사람은 이제 새사람으로만 다시 살아날 수 있다. 물속에서 나오는 것이 상징하는 바는 그리스도와 **"함께 일으킴을 받음"**이다. **"그 안에서"**는 그리스도를

---

238) P. Müller, *Anfänge der Paulusschule*, 70.

말한다고 하는 학자들도 있으나,[239] 세례와 연결시켜 해석하는 것이 더 적절해 보인다.[240] 물론 어디로 연결하든 그 의미는 크게 달라지지 않는다.[241] 그리스도인들은 하나님의 **"역사"**, 곧 힘의 작용에 대한 분명한 믿음을 고백한다. 그 하나님은 **"죽은 자들 가운데서 그(예수 그리스도)를 일으키신"** 능력의 하나님이다. 하나님을 향한 이러한 비슷한 고백은 데살로니가전서 1:10; 고린도후서 1:9; 4:14; 로마서 4:24; 8:11 등에서도 찾을 수 있다(엡 1:19-20 참조). 하나님의 능력이 가장 분명하게 나타난 사건은 예수 그리스도를 죽음에서 일으키신 부활이다.

13절: "너희"가 주어로 나오는 10a.11-12절과는 달리, 13-15절은 하나님이 주어다. 그러나 강조점은 하나님의 구원 행동의 대상인 "너희"에 있다. 이는 1:21과 마찬가지로 문장이 "그리고 너희를"(και υμας)로 시작한다는 점에서 드러난다. 너희 혹은 우리의 구원을 위해서 하나님은 "그들을(통치자들과 권세들을)" 패배시켰다. 그리스도인들이 세례에서 경험한 구원은, 하나님이 그리스도 안에서 통치자들과 권세들을 무력화시켜서 그들의 지배로부터 우리를 해방시키신 것이다.

12절이 "함께 장사 됨-함께 일으켜짐"을 대조하고, 13절은 "죽음-함께 살리심"을 대조한다면, 이 두 구절은 죽음을 두 가지 상이한 차원에서 말하고 있다. 12절은 세례를 그리스도와 함께 장사되는 것이라고 함으로써 성례전적인 죽음을 말한다. 반면에 13절은 1:21처럼 기독교인이 되기 이전의 상태를 죽은 것으로 말한다.[242] 13절은 세례받기 이전의 상태, 곧 죄 안에서 죽어 있던 인간의 본질을 말한다. **"범죄와 육체의**

---

239) E. Lohse, 156 각주 4; 브라이언, 245-246; 전경연, 238 이하.
240) J. Gnilka, 134-135; P. Müller, *Anfänge der Paulusschule*, 68.122.
241) Chr. Burger, *Schöpfung*, 96 참조.
242) Chr. Burger, *Schöpfung*, 97-102 참조.

무할례"는 11절의 "육의 몸"과 마찬가지로 죽어 있는 옛 사람의 본질을 말한다. 이처럼 죽은 인간들이 그리스도의 이름으로 받는 세례는 그들의 죽음의 상태를 인식하고, 확인하고, 고백하는 또 다른 차원의 죽음이다. 그리스도의 죽음을 통해서, 그리고 그리스도의 죽음에 믿음으로 참여하는 성례전적인 죽음(세례)을 통해서 인간의 본질인 죽음은 극복되고 생명의 영역으로 옮겨진다. 그리스도를 만나기 이전에는 죽음에 빠져 있는 자신의 본질을 몰랐던 인간들이 그리스도의 죽음과 연합하는 세례를 받음으로써, 그들의 죽은 상태를 비로소 알게 된다. 성례전적인 죽음 속에서 그리스도인들은 실존적인 죽음을 깨닫는다. 그리고 비로소 그리스도와 함께 새로운 생명으로 살아난다.

여기서 복수형으로 된 **"범죄"**는 도덕적인 차원과 신학적인 차원을 구분하지 않고 포괄적인 의미에서 하나님과 예수 그리스도를 모르는 인간의 왜곡된 존재와 삶을 전체적으로, 또 구체적으로 규정하는 개념이다. 어떤 차원이든 인간이 죄 가운데 있다는 것은 죽어 있다는 표현이고, 그 죽어 있음은 3:5.8에 나열된 악행들로 나타나며(롬 1:18-32도 참조), 3:9에서는 "옛 사람"이라고 한다. 그러므로 여기서 말하는 죽음은 영적인 죽음 곧 하나님과의 관계가 단절된 상태와 그로 인한 윤리적인 타락을 말한다. **"육체의 무할례"**는 원래 유대인들이 이방인을 부정적으로 일컫는 표현이었다. 골로새 성도들은 하나님의 백성이라는 표시로 육체에 할례를 받았던 유대인들과 구분되는 이방인들이었다. 그러나 이 구절에서 이 말은 유대인을 높이고 이방인을 낮게 보기 위한 것이 아니라, 세례받기 이전의 상태를 일컫는 일반적인 표현이다. 세례받기 이전의 사람들은 하나님과의 관계가 단절된, 그리고 죄의 세력을 섬기는 사람들로서 영적인 죽음의 상태에 있다. 그런 죽음에서 생명으로 살려 내신 분이 하나님이다. 무에서 유를 창조하신 하나님은 죽음에서 생명을 창조하셨다. 태초에 그리스도를 통하여, 그리스도와 함께 세상을 창조하신 하나님이(1:15-16), 종말에는 그리스도 안에서 그리고 그리스도와 함께 죽은 자들을 생명으로 살리셨다.

"살리셨다"는 과거형 표현은 12절에서도 말한 바와 같이 구원의 확실성과 완전성을 말한다. 2인칭 복수형 **"너희"**를 말하다가 저자는 갑자기 다시 1인칭 복수형 **"우리"**를 말한다. "너희"가 주로 이방인들로 구성된 골로새 성도들을 말한다면, "우리"는 유대인과 이방인, 저자와 독자의 구분 없이 하나님의 용서를 함께 받은 모든 그리스도인의 연대성을 강조하는 표현이다. "너희"에 그리스도인이 되기 이전의 상태까지 포함하려는 의도가 담겨 있다면, "우리"에는 그리스도 안에서 죄의 용서를 경험하고 함께 그리스도인이 된 기독교적인 연대성이 담겨져 있다. 그리스도의 이름으로 세례를 받을 때 물 속에 들어갔다가 다시 일으킴을 받는 행위는 그리스도와 **"함께 살리심"**을 상징하는데, 이는 곧 죄의 용서를 의미한다. 그리스도의 이름으로 세례를 받음으로써 곧 **"모든 죄에서 사함"**을 받음으로써 그리스도인들은 죄를 도구 삼아 인간을 지배하고 조종하였던 악한 세력들의 억압으로부터 해방되었다. 결국 "우리" 모든 그리스도인은 죽었던 과거의 존재로부터 함께 살림을 받아서 변화된 새사람이 되었다. (3:10)

14절: 분사 구문으로 13절과 연결되는 14, 15절은 13절과 같은 주어 곧 "하나님"께서 "너희를 살리시고", "우리의 모든 죄를 사하신" 방식과 과정을 설명한다. 이러한 하나님의 구원 행동을 설명하는 14-15절에는 바울의 다른 서신들에서는 전혀 사용하지 않은 단어들이 6개나 연속해서 나오고,[243] 또 4개의 분사 구문이 이어진다는[244] 점에서 독특하다.

---

243) ἐξαλείψας χειρόγραφον ὑπεναντίον προσηλώσας ἀπεκδυσάμενος ἐδειγμάτισεν
244) 13c절의 분사 구문까지 포함하면 5개가 연속된다.

이에 14-15절에서 서신의 저자가 초대 교회의 또 다른 전승을 인용하고 있다고 추측하는 학자들도 있다.[245]

"우리를 거스르는, 우리를 불리하게 하는 쓴 증서"를 하나님이 지우개로 지워버렸다. **"쓴 증서"**로 번역된 그리스어 단어(χειρογραφον)를 직역하면 "손으로 쓴 것"이다. 채무자가 빚을 지면서 자신의 손을 직접 쓴 증서를 말한다. 14절에는 – 우리말 번역 성서에는 분명히 드러나 있지 않지만 – "손으로 쓴 증서"가 한 번은 관계대명사(ὅ)로, 두 번은 지시대명사(αυτο)로 받아서 사용되는 등 총 4번이나 반복되고 있다. 13c절이나 "우리를 거스르고 불리하게 하는" 등의 표현과 연결해서 볼 때, "쓴 증서"는 우리의 죄를 고발하는 증서다. **"법조문"**으로 번역된 그리스어 τοις δογμασιν은 문법적으로 적절하지 않다고 여겨서 삭제해 버리는 사본도 있다. "쓴 증서"가 "법조문" 형식으로 되어 있다는 뜻이다. δογματα는 고대 세계의 철학적인 교리 문장들이나 혹은 황제의 포고문이나 칙령을 의미할 수 있다.[246] 황제가 칙령을 발하면, 그것을 판에 새겨서 공개하기 위하여 그 판을 내다 걸었다. "못 박았다"는 표현도 이러한 관행과 연관되어 있을 수 있다.[247] 그러므로 우리를 거슬러 고발하는 증서는 순종을 요구하는 어떤 법적인 규정이나 조항에 의거해서 손으로 쓴 증서를 말한다.[248] 그러나 구체적으

---

245) 이 단락에는 저자가 인용하고 있는 다양한 전승들이 있다. 그래서 어떤 학자들은 여기서 또 다른 노래 전승이 인용되고 있다고 주장하기도 하며 다양한 재구성 논의를 한다 (E. Lohmeyer, 100-102; E. Lohse, 159-160). 그러나 이에 대한 비판적인 시각도 많다. P. Pokorny, 114-115; E. Schweizer, 105-106; J. Gnilka, 119-121; J. Ernst, 206; M. Wolter, 135-138; R. Deichgräber, *Gotteshymnus und Christushymnus*, 167-169 등을 참조. 분사 구문의 반복, "너희"와 "우리"의 교체 사용, 오직 이곳에만 사용되는 많은 용어들 등이 여기에 노랫말 전승이 사용되고 있다는 주장을 가능하게 한다. 그러나 여기서 저자가 초대 교회의 전승, 특히 세례에 관한 전승들을 활용했다고 추정할 수 있다. P. Müller, *Anfänge der Paulusschule*, 125-126; Chr. Burger, *Schöpfung*, 79ff. 103-114; A. Standhartinger, *Studien zur Entstehungsgeschichte*, 212-216도 참조.

246) G. Kittel, Art. δογμα κτλ. ThWNT II, 234.

247) A. Standhartinger, *Studien zur Entstehungsgeschichte*, 214.

248) 전경연, 246-248의 논의를 참조.

로 어떤 법 조항이나 규정을 말하는 것인지는 알 수 없다. 에베소서 2:14-15에 의하면, 이는 모세의 율법에 들어 있는 계명들로 인간과 하나님, 유대인과 이방인 사이를 가로막아 원수지게 하는 장벽을 말한다. 그리스도는 십자가에서 그 계명들을 제거하심으로써 "우리의 평화가 되셨다." 에베소서의 이러한 해석이 이 구절을 해석하는 데 도움을 줄 수 있다.[249] 갈라디아서 3:24-25와 로마서 3:21-31 등을 참고하면, 유대교의 율법은 하나님 앞에서 인간을 고발하는 역할을 한다. 그러나 바울은 어디에서도 율법의 규정들을 말하기 위하여 δογματα를 사용하지 않고, 오히려 εντολη(계명)를 사용한다. 또한 골로새서는 어디에서도 율법으로 야기된 유대인과 이방인 사이의 갈등이나 싸움을 말하지 않으며, 더구나 율법이라는 말 자체를 사용하지 않는다. 신약성서에서 δογματα가 사용될 때는, 모세 율법의 조항들을 말하지 않고, 권력자들의 지시를 말한다(눅 2:1; 행 16:4; 17:7). 유일한 예외가 에베소서 2:14이지만, 에베소서 저자는 골로새서의 영향을 받은 것이 분명하다. 그래서 이곳의 "법조문"은 모세의 율법 규정이라기보다는 골로새에 나타난 거짓 교사들이 성도들에게 의무적으로 강요했던 금욕적인 규정들(2:16-23)이라는 주장이 더 설득력 있어 보인다.[250] 2:20에 동일한 어원의 동사("규례에 순종하다")가 거짓 교사들이 가르치는 규례를 의미한다는 사실이 그것을 뒷받침한다. 물론 위의 할례에 대한 언급이 말해 주듯이, 그들의 규례는 모세의 율법에 대한 일정한 내용도 포함되어 있는 혼합주의적인 것이었다.[251] 거짓 교사들은, 그들이 가르치는 여러 가지 규정들을 지키지 않으면 하나님 앞에서 죄를 쌓는 것이고, 그 죄들은 고발하는 증서에 기록된다고 주장했던 것 같다.

---

249) M. Dibelius-H. Greeven; Chr, Burger, *Schöpfung*, 110-111.
250) P. Pokorny, 116. A. R. Bevere, *Sharing in the Inheritance*, 139-142는 너무 일방적으로 유대교의 율법을 보려고 한다.
251) P. Müller, *Anfängen der Paulusschule*, 124.

서신의 저자는 여기서 그들의 터무니없는 말을 사용하면서, 비록 그럴지라도 하나님은 그 증서를 없애버리신다고 말함으로써 골로새 성도들을 안심시키려고 하는 것 같다.

고발 증서를 제거하는 작업은, 예수 그리스도의 십자가에서 그 증서를 **"제거하는"** 것이었다. **"지우다"**와 **"제하다"**는 다른 단어지만 동일한 사건을 말한다. 동일한 사건을 말하기 위해 다른 두 개의 동사를 사용함으로써, 얼마나 철저하게 증서를 지우고 제거하였는지를 강조한다. 하나님이 그 증서를 지우고 제거하신 방식은 그것을 **"십자가에 못 박아서"** **"중간에서"**[252) 없애버리는 것이다. 죄를 고발하는 증서가 하나님과 인간, 인간과 인간 사이의 중간을 가로막고 서 있었는데, 하나님께서 그 중간에 가로막고 있는 증서를 없애버림으로써 인간이 하나님과 화해하고 하나님께 갈 수 있는 길을 열어 놓으셨고, 인간 상호간에 화해와 평화가 가능하도록 하셨다. 그러므로 거짓 교사들이 주장하는 것처럼, 영적인 존재들이 더 이상 하나님과 인간 사이에서 인간의 운명을 결정할 수 없다. **"못질하다"**를 뜻하는 동사는 신약성서에서 오직 이곳에서 한 번 사용되는데, 못을 박아서 단단히 붙들어 맨다는 뜻이다. 십자가에 못 박히신 분은 예수 그리스도인데, 여기서는 증서를 못 박았다고 한다. 그럼으로써 십자가 사건의 효과를 말한다. 예수의 몸이 십자가에 매달릴 때, 우리를 고발하는 죄의 증서가 함께 매달렸다. 즉 그의 십자가 죽음은, 우리를 고발하는 죄의 증서를 폐기하는 결과를 낳았다. 예수의 손과 발에 못질하는 소리는 우리의 죄와 그 죄를 고발하는 문서를 못질하는 소리였고, 예수가 흘린 피는 고발 문서를 제거하고 우리의 죄를 용서하는 피였다. 골로새서에서도 예수의 십자가 죽음은 인간의 죄를 용서하기 위한 대속적인 죽음이다(고전 15:3; 갈 3:13; 고후 5:21 등). 황제의 칙령이 판

---

252) 우리말 개역성서 본문에는 이 표현이 번역되지 않고 있다.

에 기록되어 공개적으로 내걸림으로써 효력을 발생하였듯이, 하나님은 십자가에 우리의 죄를 고발하는 증서를 내걸어서 그 증서의 효력이 끝났음을 만천하에 선언하셨다.

15절: 14절에 이어서 하나님의 구원 행동을 계속해서 설명하지만, 한편으로는 14절이 말한 하나님의 구원 행동에서 나타난 결과를 세 가지 동사를 사용해서 말한다.

첫째, 하나님은 **"통치자들과 권세들을 무력화하셨다."** **"무력화하다"**로 번역된 그리스어는 무장 해제시키거나 혹은 옷을 벗겨버린다는 뜻이다.[253] "옷"이란 명예와 권력의 상징이다. 옷을 벗긴다는 것은 그런 명예와 힘을 빼앗아 버린다는 뜻이다. 그래서 요즘도 누군가를 그 자리에서 퇴직시킬 때 옷을 벗긴다는 말을 쓰고 있다. 10절과는 달리 복수형으로 된[254] **"통치자들과 권세들"**은 분명히 부정적인 의미, 곧 하나님에 맞서서 인간을 악하게 지배하는 세력을 의미한다. 반면에 1:16에서는 동일한 표현이 하나님의 피조물로서 어떠한 부정적인 평가도 없이 사용되었다. 이는 골로새서의 저자가 영적인 세력들에 대한 일관적이고 조직적인 견해를 갖지 않고 있다는 증거거나 혹은 1:16은 전승에서 온 것이고, 2:10.15는 전승적인 용어나 혹은 거짓 교사들이 사용하는 용어를 저자 나름대로 해석하고 있다는 증거다. 악한 영적인 세력들을 무력화한다는 말은, 그들이 인간들에게 시행하던 죄와 죽음의 권세를 폐기해 버린다는

---

253) 그런데 여기서 "옷을 벗기다"는 동사가 중간태형으로 되어 있다(απεκδυσαμενος). 물론 그리스어에서 중간태는 능동의 의미로 번역할 수 있다. 능동으로 번역하면, 주어는 위의 사역처럼, 하나님이다. 그러나 중간태 그 자체로 읽을 때 주어는 그리스도가 된다. 그러면 그리스도는 스스로 옷을 벗음으로써 자신의 신적인 정체를 분명히 드러냈다는 뜻이다. 이런 해석은 자신의 옷을 벗어서 자신을 밝힌다는 영지주의적인 신화를 배경으로 본문을 이해하려는 것이다. A. Standhartinger, *Studien zur Entstehungsgeschichte*, 215 참조. 그러나 14~15절의 주어는 하나님으로 보아야 한다.
254) 그러나 2:10에서는 "모든"이라는 수식어가 복수형의 의미를 대신하고 있다.

뜻이다. 그들이 인간에 대해서 가지고 있던 주권자의 옷을 벗겨 버리고 그 자리에서 쫓아내 버리는 것이다. 고린도전서 15:55-57에서 바울은 죽음의 세력이 사용하는 무기는 죄며, 죄는 다시 율법의 힘을 활용한다고 말하면서, 하나님은 그리스도의 십자가 죽음과 부활에서 그 죽음의 세력을 극복하고 이기는 승리를 성도들에게 주셨다고 장엄하게 선언한 바 있다. 하나님은 그리스도의 십자가와 부활에서 죽음의 세력을 무장해제시켰다. 그러므로 성도들은 더 이상 죽음을 두려워할 필요가 없다 (롬 8:31-39도 참조). 골로새서는 이러한 바울의 확신을 거짓 교사들의 주장에 맞서서 제기한다. 거짓 교사들은 인간의 운명을 지배하고 있는 영적인 세력들이 있다고 주장하며 골로새 성도들로 하여금 그 세력들을 섬기도록 유혹했지만, 저자는 그에 맞서서 이미 그 세력들은 그리스도의 십자가와 부활을 통해 극복된 것들로써 더 이상 그리스도인들에 대하여 어떠한 힘도 가지지 못하기 때문에 두려워하거나 숭배할 필요가 없다고 가르친다.

둘째, 하나님께서는 그러한 악한 영적인 세력들을 공개적으로 **"드러내어 구경거리로 삼으셨다."** 이는 승리의 표시다. 누가 승자고, 누가 패자인지를 **"드러내어"** 곧 공개적으로, 모든 사람이 볼 수 있게 했다. 승자이신 하나님은 패자들을 저자거리에 내다 걸어서 모든 사람이 구경하게 하셨다. 이는 마치 과거에 중한 죄인을 처형해서 그 수급을 거리에 내다 걸어서 시신까지도 부끄럽게 만들었던 것을 상기하게 한다. 인간을 향한 최종적인 권한을 가지고 있지도 못하면서 마치 가지고 있는 것처럼 스스로와 인간을 속인 그 악한 세력들의 본질이 만천하에 드러나게 된 것이다. 그것은 그런 세력들을 추종하고, 숭배하며, 성도들로 하여금 숭배하도록 유혹한 거짓 교사들의 수치기도 하다.

셋째, 하나님은 그 안에서 이기셨다. 하나님의 이러한 구원 행동은

"그 안에서" 곧 14절이 말한 그리스도의 십자가 안에서 일어났다. **"이기셨다"**로 번역된 그리스어 단어는 "승리의 행진을 하였다"는 뜻이다. "그 안에서"는 그리스도의 십자가와 부활 그리고 승천을 포괄적으로 의미한다.[255] 마치 전쟁에서 승리를 거둔 로마 장군이 패자들을 전쟁포로로 붙잡아 끌고 개선하는 행진을 상기시킨다. 악한 영적인 세력들은 그리스도를 십자가에 못 박아서 구경거리로 삼았지만, 하나님은 그리스도를 죽은 자들 가운데서 부활시킴으로써(2:12) 도리어 그들을 저자거리의 구경거리로 만들어 버렸다. 바울은 고린도후서 2:14에서 자신의 선교 여정을 주님의 권능을 드러내는 승리의 행군이라고 말한 바 있다. 15절에서 우리는 그리스도가 왜, 어떻게 우주 만물의 머리가 되셨는지를 분명히 알게 된다.(1:18b)

♦ 설교를 위한 메시지 요약

앞에서도 여러 차례 언급했지만, 이 단락은 저자가 모든 수신자들과 함께 고백하고 확인하고 싶은 가장 핵심적인 신앙 내용을 담고 있다. 그러한 저자의 신학 배경과 출발점은 1:15-20에서 인용한 초대 교회의 찬송가 신학이며, 동기는 거짓 교사들의 유혹이었다. 찬송가 신학의 핵심이 창조의 주님 그리스도, 구원의 주님 그리스도였다면, 이 그리스도 신앙을 부정하거나 왜곡하려는 사람들로 인하여 저자는 그리스도의 승리와 주권 그리고 그의 이름으로 세례를 받은 사람에게 이미 일어난 존재의 변화와 그에 합당한 삶을 말하였다.

---

255) 우리말 개역성서는 **"그 안에서"**를 번역하지 않고, 그 대신에 **"십자가로"**를 말한다. 이는 14절과 과거 학자들의 해석에 근거한 것이다(Calvin, Abbott, Haupt 등). 그러나 근래에 들어서 거의 모든 학자들은 이를 예수 그리스도와 연결한다.(Schweizer, Gnilka, Ernst, Lohse, Dibelius-Greeven, Lohmeyer, Pokorny 등)

1. 예수 그리스도는 하나님의 신성이 충만하게 거하신 유일한 존재다 (9절). 이미 찬송가 신학을 논하는 맥락에서 말한 바와 같이, 하나님은 예수 안에 온전하게 거하시면서 세상을 창조하셨고, 세상을 구원하셨다. 이 단락은, 하나님께서 예수 안에서 세상을 어떻게 구원하셨는지를 말한다. 우리 인간을 고발하는 모든 죄의 문서들을 예수의 십자가에 못 박아 폐기처분하심으로써, 하나님은 그 죄를 가지고 인간을 위협하고 조종하던 모든 악한 영적인 존재들의 실체를 만천하에 공개하면서 무력화시키셨다(14-15절). 그러므로 인간의 주인은 오직 한 분, 예수 그리스도뿐이다. 그 외의 어떠한 영적인 존재도 인간의 주인일 수 없고, 그러므로 인간은 예수 그리스도 외에 그 어떤 존재에게도 예배드릴 필요가 없다. 오직 예수 그리스도(solus Christus)! 이 변함없는 복음의 원리가 골로새서에서는 우주적이고 영적인 세력들을 배경으로 고백되고, 찬양된다.

2. 이 단락은 단순히 오직 예수 그리스도!만을 말하는 것으로 끝나지 않고, 그 예수 그리스도와 성도들 사이의 영적인 결합을 말한다는 데 보다 중요한 포인트가 있다. 12-13절에 반복되는 "함께"를 생각해 보라 (3:1-4에서도 "함께"는 반복된다). 그러한 영적인 결합은 세례를 통하여 맺어진다. 예수 그리스도의 이름으로 세례를 받는다는 것은, 예수 그리스도의 죽음과 부활에 참여하는 것이다. 예수 그리스도의 죽음과 부활을 통하여 실현된 새로운 현실은, 그리스도인이 앞으로 참여하게 될 것이라는 희망에 그치는 것이 아니라, 이미 지금 여기서 참여한 현실이 되었다 (11-13절). 그리스도의 승리에 참여함으로써 그리스도인은 이미 새사람이 되었다(10절. 3:10). 그리스도인은 예수 그리스도의 이름으로 세례를 받음으로써 옛 세계관, 즉 영적인 세력들을 숭배하는 낡고 억압적인 세계관을 벗어던지고, 오직 예수 그리스도만을 주님으로 섬기고 예배하는 새로

운 세계에 속하게 되었다.

3. 그러므로 그리스도인은 낡은 세계관으로부터는 완전하게 자유하게 되었다. 이제 더 이상 운명론의 억압 속에서 살 필요가 없다. 요즘도 그리스도 밖에 사는 사람들은 사주팔자, 명당, 택일, 점술 등에 매인 노예적인 삶을 살고 있다. 과거 골로새 교회에 나타난 거짓 교사들도 그런 것들을 존중하고 예배할 것을 가르쳤다. 그러나 서신의 저자는 그리스도의 죽음과 부활과 연합하여 이미 지금 새사람이 된 그리스도인들은 그런 것들에 매여 산다는 것 자체가 불가능한 것임을 가르친다(8절). 그리스도인은 그 모든 것으로부터 해방된 그리스도의 자유를 누리면서 오직 감사함으로 산다(6-7절). 15절이 분명하게 말하듯이, 그리스도에게 패배를 당해 모든 사람들의 구경거리가 된 악한 영적인 세력들을 다시 두려워하고 섬긴다는 것은 어리석기 짝에 없는 일이다.

4. 골로새 성도들은 이미 그런 믿음의 진리에 대해서 교육을 받았다 (7절). 그런데 왜 그들 중에서 일부가 이단자들의 유혹에 귀를 기울였을까? 배운 바 구원에 확신하지 못했기 때문이다. 예나 지금이나 구원의 확실성이 의심되거나 결여될 때, 이단자들이 틈탄다. 우리는 얼마 전 시한부 종말론자들의 유혹에 넘어가서 큰 곤욕을 치른 많은 성도들이 있음을 알고 있으며, 지금도 많은 이단들이 성도들을 유혹하고 있다. 그 유혹의 틈새가 바로 구원의 불확실성이다. 예수 믿고 그의 이름으로 세례를 받았으면, 우리는 그리스도와 함께 죽었다가 다시 살아난, 이미 구원의 반열에 서 있는 새사람들임을 추호도 의심할 필요가 없다. 다만 그렇게 변화된 새사람, 확신한 구원에 합당한 삶을 살아가도록 최선의 노력을 다 하는 것만이 그리스도인들에게 남겨진 과제다. 그러나 이러한 과

제를 수행함에 있어서도 억지로 하는 것이 아니라, 구원받은 감격에 넘쳐서 감사함으로 한다.(7절)

5. 진리는 교리 수호라는 교회 정치적인 운동으로써가 아니라, 믿음의 고백을 삶으로 실천하는 것으로써 지켜야 한다(6절). 사실 진리는 지키는 것이 아니라, 사는 것이다. 우리 교회의 역사에서 일어나고 있는 소위 정통, 보수, 진보, 자유 그리고 이단 정죄에 이르는 교리적인 싸움은 진리를 수호하는 적절한 길이 아니라, 단지 인간의 교리적인 이데올로기를 지키고 확산하려는 것에 불과하다. 진정한 진리는 항상 실천적인 삶으로만 나타나야 한다.

8.2 2:16-23 거짓 교리에 속지 말라!

◆ 본문 사역

16 그러므로 어느 누구도 먹는 것과 마시는 것에서 혹은 축제일이나 혹은 월초(月初) 혹은 안식일과 관련해서 여러분을 판정하게 하지 마십시오. 17 그것들은 장래 일들의 그림자입니다. 그러나 몸은 그리스도에게 속합니다. 18 누구도 여러분을 심판하지 못하게 하십시오. 그는 천사들에게 아부하며 천사들을 숭배하는 것을 원합니다. 그는 본 것들을 완강하게 주장합니다. 그는 그의 육체의 생각에 의해서 부풀려져서 뽐내고 있습니다. 19 그리고 그는 머리에 붙어 있지 않습니다. 그 머리로부터 온 몸은 관절과 힘줄을 통하여 분을 공급받고 결합되어서 하나님의 성장을 자라나는 것입니다. 20 만일 여러분이 그리스도와 함께 세상의 기초 요소들로부터 죽었다면, 어찌

하여 여러분은 세상에 살고 있는 것처럼 규정들에 얽매여 살고 있습니까? ²¹ 붙잡지 말고, 맛보지도 말고, 만지지도 말라(는 규정들 말입니다.) ²² 그 모든 것들은 사용함으로써 없어지는 것들로서, 사람들의 계명들과 가르침에 따른 것입니다. ²³ 비록 이것들은 자의적인 숭배, 겸손, 몸을 괴롭히는 일에는 지혜롭다는 명성을 가지고 있으나, 육체를 만족시키는 것 외에는 어떠한 가치도 없습니다.

◆ 본문의 문맥, 구조 그리고 특징

2:6-15에서 저자는 거짓 교사들의 잘못된 가르침에 자극을 받아서, 골로새 성도들이 받은 복음의 핵심을 설명했다. 구원은 하나님의 생명이 충만한 예수 그리스도 안에서 이미 일어났다. 세례를 통해서 성도들은 이 구원에 참여하였다. 본문은 그러한 구원의 확신으로부터 결론을 이끌어 내서 독자들에게 적용한다("그러므로"). 다시 한 번 거짓 교사들의 주장을 반박하고, 그들에게 속아 넘어가서는 안 된다고 경고한다. 본문은 구원의 확신을 먼저 상기시킨 후에 수신자들이 처해 있는 비판적인 상황으로 들어가서 그 상황을 이길 수 있도록 경고한다. "바울"은 이미 2:8에서 거짓 교사들의 주장을 "철학", "헛된 속임수", "사람의 전통과 세상의 초등 학문을 따름"으로 규정한 바 있는데, 이 단락에서는 거짓 교사들의 주장을 보다 세세하게 나열하면서 하나하나 비판한다. 이 단락에서 사용한 개념들이나 표현들 중에서 많은 부분은 그들의 주장에서 나온 것이다. 뿐만 아니라 이 단락의 문장 구조는 매우 복잡해서, 명료하게 분석하고 번역해서 해석한다는 것이 쉽지 않다.

단락의 구분에 대해서도 여러 가지 의견이 있다. 그닐카는 20-23절을 3:1 이하의 단락과 함께 묶어서 "교훈-새로운 삶의 실현"이라는 제목 하에서 다룬다. 따라서 그는 20절로써 서신의 후반부가 시작된다고 본다. 그는 20-23절은 그리스도와 함께 죽은 사람으로서 그리스도인들에게 주는 마무리 교훈이고, 3:1 이하는 그리스도와 함께 다시 산 사람으로서 그리스도인들에게 주는 마무리 교훈이라고 분석한다. 그러나 16절이 "그러므로"를 통해서 앞부분의 설명으로부터 결론을 이끌어 내기 시작하며,256) 3:1이 다시 "그러므로"를 통해서 또 다른 결론을 이끌어 낸다. 그러므로 대다수의 주석학자들처럼, 16-23절을 6-15절의 거짓 교훈에 대한 논쟁의 맥락에서 이끌어 낸 마무리 교훈으로 보는 것이 적절하다.

◆ 본문 주석

16절: "그러므로"는 이 단락이 앞 단락의 설명으로부터 이제 결론을 이끌어 내고 있다는 것을 말한다. "통치자들과 세력들"에 대해서 그리스도가 완벽한 승리를 하였고, 그리스도 안에만 하나님의 구원이 온전하게 나타나 있으며, 세례를 통하여 골로새 성도들이 그리스도의 승리와 구원에 참여하였다. 이로 인해 성도들은 과거와는 전혀 다른 새로운 사람이 되었기 때문에, 과거처럼 "통치자들과 세력들"을 두려워하거나 숭배할 이유도 없고, 숭배해서도 안 된다. 그러므로 구원의 확신에 관한 신학적인 통찰로부터 이끌어 낸 이하의 가르침은 한편으로는 격려고, 다른 한편으로는 날카로운 경고다.

그리스어 본문은 "누구든지 너희를 비판하지 못하게 하라"는 명령으로 시작된다. "누구든지"는 구체적으로는 골로새 교회에 나타난 거짓 교

---

256) 어떤 사본들은 20절에도 "그러므로"(ouv)을 삽입하고 있으나, 이들은 명백하게 훨씬 후대의 사본들로 신빙성이 없다.

사들을 말한다.257) 그러나 이런 거짓된 사람들은 어느 시대, 어느 장소에나 나타날 수 있다. 그러므로 일반화된 표현 "누구든지"가 사용된 것이다. 골로새의 거짓 교사들은 자신들이 더 높고 고상한 지식을 가지고 있기 때문에, 무엇은 먹고 마셔도 되고 어떤 것은 먹고 마셔서는 안 된다는 것을 판단할 수 있으며, 더 나아가서 어떤 특정한 날이나 절기에 얽힌 신적인 의미를 판단할 수 있다고 주장하였다. 물론 그들의 이러한 주장은 "육신의 생각을 헛되이 과장하는 것"이기는 했지만(18절), 골로새의 성도들은 그들의 주장에 귀를 기울인 것 같다. 성도들은 그들의 그러한 헛된 **"비판적인"** 판단에 따라서는 안 된다.

골로새의 거짓 교사들이 판단하는 기준과 내용은 **"먹고 마시는 것"**과 **"절기, 초하루, 안식일"**에 관련된 문제였다. 어느 시대에나, 그리고 어느 종교에나 이런 문제들은 있기 마련이다. 고린도전서 8-9장이나 로마서 14장에 의하면, 초대 교회에서도 먹고 마시는 문제가 중요한 작용을 했다. 이런 종교적인 계율들은 구약성서에서도 찾을 수 있고(삿 13:4; 민 6:3; 렘 35:6; 암 2:12 등), 당시의 그리스-로마 종교들에서도 얼마든지 찾을 수 있다. 특정한 음식이나 음료를 절제하는 동기나 의미는 매우 다양할 수 있다. 물질적인 것에 매이지 않는다는 상징적인 표현일 수도 있고, 우상 제물을 종교적으로 부정한 것으로 보는 것일 수도 있고, 회개의 표시일 수도 있으며, 물질문화에 대한 저항일 수도 있고, 건강상의 이유일 수도 있고, 신의 권능에 대한 굴복의 표시일 수도 있다. 골로새에 나타난 거짓 교사들은, 음식의 절제나 금식을 통해 신과 교제할 수

---

257) A. R. Bevere, *Sharing in the Inheritance*, 여러 곳, 특히 76-79는 "누구"를 골로새 회당의 유대인들이라고 해석한다. 골로새서는 회당의 유대인들이 그리스도인들을 구원의 백성이 아니라고 부정하는 것에 맞서서 그리스도인들이야말로 구원의 백성이라는 것을 강조하기 위해서 기록되었다고 한다. 그러므로 골로새 교회에 나타나서 교인들을 유혹하는 이단자들이 아니라, 교회 밖에서 교회의 정체를 거부하는 유대인들에 맞서 서신이 기록되었다고 한다.

있고, 또 그것이 "세상의 기초 원소들"을 숭배하는 방식이라고 가르쳤던 것 같다.

"절기, 초하루, 안식일"이 갖는 제의적인 의미는 이미 구약성서와 유대교에서도 널리 알려져 있었다(민 28:9 이하; 대상 23:31; 대하 2:3; 31:3; 겔 45:17; 호 2:13 참조). 유대교에서 이러한 절기를 지키는 것은 할례와 더불어 유대인들이 다른 이방인들과는 다르게 하나님의 선택받은 백성이라는 구별의 의미가 있었다. 골로새 교회에 나타난 거짓 교사들은 유대교로부터 그러한 제의적인 절기, 초하루, 안식일에 관한 규정들을 물려받아서,258) 특정한 음식이나 음료를 먹지 못하게 하는 금욕적인 규정들과 결합했다. 그리고 예수 그리스도를 믿는 것과 함께 그런 규례를 지켜서 인간의 운명을 지배하고 있는 "세상의 기초 원소들"을 잘 섬겨야 하고, 그렇게 해야 인간의 영혼이 하늘의 세계에 올라갈 수 있을 뿐만 아니라 현세적인 삶에서도 행복할 수 있다고 성도들을 가르쳤던 것 같다.

그러나 성도들은 "세상의 기초 원소들"에 대해서는 이미 죽었다(20절). 그러므로 성도들은 더 이상 그들을 두려워하거나 섬길 필요가 없다. 더 나아가서 천지만물은 하나님과 예수 그리스도의 창조물로서 거룩함과 부정함이라는 이원론으로 구분할 필요가 없다. 그리스도인들에게 세상은 그렇게 이원론적으로 구분되지 않는다. 그리스도인은 자유인이다. 자유인으로서 하나님 앞에서 책임적으로 음식과 음료 그리고 모든 시간들을 선용해야 한다. 물론 그리스도인들도 여러 가지 이유로 인하여 금식을 한다거나 혹은 특정한 음식을 절제할 수 있고, 특정한 절기를 중요하게 여길 수도 있다. 그러나 그런 것들이 그렇지 않은 경우보다 더 신성하다거나 혹은 종교적으로 우월하고, 하나님을 더 잘 섬기는 것이라고는 할 수 없다. 바울이 로마서 14:17에서 말하듯이, "하나님의 나라는 먹고 마

---

258) C. E. Arnold, *The Colossian Syncretism*, 214-218.

시는 것이 아니다."

17절: 성도들이 먹고 마시는 것이나 절기, 초하루 그리고 안식일에 관한 규정들을 지킬 필요가 없는 이유는, 그것들이 **"장래 일의 그림자"** 에 불과한 것이고, **"몸"**은 그리스도에게 속한 것이기 때문이다. **"장래 일"**은 유대교의 묵시문헌이 자주 사용하는 말로써, 종말론적인 구원의 시대를 말한다(히 10:1). 골로새서는 이 구원을 그리스도 안에서 이미 실현된 것이라고 여러 차례 말한 바 있다.(1:13; 2:12)

그림자-몸의 대비는 플라톤 사상의 영향에서 온 것이다.[259] 플라톤은 그림자와 원형 혹은 그림자와 몸을 뚜렷하게 대비하였다. 헬라주의 유대교의 대표적인 인물인 알렉산드리아의 필로는 이러한 헬라주의 철학을 가지고 유대교 신앙을 해석하며 몸-그림자를 대비한다.[260] 이러한 해석의 전통은 신약성서 안에도 깊숙이 들어와 있다(히 8:5; 10:1 참조). 그러나 이 구절이 말하는 그림자-몸의 대비를 플라톤적인 형상-이데아의 관계로 이해한다면, "그림자"에게 소극적이기는 하지만, 그래도 긍정적인 의미를 인정한다는 것이다. 그러면 거짓 교사들의 주장을 저자가 어느 정도로라도 곧 실체에 대한 그림자 정도로라도 인정하고 있다는 말인가?[261] 그러나 거짓 교사들에 대한 저자의 태도는 전혀 인정하는 것이 아니기 때문에, 그런 해석은 불가능하다. 오히려 **"그림자"**를 허망한 것, 이루어질 수 없는 것, 비현실적인 것, 아무 것도 아닌 것 등을 포괄

---

259) 그러나 플라톤은 최고의 실제는 이데아라고 했고, 골로새서는 구원은 오직 예수 그리스도 안에서만 실제가 된다고 했기에 이 점에서 매우 커다란 차이를 드러낸다.

260) Decal 82; Migr Abr 12; Conf Ling 190 등.

261) E. Lohmeyer, J. Ernst, P. Ewald, P. Pokorny; S. Schulz, ThWNT VII, 400–401; A. Standhartinger, *Studien zur Entstehungsgeschichte*, 187 등을 참조. A. R. Bevere, *Sharing in the Inheritance*, 여러 곳은 17절에서 골로새서가 싸우고 있는 것이 유대교라는 증거를 본다. 서신의 저자는 유대교를 어느 정도 긍정적으로 받아들이고 있다는 뜻이다.(예를 들어서 78쪽)

적으로 일컫는 부정적인 의미로 해석해야 한다. 그런 부정적인 해석은 구약성서나(대상 29:15) 필로에게서도 찾아볼 수 있다.262) 거짓 교사들이 가르치는 먹고 마시는 것이나 절기, 초하루 그리고 안식일에 관한 규정들은 구원을 위한 종교적인 형태와 요청을 갖춘 듯하지만, 실제로는 전혀 그렇지 못한 허망한 것일 뿐이다.

어거스틴이 솔직하게 이해하지 못하겠다고 고백했던263) 17b절은 축약된 형태로 인하여 번역하거나 이해하기가 쉽지 않다. 직역을 하면, "그러나 몸은 그리스도의"이다. "그리스도의"라는 속격은 소속이나 소유를 의미하는 것이기 때문에, "그러나 몸은 그리스도에게 속한다"라고 번역할 수 있다.264) 그림자—몸의 대조 속에서 17b절은 여러 가지 해석이 가능하다. 첫째, 몸은 그림자와는 전혀 다른 차원 가운데 있는 장래의 일 그 자체 곧 구원의 실체를 의미한다. 그렇다면, 17b절은 17a절과 정확히 반대되는 것을 말한다. 그러므로 거짓 교사들이 가르치는 헛된 구원(그림자)과는 달리 "구원의 실체는 그리스도께 있다"로 이해할 수 있으며, 그러므로 17b절은 15절을 반복하고 있다. 둘째, 몸을 구원의 실체이면서 동시에 그리스도의 몸인 교회를 의미하는 것으로 이해하는 것이다. 그렇다면 17b절은 구원의 실체는 그리스도에게 있으며, 동시에 그리스도의 몸인 교회 안에서 구체적으로 경험할 수 있다는 의미가 되며, 이 경우 17b절은 2:9의 반복이 된다. 이 두 개의 해석 중에서 어느 것 하나를 선택하는 것은 결코 쉽지 않다.265) 어쩌면 이 두 가지 이해를

---

262) J. Gnilka, 147; E. Lohse, 171-172; A. Lindemann, 47; P. Müller, *Anfänge der Paulusschule*, 127.
263) Augustinus, ep. 59. J. Gnilka, 146에서 가져옴.
264) 개역성서는 "몸은 그리스도의 것이다"로 직역하고, 표준새번역은 "그 실체는 그리스도에게 있습니다"로, 공동번역은 "그 본체는 그리스도입니다"로 번역한다.
265) 개신교 학자인 E. Schweizer는 첫 번째 이해를, 가톨릭 학자인 J. Gnilka는 두 번째 해석을 선호한다. 그러나 반드시 종파와 연관되어 있는 것은 아니다. 개신교 학자들인 P. Pokorny, 122; M. Dibelius-H. Greeveen, 34; E. Lohse, 172-173; P. Müller, *Anfänge der Paulusschule*, 127 등도 두 번째 해석을 선호하기 때문이다.

모두 의미할 수도 있다. 그러나 몸 교회론으로 해석한다고 해도, 몸으로서의 교회는 반드시 머리인 그리스도에게 속해 있을 때만, 구원의 실체가 경험될 수 있다. 머리에서 분리된 몸은 어떤 경우에도 결코 구원의 생명체가 될 수 없기 때문이다.

18절: 그리스어 본문 18a절은 16절과 매우 유사한 구조를 가지고 있는 명령문이다. 16절이 "비판하다"는 동사를 사용한데 반하여 여기서는 **"정죄하다"**는 단어를 사용한 점이 다르다. 하지만 비판과 정죄의 이유가 두 구절에서 모두 전치사 εν-구문으로 나온다는 점에서 유사하다. 이 동사의 단순형인 βραβευειν은 운동경기에서 심판의 판정을 일컫는 말로써 선수의 자격을 박탈하는 뜻을 포함하고 있다. 거기에 반대를 의미하는 전치사 κατα를 앞에 붙인 복합 동사는 "적대적으로 판정하다"를 의미하며, 더 나아가서 "정죄하다"를 의미한다. 그러므로 이 구절은 다 이긴 경기에서 심판의 적대적이고 불공정한 판정 때문에 승리를 놓쳐 버리고 실격 처리된 경우를 빗대어 말한다.[266] 물론 운동경기에서는 때로 억울해도 심판의 잘못된 판정에 순종해야 하는 경우가 있지만, 구원을 위한 믿음의 경기에서는 결코 그럴 수 없다. 구원의 경기에서 거짓 교사들의 잘못된 가르침을 심판의 판정으로 수용할 수는 없다. 예수 그리스도 안에서 이미 지금 구원이 확실한 것이라고 믿는다면, 세상의 기초 요소인 영적인 존재들을 믿어야 구원을 얻게 될 것이라는 거짓 교사들의 유혹에 올바른 믿음을 훼손해서는 안 된다. 구원의 경기에는 두 번의 기회가 오지 않을 수 있기 때문이다. 그러므로 믿음의 경기에서는 거짓 교사들을 심판관으로 받아들이거나 인정하지 말아야 한다. 그들은 그럴 자격도 능력도 가지고

---

266) J. Gnilka, 144는 18a절을 "누구도 너희에게서 상을 부정하지 않게 하라"로 번역한다. 우리말 공동번역이 본문에 가장 적당하게 의역을 하고 있으며, 개역과 표준새번역은 "정죄하지 못하게 하라"고 직역한다.

있지 못하다. 그들이 결코 믿음의 경기에서 심판관이 될 수 없는 이유는 이어지는 두 개의 분사 구문(θελων; φυσιουμενος)에서 밝혀진다.

첫 번째 분사는 **"꾸며낸"**으로 번역되었다(θελων). 그러나 이 분사는 "원하다" 혹은 "좋아하다"는 기본 뜻을 가지고 있으며, "꾸며낸"이라는 번역은 별로 좋은 번역이라고 할 수 없다. 왜냐하면 거짓 교사들은 겸손을 가장한 것이 아니라, 정말로 금욕주의적인 태도를 진지한 종교적인 자세로 믿고 좋아서 실천했기 때문이다. 그러므로 "꾸며낸"보다는 "의도적인"이 더 적절한 번역일 수 있다. 거짓 교사들은 겸손과 천사 숭배를 기쁘게 실천했으며 권장했지만, 그것은 잘못된 것이었다. 서신은 거짓 교사들의 태도가 "꾸며낸" 것이기 때문에 잘못이라고 비판하는 것이 아니라, 그들이 실제로 진지하게 믿고 있는 종교적인 태도와 실천 자체가 잘못이라고 비판한다. 그들은 금욕이 하나님의 세계에 보다 쉽게 이를 수 있거나 천사를 숭배하는 것이 중요한 종교적인 수단이라고 진지하게 믿었으며, 그런 금욕을 "겸손"이라고 생각한 것이다. 오늘날도 이단들은 그들이 진리라고 여기는 것을 진지하게 믿고, 그 의식에 참여하고 실천하지만, 그 진리 자체가 잘못되어 있는 것과 같다. 이처럼 번지수가 잘못된 믿음의 내용과 방향에 빠져 있는 거짓 교사들이 성도들의 믿음의 경기에서 심판관으로 인정받아서는 안 된다. 2:23에서도 "몸을 괴롭힘"과 함께 언급되는 **"겸손"**은 아마도 금욕주의적인 태도를 말할 수도 있지만,[267] 뒤에 나오는 "천사들"과 연결해서 이해할 수도 있다. 그러면 "겸손"은 굴종, 아부 등을 의미하며, 천사들에게 굴종하여 아부하는 것과 천사들을 숭배하는 것을 거짓 교사들이 기뻐하며 원한다는 의미가 될 수 있다.[268] 이처럼 부정적인 의미로 겸손이 사용되는 것은 신약성서에서

---

267) E. Percy, *Probleme*, 147ff. 참조.
268) 이러한 이해는 J. Gnilka, 149에 따른 것이다.

오직 이곳뿐이고, 그 외에는 항상 긍정적인 의미로 사용된다.

"**천사 숭배**"는 "천사들의" 숭배다. "천사들의"라는 속격을 주어적인 속격으로 보느냐 아니면 목적이나 대상을 말하는 속격으로 보느냐에 따라서 의미가 달라진다. 2:23과 연결해서 보면, 거짓 교사들이 천사들을 숭배의 대상으로 하는 예배를 말하는 것 같다. 그러면 그들은 천사들과 "세상의 기초 원소들"을 숭배하는 특별한 의식을 거행했다고 할 수 있다. 그러나 이어지는 "그 본 것에 의지하여"를 어떻게 이해하느냐에 따라서 하늘에서 있는 천사들이 드리는 예배를 말할 수도 있다. 인간이 하늘에서 열리는 천사들의 예배에 참여한다는 생각은 고대 세계에서 흔히 볼 수 있다. 신약성서에서 하나님, 그리스도, 천사는 하늘의 존재들로서 때로는 교체적으로 사용되기도 한다(눅 9:26; 딤전 5:21; 계 1:4; 3:5). 바울은 지상의 예배에 천사들이 임한다는 생각을 말하기도 한다(고전 11:10). 그리스 철학에는 위대한 인물들의 영혼은 하늘로 올라가며, 인간은 그 영혼들을 숭배해야 한다는 생각이 퍼져 있었다. 하늘로 올라간 영혼들은 유대교에서 말하는 천사들과 비슷한 존재들이라고 할 수 있다. 우리는 이 두 개의 해석 모델 중에서 어느 것을 선택할 것인지 확신할 수 없다.[269]

이어지는 "**그가 그 본 것에 의지하여**"로 번역된 표현은 번역과 이해가 쉽지 않다.[270] 이 문장에 대한 번역 성서들은 상당히 다양한 번역 문장을 보여 준다.[271] "그가 본 것"은 무엇인가? 앞에서 말한 천사들이 하늘에서 드리는 예배를 지칭하는 것일까? 그러면 천사들이 드리는 예배를 보았다는 것은 무엇을 의미하는가? 거짓 교사들은 그들이 본 어떤

---

269) 학자들의 견해는 뚜렷이 갈린다. 슈바이처 같은 경우에는 확실한 선택을 하지 않는다. 전경연, 277-279는 조심스럽게 천사들의 예배를 선택하려고 한다.
270) J. Gnilka, 150은 이 문장을 "전체 서신 안에서 가장 수수께끼 같은 문장"이라고 한다.
271) 이 구절의 번역 문제에 대해서는 조경철, "골 1:24와 2:18의 번역과 해석에 관한 고찰"을 참조.

환상을 내세우면서 천사 숭배를 가르친 것일까? 거짓 교사들은 환상 중에서 그런 천상의 예배 의식을 보았다는 뜻인가? **"의지하여"**로 번역된 그리스어 동사(εμβατευειν)는 보통 사람들에게는 출입이 제한된 어떤 영역에 들어가는 것이나 혹은 무엇인가를 깊이 연구한다는 의미다. 이 동사는 그리스-로마 세계의 밀의 종교에서 특히 중요한 역할을 했다. 밀의 종교 의식에서 이 단어는 어떤 이가 축성을 받음으로써 환상으로 본 어떤 성스러운 곳으로 들어가는 것을 말한다.272) 이런 개념적이고 종교 사적인 의미가 우리 구절에서는 무엇을 의미할 수 있는가? 너무나 간결한 문장 때문에 확실하게 해석할 수 없다. 다만 거짓 교사들이 어떤 환상과 신비한 체험을 했으며, 그런 것을 체험하는 특정한 종교 의식을 주장했다고 추측할 수 있다.

두 번째 분사는 **"육신의 생각에 따라 헛되이 과장하다"**로 번역되었다. 거짓 교사들이 내세우고 의지하는 것은 오로지 "육신의 생각에 따른" 것에 불과하다. "육신의 생각"은 하나님을 의지하지 않고 하나님을 떠난 생각을 말하며, 이는 3:2가 말하는 "땅에 것"을 의미한다. "육신"은 성도들이 세례를 받음으로써 이미 벗어버린 옛 사람의 존재와 삶이다(2:11; 3:9). 거짓 교사들은 아직도 그 육신의 생각에 따라서 살고 있다. 그들이 환상으로 보았다고 우기며 성도들을 유혹하는 그 모든 것은 하나님의 뜻에 합치되는 것이 아니고, 실상은 하나님과는 거리가 먼 오로지 옛 사람의 생각에 따른 것에 불과하다. 그러므로 성도들은 그들이 가르치는 것들을 통하여 그리스도가 계시는 하늘의 세계에 도달할 수 없다. 거짓 교사들은 다른 성도들에 비해 더 높은 영적이고 신비한 체험과 지식을 소유하고 있다고 생각하면서, 그들을 따르지 않는 다른 성도들을 비판하고

---

272) M. Dibelius-H. Greeven, 35; E. Lohse, 176-178; 다른 의견들에 대해서는 브라이언, 282-285 참조.

부정하였다. 그러면서 교회 안에서 불화를 불러일으켰지만, 실상은 그들 자신이 아직 옛 사람을 벗어 버리지 못했던 것이다. 마치 고린도 교회에서 우상의 제물을 먹을 수 있다고 생각하면서 달리 생각하는 "연약한 사람들"을 고려하지 않음으로써 교회의 일치를 깨뜨렸던, 그래서 바울의 강력한 질책을 받았던 "강한 사람들"을 생각나게 한다(고전 8:1–13).[273] 골로새의 거짓 교사들은 잘못된 지식에 고취되어서 스스로를 다른 사람들과 구별하고 우월의식 속에서 "헛되이 과장하는" 사람들이었다. 그러므로 성도들은 그런 잘못된 주장을 하는 자들을 믿음의 심판관으로 인정해서 그리스도 안에서 이미 얻은 승리 곧 구원을 놓치는 잘못을 범해서는 안 된다.

19절: 거짓 교사들이 믿음의 심판관이 될 수 없는 더 중요한 이유는, 그들이 머리가 되시는 그리스도에게 붙어 있지 않기 때문이다(1:18). **"머리를 붙들지 않다"**는 그리스도의 우주적이고 유일한 주권을 온전히 인정하지 않고, 그리스도 외에 다른 영적인 존재들을 인간과 세상의 주권자들로 인정한다는 말이다. 이것은 거짓 교사들이 왜 거짓된 주장을 펴는 사람들인지를 가장 간단하고 분명하게 표현하는 말이다. 몸은 머리에 온전히 붙어 있을 때에만 양분을 얻고 지혜와 지식을 얻어서 행동하고 균형 있게 성장할 수 있다. 거짓 교사들은 교회와 그리스도의 관계를 하나의 몸에 수많은 머리를 가진 괴물 형상 혹은 몸과 머리가 서로 떨어져 있어서, 그 사이에 수많은 영적인 존재들이 몸과 머리의 결합을 방해하고 있는 괴상한 형상으로 말한다. 그러나 골로새서는 몸과 머리는 하나뿐이며, 더구나 몸과 머리는 굳게 붙어 있다고 분명히 말한다(2:7). 거짓 교사들은 18절에서 언급했듯이, 대단한 영적인 지식을 소유한 사람들이

---

273) E. Lohse, 178; P. Pokorny, 127.

라는 잘못된 의식 속에서 머리이신 그리스도에게 붙어 있지 않고 그리스도 외의 다른 머리들을 숭배하며, 그럼으로써 다른 성도들과 교제를 나누지도 못하고, 결국 교회의 성장을 훼방하는 무리들이 되었다.

"온 몸"은 교회를 말한다. 그냥 1:18a. 24처럼 그냥 "몸"이라고 하지 않고 "온" 몸을 말하는 것은 거짓 교사들과 관련되어 있다. 그리스도의 몸인 교회의 어느 한 구석에도 머리가 되는 그리스도와 상관없는 부분이 없으며, 교회 전체는 유일한 머리가 되시는 그리스도에게 굳게 붙어 있어야 한다(2:6,10). 몸에게 다른 선택은 있을 수 없고, 머리에서 떨어지거나 멀어진 몸의 어떤 지체라도 이미 죽은 것이다. 이처럼 여기서는 머리 되시는 그리스도가 몸 전체를 배려하고, 아끼고, 돌보고, 먹이고, 입힌다는 점을 강조한다(엡 5:26-28 참조). "마디와 힘줄"을 통해서 상호 연결되어 조화를 이루고 있는 "온 몸"은 머리로부터 영양분을 "공급받는다." 그처럼 온 몸은 머리에 붙어서 마디와 힘줄로써 "연합하여" 조화를 이루고 양분을 받음으로써 건강하게 성장한다. 머리-몸-마디/힘줄이라는 유기체적이고 조화로운 형상은 그리스도-교회-성도들 사이에 이루어진 아름다운 관계를 그림처럼 보여 준다. 이러한 교회는 바른 관계 속에서만 하나님이 원하시는 방향으로 성장해 갈 수 있다. "하나님이 자라게 하시므로 자라다"는 "하나님의 성장을 자라다"로 직역할 수 있다. "하나님의 성장"은 하나님이 원하시는 성장이다. 하나님이 원하시는 성장은 어떤 것인가? 거짓 교사들처럼 거짓된 가르침으로 사람들을 현혹시키는 성장이 아니라, 머리가 되시는 그리스도께 굳게 붙어서 그로부터 영양분을 공급받고, 지체들이 연합하여 조화를 이룸으로써 일어나는 교회의 성장이 곧 "하나님의 성장"이다. 더 나아가 골로새서가 하나의 지역 교회보다는 우주적인 교회를 말한다면,274) 교회의 성장은 단순히 개교회 성장

---

274) 이는 바울의 주요 서신들에 비교해서 골로새서와 에베소서가 보여 주는 독특한 교회

이 아니라 기독교 전체의 건전한 성장을 말한다. 그렇다면 "마디와 힘줄"은 개교회를 의미할 수 있고, "온 몸"은 전체 기독교로 해석할 수 있다. 개교회의 바른 성장과 전체 기독교의 바른 성장은 마치 몸과 지체들처럼 뗄 수 없는 연관 속에 있다.

20절: 골로새 교회의 성도들 중에서 많은 이들이 거짓 교사들의 유혹에 넘어간 것 같다. 그래서 "바울"은 그러한 성도들을 향하여 책망하면서, 그러한 거짓 교사들의 유혹에 넘어갈 수 없는 이유와 근거를 이 구절에서 제시한다.

성도들은 **"그리스도와 함께 죽었다."** 이는 2:12에서 "그리스도와 함께 장사되었다"와 같은 말로써, 그리스도의 이름으로 세례를 받았다는 뜻이다. 2:11이 말하듯이, 그리스도인들은 세례를 받음으로써 "육의 몸"을 벗어버렸다. "육의 몸"은, 2:18의 "육신의 생각"처럼, 하나님을 거스르는 옛 사람의 존재와 삶을 말한다. 그럼으로써 2:6이 말하듯이, 세례를 받은 것은 "그리스도 예수를 주로 받음"이며, 그리스도와 함께 죽었고, 그리스도와 함께 다시 살아났음을 말한다. 육의 몸을 벗어버렸고, 그리스도를 주로 받고, 그리스도 안에 깊이 뿌리를 내렸고(2:7), 그리스도 안에서 충만해졌기 때문에(2:10), 그리스도인들은 그리스도 외의 다른 모든 외적인 강요나 요구들과는 아무런 관계가 없다. 이것을 "죽었다"라고 강하게 말한다. 다시 말해서 그리스도인들은 그런 것들로부터 해방되었다. 이는 특히 갈라디아서 2:19-3:5에서도 읽을 수 있는 생각이다.[275] 여기서 바울은 그리스도와 함께 죽음으로써 유대교의 율법의 요구로부터 해방되었다고 말한다. 갈라디아서와 골로새서는 모두 이러한

이해다. 조경철, 「설교자를 위한 에베소서 주석」, 104-105 참조.

275) 비슷한 생각의 모델은 롬 6:2-7; 7:4-6에서도 찾을 수 있다. 그에 따르면 그리스도인은 죄와 율법에 대하여 죽었기 때문에, 죄와 율법의 요구들로부터 해방되었다.

외적인 강요를 **"세상의 초등 학문"**이라고 표현하지만, 구체적으로는 갈라디아서는 그것을 모세의 율법이라고 규정하고, 골로새서는 2:8과 2:21-23이 말하는 철학, 사람의 전통 혹은 사람의 명령 등이라고 한다. 갈라디아서에 의하면, 세례를 받고 그리스도인이 된 사람은 천사에 의해서 전달된 율법(갈 3:19)으로부터 해방되었다. 반면에 골로새서에 의하면, 세례를 받음으로써 그리스도인은 영적인 세력들을 추종하는 거짓 교사들이 가르치는 **"규례들"**로부터 해방되었다. 이처럼 갈라디아서와 골로새서는 생각의 패러다임은 유사하나, 그 내용에서는 상당한 차이를 드러낸다.[276)]

그리스도와 함께 죽음으로써 성도들은 새로운 세상에 완전히 새로운 사람으로 태어나서 살게 되었다. 이 새로운 세상에는 성도들을 압박하고 강요하는 어떠한 외적인 규정이나 존재들이 없다. 그러므로 새로운 세상에서 새사람으로 사는 그리스도인들이 여전히 **"세상에서 사는 것과 같이"** 사는 것은 불가능하다. "세상에서"는 거짓 교사들이 가르치고 요구하는 "규례들"이 여전히 힘을 발휘하고 있지만, 그리스도인들은 그런 "암흑의 세상에서" 하나님의 아들의 나라로 옮겨졌기(1:13) 때문에 그런 규례들과는 관계가 없다. 그리스도인들이 처음 믿음을 고백하고 그리스도의 이름으로 세례받을 때 경험한 존재의 변화를 진지하게 여기며 그로부터 삶을 위한 결과를 이끌어 낸다면, 그들은 거짓 교사들의 유혹에 결코 넘어갈 수 없다.

21절: "세상에서"는 아직도 여전히 유효할 수 있으나, 하나님의 아들의 나라 백성이 된 그리스도인들에게는 전혀 상관이 없는 규례들은 어떤 것들인가? 그 대표적인 예들이 여기에 나열되는데, 이는 2:16에 이어지

---

276) P. Pokorny, 127-128.

는 거짓 교사들이 가르친 종교적인 실천의 모습들이다. 이 규례들은 **"붙잡지 말라"**, **"맛보지 말라"**, **"만지지 말라"**는 세 개의 부정 명령으로 나타난다. 그러나 붙잡거나 맛보거나 만지지 말아야 할 대상이 무엇인지에 대해서는 말하지 않는다. 성적인 접촉을 금지하거나 혹은 특정한 음식을 먹지 말라는 것으로 볼 수 있다.[277]

어쨌든 이들은 터부와 금욕으로 이해될 수 있다. 터부는 사람이 접촉하면 무서운 결과를 가져온다고 생각해서 접촉을 금지하는 종교적인 규정이다. 그러나 구약성서에 의하면, 거룩하셔서 접촉할 수 없는 분은 오로지 하나님 한 분뿐이시며, 하나님에게 속한 거룩한 영역은 접촉이 제한되었다. 그런 금지나 제한은 하나님 앞에 선 인간의 한계를 분명히 하려는 데 의미와 목적이 있다. 이에 근거해서 기독교 신앙은 하나님 외의 다른 모든 것은 그의 피조물로서 터부의 대상이 될 수 없다고 믿는다. 이것이 바로 20절에서 언급한 바 있는 외적인 조건이나 규정들로부터의 해방을 의미한다. 어떤 특정한 음식을 먹어서는 안 된다는 금욕주의 역시 일종의 터부에 해당한다. 2:16을 함께 고려하면, 특별한 음식 금욕에 관한 규정이 거짓 교사들에게는 매우 중요했던 것 같다.[278] "만지다"를 뜻하는 그리스어가 음식을 먹지 말라는 의미로 사용되기도 했다는 사실이 그것을 말해 준다.[279] 기독교 신앙을 갖는 순간부터 그리스도인은 어떠한 금기나 금욕의 규정들로부터도 해방되어 진정한 자유인이 된다. 그 자유를 유보할 수 있는 것은, 오직 이웃에 대한 배려와 사랑뿐이다. 바울은 그것을 고린도전서와 갈라디아서에서 분명히 가르친다(고전 8–10

---

277) "붙잡지 말라"가 성적인 금지를 의미할 수 있다는 것은 고전 7:1이 보여 준다. 물론 고전 7:1처럼 "여자"라는 목적을 말하지 않는다는 점에서 성적인 금지를 말하지 않는다고도 할 수 있다. 전경연, 284.
278) Bujard, *Stilistische Untersuchungen*, 184에 의하면, 21절의 모든 표현은 실제로는 음식 금욕을 강조해서 표현하는 것이다.
279) Xenphon Cyr. I,3,5. P. Pokorny, 129 각주 65.

장; 갈 5장). 종교적인 율법과 금기 조항들을 만들어서 강요하는 것은 바울의 가르침에 어긋나는 것이다.

22절: 21절의 금기 명령이 실제로는 음식에 관한 것이라는 점은 이 구절에서도 확인된다. 어떤 음식도 영원한 의미나 영적인 의미를 가질 수 없고, 특정한 목적을 위하여 **"한때 쓰이고는 없어지는"** 곧 일시적으로 사용되는 생필품에 불과하다. 부정한 음식도 없고, 성스러운 음식도 없으므로 성도들이 먹고 만지기를 두려워해야 할 음식도 없다. 음식은 어디까지나 음식일 뿐이다. 고린도전서 10:23 이하에서 바울은 비슷한 내용을 말한다. 음식 그 자체에는 아무런 문제가 없지만, 어떤 상황과 맥락에서 음식을 먹느냐에 따라서 유익성 여부를 판단해야 한다. 예수께서 마가복음 7:19 등에서 말씀하신 바와 같이, 음식은 인간의 마음으로 들어가지 못한다. 그래서 인간의 영혼을 더럽히는 신적인 권세를 가진 음식은 없으며, 모든 음식은 하나님이 인간에게 생존을 위하여 먹으라고 창조한 깨끗한 것이다. 그러므로 먹을 수 없는 음식, 만질 수 없는 음식이 있다는 종교적인 규정은, 피조물인 음식물에 신적인 권능을 부여하는 일종의 우상 숭배며, 하나님의 뜻에 따른 것이 아니고 **"사람의 명령과 가르침"**에 따른 것으로, 사람의 문화적인 가르침에 불과하다. 마가복음에 전승되는 예수의 말씀과 골로새서의 이 구절 사이에는 내용적으로 상당한 관련성이 있어 보인다.[280] 마가복음에서 예수는 "사람의 계명"을 내세워 하나님을 헛되이 경배하는 것을 경고하는 이사야서 29:13을 인용하면서 "사람의 전통"을 지키기 위해서 하나님의 계명을 버리는 바리새인들을 질책한다(막 7:1-23). 골로새서도 거짓 교사들의 가르침을 "사람의 전통"에 불과하며(2:8), 하나님의 뜻을 어긋나게 하는 잘못된 것이라

---

280) P. Pokorny, 129는 골로새서 저자가 공관복음의 전승 일부를 알고 있었다고 한다.

고 비판한다. 물론 사람의 문화에서 생겨난 "명령과 가르침"이 현실적인 삶에 있어서 중요한 의미와 역할을 할 수 있겠지만, 그것이 하나님 앞에서 구원을 좌우할 수 있는 것은 아니다. 현대적으로 말한다면, 골로새에 나타난 거짓 교사들은 인간의 세상 문화에서 생겨난 교훈들을 종교적이고 영적인 차원과 혼동하였다고 말할 수 있다. 바울이 로마서에서 한 말을 이용한다면, 그들은 피조물과 창조주를 혼동한 것이다.(롬 1:23,25)

23절: 2장 8절, 16절, 18절 그리고 20-22절에 이어서 이 구절도 역시 거짓 교사들의 주장을 비판한다. 그러나 이 구절의 그리스어 본문은 매우 난해하여 번역이 쉽지 않다. 먼저 이 문제를 자세히 살펴보고 난 후에 주석을 하자.281)

주석학자들이 말하는 것처럼, 23절의 명확한 번역이나 이해는 거의 불가능하다.282) 이는 저자가 거짓 교사들의 주장을 인용하여 사용한 데서 기인한 것으로 보인다. ἐθελοθρησκία(꾸며낸 종교 혹은 자의적 숭배), ἀφειδία(단련 혹은 괴롭힘) 그리고 πλησμονη(만족)는 신약성서에서 오직 여기에서만 한 번 사용된 단어들이고, λογος와 τιμη가 본문의 의미처럼 사용되는 경우도 신약성서에서는 매우 희귀한 일이다. ταπεινοφροσυνη(겸손)는 2:18에서도 거짓 교사들의 행태를 비판하기 위해서 부정적인 의미로 사용된 바 있다.

우리말 개역성서가 "지혜 있는 모양이나"로 번역하고 있는 23a절은 **"지혜의 명성을 가지고 있다"**로 번역할 수 있다.283) 우리말 성서가 번역하지 않고 있는 그리스어 단어 μεν은 "비록"으로 번역하는 것이 좋다.

---

281) 조경철, "성서 주석과 번역 -골로새서와 에베소서의 사례를 중심으로-", 243쪽 이하 참조.
282) 슈바이처, 183-184.
283) E. Lohse, 184; P. Müller, *Anfänge der Paulusschule*, 130 각주 224.

이어서 거짓 교사들이 행하고 있는 종교적인 실천의 특징을 **"자의적인 숭배, 겸손, 몸을 괴롭히는 것"** 등 세 가지로 말한다. "몸을 괴롭히는 것"은 "몸의 단련" 혹은 "몸을 아끼지 않음"으로도 번역할 수 있다. 그렇다면 23a절은 위 사역처럼 "비록 이것들은 자의적인 숭배, 겸손, 몸의 단련에는 지혜롭다는 명성을 가지고 있으나"로 번역할 수 있다.

번역상의 더 큰 문제는 특히 23b절(οὐκ ἐν τιμῇ τινι πρὸς πλησμονὴν τῆς σαρκός)에 있다. οὐκ ἐν τιμῇ τινι는 "명예(혹은 가치)가 없다"로 번역된다. 문제는 이어지는 πρὸς πλησμονὴν τῆς σαρκός을 어떻게 번역하느냐다. 특히 전치사 προς를 어떻게 번역할 것인가? 이 전치사는 대격과 결합해서 "…을 위하여" 혹은 정반대로 "…에 반대해서"로 번역할 수 있다. 육체의 욕구를 채우기 위해서 가치가 없는가? 혹은 육체의 욕구에 맞서기에는 가치가 없는가? 결국 다음의 세 가지 번역의 가능성이 생긴다.

첫째, "육체의 충족을 위하여 어떠한 명예(가치)도 없다"로 번역하면, 23a절과 연결해서 "비록 이것들은 자의적인 숭배, 겸손, 몸을 괴롭히는 일에는 지혜롭다는 명성을 가지고 있으나, 육체의 충족을 위해서는(προς) 아무런 가치가 없다"가 된다.[284] 이 경우에 "육체의 충족"이 긍정적인 의미를 갖게 된다. 그러나 골로새서는 육체(σάρξ)를 항상 부정적인 의미로만 사용하기(2:11.13.18) 때문에 이런 번역은 받아들이기 어렵다.

둘째, "육체의 충족에 맞서는(προς) 데는 아무런 효과가 없다"로 번역하며, 23a절과 연결하면 "비록 이것들은 자의적인 숭배, 겸손, 몸을 괴롭히는 일에는 지혜롭다는 명성을 가지고 있으나, 육체의 충족에 맞서기에는 아무런 가치가 없다."가 된다.[285] 어떤 학자들은 22-23a절을 괄호

---

284) 이런 해석은 고대 교회의 교부들에게서 흔히 찾을 수 있다. B. Haussler, "Zur Satzkonstruktion und Aussage in Kol. 2,23", 143-148. **KJV** "not in any honour to the satisfying of the flesh".

285) 우리말 개역, 표준새번역, 공동번역은 모두 이렇게 번역한다. 대부분의 영어 번역들도 그렇다. **ASV** [but are] not of any value against the indulgence of the

로 묶고, 23b절은 22a절과 연결해서 "이 모든 것은 한때 쓰이고 없어지며, … (22-23b) … 육체의 충족에 맞서기에는 아무런 유익이 없다"로 번역하기도 한다.286)

셋째, "어떠한 가치도 없고, 육체를 배부르게 하기 위한(προς) 것이다"로 번역하며, 23a절과 연결하면 "비록 이것들은 자의적인 숭배, 겸손, 몸을 단련하는 일에는 지혜롭다는 명성을 가지고 있으나, 육체를 배부르게 하기 위한 것일 뿐이고, 다른 아무 가치도 없다"라고 이해할 수 있다.287)

세 번째 번역이 가장 적절해 보인다. "육체"는 세례를 받고 그리스도인이 되기 이전의 소외되고 타락한 옛 사람의 존재와 행위를 일컫는 상징적인 표현이다. 거짓 교사들의 가르침과 행위는 그런 옛 사람의 욕구를 채우는 것일 뿐이고, 하나님 앞에서는 아무런 가치가 없는 것이다. 그러나 두 번째 번역도 받아들일 수 있다. 거짓 교사들이 가르치는 금욕과 종교적인 숭배는 옛 사람의 욕망에 맞서 이기는 데는 가치가 없기 때문이다. 그러나 이 경우에는 거짓 가르침에 어느 정도라도 가치성을 부여하는 뉘앙스를 남긴다. 더구나 23절은 거짓 교사들의 논란을 마무리하는 구절이라는 사실을 고려해야 한다. 그런 마무리 구절에서 저자가 단순히 육체의 욕망에 맞서는 데 가치가 없다는 식으로 거짓 교사들을 소극적인 의미로 비판한다고 볼 수 없다. 그들의 가르침은 육체의 욕망을 채우는 것일 뿐, 구원을 위해서는 아무런 가치가 없는 것이라고 적극적

---

flesh. NIV but they lack any value in restraining sensual indulgence. TEV but they have no real value in controlling physical passions. CEV But they don't really have any power over our desires. 전경연: "육의 포만을 막을 힘이 없습니다."

286) M. Dibelius-H. Greeven.

287) Luther "sie sind aber nichts wert und befriedigen nur das Fleisch". 슈바이처: "전혀 무가치하며 다만 육체를 만족시킬 뿐입니다." Gnilka: "keinem zur Ehre, ist nur Übersättigung des Fleisches."

으로 비판한다. 거짓 교사들의 가르침과 행위 그 자체가 옛 사람의 욕망에 속하는 것일 뿐이다. 골로새서가 거짓 교사들의 가르침을 엄히 비판하고 부정하는 단락을 마무리하는 23절의 맥락을 보면, 세 번째 번역이 가장 적절하다.

"이것들은" 22절이 말한 사람의 명령이나 가르침, 8절과 20-21절이 말한 것들 곧 거짓 교사들이 구원을 받기 위해서는 필수적이라고 가르치고 실행하는 것들, 특히 금욕과 터부를 말한다. 그런 것들은 하나님의 뜻에 따른 것이 아니라, 인간이 꾸며 낸 종교적인 예배 행위와 위장된 겸손에 불과하다. "자의적 숭배"는 거짓 교사들이 교회에서 드리는 공식적인 예배, 하나님과 주 예수를 향한 예배 외에 다른 영적인 존재를 향하여 드린 추가적인 예배를 말하며, 그들은 성도들에게 그런 예배에 참석할 것을 요구했다. 그들은 하나님과 예수 그리스도를 숭배하면서도 거기에 추가해서 천사를 숭배했고(2:18), 세상의 기초 원소들을 신들로 숭배했다(2:8,20). 그럼으로써 그들은 오직 그리스도(solus Christus)라는 기독교 신앙의 핵심을 배반한 것이다.

금욕적인 행위는 겉으로 겸손한 모습으로 보일 수 있고, 인간의 몸을 학대함으로써 역설적으로 단련시킬 수 있을지는 모르나, 타락한 인간의 육적인 욕망을 만족시킬 뿐이고, 인간의 구원을 위해서는 아무런 가치나 효력이 없다. 거짓 교사들은 금욕을 통하여 몸을 괴롭히는 것이 하나님의 뜻에 합당하다고 생각했다. 반면에 바울은 인간의 몸이란 선하고 아름다운 하나님의 창조물에 속하기 때문에 아름답게 가꾸어야 한다고 가르쳤다(고전 6:13; 10:23-24). 거짓 교사들의 금욕이나 터부 주장은 몸을 괴롭히는 것에 불과하다. "괴롭히는 것"으로 번역된 그리스어 단어는 긍정적으로는 "단련"을 말하지만, 부정적으로는 "아끼지 않는 것"을 뜻할 수 있다. 몸에 애정을 갖지 않고 무자비하게 괴롭히는 것을 말한다.[288] 그들은 그러한 무자비한 금욕을 **"겸손"**이라고 생각했을 것이다.[289] 이는 후대에 이원론적인 영지주의자들이 육체와 물질을 하나님의 선한 피조물로 보지 않고 죄의 뿌리로 보면서 괴롭혔던 것을 상기시킨다. 골로새 교회에 나타난 거짓 교사들은 영지주의적인 경향을 가지고 있었다.

그러므로 그들의 주장은 지혜의 **"모양"** 혹은 "명성"($\lambda o \gamma o \varsigma$)을 가지고 있을 뿐이고, 실제로는 육체의 욕망을 채우는 데에 가치가 있고, 하나님 앞에서 구원을 받는 데는 아무런 가치도 없는 "육신의 생각"에 불과하다 (2:18). 진정한 지혜란 그리스도 안에서 나타난 하나님의 뜻을 아는 것이다(1:9; 2:3). 진정한 지혜를 가진 사람은 오직 그리스도 예수 안에서 하나님만을 숭배하며, 하나님이 주신 몸을 감사함으로 받아서 잘 가꾸며 선용하는 사람이다.

◆ 설교를 위한 메시지 요약

1. 이 단락은 6-15절에 요약된 기독교의 핵심 메시지로부터 나오는 실천적인 삶을 위한 교훈이다. 6-15절에서 저자는, 그리스도인들은 그리스도의 이름으로 세례를 받음으로써 구원의 확신을 이미 지금 받았으며, 따라서 오로지 그리스도 외에는 그 어떤 사람이나 영적인 존재들에 매이지 않는 절대적인 자유를 누리는 사람들이라고 말했다.

그에 반해 거짓 교사들은 성도들을 계속해서 그리스도 외의 어떤 것들에게 얽어매려고 했다. 그리스도 외의 어떤 영적인 존재들이 인간의

---

288) 그런 의미에서 ouk εν τιμῆ τινι를 앞의 σωματος로 연결시켜서 번역하기도 한다. P. Pokorny, 120. 130-131.
289) 금식을 하나님 앞에서 인간이 겸손하게 복종하는 표시로 본 것은 구약성서에서 유래하였다. 레위기 16:29.31; 23:27.29 등을 참조.

운명을 지배하고 있기 때문에 그들을 섬겨야 한다고 가르쳤는데, 그 섬기는 방식이 구체적으로 금욕이나 터부의 형식으로 나타났다. 특정한 음식을 먹어서는 안 된다느니, 혹은 특정한 날을 지켜야 한다느니 등등. 이러한 거짓 교사들의 가르침에 대한 저자의 비판은 오늘날 우리 한국 그리스도인들에게 매우 중요한 교훈을 준다. 이사, 결혼 등을 할 때 특정한 날을 복된 날이라고 하면서 선호한다든지, 혹은 풍수지리설에 얽매어 산소를 만든다든지, 어떤 음식을 먹어서는 안 된다든지 하는 것 등등은 오늘의 한국 사람들에게서 쉽게 찾아볼 수 있고, 그리스도인들 가운데서도 이 문제에 확신을 가지고 있지 못한 경우가 많다. 어떤 성도는 조상에게 드린 제사 음식에 귀신이 붙어있어서 먹을 수 없다고 하는 경우도 있다. 술이나 담배도 마귀의 음식인양 여기는 경우도 있다. 물론 종교적인 절제를 하기 위하여 그런 음식을 멀리하는 것은 매우 의미 있는 일이기는 하지만, 그 어떤 음식도 영적인 존재일 수는 없다. 음식은 하나님의 피조물로서 우리가 선용해야 할 대상일 뿐이다. 주일 그리고 성탄절이나 부활절과 같은 절기도 거기에 부여된 신앙적인 의미를 되새기며 특별히 경건하게 지키는 것은 좋은 일이지만, 그 날을 다른 날과 달리 특별히 거룩하거나 신들린 날로 여겨서는 안 된다. 모든 날이 다 하나님의 영광을 위하여 선용되어야 할 시간일 뿐이다. 어떤 사람이 그리스도인들은 사찰에 가서는 안 된다고 가르치는 것을 들은 적이 있다. 사찰에 귀신이 있기 때문인가? 사찰은 다른 종교의 영역일 뿐이다. 때로는 문화적인 유산에 불과하거나 혹은 좋은 지리적인 위치로 인하여 거쳐 갈 수도 있다. 만일 다른 종교의 특별한 영역이 그리스도인들이 어쩔 수 없는 신들에 의해서 지배되고 있다면, 그곳은 하나님의 통치 영역 바깥이 될 것이고, 하나님은 그 만큼 제약된 존재가 되어버린다. 하나님의 지배를 받지 않는 영역이 창조 세계 어디에도 있을 수 없다. 골로새 교회에 나타난 거짓 교사들의 가르침과 그에 대한 저자의 비판은 성격이 조금 다르기는 하지만 오늘의 그리스도인들에게도 매우 중요한 사실을 깨닫게 해 준다.

아주 신학적이면서 원리적으로 말한다면, 그리스도인들은 완전히 자유로운 사람들이다. "오직 그리스도에게만" 순종할 뿐이고, 그리스도인의 자유는 어떤 다른 영적인 존재들이나 시간, 공간 그리고 어떠한 피조물들에 의해서도 제약을 받을 수 없다. 바울이 고린도전서 8-9장과 갈라디아서 5-6장에서 말하듯이, 완전한 그리스도인의 자유는 오로지 이웃 사랑을 위해서만 유보되거나 포기될 수 있을 뿐이다. 그러므로 골로새서는 3장부터 이웃을 사랑하는 자유의 본질에 대해서 말할 것이다.

2. 골로새 교회에 나타난 거짓 교사들은 그들의 특별한 영적인 경험을 내세우면서, 거짓된 가르침에 영적인 권위를 부여하려고 했다는 사실을 잊어서는 안 된다. 오늘날에도 성도들을 미혹하게 하는 사람들은 모두 한결같이 자신들이 특별한 영적인 체험을 했다고 주장한다. 그러나 가장 중요하고 가장 근본적인 영 체험은 그리스도 안에서 죄와 죽음 그리고 모든 영적인 속박으로부터 해방되었다는 확신을 가져다준다. 그러므로 그리스도인들을 그리스도 외의 다른 어떤 것에 얽매이게 하려는 것은 올바른 영적인 체험이라고 할 수 없다. 그것은 영적인 것을 가장한 육적인 생각이고, 그 생각을 과장되게 자랑하는 것에 불과하다.

3. 이 단락에서 교회의 성장에 대해서도 한 번쯤 생각해 보아야 한다. 물론 이 주제는 에베소서에서 더 자세하게 다루어지고 있기는 하다. 본문(19절)은 교회의 성장을 "하나님의 성장"이라고 말한다. 이는 하나님이 원하시는 성장이야말로 교회의 진정한 성장이라는 뜻이다. 하나님이

원하시는 성장은 어떤 것인가? 거짓 교사들처럼 거짓된 가르침으로써 사람들을 현혹시키는 성장이 아니라, 머리가 되시는 그리스도께 굳게 붙어서 그로부터 영양분을 공급받고, 지체들이 연합하여 조화를 이룸으로써 일어나는 성장이다. 수단과 방법을 가리지 않고 교인 수만 늘리면 된다는 성장제일주의가 아니라, 바른 신학에 근거해서 모든 지체가 양분을 공급받아 건강하게 자라나는 성장이 바로 "하나님의 성장"이다. 더 나아가서 골로새서가 하나의 지역 교회보다는 우주적인 교회를 말한다면, 교회의 성장은 단순히 개교회의 성장이 아니라, 전체 기독교의 건전한 성장을 말한다. 그렇다면 "마디와 힘줄"은 개교회를 의미할 수 있고, "온몸"은 전체 기독교를 말한다. 개교회의 바른 성장과 전체 기독교의 바른 성장은 뗄 수 없는 연관 속에 있어야 한다. 개교회주의의 질병이 깊은 한국의 개신교회는 골로새서와 에베소서가 말하는 교회론에 귀를 기울여야 할 것이다.

주제 해설 4: 골로새에 나타난 "철학"과 "바울의 복음"[290]

여기서 우리는 서신이 논박하고 있는 거짓 교리인 "철학"과 그에 맞서 선포하고 있는 "바울의 복음"을 종합해서 살펴보자.

1. "철학"

거짓 교사들은 어떻게 해야 인간이 구원을 받을 수 있다고 가르쳤는가? 아니 그들이 가르친 구원은 과연 무엇인가? 서신의 저자는 거짓 교사들의 가르침은 결코 인간의 구원을 위한 바른 가르침이 아니라고 확신

---

290) 이 주제 해설은 필자가 「신학과 세계」 61호 34-57쪽에 발표했던 논문을 보충하고 요약했다. 더 상세한 논의를 위해서는 이 논문과 해당 구절의 주석 부분을 읽을 것.

하였기 때문에, 그들을 부정하고 비판할 수밖에 없었다. 그는 서신 전체에 걸쳐서 거짓 교사들의 주장을 공박한다.[291] 그러나 어느 경우에도 "이것이 거짓 교훈의 내용이다"라는 식으로 직접적으로 규정하고 있지 않기 때문에, 저자가 비판하는 거짓 교훈의 내용 자체를 분명하게 알기는 쉽지 않다. 더구나 저자의 비판을 통해서만 간접적으로 거짓 교훈의 내용을 추론할 수 있기 때문에, 어려움은 더 크다. 그럼에도 불구하고 거짓 교훈의 근본적인 내용과 원리를 어느 정도는 알 수 있다.[292] 우선 서신에서 거짓 교훈은 크게 세 가지 범주로 그 내용을 구분할 수 있다.

① 골로새서에서 거짓 교훈을 가장 분명하게 규정하고 있는 곳은 2:8이다. 이 구절은 거짓 교사들의 교훈을 간단명료하게 "철학"이라고 규정한다. 그러나 "철학"이라는 말 자체는 부정적인 의미를 갖지 않는다. 그러나 서신은 "철학"에 이어지는 "헛된 속임수"라는 말과 세 개의 κατα ("따름") 표현으로 된 부연 설명을 통해서 골로새 교회에 나타난 "철학"을 매우 부정적으로 규정한다. "철학"이 기독교 신앙의 구원론적인 핵심을 부정하거나 왜곡할 때는 단호하게 맞설 수밖에 없다는 것을 골로새서가 보여 주고 있다.

거짓 교사들이 인간의 구원을 위한 그들 자신의 특별한 가르침을 "철학"이라고 규정한 것으로 볼 때, 그들은 자신들이 오직 예수 그리스도를 통해서 구원을 얻는다는 신약성서, 특히 바울이 전파한 복음을 뛰어넘는 진정한 구원에 관한 지식을 가지고 있는 지혜로운 사람들이라고 여긴 것

---

291) 골로새서가 거짓 교사들을 비판하는 어조를 읽을 수 없다고 주장하는 이들은 영국과 독일의 두 여성학자다. M. D. Hooker, "Were there false teachers in Colossae?"; Standhartinger, *Studien zur Entstehungsgeschichte*

292) E. Lohse, 186은 "교회를 위협하는 그런 가르침의 원리를 상당히 분명하게 재구성할 수 있다"고 말하지만, 그러나 J. Gnilka, 163은 거짓 교훈을 분명하게 규정하는 것이 쉽지 않다고 말한다.

같다. 골로새서가 유난히도 "지혜"(1:9,28; 2:3,23; 3:16; 4:5)나 "아는 것" 혹은 총명(1:9-10; 2:2-3; 3:10) 등에 관해서 자주 말하고 있는 사실도 이러한 거짓 교사들의 자기 이해나 주장과 무관하지 않을 것이다. 그들은 그들 자신이 전하는 "철학"과 비교해서 오직 예수 그리스도가 인간과 세상의 구주시며 주권자가 되신다는 바울의 전통에 서 있는 복음은 별로 특별하지 못한 지식에 속하는 저급한 것이라고 선전하였다. 그리고 그런 저급한 선포보다는 자신들이 가르치는 더 고상하고 지혜롭고 심오한 메시지를 "철학"이라고 하면서 그 철학을 믿고 따라야 한다고 성도들을 유혹했다. 뿐만 아니라 그들은 다른 한편으로는 자신들의 가르침을 따르지 않는 사람들을 비난하고 정죄한 것이 분명하다(2:16,18). 그들은 자신들의 견해를 헛되이 과장하면서 선전하였다(2:18). 서신은 이러한 거짓 교사들의 주장을 간단하게 "헛된 속임수", "사람의 전통"과 "세상의 초등 학문"에 따른 것에 불과하고, "그리스도를 따르는 것"이 아니라고 말한다. 왜냐하면 그러한 "철학"은 오직 그리스도 안에만 하나님의 본질과 영광 곧 구원이 온전하게 나타나 있다는 복음을(2:9) 부정하는 것이기 때문이다.

② 서신이 "헛된 속임수"며 "사람의 전통"과 "세상의 초등 학문"에 따른 것일 뿐이고, "그리스도를 따르는 것"이 아니라고 규정한 "철학"의 구체적인 내용은 무엇인가? 철학의 내용적인 규정에 있어서 가장 중요한 것은 "세상의 초등 학문"으로 번역된 표현이다. 2:8과 2:20에 두 번 사용되면서 거짓 교훈의 내용을 요약하고 있는 στοιχεια του κοσμου를 "세상의 초등 학문"이라고 번역하는 것은 적절하다고 할 수 없다. στοιχεια του κοσμου의 첫 단어 στοιχεια는 복수형으로, 단순히 "학문"이 아니라 권세를 가진 인격적인 존재들로 이해되기 때문이다. 2:20에 στοιχεια 와 Χριστος가 나란히 대조되는 실체로 나타나는 것으로 볼 때, στοιχεια

는 그리스도와 같은 인격적인 주장과 권세를 가진 주체로 이해되고 있음이 분명하다. 그러므로 στοιχεια του κοσμου는 "세상의 기반이 되는 영적인 존재(요소)들" 혹은 전경연이 그의 주석 여러 곳에서 말하듯이 "세상의 원소 신"으로 번역하는 것이 적절하다.293)

그렇다면 이처럼 인격적인 권세를 가진 영적인 실체들인 στοιχεια του κοσμου는 구체적으로 무엇을 말하는가? στοιχεια는 어떤 존재하는 것의 가장 초기와 기초가 되는 요소나 기반을 말한다. 이것이 우주론적으로 적용될 때는 그리스의 초기 철학자들이 말했던 우주 만물을 생성하는 근본 요소들을 의미한다. 이러한 철학자들은 흙, 물, 공기, 불 등이 일정한 비율로 결합되거나 분리되면서 우주 만물이 형성되었다고 주장하였다. 태양이나 별들은 불의 요소에 포함되기도 했다. 그러므로 사람의 몸뿐만 아니라, 영혼도 이러한 기초 요소들의 조화를 통해서 생겨났다는 것이다. 그런 점에서 인간과 우주 만물은 유사한 성분과 성질을 가지고 있다. 하늘도 예외가 아니어서 이러한 요소들에 속하였다. 예를 들어서 기원전 5세기 무렵에 살았던 그리스 철학자 Empedokles는 네 가지의 창조되지 않았으며 결코 사라지지 않는 요소들이 서로 결합(이를 "사랑"이라 했다)되어 만물이 형성되었거나 아니면 분리(이를 "미움"이라고 했다)됨으로써 파괴된다고 했다.294) 이처럼 우주 만물은 창조되지도 않았고 사라지지도 않을 기본 요소들이 서로 결합과 분리를 반복하면서 생성과 멸망의 과정을 계속한다. 이러한 생멸 과정에서 인간도 결코 예외일 수 없다고 그들은 믿었다.

처음에는 우주 만물의 생성에 관한 물리학적이고 철학적인 차원이었던 이러한 견해가 점차 종교적인 차원으로 확대되기 시작하였다. 특히

---

293) 전경연, 251-257 참조.
294) R. Hoppe, 127.

인간의 영혼도 다른 물질들과 다르지 않게 이러한 생멸의 순환 구조 안에 있다고 생각함으로써 종교적인 차원으로 심화될 수 있었다. 어떻게 이러한 순환 구조에서 벗어나 영혼이 영원히 살 수 있는 길을 찾을 수 있을 것인가? 이러한 물음에 대한 종교적인 대답은 점차 이 기초 요소들을 신화화하고 영적인 실체들로 인식하게 했으며, 그로 인해 그것들을 숭배하는 의식이 생겨나게 되었다.295) 우주 만물의 기초라고 여겼던 물리적인 요소들이 인간의 영혼과 운명을 지배하는 신적인 권세들이 되었다. 특히 골로새가 속해 있던 소아시아 지역의 사람들은 στοιχεια του κ οσμου를 신으로 숭배하였다. 이에 대한 두 개의 중요한 증언이 있다. 가장 먼저는 구약성서의 문헌에 속하는 지혜서 13:1-3이다.

> 하느님을 모르는 자들은 모두 태어날 때부터 어리석어서 눈에 보이는 좋은 것을 보고도 존재하시는 분을 알아보지 못하였고, 업적을 보고도 그것을 이룩하신 분을 알아보지 못하였다. 그래서 **그들은 불이나 바람이나 빠른 공기, 또는 별의 회전, 혹은 도도하게 흐르는 물, 하늘에서 빛나는 것들을 세상을 지배하는 신들로 여겼다.** 만일 이런 것들의 아름다움을 보고 그것을 신이라고 생각했다면, 이런 것들의 주님이 얼마나 더 훌륭하신가를 알아야 했을 터이다. 왜냐하면 그것들을 창조하신 분이 바로 아름다움의 주인이시기 때문이다.

역사가 Herodot는 페르샤 사람들에 대해서 다음과 같이 기록하고 있다.296)

---

295) G. Delling, Art. στοιχειον ThWNT VII, 670-687; E. Plümacher, Art. στοιχειον EWNT III, 664-665.
296) Historien I, 131. R. Hoppe, 위의 책, 128에서 재인용.

그들은 산들의 꼭대기들에서 제우스에게 제물을 바치곤 했으며 **온 천체를 제우스**라고 불렀다. 그들은 **태양, 달, 땅, 불, 물, 바람**에게도 제사를 드렸다.

이처럼 신들로 숭배를 받게 된 στοιχεια του κοσμου는 인간의 행복과 구원을 결정하는 힘을 갖게 되었고, 그만큼 인간은 그들을 두려워하게 되었다. 골로새에 나타난 거짓 교사들은 예수 그리스도를 믿는 것만으로는 부족하고, στοιχεια του κοσμου의 도움을 받아야만 인간의 영혼이 하나님께로 갈 수 있다고 가르쳤다. 또한 그것들이 인간의 운명을 지배하기 때문에, 그것들을 숭배해야만 현세의 삶도 역시 행복해질 수 있다고 가르친 것으로 보인다. 그러면서 자신들의 가르침을 "철학"이라는 말로 포장한 것이다.

στοιχεια του κοσμου라는 표현은 갈라디아서에도 나온다.[297] 유대교가 구원과 존재의 기반을 율법으로 보았다면, 그리스의 이방인들은 στοιχεια του κοσμου를 존재의 기반으로 보았다. 그리스 종교들에서 στοιχεια는 신들(gods)을 의미하였기 때문이다.[298] 그러므로 갈라디아서 4:5,8이 말하듯이, στοιχεια του κοσμου는 "율법"과 "하나님이 아닌 자들"을 동시에 말한다. 그러므로 바울의 대적들이 그리스도인의 존재 기반으로서 그리스도를 불충분한 것으로 보고 그리스도에 대한 믿음과 함께 유대교의 율법을 지킬 것을 요구하였다면, 그것은 이방인으로서 그리스도인이 된 갈라디아 성도들에게는 과거 그리스도인이 되기 이전에 신으로 알고 섬겼던 στοιχεια του κοσμου의 굴레 속으로 다시 들어가라는 것과 다를 바 없었다. 이처럼 갈라디아서에서 στοιχεια του κοσμου는

---

297) 이에 대한 가장 최근의 연구는 M. C. De Boer, "The Meaning of the Phrase τα στοιχεια του κοσμου in Galatians", 204-224에서 볼 수 있다.
298) M. C. De Boer, 위의 논문.

유대교의 "율법"과 그리스 종교들이 가르친 "하나님 아닌 자들"을 포괄해서 규정하는 표현으로 사용되었다. 골로새서도 역시 동일한 표현을 사용해서 유대교, 그리스 철학 그리고 그리스 종교적인 혼합주의를 말하지만, 갈라디아서와 다른 점은 율법에 대해서는 전혀 말하지 않는다는 것이다. 골로새서는 아예 율법이나 구약성서에 대해서는 전혀 언급하지 않는다. 갈라디아서는 그리스 철학적인 표현을 사용해서 유대교적인 율법과 결합된 강한 혼합주의를 말한다면, 골로새서는 동일한 표현으로써 유대교적인 경향보다는 오히려 그리스 철학이나 종교적인 내용이 강한 혼합주의를 말한다.299)

③ 그들은 천사 숭배를 가르쳤다(2:18). 아마도 그들은 앞에서 말한 인격적인 실체로서 신적인 권세를 가진 영적인 실체들인 στοιχεια του κοσμου의 우두머리가 천사들이라고 믿고 가르친 것 같다. 천사들은 영혼의 구원뿐만 아니라 현세적인 삶을 보호하고 인도하는 존재로 믿어졌고, 숭배되었다. 골로새서 2:18은 번역하기도 어렵고 이해하기도 어려운 구절이다. 우리말 개역개정판 성서가 "그가 그 본 것에 의지하여"라고 번역하고 있는 그리스어 표현(ἃ ἑόρακεν ἐμβατεύων)은, 그닐카의 말대로, 골로새서에서 "가장 수수께끼 같은 문장"이다.300) 우리는 이 말이 거짓 교사들이 경험했다고 주장하는 어떤 신비적인 체험을 말하는 것으로 볼 수 있다. 그렇다면, 그들은 다른 사람들이 하지 못하는 특별한 신비 체험을 했으며, 그 체험에 근거해서 천사 숭배를 주장했다고 할 수 있다.

④ 거짓 교사들은 이방인 그리스도인들인 골로새 교회의 성도들에게

---

299) 이는 A. R. Bevere, *Sharing in the Inheritance*, 90-115와는 상당히 다른 견해다.
300) J. Gnilka, 150.

도 손으로 육체에 할례를 행할 것을 가르쳤다. 2:11에서 저자가 골로새의 그리스도인들에게 손으로 행하지 않은 할례를 받았다고 하면서, 2:12-13에서 세례의 의미에 대해서 말한다면, 그 배경에는 손으로 육체에 할례를 받으라고 가르친 거짓 교사들의 요구가 있었다고 추정할 수 있기 때문이다. 그러나 이것은 유대교적인 할례와는 사뭇 다른 것이다. 손으로 행한 할례는, 거짓 교사들이 그들의 가르침을 받아들인 사람들을 그들만의 특별한 제의 행위에 들어올 수 있게 하는 일종의 가입 의식이라고 할 수도 있다.[301] 그들은 이러한 제의 행위에서 영혼이 영적인 요소들을 통해서 하늘로 올라가는 황홀한 경험을 미리 하게 되며, 그럼으로써 그들은 불멸의 삶에 참여하게 된다고 가르쳤다.

⑤ 그들은 특정한 음식을 먹어서는 안 된다는 금욕적인 음식 규정과 특정한 날이나 절기 등을 지켜야 한다는 축제 규정과 터부를 지킬 것을 가르쳤다(2:16-18,21-23). 하나님과 인간 사이의 우주적인 공간을 지배하고 있는 여러 영적인 존재들의 방해를 받지 않고 하나님의 세계로 올라가기 위해서는 그러한 영적인 존재들을 숭배하고 섬겨야 하는데, 그들을 섬기는 실천적인 수단이 금욕과 터부, 그리고 특정한 날과 절기를 지키는 것이라고 가르쳤다. "몸을 괴롭히는 금욕"과 천사를 숭배하고 금기사항을 지키는 "꾸며 낸 겸손"을 통해서 영혼이 몸으로부터 해방되어 하늘의 세계로 올라가게 되면, 그것이 구원이라고 믿은 것이다.

결론적으로 거짓 교사들은 그리스도 안에서 일어난 죄의 용서(2:13)로는 구원을 받기에 충분하지 않고, 죄 용서와는 다른 더 높은 차원의 구원의 길이 있다고 가르쳤다. 그들이 믿는 구원은, 그리스도를 통한 죄의

---

301) J. Gnilka, 133,168-169. 그 외에도 E. Lohse, E. Lohmeyer, M. Dibelius 등의 주석서들은 모두 그런 추측에 동의한다. 그러나 E. Schweizer, P. Pokorny, 전경연 등은 거짓 교사들이 손으로 행한 할례를 시행했다는 것에 회의적이다.

용서나 몸의 부활 등이 아니라 불멸의 세계로 올라가는 것이었다. 우주의 물질적인 세계 질서 속에 인간이 편입되어 있고, 그러한 우주 세계의 질서를 유지하고 지배하는 세력들의 허락과 도움을 받아야 하나님이 계시는 불멸의 세상에 들어갈 수 있다. 그들은 불멸의 세계로 영혼이 올라갈 때 비로소 구원의 세계에 들어간다고 믿은 것 같다. 이러한 불멸의 세계로 영혼이 올라가기 위해서는 예수 그리스도만으로는 충분하지 않고, 하나님과 인간 사이의 세상을 지배하고 있는 천사들, 그리고 인격적인 실체로서 신적인 권세를 가진 존재로 이해되는 여러 원소 신들의 힘이 필요하다. 따라서 그들을 숭배하는 특별한 의식에 참여하고, 또 그들이 요구하는 여러 가지 계명이나 금명들을 지켜야 한다고 가르쳤다. 거짓 교사들은 고도로 훈련된 논리적인 대화술을 갖추고 있었다(2:4). 그들은 자신의 주장을 과장했고(2:18), 거기에 따르지 않는 사람들을 비난하고 정죄하였다(2:16,18). 그러한 수사학적인 능력을 십분 발휘하여 그들의 가르침을 따를 때에만 골로새 성도들이 인간의 운명을 지배하는 στοιχεια του κοσμου 세력의 도움으로 구원의 길을 갈 수 있다고 주장했음이 분명하다(2:14). 서신의 저자는 이러한 가르침에 분명하게 반대하였고(2:20), 그들의 가르침을 철학, 속임수, 사람의 전통(2:8), 외면적 지혜(2:23), 육신적 헛된 생각(2:18,23)이라고 비판하였다.

2. "철학"은 어디에서 나온 것인가?

골로새 교회에 나타난 이러한 "헛된 속임수"인 "철학"은 어디에서, 어떤 근원에서 온 것인가? 물론 이 질문에 대한 답은 간단하지 않고 또 분명하게 내릴 수도 없다. 이 "철학"의 종교사적 배경에 대한 최근의 연구는 주로 영어권, 특히 영국 학자들에 의해서 다양하게 연구되고 있다. 거의 해마다 하나씩의 연구 문헌이 나왔는데, 대표적인 몇 개의 사례를 들면 다음과 같다. Th. J. Sappington은 유대교의 묵시문학을 배경으로 골로새의 "철학"을 이해하려고 하며,[302] R. E. DeMaris는 플라톤 사상에 영향을 받은 이방 그리스도인이 배경에 서 있다고 본다.[303] 반면에 C. E. Arnold는 소아시아에 널리 퍼져 있던 통속 종교와 유대교 그리고 바울의 복음을 뒤섞은 혼합주의를 "철학"의 배경으로 보고 있다.[304] T. W. Martin은 퀴닉 철학을 배경으로 해서 "철학"을 이해하려고 한다.[305] 반면에 가장 최근에 A. R. Bevere는 골로새의 "철학"이 근본적으로 유대교적인 것이지만, 이는 교회 내부적인 논쟁은 아니라고 한다.[306]

이러한 헛된 속임수인 "철학"의 종교사적인 뿌리에 관한 학자들의 다양한 연구를 종합하면서 독일의 학자 우도 슈넬레(U. Schnelle)는 다음과 같은 14갈래의 종교사적인 흐름을 말하였다: 쿰란-에세네파, 유대적 배경을 가진 그리스적인 영지주의, 혼합주의적인 그리스의 밀의종교, 영지주의적인 유대교, 혼합주의적인 유대교, 신피타고라스학파의 강한 영향을 받은 혼합주의, 프리기아의 자연종교, 이란의 신화 그리고 헬라주의 유대교의 혼합주의적 형태, 유대적-영지주의적인 혼합주의, 영지주의의 영향, 유대교 묵시 사상을 배경으로 하는 금욕적-신비적인 신앙, 그리스적-유대적인 계시 지혜 사상, 헬라주의적인 마술과 밀의적인 실천이 혼합된 유대교, 금욕적인 유대인 그리스도인 등.[307]

골로새가 속해 있었던 로마 시대의 소아시아에서는 개인주의화되고 영성화된 종교들의 혼합 현상이 성행하였다. 로마와 소수 지배층들의 수탈로 인하여 절대 다수의 백성들은 정치적으로나 경제적으로 삶의 뿌리

302) Th. J. Sappington, *Revalation and Redemption at Colossae*(1991년).
303) R. E. DeMaris, *The Colossian Controversy*(1994년).
304) C. E. Arnold, *The Colossian Syncretism*(1995년).
305) T. W. Martin, *By Philosophy an Empty Deceit*(1996년).
306) A. R. Bevere, *Sharing in the Inheritance*(2003년).
307) U. Schnelle, *Einleitung*, 309-310; 전경연, 260-268도 참조.

를 잘린 채 불안하게 살아가고 있었고, 이런 상황에서 그들에게 위안과 희망을 준 것은 바로 여러 종교들이었다. 마술, 점성술, 소종파적이고 미신적인 여러 제의들이 가난과 절망에 찌든 사람들에게 나름대로 희망을 주었고, 종교적인 형제의식 속에서 평안을 누릴 수 있게 하였다. 그 당시의 철학도 이러한 개인의 행복에 지대한 관심을 기울였다. 이처럼 당시 지중해를 중심으로 한 지역에 매우 다양한 종교적인 흐름들이 산재해서 상호 영향을 주고받았으며, 그것이 그대로 골로새 교회에도 들어오게 되었다. 골로새 교회에 등장한 "철학"도 바로 이러한 시대적인 종교 혼합주의적인 상황에서 이해할 수 있을 것이다.[308] 그러므로 골로새서가 비판하는 "철학"의 종교사적인 근원에 대해서는 어느 것 하나를 고집할 수 없고, 그 당시 소아시아에 나타난 모든 종교적인 현상들의 혼합으로 보아야 할 것이다. 그런 혼합주의적인 종교적 주장들이 기독교 신앙과 혼합되면서 헛된 속임수인 "철학"을 낳게 되었다.

3. 헛된 "철학"에 맞선 "복음"

거짓 교사들은 그리스도를 믿는 것을 부정하지는 않았다. 만일 그들이 그리스도의 주권을 부정했다면, 서신의 저자가 이에 대해서 강력하게 비판하였을 것이다. 하지만 서신 안에 그런 비판이 없는 것으로 볼 때, 그들도 그리스도 믿음을 받아들였던 것 같다. 그러나 그들은 그리스도 믿음만으로는 구원을 받기에 충분하지 않다고 주장하면서, 그리스도 외의 다른 영적인 존재들을 예배하며 섬기는 금욕이나 음식 절제, 절기를 지키는 것 등 특별한 실천을 할 것을 가르쳤다. 이에 맞서서 저자가 바울의 이름으로 제시한 복음은 한 마디로 "오직 그리스도"(solus Christus)였다. 즉 골로새서가 거짓된 "철학"에 맞서서 말한 바울 복음의 핵심은

308) J. Gnilka, 169-170.

그리스도 중심의 구원론이었다. 골로새서는 처음부터 끝까지 그리스도 중심의 메시지를 증언하는 구조로 되어 있다.309)

거짓 교사들은 그리스도를 믿는다고 하면서도 그리스도가 가지고 있는 우주와 인간 전체에 대한 "머리"로서의 유일하고 절대적인 주권을 인정하지 않았다. 그들은 오직 그리스도만이 생명의 근원이 된다는 사실을 받아들이지 않았다. 2:19에 의하면, 그들은 "머리를 붙들지 아니하였다". 이에 맞서서 서신은 "온 몸이 머리로 말미암아 마디와 힘줄로 공급함을 받고 연합하여 하나님이 자라게 하시므로 자라난다"고 분명하게 말한다.310) 몸이 머리에서 분리되면 죽는다. 이와 마찬가지로 머리가 되시는 그리스도의 절대적인 주권을 인정하지 않거나 단지 부분적으로만 인정하는 것은, 구원으로부터 떨어지는 결과를 가져온다. 이에 저자는 거짓 교사들의 헛된 속임수에 속아 넘어가지 말 것을 독자들에게 직접적으로 간곡하게 호소한다.

내가 이것을 말함은 아무도 교묘한 말로 너희를 속이지 못하게 하려 함이니(2:4)
누가 철학과 헛된 속임수로 너희를 사로잡을까 주의하라. 이것은 사람의 전통과 세상의 초등 학문을 따름이요 그리스도를 따름이 아니니라.(2:8)

반대로 저자는 독자들에게 오직 그리스도 안에만 온전한 생명이 있다고 말하면서, 그리스도 안에서 깊이 뿌리를 박고 서서 흔들리지 말 것을 호소한다.

---

309) A. de Oliveira, "Christozentrik im Kolosserbrief", 72-103.
310) A. Lindemann, 84-89.

그 안에 뿌리를 박으며 세움을 받아 교훈을 받은 대로 믿음에 굳게 서
서 감사함을 넘치게 하라. (2:7)

만일 너희가 믿음에 거하고 터 위에 굳게 서서 너희 들은 바 복음의
소망에서 흔들리지 아니하면 그리하리라. (1:23)

이러한 서신의 그리스도 중심 신학은 서두에 인용하고 있는 송가
(1:15-20)에 분명하게 드러나 있다. 그러므로 골로새서는 거짓 교사들의
"철학"에 맞서서 인용한 송가 신학을 골로새 성도들에게 해설하고 적용
하는 서신이다.[311] 이로써 저자가 왜 서두에 그리스도 송가를 인용하고
있는지 분명해진다. 송가의 핵심은 그리스도의 유일하고 절대적인 주권
을 우주적인 차원에서 노래한다. 이는 "철학"을 가르치는 거짓 교사들의
주장에 정면으로 반대되는 것이다. 그러므로 거짓 교사들에 맞서는 그리
스도 중심의 구원론을 말하기 위하여 골로새 성도들도 잘 알고 있는 송
가를 인용한 것이다. (송가의 기독론적인 메시지에 대해서는 앞의 103쪽을 참조하
라.) 간단히 말하면, 송가는 창조론과 우주론 그리고 종말론과 구원론적
인 차원에서 예수 그리스도의 절대적 주권을 노래한다. 그리스도의 절대
적 주권을 노래하면서 예수 그리스도 이외의 그 어떤 영적이고 신적인
존재들이나 세상적인 세력들은 인간의 운명에 대한 지배권을 가질 수 없
음을 말한다. 오직 예수 그리스도, 오직 그분만이 우주와 인간을 창조하
고, 구원하고, 다스리는 절대적인 주권자다.

이 송가에는 "만물" 혹은 "모든"(παν)이 8번이나 반복되고 있으며(15절에
1회, 16절에 2회, 17절에 2회, 18절에 1회, 19절에 1회, 20절에 1회), 그에 해당하는
다른 표현들도(하늘과 땅 등) 지속적으로 반복되고 있다. 이 사실은 존재하는
모든 것이 단 하나의 예외 없이 모두가 그리스도 안에서 일어난 하나님의

---

311) A. de Oliveira, "Christozentrik im Kolosserbrief", 79.

창조 행위의 산물이며, 그 모든 것은 오직 그리스도 안에서 생명을 얻고 서로 화해하는 평화 가운데서 살아가야 한다는 것을 말한다. 그리스도의 창조와 화해 사역에서 제외된 것은 없으며, 그리스도의 주권에서 벗어나 있는 것은 없다. 그러므로 이를 그리스도의 우주적인 주권이라고 한다.

송가가 노래하는 이러한 우주적이고 기독론적인 구원론은, 서신 전체에 걸쳐서 거짓 교훈에 맞서는 신학적인 메시지의 중심이 되고 있다. 2:9는 송가의 내용과 용어를 그대로 물려받아서 그리스도 안에 "신성의 모든 충만이 육체로 거하시고"라고 말한다(1:19 참조). "모든"은 다른 곳에서 신성을 찾을 필요가 없고, 오로지 그리스도 안에서 신성이 완전하게 나타나 있다는 것을 강조하면서 2:8이 말한 "철학"을 직접적으로 공격한다. 이어지는 2:10은 "너희도 그 안에서 충만하여졌으니 그는 모든 통치자와 권세의 머리"라고 하는데, 이는 골로새 성도들이 세례를 받음으로써 오로지 그리스도 안에서 이루어진 하나님의 구원을 완전하게 받았기 때문에, 거짓 교사들이 가르치는 "세상의 초등 학문"을 두려워하거나 천사를 숭배하며 거짓된 종교적인 실천에 따를 필요가 없다는 말이다.

이러한 그리스도 중심의 구원론은 서신에서 지속적으로 반복되고 있는 "그리스도 안에서" 혹은 "그 안에서" 혹은 "주 안에서", "그리스도(주)와 함께" 등의 표현에서도 분명하게 나타나 있다(1:2.14.16.17.20.22.28; 2:3.6.7.9.10.11.13; 3:1.3.4.18.20; 4:7.17). 오직 그리스도 안에서만 하나님은 계시되어 있고, 만물이 창조되었다(1:15-16). 하나님의 신적인 성품과 구원은 오직 그리스도 안에, 그것도 충만하게 나타나 있다(2:9). 그러므로 성도들은 오직 하나님의 "사랑의 아들"인 그리스도 안에서만 죄 사함을 얻었고(1:13-14), 그리스도 안에서만 손으로 행하지 아니한 할례를 받았고(2:11), 오직 그리스도 안에서 그리스도와 함께 일으킴을 받았다(2:12). 결국 그리스도인들은 오직 그리스도 안에서 하나님의 구원을 충만하게 받았고, 오직 그리스도에게만 순종한다(2:10). 그러므로 그리스도인들이 살아갈 수 있는 생명의 영역은 오직 그리스도뿐이다. 그리스도 안에 뿌리를 박았기 때문에, 그 뿌리로부터만 생명의 힘을 받을 수 있다(2:7). 그리스도인들은 "주 안에서", 곧 주님의 권세와 능력 안에서만 이웃을 사랑하고, 함께 동역할 수 있다(3:18; 4:7). 따라서 그리스도인들은 그리스도와 운명 공동체를 이룬다. 그리스도와 "함께" 죽고 살리심을 받았으며, 그리고 다시 영광 가운데 나타나게 될 것이다(3:1.3.4). 창조로부터 현재적인 구원의 존재와 삶 그리고 종말론적인 구원의 완성에 이르는 모든 것이, 오로지 "그리스도 안에" 그리고 "그리스도와 함께" 일어났고 또 일어날 것이다. 그리스도 없이 혹은 그리스도 밖에서는 아무것도 일어나지 않는다. 창조 세계 안에 있는 존재하는 모든 것이 "머리"가 되시는 그리스도에게 빚진 것들이라면, 그의 "몸"이 되는 교회와 그 지체들인 그리스도인들은 더 말할 것도 없다. 이러한 믿음의 어디에 그리스도 외의 다른 존재에 대한 숭배와 두려움이 틈탈 여지가 있겠는가?

"오직 그리스도!" 이것이 골로새서가 거짓 교사들에 맞서서 말하는 복음의 요체다. 바울의 다른 표현으로 바꾸어 말하면, "예수가 주님이다"(고전 12:3; 롬 10:9; 빌 2:11). 부활 예수는 "잠자는 자들의 첫 열매"(고전 15:20)이며, "많은 형제들 중에서 맏아들"(롬 8:29)이다.

그리스도 안에서 일어난 인간의 구원을 말함에 있어서, 골로새서는 바울의 다른 서신들과 마찬가지로 예수 그리스도의 십자가 죽음을 강조한다(1:14.20.22; 2:13-15; 참조 롬 3:25; 5:9; 고전 15:3; 고후 5:21; 갈 3:13 등).312) 그러나 바울의 다른 서신들에 비교해서 골로새서가 보여 주는 특이한 점은, 십자가 죽음이 가져온 구원의 효력 범위를 거의 무한대로 확장하고 있다는 것, 그래서 우리가 우주적인 신학이라고 말할 수 있는

---

312) J. Gnilka, *Der Kolosserbrief*, 140.

바로 그 점이다.313) 이것은 1:20의 "땅에 있는 것들이나 하늘에 있는 만물"이 십자가의 피로 화평을 이루게 되었다는 말이나, 2:13의 "모든" 죄가 용서되었다는 말에서 찾을 수 있다. 이러한 우주적인 효력 범위 안에는 1:16이나 2:10이 말하는 "왕권들", "주권들", "통치자들", "권세들"까지도 포함되어 있다. 예수 그리스도의 십자가 죽음은 모든 인간들뿐 아니라 모든 영적인 존재들까지도 구원의 길로 인도하는, 그래서 그리스도를 만물의 머리가 되게 하는 사건이다.

골로새서는 구원의 불안감을 부추겨서 이단 사상을 가르치려는 이들에 맞서 구원의 현재성을 강조한다. 바울은 고린도전서 15:24에서 그리스도께서 모든 통치와 모든 권세와 능력을 멸하시는 것은 미래적인 종말에 일어나게 될 것이라고 하지만, 골로새서는 이들의 패배는 이미 그리스도의 십자가와 부활에서 일어난, 과거의 사건이라고 말한다. 따라서 그리스도의 우주적인 주권은 미래의 것이 아니라, 이미 온 우주를 다스리고 있는 현재적인 것이다. 이에 골로새서는 그리스도의 현재적이고 우주적인 유일한 주권을 강조한다. 그리스도의 우주적이고 현재적인 주권을 말하는 것과 그리스도인들이 이미 현재적으로 구원의 완성에 이르렀다고 말하는 것은 일맥상통한 것이다. 저자는 2:11-13에서 세례 전승(롬 6:3-11)의 시제를 바꾸어 사용하면서, 골로새 성도들이 세례를 받음으로써 이미 완전한 구원에 이르게 되었다고 말한다(1:12-13도 참조).314) 이처럼 현재적인 구원의 완전성을 말함으로써, 구원의 불완전에 대한 두려움 때문에 거짓 교사들의 "철학"의 유혹에 넘어갈 수 있는 여지를 단호하게 차단하는 효과를 노리고 있다.315)

---

313) A. de Oliveira, "Christozentrik im Kolosserbrief", 87-88.
314) 그렇다고 골로새서가 구원의 미래성을 전혀 외면하는 것은 아니다. 3:4,24는 그런 미래적인 성격을 분명히 말한다. 이에 대해서는 아래 289쪽의 주제 해설 5를 참조.
315) A. de Oliveira, "Christozentrik im Kolosserbrief", 91-93.

4. "복음"의 보증인 "바울"

그리스도 안에서 일어난 구원의 사건은 복음의 말씀으로 사람들에게 전파된다. 골로새서는 이러한 복음을 "비밀"이라고 한다(1:26-27; 2:2; 4:3). "비밀"은 자연적이고 이성적인 인간의 사고로는 결코 이해하거나 말할 수 없는 내용을 말한다. 하나님의 특별한 계시와 은총 없이는, 비밀은 누구에게도 알려지거나 이해될 수 없다. 골로새서에서 중요한 것은, 만세 전에 감추어졌던 복음의 비밀이 사도 바울에게 계시되었고(1:26), 바울은 그 복음을 천하 만민에게 전파하는(1:23) "직분"을 받았다(1:25)는 사실이다. 그러므로 바울은 이방인 사도다. 골로새서에서는 바울에 의해 선포되지 않는 복음은 생각할 수 없다. 바울은 "교회의 일꾼"이고(1:25) "복음의 일꾼"이다(1:23). 바울은 모든 이방인들에게 복음을 선포함으로써 그리스도의 고난을 몸으로 채웠다(1:24). 인간의 구원과 우주 만물의 화해를 위한 그리스도의 십자가 고난은 충분하고도 완전하다. 그러나 이 복음을 땅 끝까지 전파하기 위해서는 사도 바울이 필요했다. 그리고 바울은 이 복음을 땅 끝까지 전파하기 위해 그리스도의 십자가 고통에 참여해야만 했다. 그리스도의 고통 없이 인간의 구원이 없고, 바울의 고통 없이는 어느 교회도, 어느 인간도 그리스도의 구원을 알 수가 없다. 그리스도의 고난은 구원을 성취했지만, 바울의 고난은 그리스도가 성취한 구원을 천하 만민에게 전파했다. 그러므로 바울 이후 교회와 그리스도인들에게 바울의 고난은 복음과 구원의 사건에 속한 것이었다. 골로새서에서 "바울"은 "복음의 비밀"을 처음으로 계시 받아 이방인들에게 죽음의 고난을 통해서 선포한 사도다. 그러므로 "복음"은 항상 "바울의 복음"이다. 거짓 교사들이 가르친 것은 "바울의 복음"이 아니라, 사람의 전통 혹은 철학에 불과하다.

III.
3:1-4:6
그리스도인의 행동을 위한 가르침

　　제2부(1:15-2:23)에서 저자는 물려받은 초대 교회 찬송가 노랫말을 인용하고, 그 신학적인 내용을 수신자들에게 해설하고 적용하면서 거짓 교사들의 주장을 반박했다. 그 신학적인 핵심은 그리스도가 창조 세계의 유일한 주권자라는 우주적인 기독론과 성도들은 세례를 받음으로써 그리스도의 우주적인 주권에 이미 지금 참여했다는 구원론으로 요약될 수 있다. 세상을 창조하셨고, 십자가에서 죽었다가 부활하셔서 하나님의 우편 보좌에 오르신 예수 그리스도가 모든 영적인 세력들을 지배하며 온 우주를 다스리시는 주권자다. 성도들은 세례를 받고 믿음을 고백함으로써, 유일한 우주적 주권자이신 그리스도와 함께 이미 승리를 확실하게 얻은 사람들이다. 이것이 바울이 목숨을 걸고 선포하고 가르쳤던 복음이다. 그러므로 바울의 복음에 굳게 서 있는 사람은 다른 영적인 세력들을 예배한다는 것 자체가 불필요하고 불가능한 일이다. 이미 패배당한 그들을 예배한다는 것은 어리석은 일이다. 따라서 예수 그리스도를 믿는 것 외에 그런 것들을 예배해야 한다고 주장하는 거짓 교사들은 어리석은 자들이다. 이러한 신학적인 확신에 근거해서 이어지는 3:1-4:6은 구체적인 성도의 삶에 대해서 가르친다. 윤리적인 교훈은 언제나 신학적인 토론과 핵심으로부터 나오는 결과다. 그리스도가 우주의 유일한 승리자, 주권자라는 것을 믿고, 더구나 그리스도의 그러한 주권에 이미 지금 참여한 사

람이라고 스스로를 생각하는 성도들은 이 세상에서 그런 믿음과 자기 정체성에 합당한 삶을 살아야 한다.

9. 3:1-4 "그러므로 위의 것을 찾아라!"

◆ 본문 사역

¹ 그러므로 만일 여러분이 그리스도와 함께 일으킴을 받았다면, 위에 있는 것들을 찾으십시오. 그곳에는 그리스도께서 하나님의 오른편에 앉아 계십니다. ² 위에 있는 것들을 생각하십시오. 땅 위에 있는 것들을 생각하지 (마십시오.) ³ 왜냐하면 여러분은 죽었으며 또 여러분의 생명은 그리스도와 함께 하나님 안에 감추어져 있기 때문입니다. ⁴ 여러분의 생명이신, 그리스도께서 나타나실 때, 그때에 여러분도 그와 함께 영광 가운데 나타날 것입니다.

◆ 본문의 문맥, 구조 그리고 특징

3:1-4는 골로새서 전체에서 허리와 같은 역할을 한다. 서신을 크게 두 부분으로 나누어 1-2장을 신학적이고 교리적인 설명이라 하고 3-4장을 윤리적인 교훈이라고 한다면, 3:1-4는 그 중간에서 앞부분을 요약하고 뒷부분을 예고하며 연결한다. 그러한 허리 기능은 사용된 개념이나 내용을 보면 더욱 분명해진다. 3:1의 "함께 일으킴을 받다"와 3:3의 "죽었다"는 2:12-13과 2:20에서 사용한 핵심적인 신학 개념이다. "위에 것"은 1-2장에서 언급한 그리스도의 우주적인 통치권과 연결되며, "땅에

것"은 거짓 교사들의 가르침이나 악한 행실과 연결된다. 그리고 이러한 개념이나 표현들은 이미 앞에서 설명한 내용을 요약함과 동시에 앞으로 이어질 부분들을 예고하기도 한다. "함께 일으킴을 받다"는 새사람을 입는 것과 연결되고, "죽었다"는 3:5의 "죽이라"는 명령과 연결되며, "땅에 것"은 3:5-11의 악행 목록과 연결된다. 그리고 "위에 것"은 3:12-14의 덕행 목록과 연결된다.

이 단락으로써 서신의 두 번째 부분, 곧 윤리 교훈의 부분이 시작된다. 신학적이고 신앙적인 고백과 설명에 근거해서 윤리적인 삶을 위한 교훈이 주어지는 것은, 이미 2:6에서도 간결한 형태로 나타난 바 있다. 특히 윤리적인 교훈을 구체적으로 하기에 앞서, 먼저 저자는 2:12에서 핵심을 짚어서 말한 바 있는 기독교 신앙의 요체를 이 단락에서 다시 반복한다. 그리스도인이 되었다는 것은 세례를 통하여 그리스도와 함께 죽었다가 다시 살림을 받았다고 고백하는 것일 뿐만 아니라, 더 나아가 그처럼 고백한 신앙을 실천적으로 사는 것이다. 그런데 이 삶은 미래를 향하여 열려 있다(4절). 그러므로 이 단락에는 골로새서의 신학(기독론, 구원론, 종말론)과 윤리가 적절하게 결합되어 나타나 있다. 신약성서의 다른 문헌들에서와 마찬가지로, 여기서도 윤리는 신학적인 주제들에 예속되거나 부가되는 하부 주제도 아니고, 그렇다고 그런 것들과 전혀 관계없는 독립적인 것이 아니라 그러한 신학적인 주제들과 매우 밀접하게, 그래서 서로 떼어낼 수 없게 결합되어 있다.[316]

쌍둥이 서신인 에베소서와 비교해 보면, 그 공통점과 차이점이 매우 분명해진다. 에베소서 역시 골로새서와 마찬가지로 1-3장에서 신학적이고 교리적인 설명을 하고, 4-6장에서 윤리적인 교훈을 말하는데, 윤리

---

316) A. R. Bevere, *Sharing in the Inheritance*는 윤리가 골로새서의 전체적인 주제 안에 통합되어 있다는 것을 매우 훌륭하게 밝히고 있다.

적인 교훈을 시작하는 4:1-6은 골로새서 3:1-4와 마찬가지로 앞의 신학적인 설명과 뒤의 윤리적인 교훈을 절묘하게 연결하는 허리 역할을 한다. 그러나 에베소서는 4:1-6에서 구원 사건을 교회 안으로의 부르심의 사건으로 설명하면서, 그 구원 사건에 근거한 성도들의 삶은 구체적으로는 교회를 세우고 교회의 일치를 지키는 삶이라고 한다.[317] 반면에 골로새서는 3:1-4에서 하늘에 계신 그리스도 곧 그리스도의 우주적인 주권을 상기시키면서, 그 주권에 복종하는 삶을 살 것을 가르친다. 물론 두 서신 모두 그리스도와 함께 죽었다가 함께 살아난 그리스도인의 새로운 삶을 강조한다는 점에서는 동일하다(엡 2:5-6과 골 1:12 비교). 그러나 전체적으로 볼 때, 에베소서는 교회론에, 골로새서는 기독론에 더 무게중심을 둔다는 차이점이 두 서신의 윤리 부분을 시작하는 첫 단락에서도 분명하게 드러난다.

이 단락은 바울의 다른 서신들과 비교할 때 골로새서가 보여 주는 사상적인 독특성도 드러난다. 이미 2:12의 해석 맥락에서 말한 바 있는 바울의 종말론적인 "이미 – 아직 아님"의 시간적인 변증이 여기서 상당히 퇴색된 대신에, "위-아래"라는 공간적인 변증이 전면에 드러나 있다. 바울도 갈라디아서 4:25에서 "위에 있는 예루살렘"을 말하지만, 그에 맞서는 "아래의 예루살렘"을 말하지 않고 그 대신에 "지금의 예루살렘"을 말한다(빌립보서 3:14와 고린도후서 4:18도 참조). 즉 바울의 주요 서신들이 종말을 시간적인 차원에서 말한다면, 골로새서는 공간적인 차원에 더 관심을 두고 있다.(아래 289쪽 "종말론"에 관한 주제 해설 5 참조)

---

317) 조경철, 「설교자를 위한 에베소서 주석」, 222-243을 참조.

◆ 본문 주석

1절: **"그러므로"**는 로마서 12:1이나 에베소서 4:1에서와 마찬가지로 여기서도 앞부분의 신학적인 설명으로부터 윤리적인 삶의 교훈을 이끌어 낸다. 더 구체적으로는 2:12로 연결되어 **그리스도와 함께 다시 살리심을 받은** 성도의 상황으로부터 그에 합당한 삶을 위한 교훈을 이끌어 낸다. 세례를 받음으로써 성도들이 그리스도의 생명에 이미 지금 참여하게 되었다는 상황을 상기시킨다. 2:12의 "그리스도와 함께 장사되었다"는 것에 대해서는 여기서 언급하지 않고, 단지 전제되어 있다. 성도들은 그리스도의 이름으로 세례를 받음으로써 이미 지금 현실적이고 육체적인 죽음을 넘어서 영원한 생명으로 부활했으며,[318] 1:13의 표현을 빌린다면 "그의 사랑의 아들의 나라로 옮겨졌다." 물론 1:5와 3:4에 근거해서 그러한 현재적인 구원의 확신은 세상을 외면하는 열광주의로 빠지지 않는다. 그리스도와 함께 이미 죽었고 다시 살아났다는 것을 확신한다면, 그것은 현세적인 삶을 무시하거나 외면하는 것이 아니라 오히려 현재의 삶이 어디로 향해야 할 것인지를, 또 어떻게 책임적이어야 할지를 분명히 보여 주기 때문이다.

그리스도와 함께 죽었다가 살아난 새사람(3:10)은 **"위에 것을 찾아야"** 한다. 구원의 확신은 항상 삶의 실천으로 이어져야 한다. **"찾다"**는 "추구하다"로 번역될 수 있는데, 이는 가장 가치 있는 것을 따라서 행동한다는 뜻이다. 인간을 무엇을 추구하는가? 무엇에 의해서 인간의 가치와 행동이 결정되는가? 삶의 방향이 어디를 지향하고 있는가? 그리스도와 함께 새사람이 된 그리스도인은 **"위에 것"**에 의해서 삶의 가치와 행동의 방향이 결정된 사람이고, 이제 구체적으로 "위에 것을 찾는" 삶을 살아

---

318) E. Gräßer, "Kol 3,1-4", 146은 골로새서에서 "세례는 승천"이라고까지 말한다.

야 한다. 옛 사람은 "위에 것"이 있는 줄 아예 몰랐거나 알았어도 별로 중요하게 여기지 않아서 큰 관심이 없었고, 오로지 땅의 것에만 관심을 가진 사람이었고, 새사람은 위에 것이야말로 가장 중요하고 가치 있는 것임을 깨달아 그것을 찾아나서는 사람이다. 예수님은 산상설교에서 제자들에게 "먼저 그 나라와 의를 구하라"고 가르쳤다. 이 말씀도 제자들이 가장 먼저 추구해야 할 가치가 어떤 것인지를 가르치는 것이다. 그것은 하나님의 나라와 그 나라에 합당한 삶이다.[319] 그러므로 새사람은 완성된 사람이 아니라, 위에 것을 찾아 나설 수 있는 능력과 의지를 가진 사람으로 변화된 사람이다. 구원의 확신 곧 새사람이 되었다는 확신이 강한 사람은 위에 것을 찾아나서는 수고와 노력을 아끼지 않는다. 추구해야 할 "위에 것"이 구체적으로 무엇인지에 대해서는 3:12 이하가 말할 것이다.

"위에"는 어디인가? 그곳은 "그리스도께서 하나님의 우편에 앉아" 계시는 곳이다. 시편 110:1(LXX는 111편)을 인용한 초대 교회의 신앙 고백을 물려받아 골로새서 역시 "하나님의 우편 보좌"를 말하면서, 그곳에 앉아 계시는 그리스도의 우주적인 주권을 고백한다.[320] 이 최고의 영역에서 그리스도께서 세상을 지배하고 계시므로 그 아래에 있는 모든 영적, 정치적 세력들은 그에게 굴복 당한다. "위의 것을 찾는" 그리스도인은 지금도 살아 계셔서 하나님의 우편 보좌에서 온 인류와 우주를 지배하고 계시는 주 예수 그리스도의 뜻에 합당한 삶을 추구할 뿐이고, 그 외의 어떠한 영적인 세력들의 뜻을 살필 필요가 없다. 그리스도인은 오로지

---

319) 이에 대해서는 조경철, 「예수와 하나님 나라의 윤리」 258-264,329-330 참조.
320) 예수의 하나님 우편 보좌에 오르심을 시편 110:1을 활용해서 말하는 신약성서 구절들 중에서, 특히 엡 1:20-21과 벧전 3:22가 그리스도의 우주적인 주권을 말한다는 점에서 골 3:1과 가장 유사하다(고전 15:25도 참조). 조경철, 「설교자를 위한 에베소서 주석」, 76-78과 각주 5 참조. 에베소서는 1:20-21에서 그리스도가 하나님의 우편에 앉으심과 영적인 세력들의 굴복을 곧바로 결합하고 있는데 반하여, 골로새서는 1:15와 연결할 때만 그 맥락을 알게 된다.

우주의 한 분 지배자이신 그리스도에게만 책임적인 삶을 산다. 이것이 골로새서가 명령하는 기독교인의 삶, 곧 기독교 윤리의 대명제다. 이는 로마서 12:1-2가 기독교인의 윤리의 대명제를 "영적인 예배"라고 규정하는 것과 비슷하다.

2절: **"위에 것"**과 **"땅의 것"**을 직접 대조한다. 땅의 것이 구체적으로 무엇을 의미하는지는 3:5 이하가 말할 것이다.[321] "땅의 것"은 물질과 같은 세속적이거나 육신적인 생활에 해당하는 것을 말하고, 반대로 "위에 것"은 정신적인 것이나 추상적인 영성생활을 말한다는 이원론적인 해석은 적절하지 않다. 그 이유는 3:5-17에서 밝혀진다. 그런 식의 해석은 골로새서가 논박하고 있는 거짓 교사들의 것이다. 그들은 물질적이고 육체적인 삶에 대한 금욕주의를 가르쳤기 때문이다. 1절이 "찾다"를 말하는 반면에, 2절은 **"생각하다"**를 말한다. 이 동사들은 1:9-10; 2:2-3; 3:10 등에도 반복되는 지식, 지혜, 깨달음 등과 연관되어 있다. 모든 지혜와 지식의 보화는 그리스도 안에 감추어져 있다(2:3). 그리스도가 교회 안에 계시니(1:27), 성도들은 이미 그리스도 안에 있는 지식, 지혜, 깨달음에 풍성하게 참여하고 있다. 이러한 확신이 여기서는 명령형으로 반복되고 있다. 확신은 삶으로 실현되어야 한다.

로마서 8:5; 빌립보서 2:5; 3:19 등을 함께 읽으면, 이 동사를 통해서 저자가 말하려는 뜻이 무엇인지를 알 수 있다. "찾다"와 "생각하다"라는 두 단어는, 1절의 주석에서도 말했듯이, 사람의 삶이 무엇에 의해서 결정되고 어디를 지향해야 할 것인지를 진지하게 생각하고 파악하여 실천하라는 뜻이다. 요즘 말로 하면 삶의 가치관과 방향을 말한다. 생각과

---

321) A. R. Bevere, *Sharing in the Inheritance*, 157-159,161-164,180 등은 "땅의 것"을 유대교의 율법, 특히 제의법이나 음식법 등이라고 한다. 그러나 그런 해석은 너무 일방적이고 제한적이다.

가치관이 인간의 행동을 결정한다. 물질이나 육체에 관련된 삶이라고 할지라도 그것이 하늘에 계신 주 예수 그리스도의 뜻에 합하면 "위에 것"이고, 그렇지 않으면 정신적이고 영적인 삶이라고 할지라도 "땅의 것"이다. 본문이 가르치는 삶의 가치관은 육체와 정신 혹은 물질과 영혼의 이원론이 아니라, 그리스도의 주권에 복종하고 따르는 삶이냐 아니면 거부하고 반항하는 삶이냐의 이원론이다. 본문이 가르치는 것은, 존재론적인 이원론이 아니라 가치관에 따른 행위와 결단의 이원론인 셈이다. 빌립보서 2:5의 표현을 빌리면, 그리스도의 마음을 품고 그리스도를 따라서 사는 것이 "위의 것을 찾고 생각하는" 것이다. 그리스도 안에 있는 지혜와 지식에 참여했다는 사실을 확신한다면, 그 확신이 삶과 행동을 결정해야 한다.

3절: 2절의 명령에 대한 근거를 제시하는 구절이다. 그러므로 그리스어 γαρ는, 위의 사역에서처럼 **"왜냐하면"**으로 번역해야 한다.322) 이 3절은 원칙적으로 3:1a절과 마찬가지로 2:12a,13a로 거슬러 올라가는 동일한 신학적인 확신, 곧 옛 사람은 이미 죽어서 장사를 지낸 바 되었다는 것을 말한다. 땅의 것을 생각하지 말고 위의 것을 생각하고 추구하라는 2절의 가르침은, 바로 이 확신 위에서만 가능하다. 새사람으로의 변화에 대한 확신 없이 삶의 가치관과 방향의 변화를 요구하는 것은 공허한 강요에 불과하다. 구원의 확신에 근거할 때만 사람은 비로소 행동할 수 있다. 다시 말해 구원의 확신은 삶의 실천으로 나타나야 한다. 삶으로 실천되지 않는 구원의 확신은 거짓된 것일 수 있다. 이는 신약성서 전체를 관통하는 신학과 윤리의 핵심이다.

---

322) 우리말 개역성서와 표준새번역 본문은 "왜냐하면"을 번역하지 않고, 공동번역은 "때문이다"를 제대로 번역한다.

2:12b.13b가 "그리스도와 함께 살리심을 받았다"고 말한다면, 여기서는 **"생명이 리스도와 함께 하나님 안에 감추어져 있다"**고 한다. 전자가 구원의 확실한 사실을 말한다면, 후자는 확실하게 실현된, 그러나 감추어져 있는 구원에 대한 희망을 말한다. 그러므로 "그리스도와 함께 살리심을 받았다"라는 현재적인 구원의 확신은 종말론적인 확신 곧 소망 가운데 있는 확신이고, 하나님 안에 감추어져 있는 확신이다. 생명은 하늘의 우편 보좌에 계시는 그리스도 안에 있다. 그러므로 그리스도를 떠나서는 현재적인 확신도, 미래적인 확신도 불가능하다. 3-4절에 두 번이나 반복되는 **"그리스도와 함께"**는 이 점을 분명하게 보여 준다.[323] 골로새서에서 희망은 하늘에 쌓여 있다(1:5). 이것을 여기서는 생명이 하나님 안에 감추어져 있다고 바꾸어 말한다. **"감추어져 있다"**는 말은, 골로새서가 구원의 미래성 대신에 구원의 "은닉성"을 말하기 위해 자주 사용하는 단어다(1:26; 2:3). 구원과 생명은 그리스도 안에서 이미 완전하게 실현되었지만, 아직은 하나님 안에 감추어져 있는 "비밀스런" 것이다. 그리스도 안에서 실현된 생명, 그러나 아직은 하나님 안에 감추어져 있는 비밀스런 생명은 희망의 내용이며(1:27), 동시에 믿음의 내용이다(1:23; 2:7). 골로새서가 구원의 현재성을 강조하면서도, 동시에 바울이 보여 주는 종말론적인 유보를 - 비록 표현의 방식은 다르지만 - 결코 모르지 않았다는 가장 확실한 증거 구절이 바로 3-4절이다.[324]

4절: 하나님 안에 감추어져 있는 생명은 언제 성도들에게 나타날 것인가? 하늘 보좌에 계시는 예수 그리스도께서 다시 나타나실 그때다. 여

---

323) 4절의 "그와 함께"도 "그리스도와 함께"를 말한다. 표현은 조금 다르지만, 3:1에서도 우리는 "그리스도와 함께"를 말할 수 있다. 그렇다면 3:1-4에서 2절을 제외하면 매 절마다 "그리스도와 함께"가 반복되고 있다. 기독교의 종말론은 기독론에 근거해서만 전개될 수 있다. 이 표현에 대해서는 전경연, 301-304 참조.
324) P. Pokorny, 135.

기서는 공간적인 사고 구조(1-3절)와 시간적인 사고 구조(4절)가 결합되어 있다.[325] 우리의 생명 되시는 그리스도가 미래에 드러나게 될 것이다. 그리스도는 이미 지금 하늘 보좌에서 세상의 지배자로서 다스리고 계신다. 3:1-4에는 그리스도가 하늘 보좌에 오르셨다는 것과 거기로부터 종말에 다시 재림하실 것이라는 사상이 굳게 결합되어 있다. 생명의 완성은 미래에 일어나는 것이 아니라 이미 완성되어 하늘에 감추어진 채로 보관되어 있는 것인데, 미래에 비로소 드러나게 될 것이다. 그러므로 그리스도인의 미래는 불안한 미지의 미래가 아니라, 이미 확실한 미래다. 1절의 공간적 사고 구조와 4절의 시간적 사고 구조 안에서 표현된 그리스도인의 희망은 모두 그리스도인의 삶을 위한 교훈의 근거가 되고 있다는 점에서 일치한다.

3절이 그리스도와 함께 하나님 안에 감추어진 "너희 생명"을 말한다면, 여기서는 "**우리 생명**"[326]이 그리스도와 동일시된다. "**그리스도가 우리의 생명**"이기 때문에, 우리의 생명과 그리스도는 떨어질 수 없는 관계 속에 있다.[327] 우리는 "그리스도와 함께 살리심을 받았기" 때문에, 우리의 생명은 그리스도를 떠나서는 생각할 수 없다. 그리스도는 생명에 대한 우리의 희망 자체다. 이러한 관계는 "**영광 중에**"라는 표현에서도 드러난다. "영광"은 1:11, 27에서는 오로지 하나님과 그리스도의 영역에 속한다. "**너희도**" 곧 그리스도인들도 이 영광 가운데 나타난다면, 그로써

---

325) 골로새서 종말론의 시간적인 요소에 대해서는 Steinmetz, *Heils-Zuversicht*, 29-31. 반대로 A. Lindemann, *Aufhebung der Zeit*, 44는 골로새서에 재림 언급이 없기 때문에 시간적 요인을 부정한다. A. Standhartinger, *Studien zur Entstehungsgeschichte*, 200-202도 참조.

326) "너희"와 "우리"는 사본들에 따라 상이하게 증언되어 있다. 그에 따라서 번역 성서들과 주석서들에서도 전혀 다른 평가가 내려진다. "우리"를 원래의 것으로 보는 사람들은 E. Lohmeyer, J. Ernst, E. Schweizer, J. Gnilka 등과 영어 번역 RSV와 우리말 개역 성서이고, "너희"를 원래의 것으로 보는 사람들은 M. Dibelius-H. Greeven, P. Pokorny 등과 예루살렘 성서 그리고 우리말 공동번역과 표준새번역 성서다.

327) 요 14:6의 "내가 길이요, 진리요, 생명이다"는 말이나, 갈 2:20의 "그리스도가 내 안에서 산다"는 말씀을 참조하라.

그들이 하나님과 그리스도와의 밀접한 교제 관계로 들어간다는 말이다. 현재에나 미래에나 항상 그리스도인들은 오직 그리스도와의 관계 안에서만 생명을 소유한다. 다시 한 번 반복되는 **"그와 함께"**는 우리의 생명과 그리스도의 뗄 수 없는 관계를 강조한다.

여기서 미래형으로 사용된 **"나타나다"**는 동사는 1:26에서는 현재형으로 사용되었다.[328] 만세 전에 감추어졌던 하나님의 비밀인 그리스도가 사도의 선포를 통하여 이미 지금 성도들에게 나타났다(1:24-29). 그런데 여기서는 동일한 그리스도께서 앞으로 나타나게 될 것이고, 그때 성도들도 그리스도와 함께 영광 가운데 나타나게 될 것이라고 한다. 그렇다면 골로새서는 그리스도의 나타남을 세 단계로 말하고 있다. 첫째, 그리스도는 예수의 인격 안에서 나타난 성육신 사건인데, 이는 골로새서에서는 전제되어 있다. 둘째, 그리스도는 사도의 복음 선포를 통해서 나타났다. 셋째, 그리스도는 종말에 나타나게 될 것(재림)이다. 첫 번째 나타남을 통하여 그리스도는 구원 사역을 완수하셨고, 두 번째 나타남에서 성도들은 그리스도를 알게 되었고, 죄의 용서 및 옛 사람이 죽고 새사람으로 거듭나는 변화를 경험하며 구원의 확신을 희망으로 갖게 되었다. 그리고 종말에 있게 될 세 번째 나타남을 통하여 성도들은 하늘에 감추어져 있는 생명에 온전히 참여하게 될 것이다. 첫째 나타남은 역사에서 유일회 적으로 일어난 과거 사건이고, 둘째 나타남은 복음 선포 안에서 항상 나타나는 현재적인 사건이며, 세 번째 나타남은 미래의 종말적인 사건이다. 골로새서에서 "미래는 현재의 반복 그 이상이 아니다."[329] 기독교 윤리는 그리스도의 이러한 나타남 사이 시대를 살아야 하는 성도들의 삶에 관한 가르침이다.

---

328) 골로새서에는 미래형 동사가 단 두 번 사용된다. 이곳과 3:24이다. (2:17도 참조)
329) A. Standhartinger, *Studien zur Entstehungsgeschichte*, 201.

주제 해설 5: 골로새서의 종말론

지금까지 우리가 읽어온 바에 의하면, 골로새서는 그리스도인의 구원을 철저히 과거 시제를 통해서 말함으로써 소위 현재적인 종말론을 말한다. 믿음의 사람들은 이미 죄의 용서를 받고 하나님의 아들의 나라로 옮겨져서 살고 있다(1:12-14). 그리스도인들은 그리스도의 죽음에 참여했을 뿐만 아니라, 이미 그리스도의 부활에도 참여하였다(2:12-13; 3:1). 그들은 이미 하나님과 화해되었고(1:22), 살림을 받았다(2:13). 그러나 동시에 그들의 생명은 그리스도 안에 감추어져 있다(3:3). 또한 3:4는 서신 전체를 통해서 유일하게 미래형 동사를 사용해 미래적인 구원을 말하며, 서신에서 역시 유일하게 그리스도의 재림에 대해서 암시한다. 골로새서는 이처럼 미래적인 구원 이해에 대해서 완전히 침묵하는 것은 아니지만, 그래도 구원에 대해서 철저히 현재적으로 이해한다. 이는 바울의 다른 서신들에 나타난 구원 이해와 비교했을 때 골로새서만의 중요한 특징이다. 골로새서의 종말론적인 구원 이해에 대해 종합적으로 살펴보자.

1. 골로새서의 신학이 서 있는 근거는, 1:15-20에 인용하고 있는 그리스도 송가의 노랫말이 노래하는 우주의 유일한 주권자 예수 그리스도다. 이 노랫말에 의하면 그리스도는 창조 이전부터 계신 분으로, 하나님의 창조 활동에 함께 참여하셨을 뿐만 아니라 하나님을 배신하고 떨어져 나간 인간과 세상을 하나님과 화해시킨 화해자, 곧 구원자다. 그러므로 창조 세계는 창조 이래로 종말의 완성에 이르기까지 그리스도에 의존해 있다. 그리스도를 떠나서는 창조를 생각할 수 없고, 현재적인 존립도 생각할 수 없으며, 구원도 생각할 수 없다. 그러나 창조 세계는 아직 그 사실을 모르거나 혹은 인정하지 않고 있다. 이것이 바로 죄다. 창조 세

계와는 반대로 그리스도의 우주적인 주권을 인정하고 믿는 그리스도인들의 존재와 삶은 "그리스도와 함께" 사는 것이다. 그리스도인들은 교회에서 세례를 받음으로써 그리스도와 "함께" 죽고, 그리스도와 "함께" 죽음에서 생명을 일으키는 사건에 참여한다.(2:12-13; 3:1)

그리스도 안에 충만하게 나타난 하나님의 신성은 그리스도의 몸인 교회 안에도 충만하게 거한다(1:18-19; 2:9). 다시 말해서 그리스도 안에 하나님의 생명이 충만하다. 그리스도 안에 온갖 지혜와 보화가 감추어져 있다(2:3). 이러한 그리스도를 주님으로 받은 사람들이 그리스도인들이다(2:6). 그러므로 그리스도와 "함께" 하는 사람들은 이미 지금 여기 그리스도의 "몸" 안에서 그리스도의 생명에 온전히 참여한다(2:10). 그리스도와 죽음과 부활의 운명을 "함께" 나눈 사람들이 모인 곳이 교회고, 세례는 그리스도의 "몸"인 교회에 들어가는 입구다. 골로새서의 기독론은 교회론으로 확장되고, 기독론적인 구원 이해는 교회론적인 구원 이해로 확장된다. 이로써 골로새서의 종말론은 기독론의 바탕 위에 굳게 서 있으며, 세례론 및 교회론과도 깊게 연결되어 있다. 그러므로 우리는 그리스도 안에서, 그리고 교회 안에서 현재적인 종말론을 말할 수 있다.

2. 골로새서의 종말론적인 구원 이해는 철저히 현재적이다. 그러나 골로새서에도 바울의 종말론적인 특징인 "이미-아직 아님"의 시간적인 변증이 완전히 사라진 것은 아니고 변화된 사고 구조로 옮겨졌다. 다시 말해서 바울의 종말론의 "이미-아직 아님"이라는 시간적인 변증이 골로새서에서는 "위-아래"의 공간적인 변증으로 옮겨졌다. 시간적인 차원이 공간적인 차원 안으로 통합되었다고 말하는 것이 적절할 것이다. 골로새서에서 "이미-아직 아님"의 도식은(1:21-22; 2:13) 시간적으로 새로운 것을 가져오는 현재적 혹은 미래적인 과정을 말하는 것이 아니라, 이미 일

어난 변화를 회상하고 강조하는 역할을 한다.330) 그러므로 골로새서에서는 "현재가 과거를 배경으로 해서 이해되어야 한다."331) 이런 공간적인 사고는 3:4에서 유일하게 "그리스도께서 나타나실 때"와 결합되어 있다(2:17 참조). 3:4에 의하면 우리의 생명은 아직은 "감추어져 있지만, 그러나 나타나게 될 것이다." 골로새서에서는 임박한 재림에 관한 문제는 전혀 제기되지 않으며, 거짓 교사들도 그런 문제를 드러내지 않는다. 또 당시 문제가 될 법도 했던 묵시 사상도 전혀 논란의 대상이 아니다.332) 물론 묵시문헌의 표현들이 골로새서에도 사용되지만(1:12. 25-27), 시간성이 구체적인 논의 주제로 나타나지는 않는다.333) 이는 골로새서의 저자에게 시간적으로 미래의 사건은 전혀 문제로 의식되지 않았다는 증거다. 바울이 로마서 6장의 맥락에서 세례를 말하면서 미래 시제를 말하는 것(특히 롬 6:4)에 반해서, 골로새서는 같은 세례를 말하면서도 미래를 말하지 않고 구원의 현재성만을 크게 부각시킨다(2:12-13). 바울이 구원의 "현재성-미래성"의 변증을 말한다면, 골로새서는 구원의 "계시성과 은닉성"을 말한다.(3:3)

3. 언급했듯이 바울의 다른 서신들과 비교해서 골로새서가 보여 주는 특징은, 현재적인 종말론의 강조와 함께 공간적인 사고가 전면에 나타나 있다는 것이다. 시간성은 후퇴하고 공간성이 강조된다.334) 이런 공간적인 우주론은 플라톤으로부터 유래되는 헬라주의 세계관과 밀접하게 연결

---

330) Lona, *Eschatologie*, 99.
331) Tachau, *"Einst" und "Jetzt"*, 112; A. Standhertinger, *Studien zur Entstehungsgeschichte*, 198.
332) 이것이 동일한 바울 학파에서 기록된 데살로니가후서와 골로새서가 다른 점이다. 이에 대해서 P. Müller, *Anfänge der Paulusschule* 참조.
333) A. R. Bevere, *Sharing in the Inheritance*가 밝히듯이, 골로새서가 묵시문헌을 활용하고 있다는 것은 부정할 수 없다. 그러나 종말론적인 시간성의 문제는 별로 다루지 않고 있는 것도 사실이다.
334) A. Lindemann, *Aufhebung der Zeit*, 40-44 참조.

되어 있고,[335] 헬라주의 유대교에도 깊이 영향을 끼쳤으며, 유대의 묵시 사상에서도 찾을 수 있다.[336] 헬라주의 사람들에게 "위"의 세상은 본래적인 것, 영원한 것, 실재의 세상인데 반해서, "땅"은 연약한 것, 가치가 덜한 것, 유한한 것 등이 거하는 곳이었다.[337] 골로새서에서 "위"는 하나님과 그리스도의 보좌가 있고, 우리의 희망이 보관되어 있는 곳이다. 공간적인 종말론이 가장 분명히 드러난 것은 "희망"에 관한 언급에서다. 1:5.23.27에서 골로새서는 "희망"에 관해 말한다. 이미 해당 구절들의 주석에서 밝혔듯이, 골로새서의 "희망"은 미래의 것에 대해서 희망한다는 역동적인 의미가 아니라 이미 하늘에 실현되어 보관되어 있는 객관적인 대상이다. 희망하는 행위가 아니라, 희망하는 내용에 강조점이 놓여 있다. 1:27이 말하듯이, 희망의 내용은 그리스도고, 그리스도는 이미 "위에서" 하나님의 우편 보좌에 앉아 계신다(3:1). 그러므로 성도들은 시간적으로 미래를 희망하지 않고, 공간적으로 이미 부활하시고 승리하신 곧 성취된 희망의 내용인 그리스도를 바라본다. 이러한 희망의 내용 때문에 그리스도인들은 다른 사람들을 사랑하는 삶을 실천할 수 있다 (1:4-5). 골로새서에서 그리스도인의 삶은 "미래"에 의해 결정되지 않고, "위"에 의해서 결정된다.[338]

4. 이처럼 구원은 현재 교회 안에 있다는 구원의 현재성과 교회성을 강조하게 된 현실적인 상황과 동기는 골로새에 나타나 거짓 교사들이었다. 저자는 그들과 논쟁을 벌이면서 그의 신학을 전개한다. 특히 2:6-23에서 그들의 가르침을 부분적으로 인용하거나 암시하면서, 그들이 얼마나

---

335) E. Gräßer, "Kol 3,1-4", 154ff. 참조.
336) A. R. Bevere, *Sharing in the Inheritance*, 151-159 참조.
337) W. Bauer, *Wörterbuch*, 312에 다양한 증거 구절들이 나와 있다.
338) E. Gräßer, "Kol 3,1-4", 165.

심각하게 교회를 위협하고 있는지를 경고한다. 거짓 교사들은 그리스도 안에서 온전히 일어난 구원을 의심하면서, 그리스도 믿음 외에도 세상의 기초 원소들, 다른 영적인 존재들을 믿고 예배를 드려야 구원을 얻게 될 것이라고 주장했다. 그들은, 공간적인 사고방식 속에서 하나님의 세계와 인간의 세계 사이를 지배하고 있는 영적인 세력들을 예배할 것을 요구했다. 그렇지 않으면, 인간은 하나님의 세계로 올라갈 수 없다고 주장한 것이다. 이런 혼합주의적인 교훈은 그리스도 안에서 구원이 온전히 일어났다는 가르침을 뒤흔들었다. 서신은 이들과 공간적인 세계관을 공유하면서 그리스도를 믿고 세례를 받아 "몸"의 지체가 된 사람들은 "머리"가 되는 그리스도와 함께 이미 죽음에서 생명으로 일으킴을 받았다고 강조한다.[339] 그러므로 하나님과 세상 사이를 지배하고 있는 다른 영적인 세력들은 그리스도인들에게는 더 이상 아무런 힘을 발휘할 수 없다. 이처럼 골로새서는 공간적인 우주론을 우주적인 기독론과 결합하고, 그 위에 다시 교회론과 세례론을 결합해서 현재적인 종말론의 결론에 이른다. 현재적인 종말론은 구원의 확신을 이미 지금 여기서, 그것도 그리스도의 몸인 교회 안에 있다고 강조한다. 그럼으로써 어떠한 유혹이나 위협에도 흔들리지 않는 성도들의 정체감을 강화한다. 그러므로 골로새서의 배경에는 거짓 교사들의 가르침에 대한 논쟁이 있다고 보는 대다수 학자들의 견해에 반대하고, 오히려 바울의 죽음 이후에 당시 교회들에 나타난 실존적인 두려움과 신앙적인 비관주의를 막고 낙관적인 구원의 확신을 바탕으로 현실을 살게 하려는 것이 저자의 의도라고 주장해도[340] 골로새서가 주는 전체적인 메시지는 달라지지 않는다.

---

339) 엡 2:6은 더 나아가서 세례를 받은 사람들은 이미 "하늘에 앉혀졌다"라고 말한다.
340) A. Standhartinger, *Studien zur Entstehungsgeschichte*, 203-204 등 여러 곳에서 그렇게 주장한다.

5. 골로새서가 이처럼 구원의 현재성을 강조하지만, 그럼에도 불구하고 세상을 외면하는 열광주의로 나아가지 않으며 또 세상에 대해서 적대적인 태도를 가르치지 않는다.[341] 지금도 여전히 악한 세력들이 다스리고 있는 "아래"에 눈을 감아버리지 않는다. 이미 구원을 확실히 받았지만, 성도들은 아직도 여전히 "아래"에 살면서 "위"를 바라본다(3:1-2). 그리스도와 "함께" 죽음에서 일으킴을 받은 그리스도인들의 생명은 아직 "감추어져 있다"(3:3). 하나님은 그리스도의 십자가로 모든 영적인 세력들과 권세들을 이기시고 그들의 무능함을 만천하에 폭로하셨지만(2:15), 영적인 존재들은 아직도 그리스도인들을 유혹하고 있다. "위"를 바라보며 사는 성도들은 "아래"에 살면서 여전히 "땅에 있는 지체"를 죽여야 할 윤리적인 과제를 안고 있다(3:5). 하나님은 모든 능력으로 성도들을 능하게 하시며, 기쁨과 인내 가운데서 성도의 기업을 얻기까지 합당하게 인도하신다(1:11-12). 하나님의 인도하심을 거부하고 땅에 것을 추구하는 사람들에게는 하나님의 "진노"가 임할 것이다. (3:6)

◆ 설교를 위한 메시지 요약

본문 단락은 기독교 윤리의 대명제를 말하고 있다. 마치 로마서 12:1-2가 그리스도인의 삶을 거룩한 산 제물을 드리는 "일상의 예배"로 규정하는 것과 유사하다.

1. 그리스도인의 삶은 자신이 누구인지를 확인하고 확신하는 것으로부터 출발한다. 그리스도인은 누구인가? 옛 사람은 죽고 새사람으로 다

---

341) 이것이 골로새서와 영지주의 사이에 있는 가장 분명한 차이다. H. Conzelmann, 149; E. Gräßer, "Kol 3,1-4", 153-154 참조.

시 태어난 사람이 바로 그리스도인이다. 그리스도인의 삶은 바로 이러한 변화에 대한 확신으로부터 출발해야 한다. 닭장 속의 독수리가 닭이 아닌 독수리처럼 살기 위해서는 자신이 누구인지를 먼저 알아야 하는 것과 같다. 복음은 기독교인답게 살아야 한다고 명령하고, 그렇지 못하면 책망을 하는 단순한 명령자가 아니다. 복음은 성도들에게 변화의 확신을 가르친다. 그리스도인은 자신이 그리스도인답게 살지 못함을 자책하기에 앞서, 그리스도인이 누구이고, 자신이 누구인지를 먼저 깨우쳐야 한다. 설교는 구원의 확신을 먼저 선포한 다음, 그 구원에 합당한 삶을 명령하고 책망해야 한다. 종교개혁자 마틴 루터는 이를 복음과 율법이라고 규정하며, 설교의 두 가지 중심이라고 하였다. 먼저 복음을 설교하고 이어서 율법을 설교하되, 그 비율을 6대 4나 7대 3 정도로 하여 복음에 대한 설교가 앞서도록 해야 한다고 했다.

2. 지금 그리스도인이 누구냐? 이 질문에 대한 본문의 대답은 "그리스도와 함께"다. 다른 말로는 현재적 종말론이다. 그리스도인은 이미 그리스도와 함께 죽었고, 그리스도와 함께 새사람이 되었다. 변화는 미래의 것이 아니라, 과거에 이미 일어난 현재의 것이다. 지금 나의 현재적인 구원과 변화를 확신하면 할수록 우리는 그에 적절한 삶을 살아야 하는 책임감을 갖는다. 이것이 그리스도인의 삶이다.

3. 옛 사람에게는 그 나름대로의 가치관이 있어서 그에 따라서 구체적인 삶을 살아간다. 마찬가지로 새사람에게도 새로운 가치관이 있고, 그에 따라서 살아가야 한다. 옛 사람의 가치관은 "땅의 것"이고, 새사람의 가치관은 "위의 것"이다. 예수는 산상설교의 팔복에서 하늘나라 백성으로 부름을 받은 사람들이 따라 살아야 할 가치관이 무엇인지를 가르친

바 있다. 예수는 가난, 애통, 온유, 의, 긍휼, 청결, 화평, 의를 위한 박해 등 8가지 가치관을 제시하며, 하나님 나라의 백성은 마땅히 이 가치관에 따라서 살아야 한다고 가르치셨다. 골로새서가 가르치는 새사람의 가치관은 3:5-17이 한편으로는 부정적으로, 다른 한편으로는 긍정적으로 가르치게 될 것이다.

4. 그리스도인의 삶이 정향해야 할 최종적인 목적은 하늘에 계신 그리스도다. 이를 학자들은 종말론적인 삶이라고 한다. 그리스도인의 현재적, 미래적 삶이란 오로지 "그리스도와 함께" 하는 삶이다. 그런데 그 그리스도가 하늘의 보좌에 계시기 때문에, 그리스도인의 삶은 그 하늘을 향한 삶일 수밖에 없다. 예수께서 가르치신 천국 비유들은 거의 모두가 이 종말론적인 삶을 가르친다. 그 대표적인 예가 마태복음 25장에 모아져 있는 비유들과 누가복음 16장에 나오는 불의한 청지기의 비유다. 종말 의식이 없는 사람, 곧 오직 이 세상의 삶뿐이라고 믿거나 이 세상이 영원하리라고 믿는 사람은 하늘의 가치관을 따르는 삶을 살 수 없다. 이 세상에서 하늘의 가치관을 따르는 삶은 손해 보는 삶이자 고통스러운 삶이고, 때로는 순교하는 삶이기 때문이다. 이러한 건전한 종말 의식을 소유하고 회복하는 것이 오늘의 그리스도인들에게 가장 시급하고 중요한 일이다. 그리스도인은 아무리 힘들고 고통스러워도 "땅의 것"을 버리고, "위의 것"을 추구하는 사람이다. 이것이 기독교 윤리의 대명제다.

10. 3:5-17 "땅의 것을 죽이고, 위의 것을 행하라!"

◆ 본문 사역

⁵ 그러므로 여러분은 땅 위에 있는 지체들을 죽이십시오. 곧 음란, 부정, 욕정, 악한 욕망 그리고 탐욕인데, 그것은 우상 숭배입니다. ⁶ 그것들을 통하여 하나님의 진노가 (불순종의 자식들 위에) 내립니다. ⁷ 여러분도 그 때에는 그(것)들 가운데서 행동했으며, 그때에 여러분은 그(것)들 가운데서 살았었습니다. ⁸ 그러나 지금은 여러분도 그 모든 것들 곧 진노, 분을 냄, 악함, 모독, 여러분의 입으로부터 나오는 부끄러운 언어를 벗어버리십시오. ⁹ᵃ 여러분은 서로 서로 거짓말을 하지 마십시오. ⁹ᵇ 왜냐하면 여러분은 옛 사람을 그 행실과 더불어 벗어버렸기 때문이며, ¹⁰ 또 여러분은 새사람을 입었기 때문입니다. 새사람은 그를 창조하신 분의 형상에 따라서 지식에 이르기까지 늘 새롭게 갱신됩니다. ¹¹ 거기에는 그리스인과 유대인도 없으며, 할례를 받은 사람이나 할례를 받지 않은 사람도 없으며, 야만인이나 스구디아인이나 종이나 자유인도 없으나, 그리스도께서 모든 것이며 모든 것 안에 계십니다. ¹² 그러므로 여러분은 하나님의 선택을 받은 거룩한 사람들과 사랑을 받는 사람들로서 자비로운 마음, 우정 어린 선함, 겸손, 온유, 오래 참음을 입으십시오. ¹³ 누가 누구에게 원망을 가지고 있다면, 여러분은 서로 용납하시고 서로를 용서하십시오. 주님께서도 여러분을 용서하신 것처럼, 그렇게 여러분께서도 (서로 용서하십시오.) ¹⁴ 그러나 이 모든 것들 위에 사랑을 (입으십시오.) 그것은 완전의 띠입니다. ¹⁵ᵃ 그리고 그리스도의 평화가 여러분의 마음 안에서 결정하게 하십시오. 그 평화를 위하여 여러분은 한 몸 안에서 부르심을 받았습니다. ¹⁵ᵇ 그리고 감사하는 사람들이 되십시오. ¹⁶ 그리스도의 말씀이 여러

분 안에 풍성하게 거하게 하십시오. 모든 지혜로써 가르치시고 또 서로를 권고하십시오. 시와 노래와 영적인 찬송들로써 여러분의 마음으로 은혜 가운데서 하나님을 찬양하십시오. [17] 여러분이 말에나 행위에서 무엇을 하든지 그 모든 것을 주 예수의 이름으로 (하십시오.) 그를 통하여 아버지 하나님께 감사하십시오.

◆ 본문의 문맥, 구조 그리고 특징

3:1-4에서 저자는 1-2장에서 설명한 그의 신학을 핵심적으로 요약하면서 동시에 기독교 윤리의 대명제를 제시하였다. 그에 이어지는 3:5-17은 그 대명제에 대한 구체적인 해설이고, 실천적인 교훈이다. 본문 단락은 세 개의 소단락으로 구별할 수 있다. 5-9a절, 9b-11절, 12-17절이다. 3:1-4와 연결해서 생각해 보면, 그 순서가 뒤바뀌어 있다. 3:1이 "위의 것"을 말하고, 3:2가 "땅의 것"을 말했다면, 3:5-17에서는 그 순서를 바꾸어 먼저 5-9a절에서 성도들이 버려야 할 땅의 것이 무엇인지를 구체적으로 말하고, 다음으로 12-17절에서 성도들이 실천해야 할 위의 것이 무엇인지를 설명한다. 그 중간에 있는 9b-11절은 다시 한 번 세례에서 경험하고 확인한 새사람의 본질을 설명한다. 물론 9b-10절은 그리스어 분사 구문으로서 9a에 이어지는 명령문으로 번역할 수 있고, 이유와 근거를 말하는 서술문으로도 번역할 수 있다. 5-17절 전체가 명령문으로 구성된 단락임을 고려할 때, 9b-10절도 명령문으로 번역하는 것이 타당해 보이지만, 서술문으로 번역함으로써 명령문들의 한가운데서 그 명령들의 신학적인 근거를 다시 한 번 반복해서 제시하고 있다고 보는 것이 더 적절해 보인다.

이 단락에는 전통적인 자료들이 사용되고 있다. 우선 각 5개로 구성된 악행 목록이 두 번(5,8절) 나오고, 역시 5개로 된 덕행 목록이 한 번 (12절) 사용된다. 이처럼 악행과 덕행이 5개씩 나열되는 것은 우연이라고 볼 수도 있고 혹은 종교사적인 기원과 관련 있어 보이기도 한다. 예를 들어 이란 종교에서는 5라는 숫자가 매우 기초적인 요소에 속하며, 이는 헬라주의 유대교의 대표자인 필로에게서도 발견되는 현상이다.342) 7-8 절에 사용된 "전에는-그러나 이제는" 형식은 1:21-22에서도 볼 수 있는 초대 교회 전도 설교의 전형적인 형식이다. 11절은 그리스도 안에서 모든 사람이 하나라고 말하는 바울의 메시지의 독특한 내용과 표현을 반복한다.(갈 3:28; 고전 12:13 참조)

◆ 본문 주석

5절: 그리스도인들은 예수 그리스도의 이름으로 세례를 받음으로써 이미 그리스도와 함께 죽고, 함께 살아나서 새사람이 되었다(2:12-13; 3:1,3). 새사람은 하늘에 감추어져 있는 영원한 생명을 그리스도의 재림과 함께 받게 될 것이다(3:3-4). **"그러므로"** 새사람은 변화된 존재에 합당한 삶을 살아야 하고, 종말론적인 희망에 근거해서 살아야 한다. 변화된 존재는 삶으로 나타나야 하며, 신학적인 확신은 실천으로 드러나야 한다. 그러므로 이미 죽은 사람들이 다시 그 지체들을 죽여야 한다는 말은 언뜻 보면 모순 같지만, 그러나 어렵지 않게 이해할 수 있다. 이미 죽었다는 것은 신학적인 확신이고, 지체를 죽이라는 교훈은 그 확신을 실천적인 삶으로 드러내라는 요청이다. **"땅에 있는 지체"**는 3:2의 "땅의

---

342) 이에 대해서는 A. Lindemann, 55-56; M. Dibelius-H. Greeven, 41; E. Lohse, 198-199; G. Bornkamm, "Häresie", 151; E. Kamlah, *Form*, 56ff. 등을 참조. 그러나 이란 종교가 골로새서에게 직접 영향을 주었다고 볼 수 없고, 헬라주의 유대교를 거쳐서 헬라주의 기독교로 들어온 영향이라고 볼 수 있다. A. R. Bevere, *Sharing in the Inheritance*, 182-198 참조.

것"이 실제로 무엇을 말하는 것인지를 말한다. 구체적으로는 옛 사람의 가치관에 따른 행위들로, 5개의 악행들이 목록 형식으로 나열되었다. 목록의 내용은 갈라디아서 5:19-20; 에베소서 5:3-5와 유사하다. 이 악행들은 하나님께 보관되어 있는 희망과 생명을 지향하는 그리스도인의 삶을 방해하는 것들이다. 이 방해물들을 단호하게 죽여야 한다. 그러나 **"지체들을 죽이라"**는 명령이 금욕주의적인 삶을 요구하는 것은 아니다. 금욕주의는 2:20-23에서 보았던 것처럼 거짓 교사들이 가르치고 주장한 것이다.

"음란"은 매춘이나 근친상간을 말하다. 바울은 이러한 음란을 교회의 거룩함을 해치는 죄로 보았다(고전 5:11-13). **"부정"** 역시 성적인 범죄를 말하지만(롬 1:24), 특히 제의적인 차원의 정결하지 못함을 말한다. 물론 이 제의적인 정결은 외적인 것이 아니라 내적인 것이다(막 7:1-23 병행). **"사욕"** 역시 바울의 서신들에서는 성적인 욕망을 의미한다(살전 5:4; 롬 1:26-27). **"악한"**이라는 수식어로 강조되어 있는 **"정욕"**은 구약성서에서는 하나님이 금지한 일을 행하는 것을 말하고(출 20:13), 신약성서에서는 역시 성적인 욕망을 말한다(마 5:28; 롬 1:24-25; 딛 2:12; 3:3; 벧전 4:3). 그러므로 5개의 악행 목록 중에서 처음 4개는 성적인 악행에 집중되어 있다. 마지막 5번째 악행은 **"탐심"**인데, 이는 물질적인 욕망을 말한다. 탐심으로 번역된 헬라어 πλεονεξια는 πλεον(더 많이)과 εχειν(소유하다)의 합성어에서 온 명사다. 그러므로 "더 많이 소유하려는 것"이 그 기본 뜻이다.[343] 5개의 악행들 중에서 유일하게 여기에 정관사가 붙어 있으며, 또한 우상 숭배로 규정되어 있다. 아마도 예수께서 하나님과 맘몬, 둘 중에서 하나만을 섬길 수 있다고 가르친 전승이 여기에 반영되어 있는 것처럼 보인다(마 6:24 병행). 그러나 구약성서에서는 탐심뿐만 아니라,

---

343) G. Delling, Art. πλεονεκτης, 266-267 참조.

음란도 우상 숭배와 굳게 결합되어 나타난다(렘 3:2,9; 겔 23:8). 또한 갈라디아서 5:19-21; 고린도후서 12:21-22에서도 성적인 악행과 우상 숭배가 나란히 나온다. 그러므로 우상 숭배는 단순히 물질적인 탐심만을 말한다기보다는 5절이 나열하는 악행 전체를 포괄하는 규정으로 볼 수 있다. 이러한 관계는 에베소서에서 우상 숭배와 감사가 날카롭게 대조됨으로써 더욱 분명하게 드러난다.(엡 5:3-5)[344]

5개의 악행들은 결국 성적인 악행과 물질적인 악행으로 요약된다. 이러한 두 종류의 악행은 교회(사회) 안에서 인간관계를 파괴하는 것들이다. 성적인 악행은 남자-여자의 가장 기초적인 인간관계를 파괴하는 것이고, 물질적인 악행은 인간의 가장 기초적인 생존을 파괴하는 것이다. 성적인 쾌락과 물질적인 욕심에 의해서 규정된 삶은 "위의 것"을 지향하는 삶이 아니라, "땅의 것"을 지향하는 삶이다. 이는 하나님에 의해서 규정된 삶이 아니기 때문에 우상 숭배이며 하나님이 원하시는 가장 기본적인 인간관계를 깨뜨리는 악행들이다.

6절: 성도들이 그런 악행들을 행해서는 안 되는 종말론적인 이유가 이 구절에 언급되어 있다. 이러한 악행들을 행하는 사람에게는 하나님의 진노가 임한다. **"하나님의 진노"**는 하나님의 종말 심판을 의미한다(살전 1:10; 롬 2:5; 3:5-6; 엡 5:6; 마 3:7). 악행을 행하는 사람들에게 하나님의 진노의 심판이 임한다는 것은, 유대교로부터 예수를 거쳐서 초대 교회의 윤리적인 교훈 전체를 관통하는 전통적인 생각이다.[345] **"임하다"**는 현재형 동사다. 미래의 사건을 확정적인 것으로 말하기 위해서 그리스어는 현재형을 사용한다. 즉, 하나님이 원하지 않는 것을 행하는 사람들에게

---

344) 이에 대해서는 조경철, 「설교자를 위한 에베소서 주석」, 323-327 외에도, A. R. Bevere, *Sharing in the Inheritance*, 199-203 참조.
345) 이에 대해서는 M. Reiser, *Die Predigt Jesu*를 참조.

하나님의 진노가 주어지는 것은 의심할 여지없이 확실한 것이라는 점을 강조하기 위하여 현재 동사를 사용한 것이다. 어떤 사본들은 6절 마지막에 **"불순종의 자식들에게"**라는 말을 첨가하는데, 이는 아마도 에베소서 5:6과 조화시키기 위해서 후대에 첨가된 것으로 보인다.

7절: 그렇다면 7절을 시작하는 관계대명사("그 가운데")와 지시대명사 표현(두 번째 "그 가운데서")은 5절에 나열된 악행들로 연결되는 이중적인 표현이다. 7절은 **"전에"**를 통해서 성도들이 지금은 악행들 가운데서 사는 이방적인 삶을 버렸다는 것을 회상한다. 그러므로 그런 악행의 삶은 성도들에게 과거지사에 해당한다(2:13). 성도들은 지금 오로지 하나님 안에 감추어진 희망과 생명을 지향하는 사람들이며, 땅에 것만을 추구하던 과거의 껍질을 벗어버리고 위에 것만을 추구하는 새사람이 되었다.

8절: 7절에서 성도들은 이미 과거의 삶을 버렸다고 확신 있게 말한 후에, 8절에서 다시 한 번 과거 옛 사람의 삶을 버리라고 명령한다. 신학적인 확신은 실천적인 삶으로 나타나는 역동적인 것이기 때문이다. 성도들은 7절의 "전에"에 대조되는 **"이제는"**을 통해서 그리스도와 함께 살리심을 받은 사람들이기 때문에, 5절에 나열된 악행들을 능히 버릴 수 있게 되었다. **"벗어버리다"**는 말은 2:11의 "육의 몸을 벗다"와 3:5의 "죽이다"와 같은 말이다. 그러나 저자는 여기서 다시 5개의 또 다른 악행들을 나열한다. **"모든 것"**이라는 표현에서 우리는 저자가 나열하는 악행들은 몇 가지 예들에 불과하다는 것을 알 수 있다.

3:6에서 하나님의 종말 심판을 말하는 "진노"와 동일한 단어가 여기서는 인간적인 **"분함"**이라는 악행을 말한다. 어떤 이유에서든 관계없이 인간에 대한 인간의 진노는 하나님 앞에서 의로운 태도가 아니다(약 1:19-20

참조). **"노여움"**은 "분함"과 다른 어떤 감정을 말하는 것이 아니라, 동일한 의미를 드러내는 다른 단어일 뿐이다. **"악의"**는 3:5의 "악한 정욕"과 거의 동일한 의미로, 성적인 의미를 포함하면서도 더 포괄적으로 인간의 악한 본성으로부터 나오는 태도를 말한다. **"비방"**은 상대방을 종교적으로나 인격적으로 모독하는 것을 말한다. 이는 산상설교에서 예수께서 형제에게 미련한 놈이라고 욕하는 자에 대해 책망한 것과 같은 내용의 교훈이다. 인간의 인격을 비방하고 모독하는 행위는 가장 추한 악행에 속한다. **"부끄러운 말"** 역시 비방과 비슷한 악행을 말한다. 그러므로 **"너희 입의"**라는 표현은 비방과 부끄러운 말에 함께 걸리는 표현이다.[346] 5절의 다섯 개의 악행이 물질과 성욕이라는 가장 기본적인 인간관계에 관한 것이라면, 8절의 다섯 개의 악행은 진노와 언어생활에 관한 것으로서, 역시 공동체 생활에 직결되는 기초적인 것이다. 이 악행들이 골로새 교회에 나타난 거짓 교사들과의 논쟁을 배경으로 해서 특별한 의미를 가지고 있는지 생각해볼 수 있다. 교회 안에 나타난 거짓 교사들과의 논쟁에서 분노와 언어적인 모독과 폭력이 있었을까? 물론 목록 형식의 교훈 유형이 너무 일반적이고 전통적인 것이기에 그런 특별한 정황에서 나온 것이라고 확실하게 말할 수는 없지만, 추측할 수는 있을 것이다.

9a절: **"너희가 서로 거짓말을 하지 말라"**는 명령은 위에서 다룬 10개의 악행을 총합적으로 금지하는 결론적인 명령이다. **"서로"**라는 상관대명사는 이러한 악행들이 인간관계와 공동체를 해치는 것임을 드러낸다. **"거짓말하지 말라"**는 물론 일차적으로는 언어적인 차원에서 거짓을 금지하는 말이다. 그러나 "거짓"은 잘못된 방향의 삶과 행동을 포괄적으로 말한

---

346) 우리말 개역성서는 마지막 "부끄러운 말"에만 걸리는 것처럼 번역하지만, 대다수의 주석학자들은 "비방과 부끄러운 말"에 함께 걸리는 것으로 해석한다.

다.[347] 요한계시록 21:8; 22:15에서도 거짓말하는 것이 악행 목록의 마무리로 언급되는데, 이는 거짓이 모든 악행을 포괄하는 의미를 가지고 있기 때문이다. 교회 안에서 성도들이 서로에게 거짓된 태도를 가질 때, 온갖 악행들이 나타나게 된다. 성도들은 거짓을 버리고 진리의 말씀인 복음(1:5-6)을 증언하고 실천함으로써 서로에게 덕을 세워야 한다.

9b절: 9a절에 이어지는 9b-10절의 **"벗다-입다"**를 말하는 두 문장은 분사 구문으로써, 우리말 표준새번역 성서 본문처럼 명령문으로 번역할 수도 있으나, 그보다는 개역개정판 본문처럼 앞에서 명령된 교훈들의 근거나 이유를 말한다는 점에서 서술문으로 번역하는 것이 더 타당해 보인다.[348] 그러면 위의 사역처럼 "왜냐하면…"으로 번역될 수 있다.[349] 성도들은 이미 그리스도의 이름으로 세례를 받음으로써 옛 사람과 그 행실을 벗어버렸고, 그리스도를 따라 새롭게 창조된 새사람을 입었다(2:11-12; 3:1-4). 물론 많은 학자들은 골로새서와 에베소서의 해당 구절들을 명령문으로 이해한다. 더구나 바울의 다른 서신들과 비교해 볼 때도 명령문과 서술문으로 해석하는 것이 엇갈린다. 로마서 13:12에서 바울은 "어둠의 일을 벗고, 빛의 갑옷을 입자"라고 명령문으로 말하며(롬 13:14도 참조), 반대로 갈라디아서 3:27에서는 "세례를 받은 자는 그리스

---

347) E. Schweizer, 145-146. 엡 4:25에 대해서는 조경철, 「설교자를 위한 에베소서 주석」, 299-301 참조.
348) 명령문으로 번역하는 주석학자들: E. Schweizer, 146; E. Lohse, 203-204; P. Pokorny, 142-143; Lightfood, 214-215; P. Müller, *Anfänge der Paulusschule*, 172 등. 서술문으로 번역하는 학자들: J. Gnilka, 185-186; A. Lindemann, 55; M. Wolter, 178; H. Hübner, 103; Maurer, Art. πρασσω, 644; Martin, 106; A. Standhartinger, *Studien zur Entstehungsgeschichte*, 232-233 등. "벗다, 입다"는 표현은 밀의종교, 영지주의, 그리고 구약성서 등 고대 종교 세계에서는 자주 사용되던 표상이다. 바울은 이 표상을 세례신학의 맥락에서 사용하였다.(롬 13:12; 갈 3:27)
349) 비슷한 문맥에서 동일한 내용을 말하는 엡 4:22-24는 모두가 부정사 구문으로 되어 있다. 그 번역과 의미에 대해서는 조경철, 「설교자를 위한 에베소서 주석」, 281-294 참조.

도로 옷 입었다"고 서술문으로 말한다. 바울의 이 서신들에 나오는 구절들과 골로새서 3:9b-10은 매우 유사하다. 갈라디아서 3:27이 명시적으로 말하듯이 세례를 가리켜 바울은 "벗다"와 "입다"라고 말하며, 이어서 로마서 13:13은 악행 목록을 덧붙이고, 갈라디아서 3:28은 그리스도 안에서 일치를 말한다. 이는 골로새서 3:9b-10절과 11절의 일치에 관한 언급 그리고 문맥상 악행 목록이 결합되어 있는 것과 동일하다. 이는 바울의 세례신학과 그와 관련한 교훈에 관한 전승이 사용되고 있다는 증거다.350)

그러나 명령문이냐 서술문이냐는 양자택일의 문제가 아니다. 확신적인 서술 속에는 분명한 명령의 의미가 들어 있으며, 반대로 명령은 이미 확신한 바에 근거한 것이기 때문이다. 세례를 받음으로써 그리스도인은 **"옛 사람과 함께 그 행실을 벗어버렸다."** 이는 2:11이 말하는 "육의 몸을 벗는 것"이고, 2:12가 말하는 "그리스도와 함께 장사되었음"이고, 3:3이 말하는 "너희가 죽었고"와 같은 의미다. 세례는 옛 사람이 죽는 것이고, 그 옛 사람의 행실을 벗어버리는 것이다. 벗어버린 "행실"의 구체적인 내용은 5절과 8절이 말하는 10개의 악행들이다. 세례에서 죽은 옛 사람과 벗어버린 그 행실이 이제 그리스도인의 삶 속에서 다시금 나타나게 해서는 안 된다.

10절: 이 구절은 성도들이 악행을 할 수 없는 근본적인 원인과 근거에 대해 말한다. 그리스도의 이름으로 세례를 받은 사람은 옛 사람을 벗고, 새사람을 **"입었다."** 입어야 할 새사람은 항상 새롭게 되는 존재다. **"새롭게 하심"**이라는 그리스어 현재 분사가 사용된 것에 주목하라. 세례는 단 한 번 받는 것이기 때문에 단순과거형을 사용하는 것이 적절해 보

---

350) P. Müller, *Anfänge der Paulusschule*, 172.

인다. 그런데 여기서 지속적인 반복을 의미하는 현재형을 사용하였다는 것은, 세례에서 일어난 인간의 갱신은 단 한 번으로 끝나는 것이 아니라 지속적으로 반복해서 일어나야 한다는 사실을 말한다.[351] 그리스도인은 세례를 받고 새사람이 되었다. 그런데 이 새사람으로의 변화는 한 번 일어난 후 정적으로 멈추는 것이 아니라 역동적으로 지속적으로 작용한다.[352] 그러므로 항상 거듭해서 새로워져야 하고, 항상 자라나야 한다 (1:9-10). 이미 새사람으로 변화된 사람에게도 여전히 윤리적인 교훈이 필요한 것은, 거듭해서 갱신되어야 한다는 새사람의 역동적인 본질에 근거한 것이다.

새사람은 어디까지 새로워져야 하는가? 새사람은 **"지식에까지"** 늘 새로워져야 한다. "지식"은 하나님의 뜻, 하나님이 무엇을 요청하시는지를 아는 것이다. "바울"은 이미 1:9에서 골로새 성도들이 "모든 신령한 지혜와 총명에 하나님의 뜻을 아는 것으로 채워지기"를 위해서 기도한 바 있다(1:9). 하나님의 뜻은 복음에 나타나 있고, 이런 지식은 거짓 교사들의 유혹을 이길 수 있는 힘이다. 하나님의 뜻을 모르는 사람에게 거짓 교사들의 유혹이 먹혀들 수 있다. 그러나 윤리적인 교훈을 말하는 이 구절에서 하나님의 뜻은 구체적으로 12-17절이 말하는 덕행들이다.

이어지는 **"자기를 창조하신 이의 형상을 따라"**는 거듭 새로워져야 할 새사람의 기준과 모범을 제시한다. **"자기를"**은 새사람을 말하고, **"창조하신 이"**는 하나님이고, 그의 **"형상"**은 예수 그리스도다(1:15). 그리스도인을 새사람으로 창조하신 하나님께서는 그의 형상인 예수 그리스도를 새사람이 거듭 새로워져야 할 모범으로 제시하신다. 그리스도인은 그리스도를 지향하여 늘 새로워져야 한다. 그러므로 그리스도를 아는 지식이

---

351) 그러므로 우리말 공동번역과 표준새번역 성서 본문이 "끊임없이"를 보충해 번역한 것은 내용상 적절하다. CEV 본문은 "more and more"를 보충해서 번역한다.
352) P. Müller, *Anfänge der Paulusschule*, 173.

중요하다. 그를 알아야 그에 합당하게 새로워질 수 있다. 예수 그리스도
는 창조 이전부터 계셔서 하나님과 함께 세상 만물을 창조하신 우주의
주인이지만, 하나님께 순종하여 십자가에까지 달려서 하나님의 뜻을 따
라 인간을 구원하신 분이다. 예수 그리스도에게 합당하게 지식이 새로워
진다는 말은, 예수 그리스도처럼 죽음에 이르기까지 하나님의 뜻에 순종
하는 것이다. 이러한 순종이 없는 지식은 교만한 것으로 인간을 넘어지
게 한다. 창세기에 나오는 대로, 하와와 아담은 눈이 밝아져 지식을 알
게 하는 나무의 열매를 따 먹고는 하나님을 배신하고 하나님을 떠났다.
그러나 새 아담이신 예수 그리스도를 따르는 지식은 하나님께 죽기까지
순종하는 지식이다. 그러므로 그리스도 안에는 온갖 지혜와 지식의 보화
가 감추어져 있다(2:2). 이러한 예수 그리스도를 따라서 지식에까지 새로
워진 새사람이 하나님의 진노의 대상이 되는 악행들을 멀리하는 것은 너
무도 당연하다. 이 구절은 어떤 식으로든 골로새 교회에 나타난 거짓 교
사들과 관련이 있어 보인다.[353] 골로새 교회에 나타난 거짓 교사들은
"철학"이라는 이름으로 오로지 (잘못된) 지식만을 내세워 교만하게 행동하
였으나(2:8,20), 성도들은 그리스도처럼 참된 지식 안에서 하나님의 뜻에
순종해야 한다.

11절: 이 구절은 바울이 세례신학의 바탕에 서서 가르친 교회윤리적
인 교훈과 매우 유사하다(고전 12:13; 갈 3:27-28). 바울의 위 구절들과 비
교해서 골로새서는 세례를 명시적으로 말하지 않는다는 차이가 있지만,
이 구절도 10절과 연결해서 볼 때 세례 교훈의 틀 속에 서 있다는 것은
의심할 여지가 없다.[354]

---

353) J. Ernst, 227; P. Müller, *Anfänge der Paulusschule*, 173.
354) A. R. Bevere, *Sharing in the Inheritance*, 115-120.

이 구절을 시작하는 **"거기에는"**은 어디인가? 11b절이 말하는 "오직 그리스도는 만유시요 만유 안에 있다"는 말이 "거기"가 어디인지를 말해 주고 있다. 우주의 창조자시며 구원자이신 그리스도의 우주적인 주권을 믿고 고백하고 찬양하는 곳이 바로 "거기"다. 그러므로 "거기"는 그리스 도의 몸인 교회다. 그리스도인들은 세례를 받음으로써 그리스도의 만유 의 주권에 참여하게 되었고, 그들이 모여서 예배하는 곳은 그리스도의 "몸"이 되었다. 이 그리스도의 몸 안에서는 어떠한 종류의 차별도 있지 않다. 그리스도 안에서 세워지고 실현된 하나님의 구원 계획과 활동에는 어떠한 차별도 있을 수 없다. 그러므로 "거기"는 하나님의 새 창조 활동 으로 인하여 생겨 난 "새사람"을 말한다. "새사람"은 단순히 특정한 개인 을 말하는 것이 아니라 공동체를 의미한다. 바울에게 있어서도 새 창조 는 개인적인 차원이 아니라 사회적이고 공동체적인 차원의 개념이 다.[355] 새사람은 반드시 공동체 안에서 다른 새사람들과 함께 그 본분 에 맞는 삶을 살아야 한다. 그러므로 "거기"는 새사람들이 모인 교회다. 이는 마치 에베소서 2:15의 "새사람"이 교회를 의미하는 것과 비슷하 다.[356] 하나님의 차별 없는 구원 활동에 의해서, 그리스도 안에서 모두 가 화해된 사람들이기 때문에, 그리스도의 몸이며 새사람들의 공동체인 교회 안에서는 어떠한 차별도 있을 수 없다. 이것은 바울의 교회론에서 가장 중요한 핵심이요, 복음의 사회학적인 결과를 말한다. 물론 이러한 신학적인 확신이 교회 안에서 구체적으로 어떻게 실천될 수 있느냐 하는 것은 바울 자신에게도 이미 심각한 문제였다. 특히 고린도전서 7장에서 는 할례자와 무할례자 및 종들의 문제로, 고린도전서 11장에서는 예배에 서 남자와 여자의 관계, 잘사는 사람들과 못사는 사람들의 관계가 현실

---

355) W. Klaiber, *Rechtfertigung und Gemeinde*, 95-101 참조.
356) 조경철, 「설교자를 위한 에베소서 주석」, 94-95.154-155 참조.

적인 문제로 제기되었다. 바울은 갈라디아서에서도 교회 안에서 유대인과 이방인이 어떻게 차별이 없이 구원의 유산을 함께 나누며 서로 사랑하며 살 수 있을지를 고민한다. 실천적으로는 많은 문제들이 있지만, 신학적으로는 교회 곧 새사람들의 공동체 안에서는 그 어떤 차별도 존재해서는 안 된다는 확신은 의심할 여지가 없다. 실천은 이 확신을 실현해 나가는 과정이다.

첫째로 그리스도 안에서는 인종과 종교의 차별이 극복되었다. 고대 세계에서 인종과 종교는 별개의 것이 아니라, 항상 맞물려 있었다. 때문에 신약성서 시대에 유대인들은 인류를 "**헬라인과 유대인**" 혹은 "**할례파와 무할례파**"라는 범주로 나누었다. 전자는 인종적인 구분이고, 후자는 종교적인 구분이다. 유대인은 하나님의 선택을 받은 민족이고, 그 선택받은 징표로 육체에 할례를 행했다. 한편 그렇지 못한 이방인 가운데 대표적인 민족이 그리스인이다. "**헬라인**"은 유대교와 다른 종교, 문화, 가치관을 가진 사람들을 총체적으로 표현하는 말이다. 그러나 출애굽기 19:5-6으로 거슬러 올라가는 이러한 구분은 하나님에 의해서 폐기되었다고 골로새서는 말한다(1:12-14). 하나님은 이방인들을 그들의 죄에서 용서하시고, 아들의 나라의 백성으로 만드셨다. 에베소서 2:14-15가 말하듯이, 하나님은 그리스도 안에서 둘로 갈라져 갈등하던 인류를 "한 새사람"으로 만들었다. 육체에 손으로 행한 할례는 더 이상 의미를 갖지 못하고, 오로지 그리스도의 할례 곧 그리스도의 이름으로 세례를 받는 것만이 유효하다(2:11; 엡 2:11-13; 갈 6:15도 참조). "**야만인과 스구디아인**"이라는 구분도 역시 인종적인 차별을 문화적인 시각에서 말한 것이다. 그리스인과 유대인이 유대인의 시각에서 인류를 구분하는 범주였다면, 문명인(그리스인)과 야만인은 그리스인들의 시각에서 인류를 구분하는 범주다. 그리스인들은 자신들을 철학적인 민족 곧 문화민족이라고 여겼고,

그 외의 민족은 야만인이라고 구분하였다. 특히 스구디아인을 가장 야만스러운 인종으로 여겼다.357) 이러한 차별은 그리스도 안에서 이미 폐기되었고, 새사람들의 공동체인 교회 안에서는 더 이상 관계의 기준으로 유효하지 않다.

둘째로 그리스도 안에서는 사회-경제적인 신분 차별이 극복되었다. 그러므로 그리스도 안에서는 **"종이나 자유인"**의 차별이 더 이상 있어서는 안 된다. 갈라디아서 3:28과 비교해 볼 때, 고린도전서 12:13과 마찬가지로 여기에서는 "남자와 여자"라는 성적 차별의 극복이 언급되지 않고 있다. 3:18의 명령에서 보듯이, 골로새서의 저자는 남자와 여자 사이의 분명한 차이와 차별을 인정하고 있는 것인가? 종과 주인의 차이를 인정하면서도(3:22-4:1), 종과 자유인의 차별이 그리스도 안에서 극복되었다고 말하는 저자가 여기서 남자와 여자의 차별 극복을 말하지 않는 이유를 확실하게 알 수 없다. 혹시 최고의 신을 남성과 여성의 성격을 동시에 가진 혼성적인 신으로 여겼던 이방 종교의 영향을 받은 거짓 교사들의 주장 때문에 그랬을지도 모른다. 그래서 그리스도 안에서 남성과 여성이 하나가 되었다고 한다면, 그것이 마치 이방 종교의 최고신 사상과 유사한 혼성적인 신론을 주장하는 것처럼 오해될 수 있기 때문에, 그런 표현을 회피한 것으로 추측할 수 있다.358)

11b절은 다시 서두에 인용한 그리스도 송가의 노랫말과 연결해서 그리스도 안에서 모든 차별이 극복된 근거를 설명한다. 송가는 그리스도가 만물(τα παντα)을 창조했고, 만물은 오직 그리스도 안에서만 존재가 가능

---

357) 공동번역 성서에 들어 있는 외경 마카베어하 4:47에는 "극악무도한 스키티아인들"이라는 말이 나오는데, 이들은 개역성서가 스구디아인이라고 번역한 동일한 인종이다. 스구디아인은 지금의 흑해 주변에 살던 사람들로서 이들 중 대부분의 사람들은 노예로 팔려나갔다.
358) 영지주의적인 도마복음, Log. 22와 빌립복음, NHC II,3; 69,24-70,4 등을 참조. P. Pokorny, 144 각주 62.

하다고 노래한다(1:15-16,17). 만물이 그리스도 안에서 하나님과 화해했고, 서로서로 화해했다. 이 표현은 그리스도의 우주적인 주권을 말한다. 그러므로 **"오직 그리스도는 만유(τα παντα)시요 만유 안에 계시니라"**는 말은 모든 피조물 속에 신이 있다는 범신론을 말하는 것이 아니다. 에베소서 4:6에서는 비슷한 말이 하나님께 적용되었다. 그리스도 송가의 신학을 여기서 다시 반복하는 것은, 그리스도의 우주적인 주권과 화해의 사역은 교회 안에서 온전히 실현되어야 하기 때문이다. 이는 1:18a에서 "그는 몸인 교회의 머리다"는 말 속에 이미 표현된 믿음이다. 그리스도는 객관적인 신앙 고백 안에서는 온 창조 세계의 지배자지만, 그러한 믿음의 주관적인 고백은 아직은 오직 교회 안에서만 일어난다. 그러므로 교회만이 "그의 몸"이고, 이 교회 안에서는 오직 그분만이 홀로 "머리"로 고백되기 때문에, 교회 안에서는 그 어떤 범주의 차별도 있어서는 안 된다. 11절은 그리스도를 머리로 하는 그의 몸 된 교회의 사회적인 형태를 분명히 보여 준다. 교회 안에서 모든 인류가 차별을 극복하고 상생하는 사회적인 형태로 나타나게 될 때, 교회는 바깥세상을 향하여 강력한 선교적인 매력을 발산하게 된다.

12절: 9b-11절에서 말한 구원의 사건으로부터 나온("**그러므로**") 윤리적인 교훈은 5-9a절과 연결된다. 그러나 옛 사람과 그 행위를 부정적으로 말했던 그곳과는 달리 여기서는 새사람과 그 행위에 대해서 긍정적으로 말한다. 그리스도인은 **"하나님이 택하사 거룩하고 사랑받는 자"**다. "…처럼"보다는 "…로서"로 번역하는 것이 더 적절하다. "…처럼"은 사실이나 자격이 구비되지 않았음에도 구비된 듯이 가정하는 것이지만, "…로서"는 이미 변화되어 현실이 된 사실이나 자격을 말한다. 그리스도인은 이미 그런 신분으로 변화되었고, 덕행을 실천할 수 있는 자격과 능력을 갖추고 있다. 그리스도인의 신분은 세 가지로 요약할 수 있다. 첫째는 하나님의 선택을 받은 사람이고, 둘째는 거룩한 사람이며, 셋째는 하나님의 사랑을 받는 사람이다. 이 세 가지 신분은 새사람의 본질이다. 하나님은 그리스도인들을 옛 사람들 중에서 선택하셔서 거룩하게 만드시고, 사랑을 베풀어 새사람으로 변화시키셨다. 신분이 변화되면 의복이 달라진다. 누가복음 15장에 나오는 탕자의 비유를 상기시킨다. 이 비유에 나오는 아버지가 탕자를 사랑하여서 새 옷을 입히고 가락지를 끼어주며 당신의 아들임을 확인해 주었듯이, 하나님은 그리스도인들을 선택하고 사랑하셔서 옛 사람의 옷을 벗기고 새사람의 거룩한 옷을 입혀 주셨다.

초대 교회의 세례신학에서 사용했던 **"옷을 입다"**는 표상적인 표현을 통해, 새사람이 입어야 할 옷을 5개의 덕행으로 말한다. 그리스도인들이 그 신분에 합당하게 입어야 할 옷은 **"긍휼, 자비, 겸손, 온유, 오래 참음"**이다.(필자는 13절에 나오는 피차 용납과 용서를 포함한 이 덕행들의 구체적인 의미에 대해 에베소서에 관한 주석서에 상세하게 해설해 놓았기 때문에 그곳을 참조하기를 바라며 여기서는 다시 반복하지 않도록 하겠다.)359) 여기서 말하는 5개의 덕행들은 모두가 공동체 안에서 인간관계에 해당하는 것이며, 다른 한편으로는 하나님과 그리스도가 인간을 대하실 때 보여 주신 태도를 말한다는 점360)에 주목할 필요가 있다. 따라서 이런 덕행들은 단순히 윤리적이고 철학적인 덕행이 아니라, 하나님/그리스도 안에 뿌리를 내리고 있는 덕행이며, 교회 안에서 서로 적용하며 살도록 하나님/그리스도가 주신 카리스마적인 덕행이다. 이 덕행들은 "하나님이 택하사, 거룩하고 사랑받는 자"들에게 하나님/그리스도가 먼저 시범을 보여 주셨고, 그에

---

359) 조경철, 「설교자를 위한 에베소서 주석」, 224-231.313-314. A. R. Bevere, *Sharing in the Inheritance*, 204-209도 참조.
360) 롬 12:1; 고후 1:3(하나님의 긍휼); 롬 2:4; 11:22; 엡 2:7; 딛 3:4(하나님의 자비); 빌 2:8(그리스도의 겸손); 고후 10:1(그리스도의 온유); 롬 2:4; 9:22(하나님의 오래 참음) 등을 참조.

따라서 살 수 있도록 힘을 주신 그런 것들이다.

13절: 12절은 13절을 건너서 14절로 이어지는 것이 더 자연스럽다. 12절의 옷을 입는 표상적인 동작이 14절에도 계속되기 때문이다. 때문에 13절은 12절과 14절 사이에 끼어들어온 것처럼 보인다. "용납하다"와 "용서하다"는 그리스어 본문에서 현재 분사다. 대부분의 번역 성서 본문들처럼 명령으로 번역할 수도 있지만, 부가적인 설명을 하는 서술문으로 번역할 수도 있다. 서술문으로 이해하면, 13절은 옷을 입는 과정을 설명한다. 교회 안에서 그리스도를 본받아 서로 용납하고 용서함으로써 "긍휼, 자비, 겸손, 온유, 오래 참음"의 덕행을 실천할 수 있다. 물론 명령으로 이해하여도 내용은 크게 달라지지 않는다. 성도들 사이의 "불만"은 11절이 그리스도의 몸인 교회 안에서 성도들 사이의 일치를 해치는 계기가 될 수 있다.

"주께서 너희를 용서하다"는 골로새의 그리스도인들에게 선포되고, 그들이 믿음으로 받아들인 복음의 내용이다(2:12-13). 주께서는 그들이 용서받을 가치가 있거나 그럴 공적이 있기 때문에 용서하신 것이 아니라, 무조건 은혜로 용서하셨다. 이러한 주님의 용서는 교회 안에서 성도들 상호간의 태도의 근거와 모범이 된다. 삶은 선포된 복음에 상응해야 한다. "…같이, 그렇게…"(καθως…ουτως)라는 비교 형식의 문장은 복음(믿음)과 삶의 일치를 말한다. 복음은 삶의 근거가 되고, 삶은 복음 위에 서서 그 복음과 일치되는 방향으로 실천되어야 한다. 골로새서의 성도들이 믿고 선포하는 복음은 "주께서 우리(너희)를 아무런 차별 없이 용서했다"는 것이다. 그렇다면 이 복음과 믿음에 상응하도록 공동체 안에서 서로 용서하고 용납하는 삶을 실천해야 한다.

용서의 주체가 하나님이냐 그리스도냐 하는 물음은 골로새서에서는 별 의미가 없다. 2:12-13에서는 용서의 주체가 하나님이며, 3:13b에서는 **"주"** 곧 예수 그리스도다. 그러나 예수 그리스도는 창조와 새 창조, 화해와 용서에서 "보이지 아니하는 하나님"을 대변하시는 분이기 때문에 (1:15), 인간을 향한 용서에서도 그리스도는 하나님을 대신한다. (막 2:1-12 참조)

14절: 동사가 없는 문장이다. 우리말 개역성서는 **"더하라"**는 동사를 첨가해서 번역하지만, 이 문장의 동사는 12절의 명령형 **"입어라"**다. 그러므로 12절과 14절은 옷을 입는 형상을 말한다. **"이 모든 것"**은 12-13절이 나열한 덕행들을 말한다. 옷 입기에 비유한다면, 모든 옷을 입은 후에 띠를 매는 것처럼 그렇게 사랑의 **"띠"**를 매라는 뜻이다. 그래야 옷 입음의 행위가 마무리될 뿐만 아니라 옷의 맵시가 살아난다. 이 사랑이라는 띠를 매지 않으면, 그 이전에 입었던 옷가지들도 흐트러질 수 있고, 멋이 없다. 그런 의미에서 사랑은 옷 입기의 완성인 "띠"다. 이는 에베소서 4:2-3의 교회 일치를 위한 여러 가지 덕행들이 4:16에서 사랑으로 요약되는 것과 비슷하다. 또한 고린도전서 12장에서 다양한 은사들을 말한 후에 12:31에서 "더 큰 은사"를 말하고 이어 13장에서 사랑을 말하는 것과도 같다. 갈라디아서 5:22에서 성령의 열매들 중의 첫째가 사랑이다. 사랑은 최고의 은사이며, 모든 은사들을 정말로 멋진 은사들이 되게 하는 바탕이고 맵시다. 사랑이 없으면 다른 덕행(은사)들은 그 의미를 상실하거나 그 순수성을 의심받고, 결국은 아름답지 못하게 된다. 그래서 바울은 로마서 13:10에서 "사랑은 율법의 완성"이라고 했다.

사랑의 의미는 **"이는 온전하게 매는 띠이라"**는 말 속에 더 깊이 표현되어 있다. 우리말 개역성서의 이 번역의 그리스어 본문을 직역하면 "이는 완전의 띠이다"다. 모든 덕행들의 총체요 바탕이요 아름다움인 사랑이 완전의 띠라는 말인데, 이때 **"완전의"**라는 소유격 표현을 어떻게 해석할 것이냐가 문제다. 우리말 개역성서는 이 소유격을 형용사적으로 "온전하게 매는"으로 번역했다. 무엇을 온전하게 맨다는 말인가? 모든 덕행을 옷가지들처럼 튼튼하게 묶어서 맨다는 뜻이 될 수 있다. 그러나 "완전"을 그런 일반적인 의미로만 파악하는 것은 너무 피상적이고, 더 깊은 의미를 찾아야 한다. 골로새서 1:9-10에서 저자는 "성장"을 말한다. 그리고 그는 1:28에서 선포 활동의 궁극적인 목적을 "각 사람을 그리스도 안에서 완전한 자로 세우는 것"이라고 말한다. 1:28에서 완전한 자는 도덕적으로 흠이 없는 사람이 아니라, 종말론적으로 하나님의 심판을 이겨 내고 하나님과 완벽한 관계 안에 서는 사람 곧 구원받는 사람을 말한다. 이러한 완전의 종말론적인 의미를 함께 생각한다면, 이 구절의 소유격 "완전의"는 단순히 일반적인 형용사적 의미가 아니라, 더 깊은 의미 곧 목적의 소유격으로 파악할 수 있다.361) 그러면 "사랑은 완전을 이루기 위한 띠이다"로 번역된다. 이때의 "완전"은 종말론적이며 교회론적인 의미에서 완성된 구원을 의미한다.362) 사랑으로써 그리스도의 몸인 교회와 성도들의 일치를 지키며, 교회 안에 머무르며 머리가 되는 그리스도께 굳게 붙들려 있는 사람은 구원을 받는다(2:19). 그렇다면 여기서도 저자는 거짓 교사들을 염두에 두고 있는 것이다. 그들의 주장처럼 그리스도 외에 다른 영적인 존재들을 섬기는 것이 완전한 구원의 길이 아니라, 머리 되신 그리스도와 몸인 교회 안에 굳게 서서 성도들끼리 덕행을 실천하며 사랑으로 일치를 이루는 것이 완전한 구원에 이르는 길이다.

---

361) E. Lohse; M. Dibelius- H. Greeven; E. Schweizer; P. Pokorny; W. Schrage, *Ethik des Neuen Testaments*, 237 등을 참조.
362) 이러한 교회론적인 의미는 엡 4:3에서 더욱 분명해진다. 에베소서 저자는 골 3:14의 "완전의 띠"를 "평화의 띠"로 바꾸어 인용함으로써, 더욱 분명하게 교회론적인 의미를 강조한다. 조경철, 「설교자를 위한 에베소서 주석」, 233-236 참조.

15a절: 에베소서의 세 부분, 곧 2:14; 4:1-3; 5:4b 등이 여기에 결합되어 있다는 인상을 받는다. "평강"과 "부르심" 그리고 "감사"가 함께 묶여 있다는 점에서 그렇다. **"그리스도의 평강"**은 그리스도 송가가 노래한 내용이다. 1:20에 의하면 그리스도는 만물을 화해시키셨고, 1:22에 의하면 골로새 성도들도 그리스도의 화해 사역의 수혜자들이 되었다. 에베소서 2:14-18도 그리스도가 십자가에서 이루신 두 가지 차원의 평화, 곧 하나님과 인간 사이의 수직적인 평화와 인간 상호간의 수평적인 평화를 말한다. 그러므로 이 평화는 복음(엡 6:15)과 그 복음의 사회적인 결과를 포괄하는 말이다. 골로새 성도들은 그리스도께서 이루신 이 평화의 복음을 믿음으로 받았다(1:23; 2:7). 이러한 구원에 관한 서술적인 확신은 교훈의 맥락에서 명령으로 나타난다. **"주장하라"**로 번역된 그리스어 동사는 심판관의 활동을 나타내는 말이다. 그리스도의 평화가 성도들의 삶을 판단하고 결정하는 심판관이 되어야 한다는 말이다. **"너희 마음"**은 한 인간을 전체적으로 말하는 히브리적인 표현이다. 생각, 결단, 판단, 행동 등 인간의 모든 것은 그리스도의 평화에 맞추어서 결정되어야 한다. 믿음으로 받은 그리스도의 평화가 성도의 삶을 전체적으로 규정하고 판단하는 최고의 원리가 되어야 한다.

그러므로 **"평강을 위하여"** 성도들은 부르심을 받았다. 그리스도의 평화를 믿고 받아서 실천적인 삶의 최고 원리와 기준으로 삼아야 한다. 그런데 성도들이 부르심을 받은 곳은 **"한 몸으로"**다.[363] 여기서 "한 몸"은 그리스도의 몸인 교회다. 그러므로 성도들이 부르심을 받아서 비로소 교회를 이루는 것이 아니라, 교회는 성도들이 부르심을 받기 이전부

---

363) 우리말 개역성서가 "한 몸으로"로 번역한 표현은 "한 몸 안에서"라고 번역해야 더 정확하다. 물론 본문에 문제가 있다. P[46]과 같은 중요 사본은 전치사 εν를 생략함으로써 "한 몸으로"라는 본문을 생산한다. 그러나 절대 다수의 사본은 εν과 함께 "한 몸 안에서"로 읽는다.

터 있었으며, 그들이 부르심을 받아서 비로소 들어가는 삶의 터전이다. 그리스도는 십자가에서 교회를 세우셨으며, 사람들을 그 교회 안으로 부르셨다. 그리스도는 사람들을 성도로 부르시고, 성도로 살아가게 하시기 위하여 교회를 먼저 세우신 것이다. 그러므로 교회는 성도들이 부르심을 받아 들어와 평화와 생명을 누리는 모태다. 이처럼 그리스도의 평화를 누리고 실현하는 것은, 일차적으로는 교회의 일치와 화합을 지키고 실현하는 것이다. 덕행들은 이를 위하여 필요한 것이다. 그러므로 골로새서의 윤리적인 교훈은 개인적인 덕행을 가르치기보다는 교회 안에서의 공동체적인 삶을 위한 가르침이다. 골로새서의 윤리는 개인윤리가 아니라 공동체의 윤리다.

15b절: 평화를 누리고 실현하라는 가르침에 이어서 **"감사하는 자가되라"**는 명령이 덧붙여진다. 15b절은 16-17절과 묶어서 함께 읽는 것이 더 적절해 보인다. 그러면 15b절에서 감사로 시작해 17b절에서 감사로 마무리되는 교훈의 구조(inclusion)를 보게 된다.[364] 골로새서는 1:3.12; 2:7; 3:15.17; 4:2 등 서신의 전체에 걸쳐서 감사를 자주 말한다. 15b-17절의 "감사하라"는 3:5부터 이어져 온 공동체 윤리 교훈을 마무리하는 역할을 한다. 감사는 믿음을 표현하는 가장 중요하고도 깊은 방식이다. 믿음이 없이는 누구도 감사할 수 없다. 그러므로 감사하지 못하는 사람들은 믿음의 확신이 없는 사람들이고, 그들에게 거짓 교사들이 유혹의 손길을 뻗친다. 저자는 이에 대해 이미 2:7과 2:8의 맥락에서 분명하게 말한 바 있다. 그리고 감사를 표현하는 가장 중요한 장은 예배다. 이에 15b-17절은 공동체 예배에 관한 교훈을 말하면서 감사로 시작

---

364) P. Müller, *Anfänge der Paulusschule*, 177; A. Standhartinger, *Studien zur Entstehungsgeschichte*, 241-242.

해 감사로 마무리한다.

16절: 15b-17절은 공동체 예배에 관한 가르침이다. 16절은 주어가 두 개다. 첫째 주어는 **"그리스도의 말씀"**이고, 두 번째 주어는 **"너희"** 다.365) "그리스도의 말씀"은 그리스도에 관한 말씀, 곧 복음이다. 이는 1:5의 "복음 진리의 말씀", 1:25가 말한 "하나님의 말씀"과 동일한 것이다. 바울은 복음의 일꾼으로서(1:23) 이 그리스도의 말씀을 전파하고, 권하고, 가르치기 위하여 온갖 고난을 마다하지 않았다(1:24,28). 1:25-27의 맥락에서 복음/비밀과 동일시되는 하나님의 말씀은 "너희 안에 계신 그리스도"다. **"너희 안에 풍성하게 거하는"** 것은 그리스도의 말씀이다. 그리스도의 말씀은 객체가 아니라 주체다. 예배에서 말씀하는 주체는 그리스도 자신이기 때문이다. 외면적으로는 사람이 말씀을 선포하지만, 실질적으로는 그리스도께서 말씀하신다.

이어지는 세 개의 현재 분사 표현들은 예배에서 그리스도가 말씀하시는 방식을 말한다. 먼저 16절은 1:28에 나오는 동사들("가르치다" διδάσκοντες "권하다" νουθετοῦντες)을 반복하고, 이어서 "찬양하다"(ᾄδοντες)는 동사를 첨가한다. 가르치고, 권하고, 찬양함으로써 교회에는 그리스도의 말씀이 풍성하게 거한다. 그리스도의 말씀을 "가르치고, 권하는" 일은, 1:28에 의하면 사도의 선교와 목회 활동의 내용이었다. 이러한 사도적인 사역이 이제 교회의 사역이 된다. 예배에서 그리스도의 말씀을 가르치고 권하는 활동은 일차적으로 목사와 같은 직분자가 수행해야 할 사명이기는 하지만, 모든 성도들이 **"피차"** 그리고 **"모든 지혜로써"** 행해야 할 과제이기도 하다. "디다스칼레인과 누테테인은 … 특정한 직분에 매여 있

---

365) 우리말 공동번역 성서 본문이 두 번째 주어 "여러분"을 분명히 말하고, 개역과 표준 새번역은 문맥상 미루어 알 수 있게 번역했다.

는 것이 아니고, 교회의 모든 지체들에 의해서 각자 그들에게 부여된 은사의 힘으로써 실행되어야 한다."366) "모든 지혜로"는 말씀을 가르치고 권하는 방법이 설득력이 있고 상황에 적절한 것이어야 한다는 뜻이다. 여기서 다시 거짓 교사들과의 연관성을 볼 수 있다. 세상의 창조자고 화해자며(1:15-20), 하나님의 비밀이며(2:2), 영광의 소망이며(1:27), 지혜와 지식의 모든 보화가 감추어져 있는(2:3) 그리스도에 관한 말씀이 교회 안에서 가르쳐지고 권고해져서 풍성하게 거하게 되면, 거짓 교사들의 어리석은 유혹에 성도들이 넘어가지 않는다. 성도들은 그리스도의 말씀으로 "피차" 가르치고 권고해서, 그들의 유혹을 이길 수 있어야 한다. 교회 안에 이단자들이 들어오는 이유는, 교회 안에 진정한 그리스도의 말씀이 풍성하지 못하기 때문이다.

말씀 선포와 교육에 이어서 교회에서 그리스도의 말씀이 풍성해지는 세 번째 요소는 찬송이다. **"시와 찬송과 신령한 노래를 부르며 감사하는 마음으로 하나님을 찬양하고"**로 번역한 개역성서 본문을 보면, 마치 동사가 둘("노래를 부르며", "찬양하고")인 것으로 여겨진다(공동번역도 그렇다). 그러나 그리스어 본문은 동사가 하나다. 그러므로 위의 사역처럼 "시와 노래와 영적인 찬송들로써 여러분의 마음으로, 은혜 가운데서 하나님을 찬양하십시오."로 번역하는 것이 더 적절하다(표준새번역이 그렇다). **"시와 찬송과 신령한 노래"**는 찬송의 각기 다른 형태를 말하는 것인지 아니면 그냥 동일한 내용을 다양한 표현으로 나타내는 것인지 확실하게 말할 수는 없지만, 후자의 의미가 적절한 것으로 보인다. 저자가 서신의 서두에서 찬송가 노랫말을 인용해 그의 신학적인 논증의 토대로 삼았던 것을 참작하면, 그가 여기서 세 가지 표현을 사용해 찬송을 강조하고 있다는

---

366) E. Lohse, 216; A. Lindemann, 62도 참조. 반면에 에베소서는 2:20; 4:11-12 등에서 교회에 주어진 말씀 선포의 특정한 직분을 말한다. 이에 대해서는 조경철, 「설교자를 위한 에베소서 주석」, 253-255 참조.

사실은 우연이 아니다. 말씀은 "지혜롭게" 곧 이성적으로 설득력 있게 가르쳐져야 한다면, 찬송은 **"마음으로"** 그리고 **"은혜 안에서"**367) 불러야 한다. 찬송을 부르는 이 두 가지 자세는 하나님으로부터 받은 은혜에 감동받아서, 마음 속 깊은 곳에서 우러나는 진지하고 뜨거운 감정으로 불러야 한다는 것을 가르친다.368) 찬송의 대상은 하나님이다. 어떤 후대 사본들은 "주님께"로 바꾸지만, **"하나님께"**로 읽는 것이 더 적절하다. 아마도 "주님께"는 에베소서 5:19와 서신의 서두에 인용된 그리스도 송가의 영향을 받은 변형으로 보인다.

16절은 그리스도의 말씀이 교회 안에 풍성하게 거하는 두 가지 방식을 말한다. 그리스도의 말씀을 설득력 있게 그리고 상황에 적절하게 "가르치고, 권고하는" 것이 하나고, 받은 은혜에 감동해서 마음에서 우러나오는 신령한 찬양을 부르는 것이 다른 하나다. 이 두 가지가 교회 안에서, 특히 예배에서 살아 있을 때 교회에 그리스도의 말씀이 풍성해지며, 그래서 그리스도의 생명과 평화를 풍성하게 누리고, 모든 현실의 어려움을 이겨 내며, 거짓 교사들의 유혹을 이길 수 있다.

17절: 16절이 주로 교회 안에서 드리는 예배에 관한 교훈이라면, 17절은 그러한 예배를 드린 성도들의 일상적인 삶에 관해서 가르친다. 예배는 특정한 장소와 시간에 국한된 제의적인 예배로만 그쳐서는 안 된다. 예배는 언제나 일상의 삶으로 확장되어야 한다. 16절이 제의적인 예배에 관한 교훈이라면, 17절은 생활의 예배에 관한 교훈이라고 할 수 있

---

367) 우리말 개역, 표준새번역, 공동번역 성서들은 "감사하는"으로 번역하지만, 천주교 200주년 기념 신약성서는 "은총 안에서"로 번역한다. E. Lohse, 217-218 참조.

368) A. Standhartinger, *Studien zur Entstehungsgeschichte*, 245는 "마음으로"를 "침묵"으로 이해하며, 그래서 "하나님과의 침묵적인 직접성"과 "천상의 예배"를 말한다. 그러나 예배에서 말씀을 가르치고, 권고하고, 찬양하는 것을 어찌 침묵의 방식으로 행해져야 한다고 말할 수 있겠는가? 사용되는 단어는 다르지만 "마음으로"는 3:23의 "마음을 다하여"와 크게 다르지 않다.

다. 생활의 예배의 핵심은 감사다. **"무엇을 하든지"**와 **"말에나 일에나"**는 감사하는 삶이 어느 특정한 장소나 시간, 특정한 행동에만 국한되는 것이 아니라 모든 일에, 모든 장소와 시간에 해당되는 것임을 말한다. 에베소서는 이를 "범사에"와 "항상"이라는 말로 바꾸어 그 의미를 더욱 분명히 한다(5:19). 이는 데살로니가전서 5:18에서 바울이 "범사에 감사하라"고 가르친 것과 같다. **"주 예수의 이름으로"**와 **"그를 힘입어"**는 감사의 근거와 내용을 결정한다. "그리스도의 이름"은 그리스도의 주권과 관련되어 있다. 우주를 창조하시고 만물을 화해시키며, 성도들을 구원하셔서 우주의 주권자가 되시고, 구원자가 되신 주 예수의 이름으로 우리는 세례를 받았다. 그럼으로써 우리는 주 예수의 주권에 속하게 되었고, 그분의 구원 사역에 힘을 입어서 하나님께 감사한다. "주 예수의 이름"은 그리스도인의 삶 전체의 방향을 잡는 키와 닻이다. 우주의 주인이신, 곧 모든 인간과 그리스도인의 주인이신 예수 그리스도에게 삶의 닻을 내리고, 그분의 뜻을 인정하고, 그에 따라서 살아가려고 노력해야 한다. 그럴 때에만 그리스도인은 진정으로 감사할 수 있다. 찬송의 대상이 하나님이듯이, 감사의 대상도 오로지 하나님이다. 그리스도인의 유일한 감사의 대상이 되시는 하나님은 **"아버지"**다(1:2-3 참조). 그러나 그리스도는 보이지 않는 하나님의 형상이기 때문에(1:15), 그리스도에게 감사와 찬양을 하는 것도 하나님께 하는 것과 다르지 않다.

◆ 설교를 위한 메시지 요약

1. 구체적인 윤리적 행위들에 관한 가르침을 베푸는 이 단락을 이해하고 설교할 때에 중요한 것은, 윤리적인 명령이 서 있는 신학적인 확신이다. 교회는 성도들에게 윤리적인 행동의 방향과 내용을 강요해서는 안

된다. 성도들이라도 각자가 서 있는 상황에 따라서 윤리적인 행동의 내용이 달라질 수 있기 때문이다. 한국 교회의 강단에서는 이데올로기적인 보수와 진보를 복음의 이름으로 강요하는 경우가 종종 있다. 그것은 바람직한 것이 아니다. 중요한 것은, 각자의 상황에서 책임적으로 행동하는 것이다. 보수는 보수대로, 진보는 진보대로 각각 책임적으로 행동하는 것이 중요하다. 성도들이 자연스럽게 그런 책임적인 행동을 할 수 있도록 도와주는 것이 설교의 역할이다. 설교는 성도들이 하나님의 은혜로 구원을 받아서 본질이 변화된 새사람이 되었다는 확신을 갖게 하는 데 초점을 맞추어야 한다. 이런 구원의 확신 위에서 변화된 사람으로서 윤리적으로 책임 있게 살아가게 하는 것이 신약성서가 가르치는 메시지다.

2. 이 단락의 핵심은 11절에 있다. 그리스도의 몸인 교회, 그의 지체들인 성도들이 서로 어떤 관계를 유지하고, 어떤 모습으로 세상에 보여야 하는가? 교회가 그리스도를 머리라고 고백하는 것은 실천적으로는 어떤 의미와 삶을 말하는가? 그리스도가 모든 것이고 모든 것 안에서 주인으로 고백된다면, 그 외의 모든 것은 상대화되어 버린다. 인종, 종교, 사회적이고 경제적인 신분이나 계층 그리고 성적인 차별, 정치적인 이데올로기 등은 더 이상 교회 안에서 유효한 기준이 될 수 없다. 그 모든 차이들은 그리스도 안에서 궁극적인 것도 아니고, 더 이상 삶의 판단 기준이나 가치도 될 수 없다. 교회와 성도들의 삶을 위한 가치기준은 오로지 우주 만물의 주인이신 그리스도일 따름이다. 그분이 계시는 "위의 것을 찾으라."는 3:1의 기독교 윤리의 대명제와 11절의 원리는 동일하다. 교회가 이 원리에 충실한 모습으로 변화되어 간다면, 그리스도의 몸으로써 아름답게 성장해 나갈 것이다. 바로 여기에 선교의 기초적인 동력이 들어 있다. 전도와 선교가 무엇인가? 이 세상을 구원하여 하나님의 나라

로 만들어 가는 사역에 동참하는 것이다. 단순히 눈에 보이는 교회 하나 건축하는 것이 선교나 전도가 아니다. "그리스도가 만유시고, 만유 안에 계시는" 세상을 만들어 가는 것이 바로 선교며, 교회 성장이다. 오늘날 우리 한국 교회들이 교회 성장이 멈추거나 퇴보하고 있다고 탄식한다. 그러나 그 탄식 소리는 교회가 교회답지 못하다는 탄식이어야 한다. 골로새서 3:11의 원칙이 교회 안에서 바로 세워지기만 한다면, 교회는 바르게 성장한다. 각가지 이론과 전통을 내세워 교회 안에서 여전히 인종이나 성, 사회적이고 경제적인 차별이 합리화되고, 그래서 교회와 세상이 아무런 구분이 없어질 때, 아니 사회보다 교회가 뒤쳐질 때 교회는 존재 이유와 근거를 상실하게 될 것이고, 그런 교회는 곧 세상에서 사라지게 될 것이다. 교회가 사회로부터 비난을 받는다면, 교회의 그런 모습이 보이지 않기 때문이다.

3. 14절이 말하는 사랑에 대한 깊은 숙고가 있어야 한다. 11절이 말하는 것도 결국은 사랑에 대한 이해의 문제다. 사랑이 없는 덕행들은 결국 의미가 없는 것들이 되고 만다. 주석에서도 말했듯이, 사랑만이 옷 입기를 마무리하고 아름답게 하는 "띠"다. 사랑이 없으면 옷가지들은 각기 흩날리고 말 것이다. 사랑은 나를 죽이고, 상대방을 용납하는 것이다. 원수를 위하여 십자가에 달리신 그리스도가 사랑의 원조다. 선교도 원수를 위해서 죽는 것이지, 복음을 협박하고 강요하는 것이 아니다.

4. 하나님의 말씀이 풍성히 거하는 곳에 이단이 틈탈 수도, 교회가 분열될 수도 없다. 교회가 분열되고, 싸우고, 이단이 횡횡하는 것은 결국 하나님의 말씀이 죽어 있기 때문이다. 16절이 가르치는, 하나님의 말씀이 풍성히 거하게 하는 실질적인 두 가지 방식을 깊이 새겨듣고 실천

할 수 있어야 한다.

5. 하나님의 말씀이 풍성히 살아 있는 예배는 교회당 안으로만 국한되어서는 안 된다. 성도의 삶은 바깥을 향해서도 항상 안테나를 세워야 하는데, 그것은 감사하는 삶이다. 교회 안에서는 천사 같으나 가정이나 직장 등 사회에서는 전혀 다른 사람으로 돌변하는 사람은 진정으로 변화된 새사람이라고 할 수 없다. 무엇을 하든지, 말에나 일에나 항상 감사할 줄 아는 사람만이 진정한 그리스도인이다.

주제 해설 6: 덕행 목록과 악행 목록 형식으로 된 윤리 교훈

1. 신약성서의 서신 문헌들에 자주 사용된 목록 형식의 교훈

골로새서는 초대 교회 문헌들에 자주 나타나는 악행과 덕행을 목록 형식으로 나열하는 특정한 유형의 교훈 전승을 사용한다. 벗어버려야 할 옛 사람의 행실을 5절과 8절에서 각기 5개의 악덕 행위 목록으로 나열하며, 반대로 입어야 할 새사람의 행실을 12절에서 역시 5개의 덕행 목록으로 나열한다. 골로새서 외에도 신약성서의 여러 문헌들, 특히 서신들은 유사한 목록 형식의 교훈들은 다양하게 사용한다. 그 예를 살펴보면, 갈라디아서 5:22-23; 고린도후서 6:6; 12:20-21; 빌립보서 4:8; 에베소서 4:2-3,32; 5:9; 디모데전서 4:12; 6:11; 디모데후서 2:22; 3:10; 베드로전서 3:8; 베드로후서 1:5-7 등에 나타나는 덕행 목록과 갈라디아서 5:19-21; 고린도전서 5:10-11; 6:9-10; 고린도후서 12:20-21; 로마서 1:29-31; 에베소서 4:31; 5:3-5; 디모데전서 1:9-10; 디모데후서 3:2-5; 디도서 3:3; 베드로전서 2:1; 4:3,15; 마가복음 7:21-22(병행); 요한계시록 21:8; 22:15 등에 나오는 악행 목록이 있다.

2. 종교사적인 출처

이런 형식의 교훈들은 초대 교회 이전과 주변 세계에 널리 알려져 사용되었던 것들이기 때문에, 종교사적인 출처에 관한 논란이 있는 것은 당연하다. 초대 교회 바깥에서 자주 사용되었던 이것들이 초대 교회 안으로 들어왔다.[369] 특히 스토아 철학의 문헌들에 나오는 교훈들이 주목을 받는다. 여기에는 덕행들과 악행들이 목록 형식으로 나열될 뿐만 아니라, 그 둘이 대조되는 형식으로 나온다.[370] 물론 헬라주의 유대교의 문헌들에도 비슷한 유형의 교훈들이 나오는데, 솔로몬의 지혜서 8:7과 14:25에 각기 덕행과 악행이 목록 형식으로 나온다. 유대교 문헌들은 두 개의 길을 대조해서 말하는 도식의 영향을 받고 있다.[371] 악행의 길과 선행의 길이라는 두 길의 도식은 초대 교회 문헌에서도 찾을 수 있다(디다케 1:1 이하). 12족장 유언서 중에서 베냐민의 유언 6-7장을 보면, 덕행과 악행들은 인간을 지배하고 조종하는 초인간적인 선한 영적 세력들과 악한 영적 세력들의 행위들로 나타난다. 쿰란 공동체의 문헌에서도 그러한 목록 형식의 교훈을 찾을 수 있다.[372] 예를 들어서 1QS 4:2-12에는 윤리적인 이원론과 결부된 악행과 덕행들의 목록이 나온다. 어떤 사람이 덕행들을 행한다면, 그것은 그 사람이 선택을 받았다는 표시이며 그 사람은 하나님의 종말 심판을 통과하게 될 것이다.(1QS 4:18-26)[373]

이런 다양한 증언들을 볼 때, 종교사적인 출처를 정확하게 어느 한 곳이라고 말하기는 어렵다. 이런 목록 형식의 교훈은 그리스 철학이나 유대교 등에서 광범위하게 사용되었다. 심지어 동양에서도 삼강오륜 등

---

369) B. S. Easton, "New Testament Ethical Lists", 1-12 참조.
370) Diog. Laert. VII, 110-114; Plut. Stoic. Rep. 15, 1041a 등. 두 목록의 대조에 대해서는 A. Vögtle, *Lasterkataloge*, 13-17.
371) A. Vögtle, *Lasterkataloge*, 113-114.
372) S. Wibbing, *Tugend- und Lasterkataloge*, 61ff.
373) S. Wibbing, a.a.O., 71ff.

과 같은 목록 형식의 교훈이 유행하였다는 것을 고려하면, 어느 시대, 어느 문화권에서나 그런 유형이 잘 알려져 있었다고 할 수 있다. 초대 교회는 위치와 시기상으로 볼 때, 헬라주의 유대교를 통하여 이런 목록 형식의 윤리적인 교훈을 알게 되었을 것이라고 할 수 있고, 헬라주의 유 대교는 구약성서와 헬라철학 등에서 유사한 형식의 교훈을 발견했다고 할 수 있다.

3. 신약성서 그리고 골로새서 목록 형식의 윤리 교훈의 특징

이러한 신약성서 문헌들, 특히 골로새서에 나타나는 목록 형식의 교 훈들을 신약성서 바깥 문헌들의 그것과 내용적으로 비교해 보면 다음과 같은 점이 드러난다.

1) 언급한 것처럼, 신약성서의 목록 형식의 교훈은 분명히 바깥세상 - 유대교이든지 아니면 그리스 철학이든지 - 의 목록 형식의 교훈들로 부터 영향을 받았다. 그러나 내용에 있어서는 기독교적인 시각에서 상당 한 수정을 가했다. 특히 바깥 문헌들에서 중요하게 다루어진 중용이나 우정과 같은 덕행에 대해서 신약성서는 거의 말하지 않고, 그 대신에 사 랑(아가페)을 강조하는데, 이 사랑도 그냥 철학적인 혹은 율법적인 사랑 이 아니라 그리스도 안에서 먼저 받은 하나님의 사랑에 대한 반응으로서 의 사랑을 강조한다.[374] 세속 문헌의 악행 목록에는 잘 나오지 않는 우 상 숭배가 신약성서의 목록에서는 매우 중요한 악행으로 나온다는 점도 특징이다.[375]

---

374) A. Vögtle, *Lasterkataloge*, 165-168; A. R. Bevere, *Sharing in the Heritance*, 212.
375) P. Pokorny, 164.

2) 악행 목록 중에서 탐심을 우상 숭배로 규정하고 있는 것이나 겸손을 덕행으로 규정한다는 점에서 신약성서(골로새서)는 유대교의 영향을 강하게 받고 있다.[376] 특히 쿰란 공동체에서 가장 유사한 사고를 발견할수 있다. 그러나 동시에 헬라주의 유대교의 윤리적인 교훈이 보여 주는 교훈 유형과도 매우 가깝다. 특히 가정 규범(3:18-4:1)을 함께 고려할 때 그렇다. 쿰란 공동체 교훈과의 가장 큰 차이는 바로 가정 규범에서 드러난다. 사막에 격리되어 절제된 생활을 하는 쿰란 공동체에는 가정에 관한 관심 자체가 없다. 가정 규범은 사회 속에서 존재하며 살아가는 가정생활을 기독교적으로 가르치려고 하기 때문에, 골로새서 저자는 쿰란 공동체처럼 사회를 등지고 사는 게토로서의 교회나 가정을 말하지 않고, 오히려 교회 바깥의 사회에 대해 상당히 개방적인 교류를 전제하고 있다.

3) 이러한 바깥 사회의 윤리와의 교류에 있어서 교회에게 가장 중요한 것은 예수 그리스도다. 예수 그리스도는 창조자며 동시에 구원자다 (1:15-20). 그러므로 창조 세계가 죄로 오염되어 있기는 하지만, 여전히 하나님의 창조물이다. 믿음은 세상이 죄로 오염되었지만, 그럼에도 불구하고 하나님의 창조물이라고 여긴다. 인간도 오염된 세상의 한 부분이다. 이런 인간 자신의 본질을 깨우치는 것이 바로 믿음이다. 죄는 선이 무엇인지를 깨닫지 못하게 하는 것이 아니라, 선을 알면서도 행하지 못하게 한다(롬 1:18 이하). 믿음은 선을 알 뿐만 아니라, 그 선을 행할 수있는 의지와 능력을 예수 그리스도 안에서 하나님으로부터 받았다는 것을 알고 실천하는 것이다.

---

376) A. R. Bevere, *Sharing in the Heritance*, 182-210; W. Schrage, *Einzelgebote*, 187-210.

4) 초대 교회의 바깥 특히 그리스 철학의 윤리와 비교해 볼 때, 초대 교회의 목록 형식의 교훈을 포함한 신약성서 윤리가 보여 주는 가장 중요한 특징은, 윤리적인 교훈 그 자체가 중요한 것이라기보다는 하나님에 의해서 앞서 주어진 행동의 결과거나 혹은 그에 대한 반응으로 본다는 것이다. 성도들이 악행을 할 수 없는 원인과 근거를 말하는 골로새서 3:10이 이것을 분명히 말한다. 이 구절은 골로새서의 윤리적인 교훈이 내용적으로는 유대교나 그리스 철학의 윤리 교훈과 유사하게 보일지라도, 그 교훈의 신학적인 근거를 철저히 기독교적인 것으로 만든다.[377] 그리스 철학은 세상의 질서가 당연하고 자연적인 것이기 때문에 그에 순응하는 것을 덕행으로 여기고, 반대로 그에 저항하는 것을 악행으로 여긴다. 유대교는 하나님의 율법이기 때문에, 그 율법의 규정을 지키라고 가르친다. 그러나 골로새서와 신약성서 전체는 단순히 세상의 질서이기 때문에 혹은 하나님의 율법이기 때문에 지키고 순응해야 한다고 가르치지 않고, 그리스도 안에서 일어난 새로운 인간의 변혁에 근거해서 윤리적인 덕행을 가르친다. 스토아 철학은 세상사로부터 영향을 받지 않는 무관심과 부동심의 윤리를 가르치지만, 골로새서는 그리스도 안에서 가능해진 새로운 삶을 세상에서 적극적으로 실천하라고 가르친다. 그러므로 "땅에 것을 생각하지 말라"는 교훈은 세상에 대해 무관심하라고 가르치는 말이 아니다.

이는 공관복음에서 읽을 수 있는 예수의 하나님 나라 선포와 그 윤리에서도 매우 분명하게 나타나며,[378] 다른 서신들의 목록 형식의 교훈에서도 분명히 드러난다(갈 5:21; 고전 6:9; 엡 5:5 등). 여기서는 인간의 뜻과는 상관없이 도래하는 하나님 나라가 인간의 존재를 결정하며, 그 결

---

377) A. R. Bevere, *Sharing in the Inheritance*, 195-198.
378) 조경철, 「예수와 하나님 나라의 윤리」, 특히 249-288.

과 혹은 반응으로써 그 사람에게 윤리적인 삶을 요청한다. 덕행 목록은 하나님의 선택과 사랑 그리고 용서에 근거한다. 그러므로 신약성서가 요구하는 윤리적인 덕행은 강요나 실현 불가능한 짐을 부과하는 것이 결코 아니다. 믿음의 사람은 그리스도의 권능 안에 들어와 있고, 그리스도 안에서 새사람으로 변화되었다. 그는 하나님의 선택과 사랑을 받고 또 용서를 경험한 사람으로서, 그리스도의 권능 안에서 이미 경험한 사랑과 용서를 다른 사람에게 실천할 수 있다. 그러므로 신약성서와 골로새서가 요구하는 윤리적인 덕행의 실천은 구원받은 사람이 그 구원에 감격해서 감사와 찬양으로 드리는 마땅한 모습이다.

5) 골로새서의 목록 형식을 포함한 윤리 교훈은 교회의 일치와 매우 밀접하게 연관돼 있다.[379] 악행 목록은 골로새 성도들이 이방의 믿지 않은 사람들과는 근본적으로 다른 사람들이라는 점을 강조한다. 반면에 덕행 목록은 골로새 성도들이 그리스도의 부활에 함께 참여하여 새사람이 되었다는 것을 강조한다. 더 나아가서 골로새서의 윤리적인 교훈은 거짓 교사들에 맞서서 진정한 진리를 따르는 사람들의 삶을 강조하려고 한다. 윤리적인 명령이 2인칭 복수형으로 주어진 것은, 악행을 멀리하고 덕행을 실천하는 일이 개인주의적인 윤리로 그치는 것이 아니라 항상 그리스도의 몸이 되는 교회 안에서 더불어 실천되어야 하는 것임을 강조한다. 그러므로 골로새서의 윤리 역시, 에베소서의 윤리와 더불어 교회 윤리라고 할 수 있다.[380]

---

379) M. Wolter, 174; A. R. Bevere, *Sharing in the Inheritance*, 213.
380) 에베소서 윤리의 교회성에 대해서는 조경철 「설교자를 위한 에베소서 주석」, 267-269 참조. 신약성서의 윤리 전체가 교회 윤리다.

11. 3:18-4:1 가정 규범

◆ 본문 사역

¹⁸ 아내들이여, 남편들에게 복종하십시오. 그것이 주 안에서 합당한 것이기 때문입니다. ¹⁹ 남편들이여, 아내들을 사랑하시고, 그녀들에게 혹독하게 하지 마십시오. ²⁰ 자녀들이여, 모든 점에서 부모에게 순종하십시오. 그것이 주 안에서 기쁜 일이기 때문입니다. ²¹ 아버지들이여, 여러분의 자녀들을 격동하게 하지 마십시오. 그들이 소심한 사람들이 되지 (않도록 해야 합니다). ²² 종들이여, 모든 점에서 육신의 주인들에게 순종하십시오. 사람에게 잘 보이려는 것처럼 눈가림으로만 하지 말고, 주를 두려워하는 사람들로써 마음의 온전함으로써 (순종하십시오.) ²³ 여러분이 무슨 일을 하더라도 사람에게 하듯이 아니라, 주께 하듯이 마음으로부터 우러나서 하십시오. ²⁴ 여러분은 주께로부터 유업의 보상을 받게 될 것을 알고 있기 때문입니다. 주 그리스도를 섬기십시오. ²⁵ 그러므로 불의를 행하는 사람은 그가 불의하게 행한 것을 받을 것입니다. 외적인 조건을 보는 일은 없습니다. ^{4:1} 주인들이여, 종들에게 공평과 마땅히 받아야 할 것을 보장하십시오. 여러분 스스로도 하늘에 주님을 모시고 있다는 것을 알고 있기 때문입니다.

◆ 본문의 문맥, 구조 그리고 특징

"가정 규범"으로 불리는 본문의 앞뒤 문맥을 보면 어딘지 모르게 매끄럽지 못한 흐름을 느끼게 된다. 3:18부터 갑자기 "아내들아", "남편들아" 등의 부르는 말이 나온다. 지금까지는 그런 부르는 문체는 전혀 사용된 바 없다. 3:18-4:1을 건너서 3:17을 4:2로 연결하면 오히려 더 자연스럽게 느껴지기도 한다. 3:16-17절의 찬양에 이어서 4:2에서 기도를 가르친다면, 예배에 대한 가르침으로 더 자연스럽게 연결되기 때문이다. 어쨌든 3:18-4:1은 예배에 대한 가르침의 맥락을 끊고 가운데에 끼어들어 와 있는 것처럼 느껴진다. 내용적으로도 가정 규범은 윗사람에 대한 아랫사람의 복종을 가르침으로써 교회와 가정 안에 계급적인 구조를 인정하는 듯하다. 이는 3:11의 어떠한 차별도 있을 수 없다는 가르침과 어긋나 보이기도 한다.[381] 골로새서가 왜 이 대목에서 가정 규범을 말하는지는 풀기 어려운 수수께끼 같다.

고대 가정의 가장 핵심 요소들에 해당하는 아내-남편, 자녀-부모, 종-주인에게 각기 신분과 위치에 맞는 생각과 행동을 할 것을 목록 형식으로 가르치는 일은, 그리스-로마 세계에서는 흔한 일이었고 헬라주의 유대교에서도 어렵지 않게 찾을 수 있다. 초대 교회는 헬라주의 유대교로부터 이 형식의 교훈을 받아들인 것이 분명하다.[382] 남편-부모-주인은 실제로 가장(家長) 한 사람을 말한다. 그렇다면 이런 목록 형식의 교훈은 가장과 다른 가족 구성원들의 관계를 규정한 것이다. 가장은 다른 구성원들에게 사랑을 베풀고, 다른 구성원들은 가장에게 순종해야 한다. 이는 전형적인 가부장적인 교훈이다. 초대 교회는 그 당시 사회의 가부장적이고 보수적인 윤리 규범을 왜 받아들였을까? 그러나 단순히 받아들여서 그대로 적용한 것이 아니라, 기독교적인 신앙을 바탕으로 상당한 변경을 시도

---

381) 그 외에도 가정 규범에는 골로새서의 다른 곳에서는 사용되지 않는 여러 개념들이 사용되고 있으며(3:19의 "괴롭히다"; 3:21의 "낙심하다"; 3:22의 "사람을 기쁘게 함"과 "눈가림으로 함"; 3:24의 "상"), 서신의 다른 부분들과는 달리 짧은 문장들이 사용되고 있고, 앞 단락과 연결 짓는 어떠한 연결사가 없다는 점 등이 문맥에서 가정 규범을 구분하게 하는 요소들이다. 서신의 저자가 가정 규범의 전승 자료를 이 대목에서 사용하고 있다는 증거다. A. R. Bevere, *Sharing in the Inheritance*, 227-228 참조.

382) 조경철, 「설교자를 위한 에베소서 주석」, 389-406 외에 최근의 연구 결과인 A. R. Bevere, *Sharing in the Inheritance*, 228-239를 더 참조.

했던 것이 분명하다. 왜 초대 교회 안에서 그런 가부장적인 교훈이 필요했고, 또 어떤 변경을 했던 것일까?(필자는 이런 물음들에 대한 답변을 에베소서 주석서에서 상세하게 서술하였기에 여기서는 반복하지 않겠다.)[383]

교회의 예배에 관한 매우 유사한 교훈에 이어서 소위 가정 규범이라는 도식적인 교훈이 나오는 문맥은 에베소서 5:19 이하와 정확하게 일치한다. 이는 에베소서의 저자가 골로새서를 문서적인 교본으로 삼았다는 의심할 여지가 없는 증거다. 신약성서에서 온전한 형태의 가정 규범이 두 서신에만 나오고 있다는 사실도 그러한 결과다. 두 서신에 나오는 가정 규범을 서로 비교해 보면, 골로새서의 가정 규범은 훨씬 짧고 단순하며, 에베소서의 가정 규범은 신학적으로나 내용적으로 훨씬 복잡하고 발전된 형태를 보여 준다. 특히 부부에게 주는 교훈을 비교해 보면 그 점이 분명하게 드러난다. 또 골로새서의 가정 규범이 에베소서의 그것에 비해 훨씬 더 가부장적인 성격을 드러낸다. 그렇다고 골로새서의 저자를 단순히 가부장주의자라고 규정해서는 안 된다. 그 역시 그 시대의 사람이었고, 그 시대의 상황 속에서 신학을 했기 때문이다. 아내-남편, 자녀-부모, 종-주인에게 각자의 신분에 맞는 행동을 요구함으로써 시대 상황 안에서 인정할 것은 인정하면서도 동시에 그 상황을 넘어서는 기독교적인 정신에 합당한 윤리를 찾으려고 했다. 그러나 이러한 기독교화 작업은 골로새서에서보다 에베소서에서 훨씬 깊숙하게 진척되었다. 그것이 에베소서가 골로새서 이후에 기록되었다는 증거기도 하다.

주제 해설 7: 골로새서 가정 규범의 해석 원리

아내, 자녀, 종들은 남편, 부모, 주인들에게 복종해야 한다고 가르치

---

383) 조경철, 「설교자를 위한 에베소서 주석」, 389-406 참조.

는 교훈은 오늘의 우리에게는 너무나 낯설게 다가온다. 이처럼 언뜻 읽어 보면 매우 가부장적으로 들리는 가정 규범을 어떻게 해석해야 할 것인가? 현대의 평등주의적인 시각으로 가정 규범을 읽어서는 안 된다. 골로새서가 기록될 당시의 사회는 엄격한 가부장주의 사회였고, 가장의 권한은 절대적이었다. 교회도 그런 사회 안에서 존재하고 있었다. 그러므로 우리는 그 당시의 상황에서 가정 규범을 읽고 해석해야 한다. 특히 골로새서 자체 안에서 가정 규범을 해석할 수 있는 원리를 찾아야 한다. 가정 규범을 이해하기 위해 골로새서 안에서 찾을 수 있는 가장 중요한 원리는 세 가지다. 첫째는 3:17에 이어서 가정 규범이 나오고 있는 직접적인 문맥이며, 둘째는 골로새서의 윤리적인 교훈 한 중심에 있는 가장 중요한 교회 윤리적인 복음의 원리인 3:11이고, 마지막으로는 골로새서가 서신 전체에 걸쳐서 보여 주고 있는 거짓 교사들과의 논란이다.

첫째, 3:17에 의하면 그리스도인들은 무엇을 하든지 말에나 일에나 다 "주 예수의 이름으로" 해야 한다. 이는 예배에서뿐만 아니라 일상생활에서도 마찬가지다. 그리스도인의 가정생활도 예외가 아니다. 가정 규범의 모든 교훈이 "주님"을 반복해서 말하고 있다는 것이 그 증거다. 예수 그리스도를 유일한 주님으로 믿고 고백하는 신앙은 단순히 신앙 고백으로 그쳐서는 안 되고, 또 예배생활로 제한되어서도 안 되며, 가정생활에서도 실천적으로 나타나야 한다. 그래서 예배에 대한 교훈의 맥락 중간에 가정 규범의 교훈이 자리를 잡고 있는 것인지도 모른다. 하여간 모든 영역에서의 삶은 주님께 순종하는 신앙 고백의 실천이어야 한다는 점에서, 가정 규범은 골로새서 전체의 신학 안에 통합되어 있다고 말할 수 있다.[384] 그러므로 복종과 사랑은 항상 주 안에서 일어나야 한다. 가정 규범의 윤리적인 내용이 그리스-로마 세계나 헬라주의 유대교에서 초대

---

384) A. R. Bevere, *Sharing in the Inheritance*, 239-249.

교회 안으로 들어왔다고 할지라도, 초대 교회는 그런 윤리 교훈들을 "주님"께 맞도록 받아들일 것만 받고 그렇지 않은 것은 나름대로 수정하여 받아들였다. 던이 말한 것처럼, 가정 규범의 "방향성과 동기"를 중요하게 여겨야 한다.[385] 윤리적인 교훈의 구체적인 내용보다는 그 교훈이 근본적인 방향을 어디에서 잡고 있으며, 교훈의 근거가 어디에 있느냐 하는 것에 주목해야 한다. 그것은 바로 "주님"이다. 우리는 골로새서 저자의 이러한 해석학적인 견해를 중요하게 여겨야 한다. 오늘날 우리들의 변화된 상황에서 주님께 바르게 순종하는 윤리적인 삶의 모습은 어떤 것일까? 그 모습은 가정 규범이 말하는 모습과 다를 수 있지만, 주님께 순종하는 삶이어야 한다는 점에서는 동일하다.

둘째, 3:11은 교회 안에서, 그리고 그리스도인 가정 안에서 일어나는 생활을 위하여 복음이 주는 가장 기초적인 원리다. 주 안에서는 어떠한 차별도 있을 수 없다. 이러한 신앙의 기초 원리가 실제 가정생활에서 어떻게 적용되고 실천될 수 있을 것인가? 이것이 초대 교회 윤리의 최대 현안이었다고 할 수 있다. 3:11.17에 입각해서 가정 규범은 이해되어야 한다.[386] 최근 슈탄트하르팅거는 3:11과 가정 규범 사이의 내용적인 충돌에 근거해서 가정 규범을 말하게 된 골로새서의 의도를 추론해 보려고 한다. 그녀에 따르면 아내, 자녀, 종들의 순종을 요구하는 계급구조적이고 가부장적인 가정 규범은 서신의 저자가 실제로 추구하고자 하는 교훈이 아니라, 가부장적인 국가와 사회 체제 안에서 3:11의 동등성의 원리를 실현하는 교회가 위험한 존재로 낙인찍히거나 박해를 받게 되지 않도록 하기 위하여 전략적인 수단으로 채택한 것에 불과하다고 한다.[387] 서신

---

385) Dunn, 246.
386) P. Müller, *Anfänge der Paulusschule*, 184.
387) A. Standhartinger, *Studien zur Entstehungsgeschichte*, 247-276. 그녀는 가정 규범을 일종의 "Deckschrift"(은폐 문서)라고 한다.(274)

의 저자가 실제로 하고자 하는 말은 상전에게 요구하는 "공평", 종에게 말하는 "외모로 취하지 않음"이나 "기업의 상"과 같은 표현 속에서 읽어 내야 한다는 것이다. 왜냐하면 이런 표현들은 3:11의 원리에 부합한 것이 기 때문이다. 그러나 과연 가정 규범이 일종의 전략적인 교훈에 불과하 고, 저자의 실제 의도와는 전혀 다른 것에 불과한가? 쉽게 동의하기 어 려운 가설이다. 오히려 복음적인 원리와 실천적인 어려움 속에서 현실적 으로 최선의 길을 찾고자 한 것을 서신의 의도로 보는 것이 더 적절하다.

셋째, 골로새서의 신학과 윤리적인 교훈이 전체적으로 거짓 교사들과 의 논란이라는 상황에서 전개되고 있다는 점을 고려해야 한다. 저자가 그의 서신의 말미에 가정 규범이라는 도식적인 교훈을 덧붙이고 있는 점 도 그러한 거짓 교사들과의 논쟁과 어떤 상관관계가 있는지에 대해 생각 해 보도록 하고 있다. 저자는 거짓 교사들이 그 시대의 가부장적인 가정 질서를 파괴할 수 있는 열광적이고 혁명적인 가정 윤리를 주장했기 때문 에, 그에 맞서 가정의 질서를 세우고자 한 것일까? 가령 그들은 고린도 전서 12:13이나 갈라디아서 3:28 등에 나오는 바울의 신학적이고 교회 론적인 동등성의 원리에 근거해서, 아내들은 남편과 동등한 존재이기 때 문에 남편에게 순종할 필요가 없다거나, 종들은 주인들과 동등하기 때문 에 소위 노예 해방이 되어야 한다고 주장한 것일까? 그리고 골로새서의 저자가 이러한 주장과 운동에 맞서서 고린도전서 7:17-24나 11:1-16에 나타나 있는 바울의 정신과 모델을 활용해서 반박하고, 기독교 가정 윤 리를 혁명적으로 급격하게 변혁하기보다는 그 시대의 한계 안에서 점진 적으로 개선하려고 했던 것일까? 그렇다면 거짓 교사들은 급진적이고 원리주의적인 해방 윤리의 주장자들이고, 골로새서 저자는 점진적인 개 선을 원하는 온건하고 현실적이며 보수적인 개혁 윤리를 주장한 것일까? 그래서 크라우치가 말한 대로, "골로새서의 가정 규범 윤리는 교회와 사회의 질서를 위협하는 열광주의적이며 이단적인 경향에 맞서 싸운 정통주의의 무기"[388]인 것일까? 아니면 마틴이 말한 것처럼,[389] 가정 규범은 문화를 부정하는 사상에 대하여 문화를 긍정하고 확인하는 반응이라고 할 수 있을까?

3:11.17이 가정 규범 이해의 열쇠라면, 모든 윤리적 교훈은 오로지 "주"에 의해서 새로이 조명되고 규정되어야 한다. 그런데 이 "주"는 거짓 교사들이 내세우는 다른 영적인 존재들이나 권세들을 이기신 분이다. 다시 말하면 "주"는 세상의 신격화된 기초 요소들에게서 신적인 요소를 제거해 버렸고, 그래서 그것들은 구원의 의미를 상실해 버렸다. 그렇다면 세상의 모든 윤리들 또한 "주"에 의해서 재정립되어야 한다. 골로새서는 "오직 그리스도"를 거짓 교사들의 "철학"에 맞서서 신학적으로만 제기하는 것이 아니라 윤리적인 부분에서도 중요한 기준으로 삼고 있다. 이러한 해석의 중요한 원리들을 마음에 담아 두고 본문을 주석해 보자.

◆ 본문 주석

18절: "복종하다"(υποτασσεσθαι)는 말은 기존 구조에 순응하는 것을 뜻한다. 강제적인 순응보다는 자발적인 순응을 말한다(고전 14:32; 16:16). 아내가 남편에게 순종하는 것은 고대 그리스 세계에서는 너무도 당연한 것이었다. 여자의 침묵은 여자를 아름답게 하는 귀금속처럼 여겨졌다(고전 14:34). 그러한 여성의 지위는 고대 유대 사회에서도 별로 다르지 않았다. 초대 교회에서도 여성은 창조 질서에 따라서 복종하는 신분으로 창조되

---

388) J. E. Crouch, *The Origin and Intention of the Colossian Haustafel*, 여러 곳(인용은 151에서); 이에 대한 비판은 조경철, 위의 책, 399-401을 참조.
389) Martin, *By Philosophy*, 202. 물론 마틴에게 문화를 부정하고 비판하는 사상은 퀴닉 사상이다.

었다고 여겨지거나 혹은 타락에 근거해서 여성의 순종은 당연한 것으로 여겨지기도 했다(딤전 2:11-14). 베드로전서 3:5-6에서는 아브라함과 사라의 관계로부터 여성의 복종을 이끌어 내기도 한다. 베드로전서 3:1에서는 선교적인 이유로 아내의 복종을 요청하기도 한다(딤전 2:15도 참조). 여기 18절이 아내에게 남편에 대한 복종을 요구한다면, 그것은 고대 사회와 초대 교회의 일반적인 분위기에서 크게 벗어나지 않는 것이다.

그러나 저자는 아내가 남편에게 복종해야 할 이유를 "주 안에서 **마땅한**" 것이라는 말로 설명한다. "**마땅하다**"는 말은 자연의 질서에 합당한 혹은 일반적으로 모두가 인정하고 있는 상식적인 것이라는 뜻이다. 이 개념은 그리스 철학, 특히 스토아 철학에서 그런 의미로 자주 사용되었다. 아내의 복종은 자연 질서와 인간적인 이성, 그리고 사회적인 관습과 질서에 합당한 것이다. 그러나 골로새서는 여기에 "**주 안에서**"를 첨가함으로써 아내의 복종을 자연의 질서나 사회적인 질서에 따른 것이라기보다는 주님의 뜻이라고 한다. 위 17절이 말하듯이, 그리스도인은 모든 말에나 일에서 "주 예수의 이름으로" 행해야 한다면, 아내들도 남편에게 복종하는 행위를 자연의 질서로 받아들여서 억지로 하는 것이 아니라 주 예수의 이름으로 해야 한다. 아내는 자연의 질서나 사회적인 질서까지도 "주 안에서" 주체적으로 판단할 수 있고, 그래서 주체적으로 행동할 수 있다. "주 안에서"는 기독교 밖의 교훈이나 생각들을 기독교적으로 수용하거나 해석하는 데 비판적인 기준이 된다. 주 예수의 뜻은 사랑이다. 그러나 주의 뜻으로서 사랑은 율법주의적으로 고착될 수 없고, 시대적인 상황에서 늘 새롭게 해석되고 적용되어야 한다. 골로새서가 기록될 당시의 상황은, 사랑이라는 주의 뜻이 아내에게 적용될 때에는 남편에 대한 복종이었다. 그러나 오늘의 상황에서 사랑을 실천하고 적용하는 모습은 다를 수 있다.

19절: 이어서 남편들을 향하여 아내를 지배하라고 명하지 않고, **"사랑하라"**고 명한다. 복종의 상대적 행위는 지배가 아니라 사랑이다. 고대 지중해권에서는 사랑이 결혼의 가장 중요한 요소가 아니었다. 결혼은 자녀 생산이나 정욕의 해결 수단, 그리고 가정의 경영을 위하여 하는 것이라는 생각이 지배적이었다. 물론 부부 사이에 사랑의 관계가 형성되는 것은 너무도 자연스러운 일이었지만, 남편들에게 아내를 사랑하라고 요청하는 것은 일반적인 것이 아니었다. 이 사랑이 구체적으로 무엇을 의미하는지에 대해서는 에베소서가 더 상세하고 깊이 있게 설명한다(엡 5:22-33). 그리스도가 교회를 사랑하여 자기 목숨을 내놓은 것이 사랑의 가장 높은 모범으로 제시되고 있으며, 남편들에게 그런 사랑을 아내에게 베풀 것을 요청한다. 남편들에게 그런 사랑을 요구한다면, 가정 규범은 결코 단순하게 가부장적인 윤리라고 규정하기 어렵다. 남편이 주님처럼 십자가에 달리는 사랑을 아내를 위해 실천한다면, 그런 남편에게 복종하는 것은 결코 아내에게 무리한 것도 아니고 불가능한 것도 아닐 것이다.

골로새서는 사랑의 반대 현상으로, **"괴롭히다"**를 말한다. 아내를 괴롭히지 않는 것이 아내를 향한 남편의 최소한의 사랑이라는 뜻인가? "괴롭히다"로 번역된 그리스어 단어는 날카롭다 혹은 예리하다 등을 의미하지만, 여기서는 다른 사람에 대한 배려 없이 분노하거나 혹독하게 냉정한 것을 말한다. 그런 자세는 다른 사람을 용납하지 못하고 면도칼처럼 예리하게 관계를 단절시키는 결과를 가져온다. 에베소서 4:31은 다른 악행들에 앞서서 제일 먼저 "악독"을 말하는데, 이 단어가 바로 "괴롭히다"와 같은 어원의 명사다. 상대방의 인격을 존중할 때는 이러한 태도가 생겨날 수 없다. 사랑의 반대말로 이러한 괴롭힘을 말한다는 점에서, 골로새서는 사랑으로 하나 되는 부부 관계에 있어 가장 책임 있는 당사자는 바로 남편이라는 사실을 분명히 밝히고 있다. 아내의 인격을 인정하고 소중히 여기면, 아내를 괴롭게 하지 않을 것이다. 이런 의미에서 아내를 괴롭히지 말고 사랑하라는 말은 아내를 존중하라는 뜻이 될 수 있다. 현대적인 차원에서 볼 때, 이러한 소극적인 사랑은 충분치 않아 보이는 것이 사실이다. 하지만 고대 세계를 배경으로 기록된 성서 본문을 지나치게 현대적인 차원으로만 해석하는 것은 적절하지 않다.

20절: 아내와 남편에 이어서 가정을 이루는 두 번째 관계 요소는 자녀와 부모 사이다. 여기서도 먼저 하위 계층에 속하는 자녀들에게 순종을 요청하고 있다. 자녀들에게 **"모든 일에 순종하라"**고 말할 때 사용된 그리스어 동사는 아내에게 복종을 말할 때 사용된 단어와 다르다. 여기서는 υπακυειν이 사용되는데, 이 단어는 바울의 주요 서신들에서 오직 예수 그리스도와 복음, 그리고 복음을 선포한 사도에 대한 순종을 말할 때만 사용되었고, 일반적인 사람에 대한 순종의 의미로는 사용되지 않는다. 이 동사가 불특정한 사람에게 순종하다로 사용된 최초의 사례가 바로 이 구절이다.

자녀들은 **"모든 일에"** 부모에게 순종해야 한다. 이는 남편에 대한 아내의 복종보다 더 강력하고 철저한 순종의 요청이다. 부모에 대한 자녀의 순종은 이미 십계명에 뿌리를 내리고 있다(출 20:12).[390] 사람은 "어려서부터 악하기" 때문에(창 8:21) 유대교에서는 어린 자녀들을 때로는 잔인하리만치 엄격하게 교육하기도 했다(시락서 30:1-13 참조). 스토아 철학에서도 자녀들을 엄격한 순종으로 교육하는 것이 당연시되었다. 고대 세계에서 어린이들은 성숙하지 못한 사람으로 여겨졌고, 그래서 인간다운 인간으로 인도받아야 한다고 여겨졌다. 그런데 이러한 고대 세계의 교훈

---

390) 이 십계명의 교훈은 엡 6:2에서는 자녀들을 향한 순종의 교훈 맥락에서 직접 인용되어 나타난다.

들과 비교해서 골로새서의 가르침이 독특한 점은, 어린 아이들이 교훈의 직접적인 대상자로 일컬어진다는 사실이다. **"자녀들아"**라는 호칭이 그것을 말한다. 어린 아이들도 기독교인으로서 "주 안에서" 윤리적으로 독자적인 판단과 행동의 주체적인 능력을 가지고 있다는 것을 전제한다는 점이 이 교훈의 독특한 점이다.

자녀들이 부모에게 철저히 순종해야 하는 이유는, 그것이 **"주 안에서 기쁘게 하는 것"**이기 때문이다. "기쁘게 하는 것"이라는 말은, 로마서 12:1에서도 기독교 윤리의 핵심적인 개념으로 사용되었다. 여기서 바울은 "하나님이 **기뻐하시는** 산 제물"로 우리의 삶 전체를 드리는 것이 바로 기독교 윤리의 대강령이라고 했다. 어린 자녀들도 아내들처럼, 주 안에서 어떤 생각과 행동이 기쁨과 행복이 되는지를 스스로 판단하고 행동할 능력이 있다. 그러므로 자녀들을 일방적인 훈육 대상으로 보는 것이 아니라, 그들의 기독교적인 정체성을 인정하면서 자녀들에게 무엇이 주 안에서 행복과 기쁨을 주는지를 판단하고 행동하라고 요청한다.

21절: 자녀들에게 부모(아버지/어머니)에게 순종하라고 가르친 후에, 자녀 양육에 대한 명은 부모가 아니라 오직 아버지들에게만 주고 있는 것이 특이하다. 어머니들은 자녀 양육의 책임과 의무에서 배제된 것인가? 그러나 아버지들(πατέρες)을 말하면서 부모를 함께 포함해서 말하는 경우도 있기 때문에391) 어머니의 역할을 배제하려는 것은 아니다.

본문의 교훈은 기독교인 아버지들에게 그 당시 지중해 영역에서 가장에게 부여된 막강한 권리(patria potestas)를 포기하라고 요청하지도 않지만, 그렇다고 그 권리를 사용하라고 가르치지도 않는다. 그 당시 가장의 권리가 얼마나 대단한 것이었는지는 잘 알려져 있는 사실이다. 부모

---

391) 예를 들어서 히브리서 11:23과 Philo, leg VI 772e.773a 등을 참조.

에 대한 자녀의 순종을 가르치는 20절은 이 가장의 권리를 암묵적으로 전제하고 있고, 아버지들이 자녀들을 **"노엽게 하지 말아야"** 한다는 가르침 안에도 가장의 권리 사용의 문제가 전제되어 있다. 가장이 그 사회가 자신에게 부여해 준 가장의 권리를 사랑 없이 자녀들에게 무자비하게 사용하는 것은 그들의 기를 꺾어버리는 행위가 된다.

"노엽게 하다"는 동사는 신약성서에서 이곳과 고린도후서 9:2에만 나온다. 이 단어는 고린도후서 9:2에서 "분발하게 하다" 혹은 "격려하다"는 긍정적인 의미로 사용되었다. 이런 긍정적인 의미와는 달리 여기서는 부정적인 의미로 사용되는데, 다른 사본들은 에베소서 6:4에서 사용한 더욱 확실하게 부정하는 단어(παροργιζεσθε)로 변경하기도 하였다. 가장의 권리를 무자비하게 사용하면서 자녀들을 대하면, 자녀들은 노엽게 되며, 그 결과는 그들이 **"낙심하는"** 것이다. 용기를 상실하고 의기소침해서 자신감을 잃어버리는 자녀들이 되고 만다. "낙심하다"로 번역된 그리스어 αθυμειν에는 더 깊은 의미가 있다. 이 단어의 반대말은 ευθυμειν이다.[392] ευθυμειν은 사도행전 27:22,25,36에서 "안심하다"로 번역되어 있다. 바울을 로마로 압송하던 군인들이 탄 배가 지중해에서 유라굴라라는 광풍을 만나 죽음의 고비에 이르게 되었을 때, 바울이 나서서 지난밤 꿈에 나타난 하나님 사자의 말을 전하면서 "안심하라"고 한다. 바울은 25절에서 "그러므로 여러분이여 안심하라. 나는 내게 말씀하신 그대로 되리라고 하나님을 믿노라."라고 말한다. 사람은 하나님을 믿을 때에 어떠한 위기에서도 안심할 수 있다. 그렇다면 "낙심하다"는 믿음에서 떨어지는 것을 의미할 수 있다. 아버지라고 해서 가장으로서의 권한을 무자비하게 사용하며 자녀들을 대한다면, 그 자녀들은 용기를 잃어버린 소극적인 사람이 될 뿐만 아니라 믿음에서 떨어질 수 있다. 이러한 결과에 대한 책임은

---

392) P. Pokorny 154.

부모에게 있다.

22a절: 고대 가정을 이루는 세 번째 요소는 종과 주인의 관계다. 역시 여기서도 하위 계층이라고 할 수 있는 종들에게 먼저 교훈이 주어진다. 종들에게 주어지는 교훈은 25절에 이르기까지 가장 길다. 반면에 주인에게 주어진 교훈은 단 한 구절로 매우 짧다(4:1). 고린도전서 1:26에서 볼 수 있듯이, 그 당시 교회 안에는 하층민들이 많이 있었고, 종의 신분을 가진 사람들도 많이 있었다는 것은 분명한 사실이다. 아마도 주인의 신분을 가진 사람들보다는 종의 신분을 가진 사람들이 훨씬 많았을 것이다. 이런 상황을 고려할 때, 교회 안에서 주인과 종들의 관계에 관한 가르침이 필요했을 것이고, 더구나 아내나 자녀들보다도 종들에게 더 상세한 교훈이 필요했을 것이다.[393] 아내들과 자녀들처럼, 종들에게도 직접 **"종들아"**라고 부르면서 윤리적인 행위의 주체로 인정하고 있다는 사실에 주목할 필요가 있다. 당시 그리스-로마 세계에서 윤리적인 교훈은 행동의 자유와 능력을 가진 사람들에게 주어지는 것이 보통이었기 때문에,[394] 종들에게는 그런 능력이 인정되지 않았다. 그에 비해서 본문은 종들의 가치 판단과 행동의 주체적인 능력을 분명히 인정하고 있다.

종들에게 주는 교훈의 핵심은 자녀들에게 주어진 교훈과 동일하다. 그 것은 **"모든 일에 순종하라"**는 것이다. 그들이 순종해야 할 대상은 **"육신의 상전들"**이다. "육신의"라는 표현은 영적인 **"주"**이신 예수 그리스도와 인간적인 주인들을 구분하기 위해서 붙여졌다. 이러한 구분 자체가 이미 인간적인 주인들의 한계를 설정하는 것이다. 주인들 스스로도 하늘에 주인을 두고 있다. 세상에서는 주인과 종으로 구분되지만, 하늘에서는 모두가 한

---

393) J. E. Crouch, *The Origin and Intention of the Colossian Haustafel*, 150.
394) E. Schweizer, 167 각주 619.

주인을 섬기는 사람들이다. 주인들이나 종들 모두는 그리스도인들로서 세상에 살면서 하늘의 주를 바라보고(3:1), 땅의 것을 죽이고 위의 것을 추구해야 한다(3:12). 그렇다고 해서 육신의 주인들에게서 주인이라는 신분이 없어지는 것은 아니지만, 그 의미가 상당히 제한되는 것이 사실이다. 하늘의 주 앞에서 세상적인 신분의 차이는 상대화되며, 그런 세상적인 차이는 구원에 있어서 결코 아무런 역할도 하지 못한다. 모두가 한 주님을 두고 있고 땅의 신분 차이를 없애고 하늘의 주를 바라보아야 하는 신학적인 믿음과 다른 한편으로 종들과 주인들의 신분의 차이가 엄연히 존재하는 현실을 감안한다면, 종들과 주인들의 관계를 규정하는 것은 중요하고도 어려운 문제가 아닐 수 없다. 신학적인 확신과 희망 그리고 현실적인 한계와 상황 사이에서 종과 주인의 관계는 어떤 식으로든 규정되어야 한다.

22b절: 종들은 주인들에게 어떤 자세로 순종해야 할까? 22b-23절에 이 물음의 답변이 나와 있다. 먼저 부정적인 자세에 대하여 경고한다. 종들은 **"사람을 기쁘게 하는 자와 같이 눈가림만 하지 말아야"** 한다. 이어서 긍정적인 자세를 권고한다. **"오직 주를 두려워하여 성실한 마음으로 하라."** 종들은 마음에서 우러나서 진실하게 그리고 성실하게 주인들에게 순종해야 한다. 그들은 **"주를 두려워하는"** 곧 하늘에 계신 주님을 두려워하는 마음으로 육신의 상전들에게 순종해야 한다. 이는 아내들과 자녀들에게 주는 교훈에 나오는 "주 안에서"와 내용적으로 크게 다르지 않다. 그리스도인 종들도 주님의 뜻을 헤아릴 수 있는 판단과 행동의 능력을 가지고 있다는 사실을 전제한다. 그러므로 막무가내식으로 복종을 강요하는 것이 아니라, 어떤 생각과 행동이 주님을 기쁘게 하며 어떤 행동이 주님을 노여워하게 하는지 잘 헤아려서 행동하라고 권고한다. 이처럼 주인들과 동일한 판단과 행위의 주체로 종들을 인정하고 있다는 것이, 이 교훈을 교회

바깥의 교훈들과 다른 기독교적인 교훈이 되게 한다.

23절: 22b절이 말한 "성실한 마음으로" 순종하는 것이 어떤 것인지, 여기서 다시 한 번 반복해서 말한다. 종들뿐만 아니라 모든 그리스도인이 신분과는 상관없이 무엇을 하든지 **"마음을 다해"**서 해야 하고, **"사람에게 하듯"**이 아니라 **"주께 하듯"** 행동해야 한다.395) 3:17이 말하듯이, 주 예수의 이름으로 그리고 감사함으로 모든 일을 행해야 한다. 그리스도인 종들에게 육신의 상전들은 더 이상 두려워해야 할 대상이 아니고, 하늘의 주님에 대한 순종과 섬김을 실천해야 할 대상일 뿐이다.

24절: 22b-23절이 주인들에게 순종해야 할 종들의 자세에 대해서 말했다면, 24-25절은 종들이 그런 자세로 순종해야 하는 이유를 말한다. 24절은 "왜냐하면 너희들은 …을 알고 있기 때문이다."로 번역되어야 한다(아래 4:1도). 이는 이미 잘 알고 있는 사실을 상기시키는 표현이다. 종들도 교회 안에서 신앙교육을 통하여 믿음의 진리, 곧 하늘의 주님께서 심판자가 되셔서 종말에 보응하실 것이라는 것을 배워서 잘 알고 있다(벧전 2:18-25 참조). 이제는 그런 신앙지식에 근거해서 행동을 해야 한다. 신앙은 머리로 알고, 입으로 고백하고, 삶으로 실천하는 것이다. 그리스도인이 된 종들에게도 그런 지신행(知信行)의 일치를 요구한다.

종들이 자기 자리에서 주님을 두려워하는 마음으로 최선을 다하여 사명을 감당할 때, **"주님으로부터 기업의 상을 받게 될 것이다."** 그리스-로마 세계에서는 종들이 주인의 어떤 기업이나 유산의 몫을 받을 수 있다는

---

395) 여기를 포함해서 가정 규범이 반복해서 말하는 "주"가 하나님을 말하느냐 아니면 주 예수를 말하느냐에 대한 논란이 있다. E. Lohmeyer, 156은 3:18, 20, 23, 24; 4:1 등에 나오는 "주"는 하나님을 말한다고 한다. 골로새서 저자에게 "주"는 하나님의 우편 보좌에 계시는 예수 그리스도를 말한다고 생각할 때, 24절이 명시적으로 "주 그리스도"를 말하듯이, 가정 규범에서도 그는 "주" 예수를 말하고 있다고 할 수 있다.

것은 상상할 수 없다. 그러나 3:11에서 보았듯이, 그리스도 안에서는 자유인과 종의 차별이 없다. 종들도 주인들과 마찬가지로 그리스도로부터 종말적인 유업을 받을 수 있고, 그들은 이미 그런 유업에 참여했다는 확신 속에서 살고 있다. 주님으로부터 받게 될 종말론적인 상급 앞에서는 육신의 상전들이나 종들이나 아무런 차이가 없다. 이러한 종말론적인 상급에 대해 종들도 주인들처럼 교회 안에서 충분한 교육을 받아 잘 알고 있는 것이다(1:5,12 참조). 이런 종말론적인 지식과 믿음은 종들의 삶을 강요된 복종이 아니라 즐거운 섬김이 되게 한다. 종과 주인이라는 사회적인 신분 차이가 없어지는 것은 아니지만, 교회 안에서 그들은 동등한 교육을 받고 동일한 소망 가운데 있다. "기업의 상"은 1:12의 "기업"과 1:5,27의 "소망"과 같은 것이다.

육신의 상전들에게 순종하는 종들은 종말론적인 상급을 주시는 **"주 그리스도를 섬기는"** 삶을 실천한다. 이런 교훈이 종들에게 주어진다는 것은 현실을 무시한 아편과 같은 것이 아닌가라고 묻는 것은 너무 현대적인 생각일 따름이다. 종들이 사람 취급 못 받고 한낱 "영혼이 있는 물건"[396] 취급을 받고 있던 당시의 일반적인 상황을 고려한다면, 본문에서 종들이 주인들과 동일하게 판단과 행동의 주체가 될 뿐만 아니라 하늘의 주님께로부터 육신의 상전들과 동일한 유업을 받을 수 있다고 말하며, 온전한 그리스도인으로 모든 신앙교육에 동등하게 참여한다는 사실은 혁명적인 변화에 속한다.

종들은 주인들과 마찬가지로 교육과 세례를 받고 그리스도인이 되는 순간, 옛 사람은 죽고 새사람이 되었다(2:12; 3:2,9-10). 믿음의 세례를 받고 옛 사람을 벗고 새사람이 되었다고 해서, 그가 세상을 떠나 하늘의 구름 속에서 사는 것은 아니다. 그는 여전히 땅에서 위를 바라보며 살아야

---

396) 이는 아리스토텔레스, 「정치학」, 1254a,30 이하에서 노예를 일컫는 유명한 말이다.

한다(3:2). 그러나 땅에서 살지라도 그는 땅에 속한 사람이 아니고 하늘에 속한 사람이다. 하늘 위를 바라보며 사는 사람에게는 땅에서 일어나는 모든 것이 영원하고 궁극적인 것이 아니라 일시적이고 상대적인 것이 된다. 그러므로 여전히 육신의 상전들에게 복종하며 살지라도, 그것이 그에게는 문제가 되지 않는다. 영원한 기업의 상은 하늘의 주님이 주실 것이기 때문이다. 이런 종말론적인 상급을 확신하면서 주님께 하듯이 그렇게 육신의 상전을 섬길 수 있다. 육신의 상전을 섬기는 것은 주님을 섬기는 한 방편일 따름이다. 이런 가르침이 평등을 추구하며 사는 현대인들에게는 불만일 수 있겠지만, 적어도 신앙생활과 사회생활이 따로 놀아서는 안 된다는 교훈만은 본문에서 놓칠 수 없다.

25절: 주님께서 종말론적인 상급을 주시는 기준에 대해 설명하면서, 여기서도 그리스도인 종들을 주님 앞에서 주체적인 판단과 행동의 능력을 가진 책임적인 사람들로 전제하고 있다. 25절은 소위 "거룩한 법 문장"으로 되어 있다. 현재의 행동이 종말의 심판에서 받게 될 상급을 결정하며, 상급은 행동에 일치하게 주어질 것이다(탈리오의 법칙). **"불의를 행하는 자"**에게는 그 불의에 상응하는 **"보응"**이 주어질 것이다. 이 보응은 종말에 주님으로부터 받게 될 보응이지, 현실에서 육신의 상전에게 받게 될 보응을 말하는 것이 아니다. **"불의"**는 마땅히 실천해야 할 순종을 거부하거나 혹은 진실한 마음으로 하지 아니하고 눈가림으로만 순종하는 척 하는 행동과 자세를 말한다. 24절이 종말에 받게 될 긍정적인 상급을 말하면서 종들의 섬김을 요구하고 있다면, 25절은 3:6에서처럼 부정적인 보응을 말하면서 종들로 하여금 진심으로 주인들을 섬기라고 요청한다. 보응은 하나님의 소관 사항이다. 로마서 12:9에서도 읽을 수 있는 이러한 말씀은 사회적인 혹은 개인적인 갈등에 있어서 복수심을 순화시키는 역할을 한다.[397) 사회의 하위 계층에 속한 사람들이 상위 계층에 속한 사람들을 향하여 가질 수 있는 공격성을 순화시킬 수 있다.

그러나 우리는 25절이 서 있는 문맥을 고려해 보아야 한다. 복수는 오직 주님의 것이며 그 주님은 "외모로" 곧 외적인 신분을 기준으로 해서 편파적으로 판단하지 아니하고 공평무사하게 판단하는 분이라는 말씀은, 22-24절에서 교훈의 대상이 되는 종들에게만 해당되는 것일까? 바로 이어서 나오는 4:1의 주인들에게도 해당된다고 할 수 있다.[398] 주님에게 주인과 종이라는 신분 차이는 "외모"에 불과한 것이고, 종말의 심판 기준으로도 결코 작용하지 않는다. 불의를 행하는 종에 대한 보응을 주님께서 종말 심판 때에 행하실 것이라는 말씀은, 신실하게 순종하지 않는 종들이라고 할지라도 주인들이 함부로 형벌을 가하지 못하게 하기 위한 방어 기제였을 수도 있다. 보응은 주님의 것이지 육신의 상전의 것이 아니기 때문이다.

여기서 또 다른 신학적인 문제를 제기할 수 있다. 골로새서는 우리의 구원이 하나님의 은혜로 인하여 주어진 선물이라는 사실을 분명히 말한다. 하나님은 우리를 흑암의 권세에서 건져내 예수 그리스도의 나라로 옮겨 주셨으며, 우리는 세례를 받음으로써 그러한 구원의 확신을 갖게 되었다(1:11-14, 21-22; 2:12-13). 이러한 구원은 하나님의 은혜의 선물이다. 그렇다면 불의를 행하는 자에게 주님께서는 최후 심판에서 그에 합당한 보응을 하게 될 것이라는 말씀은 은혜로 구원을 베푸시는 하나님을 말하는 말씀과 상충되지 않는가? 그렇지 않다. 최후 심판에서 "불의를 행하는 자"에게 상응하는 "불의의 보응"을 하신다는 말씀은 구원을 취소하고 멸망에 빠뜨리겠다는 뜻이 아니다. 비록 은혜로 구원을 받은 사람이라도 그가 행한 불의에 대해서는 최후 심판 때에 반드시 시시비비를 가리겠다는 뜻이

---

397) P. Pokorny 155.
398) 엡 6:9는 "외모로" 판단하지 않으시는 주님에 관한 언급을 주인들에게 주는 교훈에서 말함으로써 그러한 경향을 더욱 강화시키고 있다.

다. 구원받은 사람이 행하는 행위의 어디에 불의가 있고 어디에 의로움이 있는지가 분명하게 가려지는 것이 바로 심판이다. 불의의 보응을 말하는 것은, 그리스도인들에게 받은 구원에 책임적인 삶을 살아야 한다는 것을 강조하려는 말씀이다.

4장 1절: 종들에게 주는 교훈에 비하면 주인들에게 주는 교훈은 매우 짧다. 주인들이 종들에 대해 취해야 할 자세는 자비나 관용이 아니라, **"의와 공평"**이다. 골로새서에 단 한 번 사용된 **"의"**는 바울의 다른 서신들에서와는 달리 윤리적인 의미로 쓰였다. 바울에게서 "의"는 하나님의 태도를 일컫는 말이지만, 여기서는 사람들이 함께 사는 공동체에서 바른 삶을 유지하기 위하여 필요한 인간의 기초적인 태도를 말한다. 주인이 종들에게 행하는 "의"는 삶의 기초가 되는 의식주를 그들에게 보장하는 것이다. 고대 세계에서 의식주 해결은 결코 쉬운 일이 아니었다. **"공평"**은 "의"와 비슷한 의미를 가지고 있으며, 그리스 철학에서는 의의 어머니로 여겨졌다. 헬라주의 유대교 학자 필로에 의하면, 모든 율법의 원리가 바로 공평이다.[399] 고린도후서 8:13-14에서 바울은 예루살렘 교회를 위한 헌금을 요청하면서, 고린도 교회의 넉넉함과 예루살렘 교회의 가난함을 "균등"하게 하기 위함이라고 말한다. 이때 균등으로 번역된 그리스어 단어는 이 구절에서 "공평"으로 번역된 단어와 동일한 것이다. 주인들이 종들에게 이러한 "의와 공평"을 베풀어야 한다는 말은, 사회적으로 주인과 종이 동등하다는 뜻이 아니라, 3:11이 신앙적인 차원에서 밝혔듯이 하나님 앞에서는 모두가 동등한 존재라는 사실을 깨닫고, 주인이라고 해서 종들을 막 대하거나 불공정하게 대하지 말고 종들의 사람다운 삶을 위한 책임을 감당하라는 뜻이다.[400]

---

399) Philo, spec leg, IV, 231.
400) E. Schweizer, 169; P. Müller, *Anfänge der Paulusschule*, 183.

주인들이 그렇게 행동해야 할 근거는, 종들과 마찬가지로 그들이 교회에서 이미 배워서 **"알고 있는"** 하늘의 주님에 관한 지식이다. 우리말 개역 성서에서 "알지어다"라고 명령이나 권유로 번역한 것은 적절하지 않다. 그리스어 분사 εἰδότες는 24절에도 나오는데, 그곳에서처럼 이유를 말하는 서술문 곧 "알고 있기 때문이다"로 번역해야 한다.401) 주인과 종들은 모두 교회에서 복음의 선포와 가르침을 받았으며(1:28), 그래서 그들은 하늘의 주님이 주인들이나 종들을 "외모로" 판단하지 않으시는 공정한 종말의 심판자라는 사실을 알고 있다. 종이든 주인이든 모두는 하늘의 주님께 자신들의 행동에 대해서 책임을 져야 한다. 이런 신학적인 지식이 그들의 행동의 근거가 되어야 한다. 종들이 육신의 상전에게 복종하는 것이 실제로는 주 그리스도를 섬기는 것이라면(24절), 주인들은 종들에게 "의와 공평"을 행함으로써 주 그리스도를 섬기는 것이다.

◆ **설교를 위한 메시지 요약**

1. 기독교 사회 윤리의 원리와 방향에 대해서 깊이 생각해 보아야 한다. 위에서 별도로 해설한 가정 규범의 해석 원리를 다시 읽고, 오늘의 상황에서 가정 규범을 어떻게 이해하고 설교할 것인지를 고민해야 한다. 성서의 말씀을 문자 그대로 받아서, 아내에게 남편에 대한 절대 복종을 강요한다든지, 노동자들에게 자본가들에 대한 절대 순응을 설교할 수는 없다. 그런 설교는 성서 정신에도 맞지 않고, 시대정신에도 맞지 않는다. 주님께 순종하는 가장 큰 사회 윤리적인 원리는 3:11에서 찾아야 한다. 주님 안에서는 모든 인간 차별이 극복되고, 모두가 형제와 자매다.

---

401) 공동번역과 표준새번역도 모두 명령이나 권유로 번역하지만, 영어번역 성서 NIV는 이를 정확하게 번역한다. "because you know that you also have a Master in heaven."

다만 이 원리를 현실적인 상황에서 어떻게 적용할 것인지는 각 사람이 처해 있는 처지에서 판단하되, 주님께 책임적이고 상대방에 대해 책임적인 자세로 판단하고 행동해야 한다.

2. 가정을 세우는 일이 무엇보다도 시급하고 중요하다. 그것은 신약 성서가 기록되기 이전부터 그랬고, 특히 로마 시대에는 가정 운영을 위한 여러 가지 문서들이나 교훈들이 많이 나타났다. 초대 교회가 가정 교회였다는 점에서 가정은 더욱 더 중요했다. 가정이 무너지면 교회도 무너질 수밖에 없었던 것이 초대 교회의 상황이었다. 오늘날이라고 다르지 않다. 무엇보다도 부부 관계, 부모와 자식의 바른 관계 설정이 중요하다. 교회생활을 위하여 가정생활을 희생시키는 경우가 허다한 한국의 교회는 어떻게 하면 가정들을 바로 세울 것인지에 대해 더 많은 고민을 해야 할 것이다.

3. 직장생활과 신앙생활
종과 주인에게 주는 교훈은, 오늘날에 있어서 직장생활에 대한 교훈이라고 할 수 있다. 신앙인의 바른 직장생활은 어떤 것이어야 할까? 사람에게 보이려는 눈가림의 직장생활이 아니라, 하늘의 주님을 섬기듯이 하는 직장생활을 본문은 가르치고 있다. 직장생활과 신앙생활은 별개의 것이 아니라, 직장은 주님을 섬기는 장소이자 방편이다. 직장생활을 어떻게 했느냐에 따라서 주님의 보응을 받게 될 것이다.

12. 4:2-6　일반적인 교훈들

◆ 본문 사역

² 여러분은 지속적으로 기도하시기 바랍니다. 기도하면서 감사함으로써 깨어 있으십시오. ³ 특히 우리를 위해서도 기도해 주십시오. 하나님께서 우리가 그리스도의 비밀을 말할 수 있도록 말씀의 문을 열어 주시도록 말입니다. 그 때문에 나도 매여 있습니다. ⁴ 내가 마땅히 말해야 하는 것처럼, 그 비밀을 드러낼 수 있도록 말입니다. ⁵ 밖에 있는 사람들에게 지혜롭게 행동하십시오. 그리고 시간을 아끼십시오. ⁶ 여러분의 말은 소금 양념이 되어 있어서 항상 은혜 가운데 있게 하십시오. 여러분이 각 사람에게 어떻게 대답하여야 할 것인지를 알기 위한 것입니다.

◆ 본문의 문맥, 구조 그리고 특징

중간 삽입처럼 느껴지는 3:18-4:1의 가정 규범을 뛰어넘어서, 3:15-17에서 이어지는 것이 자연스러워 보인다. 그런 연결은 여러 가지 측면에서 확인할 수 있다. 2절은 3:15와 3:17의 감사에 대한 교훈을 반복한다. 3:16이 "그리스도의 말씀"을 말한다면, 3절은 말씀의 문이 열려서 그리스도의 비밀을 말하는 사도의 선교 활동에 대해서 말한다. 3:15-17이 예배 중의 감사, 찬양을 말한다면, 3절은 예배에서 드리는 기도에 대한 요구다. 그러므로 3:15-17의 말씀, 기도, 감사 등이 2-3절에서도 중요한 가르침의 내용이다. 그러나 3:15-17이 교회 내부의 예배생활을 주로 가르친다면, 4:2-6은 교회 바깥사람들에 대한 전도와 행동에 대해서 가르친다는 차이점이 있다.

골로새서의 윤리적인 교훈 부분을 마무리하는 이 짧은 단락은 2-4절과 5-6절로 다시 나뉜다. 주 명령 동사가 2절과 5절에 나오고 나머지 분사들은 주동사를 해설하는 역할을 한다. 내용적으로도 2-4절은 "사도"의 선교를 위해 기도해 달라는 부탁인데 반하여, 5-6절은 성도 자신들의 언어생활, 특히 교회 바깥에 있는 사람들을 향한 언어생활에 관한 교훈이다.

3:18-4:1의 가정 규범은 저자가 물려받은 전승에 근거한 것이기 때문에 저자 고유의 문체적인 특징이 뚜렷하게 나타나지 않는다. 하지만 2-6절에는 저자의 문체적인 특징이 나타난다. 분사 구문이 겹쳐서 나타나거나 관계대명사로 연결되는 문체가 그런 것들이다. 만세 전에 감추어졌던 "비밀"이 이제 사도를 통해 나타나야 한다는 점에서 1-4절은 1:24-29로 연결된다.

◆ 본문 주석

2절: 스스로 성도들을 위하여 기도했던 저자는(1:9 이하), 여기서 성도들에게 자신을 위하여 기도해 줄 것을 간곡히 부탁한다. 저자와 수신자들 사이에는 기도의 교제가 그치지 않고 지속되어야 한다. 기도는 성도들 사이의 교제의 본질이다.

"**계속하고**"로 번역된 그리스어 동사는 "굳건하게 머물다" 혹은 "굳게 붙잡다"는 뜻이다. 그러므로 기도 안에 머물라 혹은 기도의 줄을 놓치지 말고 굳게 붙잡으라는 뜻이다. 지속적인 기도와 "**깨어 있음**"은 이곳 말고도 자주 함께 결합되어 나온다(막 14:38(병행); 눅 21:34-36; 엡 6:18 등). 지속적으로 기도하라거나 깨어 있으라는 교훈은 성도들이 박해나 유혹을 받는 어려운 상황에 처해 있을 때 자주 나타난다(위의 구절들 외에 롬

12:12; 행 16:25; 21:31; 딤전 5:5도 참조). 그런 교훈들은 여러 가지 어려운 상황에 처해 있는 성도들에게 임박한 예수의 재림을 기대하면서 그 상황을 이겨 내도록 격려하는 종말론적인 교훈이다.[402] 특히 깨어 있으라는 교훈이 그렇다(살전 5:6.17; 눅 21:36). 데살로니가전서 5:6과는 달리 여기에는 주의 재림이 명시적으로 언급되어 있지는 않지만, 적어도 전제되어 있다. 주께서 언제 다시 오실지 모르기 때문에 그리스도인은 항상 깨어서 기도하며 살아야 한다. 저자가 이 대목에서 항상 기도하고 깨어 있어야 함을 결합해서 가르친다면, 그것은 초대 교회의 일반적인 전통에서 온 교훈을 그대로 받아서 반복하고 있다고 볼 수 있으나, 다른 한편으로 거짓 교사들과의 싸움에서 이단적인 가르침을 배격하고 바른 복음을 지켜내기 위해서는 깨어서 기도하지 않으면 안 된다는 사실을 가르친다고 할 수도 있다. 골로새서는 외부로부터 오는 박해 상황에 대해서는 별로 말하지 않는 대신에, 교회 내부의 문제 곧 거짓 교사들과의 싸움을 주요한 상황으로 전제한다. 박해를 이겨 내는 데뿐만 아니라 거짓 교사들의 유혹을 이겨 내는 데에도 하나님의 도우심이 필요하며, 그렇기 때문에 기도해야 한다.

"기도를 계속하고, 깨어 있어야" 한다는 교훈에 **"감사함으로"**라는 표현이 덧붙여 있다.[403] 감사는 골로새서를 관통하고 있는 중요한 주제다 (1:3.12; 2:7; 3:15.17). 감사는 그리스도인의 삶의 특징을 가장 포괄적으로 드러내는 표현이다. 언제 올지 모르는 주의 재림을 기다리며 종말론적인 시대를 살고 있는 그리스도인들은 항상 감사함으로 기도하고, 감사함으로 깨어 있어야 한다. 감사, 기도, 깨어 있음은 종말론적인 시대를 사는

---

402) E. Lövestam, *Spiritual Waksfulness*, 75. 133-143; 조경철, 「설교자를 위한 에베소서 주석」, 433의 각주 3과 엡 6:18의 주석을 참조.

403) 그리스어 표현상으로 두 번의 εν-전치사 구가 반복되는 것이 특이하다. 그래서 어떤 사본(D)은 "감사함으로"를 빼고 본문을 읽기도 한다.

그리스도인들의 삶의 특징이다.404)

　　3-4절: 3-4절은 문장 구조 때문에 해석의 논란이 있다. 3ab절은 "우리"를 말하고, 3c-4절은 "나"를 말한다는 점이나, 3b절과 4절에 연이어 나오는 두 개의 목적절(ἵνα-문장)을 어떻게 연관시킬 것인지가 논란이다.
　　4절의 두 번째 목적절("내가 마땅히 말해야 하는 것처럼, 그 비밀을 드러낼 수 있도록")을 어디로 연결할 것인가? 두 개의 가능성이 있는데, 하나는 3a절의 "기도해 달라"로 연결하는 것이다. 그러면 "기도해 달라"에는 두 개의 목적절이 붙는 것이다. 다른 하나는 4절의 목적절을 3c절의 "내가 매임을 당했다"는 동사로 연결하는 것이다. 그러면 3-4절은 두 개의 문장이 된다. 3ab절은 "우리가 하나님의 비밀을 말할 수 있기 위해 기도해 달라"로 요약되고, 3c-4절은 "매임을 당한 내가 비밀을 말할 수 있기 위해 기도해 달라"로 요약될 수 있다. 이 경우 3ab절은 바울에 이어 복음을 전하는 저자 등을 위해 기도해 달라는 말이고, 3c-4절은 바울이 매임을 당했고, 그 목적은 황제나 기타 재판을 하는 권력자들 앞에서 자신을 변호하는 중에 하나님의 비밀을 말하게 하려는 것이라고 해석할 수 있다(딤후 4:16-18 참조). 이 서신이 제2바울 서신이라는 전제하에서 읽는다면, 이는 바울의 죽음에 대한 암시라고 할 수 있다.405) 어쨌든 3-4절에서는 복음의 보편적인 선포 사명("우리")으로부터 시작해서 사도 바울의 복음 선포("나")로 초점이 이동해 가고 있다. 바울의 죽음에도 불구하고 복음은 지속적으로 전파되어야 하고, 이를 위하여 성도들은 "우리"와 "나"의 복음 증언을 위해서 기도해야 한다.

---

404) P. Müller, *Anfänge der Paulusschule*, 184.
405) 상세한 논의에 대해서는 A. Standhartinger, *Studien zur Entstehungsgeschichte*, 160-162 참조.

3절: **"또한"**은 "동시에"나 "특히"로 번역될 수 있다. "특히"라는 의미를 받아들인다면, 골로새의 성도들이 깨어서 기도해야 하는데, 그 중에서도 특별히 기도해야 할 중요한 것이 복음 전파를 위해서 기도하는 것이다. **"우리"**는 교회 지도자들, 특히 거짓 교사들로부터 복음을 보전하고 전파해야 하는 사명을 가진 사람들이다. 4절에 의하면, 그 대표자는 복음을 위하여 온갖 수난을 감당하고 지금 감옥에 갇혀 있는 것으로 소개되는 "바울"이다.[406] 목회서신에 의하면, "디모데"와 "디도"가 그런 지도자들이었다.[407] "우리"는 바울 이후 바울에 이어서 복음을 전파하는 저자를 포함한 제자들이라고 할 수 있다.

"그리스도의 비밀"은 그리스도를 내용으로 하는 비밀로서, 만세 전에 감추어졌다가 사도 바울에게 계시되었고(1:26-27) 에바브라를 통해서 골로새 성도들에게도 전파되었던(1:7.23) 복음이다. 이 복음에 굳건히 서는 것이 바로 믿음이다. 1:23에 의하면, 이 복음이 바울을 통해서 이미 만민에게 전파되었다. 그런데 여기서 다시 전도의 문이 열리도록 기도해 달라고 부탁한다(고전 16:9; 고후 2:12; 행 14:27도 참조). 1:23의 주석에서도 설명했듯이, 1:23은 바울의 이방인 선교 사역을 조금은 과장되게 회상하고 있다. 바울 이후 시대에 기록된 골로새서 저자는, 바울의 복음 전파를 회상하면서 복음이 아직도 많은 사람들에게 전파되어야 한다고 말한다. 성도들은 이 복음이 전파될 수 있도록 기도함으로써 선교 사역에 동참한다. 그러나 복음의 전파는 근본적으로 하나님의 소관 사항이다. **"전도할 문"**은 직역하면 "말씀의 문"이다. 하나님께서 이 말씀의 문을 열어 주실 때에만 복음 전파는 가능해지고, 믿음의 문을 열어 주실 때에만 믿음이 가능해진다. 바울과 디모데를 비롯한 사람들은 하나님께서 그의 말

---

406) 위의 1:14-29의 주석을 참조.
407) 조경철, "목회서신이 가르치는 거짓 가르침(이단)에 대한 대처 방식", 41-69, 특히 58-61 참조.

씀 선포를 위하여 사용하시는 대리인들에 불과하다. 그 대리인이 비록 매여서 활동할 수 없다 할지라도, 하나님의 복음은 결코 매일 수 없다. 하나님의 복음을 위하여 "사도" 혹은 전도자들은 자유롭게 활동할 수 있어야 하고, 그것을 위하여 골로새 성도들은 기도해야 한다.

본문의 "문"은 사도의 갇혀 있는 상황을 암시하는 말이기도 하다. 하나님이 사도가 갇혀 있는 감옥의 문을 열어 주시기를 기도해야 한다. **"이 일 때문에"** 곧 그리스도의 복음 때문에 **"매여"** 있는 사도가 풀려나는 것은 말씀의 문이 활짝 열리는 것이기 때문이다.[408) 바울의 매임을 말하면서도, 그 매임이 구체적으로 어디에서 어떻게 일어난 것인지에 대해서는 아무런 언급이 없다. 그것은 여기 외에도 매임을 말하는 4:10.18에서도 마찬가지다. 1:24의 주석에서도 설명했듯이, 복음을 위한 바울의 고난과 매임은 바울이 남겨 놓은 가장 강력한 인상이고, 그러므로 사도 이후 시대의 사람들은 바울을 생각하면 당연히 고난받는 사도를 생각했다. 제2바울 서신들이 모두 고난을 당하는 사도가 서신을 기록하는 것이라고 말하는 것도 그런 것과 깊이 연관되어 있다.

4절: 3절이 "우리"를 말한 것에 비교해서 여기서는 **"나"**를 말한다는 점이 특이하다. "사도"는 복음을 **"마땅히"** 전파해야 할 사명을 부여받았다. 바울은 두 곳에서 자신이 복음을 전할 수밖에 없는 의무를 말한다 (고전 9:16; 롬 1:14-17; 행 4:20도 참조). 신약성서에 의하면, 예수 그리스도 안에서 하나님의 구원 활동을 보고 경험한 사람들은 그 소식을 전하지 아니하고는 견딜 수 없는 의무감과 사명감을 느꼈다.[409) 신약성서에서 예수의 부활을 보고 경험한 사람들이 모두 그리스도인들이 되었

---

408) "문"을 말씀의 문과 감옥의 문이라는 이중적인 의미로 해석하는 것에 대해서는 P. Müller, *Anfänge der Paulusschule*, 185 참조.
409) W. Klaiber, *Ruf und Antwort*, 227 참조.

다는 것이 그러한 사실을 말한다. 바울 역시 다마스쿠스 도상에서 부활하신 예수를 체험함으로써 이러한 선교의 의무감과 사명감을 받았다.

"**나타내다**"는 동사는 1:26에서 하나님께서 그의 만세전에 감추어진 비밀을 사도들을 통하여 성도들에게 나타내셨다고 말할 때에도 사용되었다. 또 3:4에서는 "너희 생명"이신 예수 그리스도가 나타날 때, 곧 재림 때에 성도들도 함께 영광중에 나타날 것을 말하기 위하여 사용되기도 했다. 하나님과 그리스도가 나타내는 행위의 주체였던 이 구절들과는 달리 여기서는 "**내가**" 곧 사도가 나타내는 주체다. 사도가 나타내는 내용은 그리스도의 비밀이다. 이는 곧 사도의 선포 활동을 의미한다. 그러나 그 "나"는 지금 매여 있어서 비밀을 나타내는 사역을 할 수 없다. 만일 골로새서를 제2바울 서신으로 본다면, "나"로 지칭하는 바울은 더 이상 세상에 존재하지 않는다. 그러면 바울 이후 시대에는 복음을 어떻게 전파해야 할 것인가? 당연히 지금 복음 선포를 위하여 기도하는 성도들에 의해서 지속되어야 한다. 하나님 → 예수 그리스도 → 사도 → "우리" → 성도들(교회)로 이어지는 "**비밀을 나타내는**" 사역자들의 계승을 여기서 알 수 있다. 우리가 골로새서를 제2바울 서신으로 보든 바울의 서신으로 보든 상관없이, 4:2-4는 사도 시대뿐만 아니라 사도 이후 시대에도 복음 전파 사역은 결코 중단될 수 없다는 것을 말한다. 다시 말해서 교회와 성도들은 사도의 선교 사역을 "마땅히" 계승해야 한다. 이를 위해서는 먼저 복음의 진리성을 거짓 교사들로부터 지켜내야 하며, 복음을 모든 민족에게 전파해야 한다(1:27). 이 사역을 위해서 교회는 항상 깨어서 기도해야 한다. 하나님의 도우심이 없이는 복음을 지키고 전파하는 일은 불가능하기 때문이다.

5절: 저자가 2-4절에서 성도들에게 선교를 뒷받침하는 기도를 요청했다면, 5-6절에서는 성도들이 교회 바깥사람들에게 어떻게 처신해야 할지를 가르친다. 2-4절이 선교의 기도적인 차원을 말했다면, 5-6절은 행동의 선교적인 차원을 가르친다. 선교는 기도와 행동을 통해서 뒷받침되어야 한다. 기독교 윤리에는 선교적인 차원이 포함된다. 언어적인 전도가 선교의 직접적인 차원이라면, 행동은 그 전도를 지원해 주는 간접적인 차원의 선교라고 할 수 있다. 입을 열어서 복음을 전하는 언어적인 선교는 그리스도인들의 복음에 따른 행동이 뒷받침되어야 열매를 맺을 수 있다. 이 두 차원이 따로 가게 될 때, 기독교 선교는 위기를 맞게 된다.

5절은 두 개의 명령문으로 되어 있다. 먼저 외인들을 향하여 **"지혜로 행하라"**는 명령은 바로 행동의 선교적인 차원을 말한다. **"지혜"**는 그리스도 안에 있다(2:3). 그러므로 지혜로운 행동은 그리스도 안에 있는 지혜 곧 복음에 합당한 행동이다. 1:9-10, 28 그리고 3:16에서도 지혜에 합당한 행동을 가르치는데, 이 구절들에서는 항상 교회 안에서 성도들 사이에서 일어나는 내부적인 행동을 말한다면, 여기서는 외인들을 향한 행동과 관련해서, 선교적인 차원에서 말한다. **"외인"**은 원래 유대교에서는 이방인을 일컫는 말이었지만, 신약성서에서는 기독교인이 아닌 사람들을 일컫는다(살전 4:12; 고전 5:12-13). 지금은 비록 그리스도인이 아닌 "외인들"이지만, 그들을 잠정적인 그리스도인 혹은 미래의 그리스도인으로 보는 것이 그들을 향한 선교의 전제 조건이다(빌 4:5; 벧전 2:12; 마 5:16 등 참조). 하나님의 구원에서 누구도 원칙적으로 배제되지 않는다. 모든 인류가 선교의 대상이다.[410] "외인"들을 향한 그리스도인들의 "지혜로운 행동"은 구체적으로 무엇일까? 확실한 언급은 없지만, 저자는 아마도 위

---

410) 여기서 우리는 특정한 사람들만 하나님의 자녀로 예정되었다는 이중예정론을 비판할 수 있다. 요 3:16; 롬 1:16; 딤전 2:4와 함께 골 4:5도 하나님의 보편적인 구원 의지를 읽을 수 있는 성서 구절에 속한다. 감리교회의 구원론의 특징에 속하는 하나님의 보편적인 구원 의지에 관해서는 W. Klaiber/M. Marquardt, 「감리교회 신학」, 114-273을 보라.

의 가정 규범에서 말한 각 신분에 합당한 질서 있는 행동을 말하는 것 같다.411) 그리스도인 가정 안에서 아내와 남편, 자녀와 부모, 종과 주인들이 각기 자신의 위치에 맞게 질서 있게 사랑을 실천함으로써 "외인"들에게 지혜로운 행동을 보여 주어야 한다. 복음의 원리에 교조주의적으로 매달려서 그 시대적인 가치관과 질서를 혁명적으로 파괴하거나 부정할 때, 교회는 선교와 성장에 어려움을 겪게 된다. 복음의 원리에 충실하면서도 동시에 시대적인 상황에 대해서도 지혜롭게 대응할 때, 교회는 외인들에게 매력을 갖게 될 것이다. 가정 규범에서도 추론한 것처럼, 골로새에 나타난 거짓 교사들이 그런 혁명적인 윤리를 가르침으로써 선교의 문을 닫아버릴 수 있음을 저자가 염려한 것일 수도 있지만, 그런 추측을 위한 본문의 근거는 분명하지 않다.

바울은 고린도전서 7장과 11장에서도 거의 동일한 어려움에 대해서 말한다. 물론 여기서 바울은 종말론적인 이유를 강하게 드러내고 있기는 하지만, 종으로 하여금 종의 위치를 잘 지켜서 행동하라거나 여인들로 하여금 지나치게 해방적인 행동을 하지 말라고 한 가르침은 그런 해방적인 행동으로 인하여 교회가 주변세계로부터 과도한 비판을 받지 않도록 하려는 의도가 저변에 깔려 있다고 보아야 한다. 고린도전서에 비해서 골로새서는 더욱 강하게 기존 사회 질서를 유지하고 존중할 것을 가르친다. 이러한 골로새서의 의도를 일방적으로 가부장적인 기존 윤리의 수호자로 비판해서는 안 되고, 사회 속에서 복음을 전파하고 성장해야 하는 교회의 선교적인 차원에서 이해해야 한다.

5절에 나오는 두 번째 명령은 **"세월을 아끼라"**는 것이다. 에베소서 5:16에서는 동일한 명령이 "때가 악하니라"는 종말론적인 이유 문장과 결합되어 있지만, 우리 구절에는 그런 근거 문장이 없다. 또 에베소서는

---

411) P. Pokorny, 158.

"세월을 아끼라"는 교훈으로 교회 내부적인 행동을 가르치는데 반하여, 골로새서는 외인들을 향한 선교적인 차원의 행동을 말한다.412) 성도들에게 허락된 모든 시간은 선교 지향적으로 사용되어야 한다. 선교에 방해가 되는 삶, 선교를 뒷받침하지 않는 삶은 세월을 소비하는 삶이다. 그러므로 이 구절의 "세월을 아끼라"는 명령은, 대다수의 주석서들이 그러는 것처럼,413) 단순히 주어진 시간을 선용하라는 식의 일반적인 의미로 이해하는 것은 적절하지 않고, 주어진 시간에 윤리적인 행동을 함으로써 복음의 선포에 참여하라는 윤리적-선교적인 차원으로 이해해야 한다.414)

6절: 5절이 외인들을 향한 지혜로운 행동을 가르쳤다면, 6절은 외인들을 향한 언어생활을 가르친다. 외인들을 찾아가서 복음을 전하는 것이 적극적인 전도라면, 외인들의 질문에 대해서 정확한 답변을 해 주거나 혹은 그들과 좋은 언어로 대화를 나누는 것은 소극적인 전도라고 할 수 있다. 베드로전서 3:15도 "너희 속에 있는 소망에 관한 이유를 묻는 자에게 대답할 것을 항상 준비하라"고 가르친다. **"각 사람"**은 함께 살고 있는, 그러나 아직 기독교에 들어오지 않고서 기독교 신앙에 관해 공격적인 질문을 해 오는 이웃이다. 이들의 질문에 대해서 그리스도인들은 적절하고 정확하게 그리고 부드럽고 따뜻하게 대답할 수 있어야 한다. 그러기 위해서 먼저 갖추어야 할 것이 있는데, 그것은 그리스도인들이 **"항상 은혜 가운데서 소금으로 맛을 냄과 같은"** 언어생활을 해야 한다는 것이다.

---

412) 그렇다고 에베소서가 선교적인 차원을 고려하지 않는 것은 아니다. 조경철, 「설교자를 위한 에베소서 주석」, 344 참조.
413) E. Lohse, 237-238: "하나님이 주신 매일을 감사함으로 기쁘게 받고, 각 사람에게 주어진 시간을 헛되이 가게 하지 말라." E. Lomeyer, 163; J. Ernst, 240: 재림 때까지 남아 있는 시간을 유념해서 사용하라.
414) P. Müller, *Anfänge der Paulusschule*, 186.

소금은 음식의 맛을 내는 데 중요한 양념일 뿐만 아니라(욥 6:6), 음식의 부패를 막는 데 가장 요긴하다. 마태복음 5:13-16은 그리스도인의 존재와 삶을 소금에 비유하는데, 특히 골로새서 4:2-6과 같이 선교에 관해서 가르친다.415) 그리스도인의 언어생활을 소금으로 맛을 냄과 같이 하라는 말은 무엇을 뜻하는가? 행동이 "지혜롭게" 되어야 하듯이(5절), 언어도 그렇게 지혜로워야 한다.

주제 해설 8: 골로새서의 윤리적인 교훈의 특징

골로새서는 바울의 다른 서신들과 마찬가지로 서신의 제1부에서 신학적-교리적인 해설을 하고, 제2부에서는 윤리적인 교훈을 한다. 3:1-4:6이 윤리적인 교훈에 해당하는 부분이다. 이 중에서 3:1-4는 1-2장에서 해설한 신학적-교리적인 내용을 요약해 반복하면서 동시에 그것을 윤리적인 교훈으로 연결하는 허리 역할을 한다. 그런 후에 3:5부터 4:6에 이르기까지 그리스도인들의 윤리적인 삶에 관한 구체적인 가르침을 베풀고 있다. 이 부분의 주석을 마무리하면서 골로새서가 가르치는 윤리적인 교훈의 내용과 특징 그리고 신학적인 근거 등에 관해서 종합적으로 개관해 보려고 한다.416)

1. 윤리적인 교훈을 전체적으로 보면, 일반적인 성격이 강하다. 골로새 교회의 특정한 상황에서만 의미를 가질 수 있는 그런 성격의 윤리라기보다는 시간과 장소를 초월해서 모든 그리스도인들에게 해당되는 교훈들이다. 3:5,8에 나오는 악행 목록이나 3:12의 덕행목록, 그리고 3:18-4:1의

---

415) 조경철, 「마태복음 I」, 208-209 참조.
416) 이하에 대해서는 P. Müller, *Anfänge der Paulusschule*, 187-192 참조.

가정 규범, 3:13-14의 사랑과 용서에 관한 교훈, 4:2-6의 기도와 외인들에 대한 지혜로운 행동에 대한 교훈 등이 그런 일반적인 성격을 분명히 드러낸다. 그러나 골로새서가 교회에 나타난 거짓 교사들과의 논쟁이라는 배경에서 기록된 것을 참작한다면, 이런 일반적인 성격의 윤리 교훈들이 그런 논쟁의 특별한 상황에서 어떤 역할을 했고 또 어떤 특별한 의미를 가지고 있는지 물을 수 있다. 특히 가정 규범에서 종들에게 주는 교훈이 길고 상세하게 나오는 것이 그런 특별한 상황과 연관되어 있는 것인가? 특히 3:11이 말하는 그리스도 안에서 아무런 차별이 있을 수 없다는 복음을 가정과 사회적인 상황에 급진적으로 적용하려는 거짓 교사들의 시도가 있었고, 저자는 그에 맞서서 당시의 사회적인 상황을 고려해서 윤리의 점진적인 개혁을 시도한 것인가? 확실한 대답을 하기에는 본문의 증거가 불분명하지만, 상당한 개연성을 가진 추측일 수 있다.

2. 골로새서 저자는 윤리적인 교훈을 위하여 교회 안과 밖으로부터 많은 윤리 교훈 전승들을 빌려왔다. 가정 규범이 그 대표적인 예일 것이다. 가정 규범은 헬라주의 유대교에서 빌려온 것이 분명하다. 또한 바울의 다른 서신들에서도 많은 교훈들을 빌려 사용하고 있다. 로마서 13:11-14와 골로새서 3:9-10/4:2를, 갈라디아서 3:28; 고린도전서 12:13과 골로새서 3:11을, 로마서 13:8-10과 골로새서 3:14를 비교해 보면 알 수 있다. 로마서 1:29-31에 나오는 악행 목록과 골로새서 3:5,8의 악행 목록도 비교해 보라. 그러나 바울의 다른 서신들과 달리 구약성서로부터 온[417] 윤리 교훈들이나 예수로부터 온 교훈들은 골로새서에서 별로 발견되지 않는다. 서신의 저자는 기독교 밖에서 인용한 교훈들이라

---

417) 바울은 롬 12:16-21; 고전 11:2-16에서 대표적으로 볼 수 있듯이 구약성서로부터 교훈을 이끌어 낸다.

할지라도, 기독교적으로 재해석해 받아들인다는 점에서 바울과 같은 길을 간다. 특히 가정 규범에서 볼 수 있듯이, 그는 "주 안에"를 첨가함으로써 가장에 대한 아내, 자녀, 종들의 순종의 의미를 기독교적으로 변경시켜서 말하고 있으며, 주인들에게 종들을 공평하게 대하라고 가르치면서도 종말론적-기독론적인 근거를 제시하여 기독교화 한다. 세상에서 통용되는 윤리 교훈들이라도 그것이 "주"께 얼마나 합당한 것인지를 평가해서 선택하고 해석해서 받아들이는 것이다. 그러므로 바울에게서처럼 골로새서 저자에게도 기독론이 윤리적인 교훈들을 이해하는 가장 중요한 기준이다.418)

3. 그러므로 골로새서에서도 신학적인 사고와 윤리적인 교훈 사이에는 뗄 수 없는 연관성이 있다. 바울에게 있어서 그리스도의 십자가와 부활은 구원 이해의 핵심이고, 이 핵심 위에 윤리적인 교훈들이 서 있다. 그리스도인들은 믿음과 세례를 통해 그리스도의 십자가와 부활에 참여한다(롬 6장). 그들은 그리스도의 십자가에 참여함으로써 죄에 대해서 죽고, 그리스도의 부활에 참여함으로써 새 생명으로 살아난다. 그러므로 그리스도인은 더 이상 죄의 지배 아래 있지 않고, 새 생명의 삶을 살아간다. 이것이 바울의 윤리의 핵심이다. 이 핵심은 "주 안에서"로 요약될 수 있다. 골로새서에서도 마찬가지다. 골로새서 2:12-13에서 그리스도의 이름으로 받은 세례를 통해 죄에 대해 죽고 새 생명으로 부활했음을 말했다면, 윤리 교훈을 시작하는 3:1은 이 기독론적인 구원 이해를 반복하면서 그 바탕 위에서 윤리 교훈을 시작한다. 그러나 바울과 비교해서 차이가 나는 점들도 있다.

바울은 구원의 미래적인 희망 위에서 윤리적인 교훈을 하지만(살전

---

418) W. Schrage, *Ethik des Neuen Testaments*, 245-262 참조.

4:6.13 이하 등 자주), 골로새서는 하늘에 이미 실현되어 있는 구원을 바라보는 희망 위에서 윤리 교훈을 한다(3:1 이하). 바울은 시간적인 종말론 위에서 윤리를 말하는데 반해, 골로새서는 우주론적인 기독론과 구원론 위에서 윤리를 말한다. 구원은 이미 하늘에서 완성되어 준비되어 있지만, 그리스도인은 아직도 이 땅에서 살고 있기 때문에 위를 바라보며 땅의 삶을 살아야 한다. 그러므로 구원을 현재적으로 말하는 골로새서에서도 윤리적인 교훈이 필요한 것이다. 바울은 성령론 위에서 윤리적인 교훈을 하지만(갈 5장), 골로새서에서는 성령에 대한 언급 자체가 별로 나오지 않는다는 점도 중요한 차이점 중의 하나다.

◆ 설교를 위한 메시지 요약

1. 선교는 하나님의 일이다. 그러나 하나님은 반드시 사람들을 통하여 선교하신다. 과거에 하나님은 사도들을 사용하셔서 선교하셨지만, 사도 이후 시대에는 교회와 그리스도인들을 통하여 선교하신다. 하나님이 선교를 위하여 사용하시는 사람들은 각가지다. 선교사로 직접 선택되어 사용되는 사람들도 있다. 그들은 복음을 들고 세계 방방곡곡에 나가서 선교하며, 바울처럼 온갖 고난을 감당한다. 그러나 하나님은 그러한 선교사들을 기도와 사랑, 그리고 물질로 돕기 위하여 더 많은 사람들을 사용하신다. 하나님은 어떤 자리에서 사용하시든지 모든 그리스도인들을 활용하셔서 복음이 온 세계에 전파되게 하신다. 하나님의 이러한 선교 사역에 그리스도인들이 얼마나 기꺼이 참여하느냐가 중요하다. 그러나 선교가 하나님의 사역인 한 결코 실패나 중단은 없다. 선교사가 갇히고, 죽고, 어려움을 당해서 활동을 못하는 경우는 있어도, 하나님의 선교 활동은 계속된다. 사도들이 죽고 없으면 다른 선교사들을 통해서, 또 그들이 불가능해지면 또 다

른 사람들을 통해서 하나님은 끊임없이 계속 선교하신다. 이러한 선교의 계승 속에서 사도 바울이야말로 가장 모범적인 선교사였다. 골로새서 저자는 바울의 이름으로 서신을 기록함으로써 그 스스로 가장 모범적인 선교사 바울의 뒤를 따르며, 모든 성도들에게도 함께 따를 것을 요청한다.

2. 하나님의 선교는 반드시 그리스도인들의 기도와 윤리적인 행동이 뒷받침되어야 한다. 선교는 하나님의 일이기 때문에 기도의 뒷받침이 필요하고, 또 선교는 사람들을 통하여 일어나기 때문에 그 사람들의 행동이 뒷받침되어야 한다. 선교 혹은 전도는 단순히 언어의 사건만은 아니다. 언어와 윤리가 함께 어우러질 때, 선교의 열매를 맺게 된다(마 5:16; 요 13:34-35를 그 문맥 안에서 참조). 그러나 유의할 것은, 행동이란 항상 각 사람이 처해 있는 시대와 장소의 상황에서 적절하게 일어나야 한다. 본문의 말씀대로 한다면, "지혜롭게" 행동해야 한다(5절). 성서에 있는 그대로 행동한다고 해서 지혜로운 행동이 되는 것이 아니다. 예를 들어 신약성서가 기록될 당시에는 아내가 남편에게 절대 순종하는 것이 지혜로운 행동이었지만, 오늘의 시대에는 아내와 남편이 동등한 동반자로서 서로 존중해 주는 것이 지혜로운 것이다.

3. 그리스도인은 기독교 신앙에 관한 외인들의 질문에 항상 정확한 대답을 할 수 있어야 한다. 그러기 위해서는 대화의 기술도 익혀야 하고, 기독교 신앙에 대한 정확한 지식도 가지고 있어야 한다. 막무가내 식으로 믿으라고 강요하는 것이 아니라, 적절하고 지혜로운 대화를 통해 기독교 신앙을 설명하고 설득할 수 있어야 한다. 물론 선교의 마지막 열매는 하나님이 맺게 하시지만, 인간으로서 성도들이 감당해야 할 사명은 바르게 감당해야 한다.

4:7-18
서신의 마무리

13. 4:7-18 두기고와 오네시모가 전한 사도의 소식과
마무리 인사

◆ 본문 사역

^{7.} 사랑하는 형제이며 신실한 봉사자이고 주 안에서 함께 종 된 두기고가 나에 관한 모든 것을 여러분에게 알려 줄 것입니다. ⁸ 내가 그를 여러분에게 보낸 것은, 여러분이 우리에 관한 것들을 알게 하고, 그래서 그가 여러분의 마음을 격려하도록 하기 위한 것입니다. ⁹ 신실하고 사랑받는 형제 오네시모와 함께 (보냈습니다). 그는 여러분들로부터 왔습니다. 그들이 이곳의 모든 일들을 여러분에게 알려 줄 것입니다. ¹⁰ 나와 함께 포로가 된 아리스다고와 바나바의 사촌인 마가도 여러분에게 문안 인사를 보냅니다. (그에 관해서는 여러분이 지시를 받았습니다. 그가 오거든 영접하십시오.) ¹¹ 유스도라고 불리는 예수도 문안 인사를 보냅니다. 그들은 할례를 받은 사람들입니다. 오직 이들만은 하나님의 나라를 위하여 함께 일하는 사람들입니다. 그들은 나의 위로가 되었습니다. ¹² 여러분에게서 온 에바브라가 여러분에게 문안 인사를 보냅니다. 그는 그리스도 예수의 종으로서, 여러분을 위하여 항상 기도의 싸움을 하고 있습니다. 여러분이 하나님의 모든

뜻 안에서 완전하고 확신에 찬 사람들로 서게 해 달라고 그는 기도합니다. [13] 그러므로 나는 그가 여러분과 라오디게아에 있는 사람들과 히에라폴리스에 있는 사람들을 위하여 많은 노력을 기울이고 있다고 확신합니다. [14] 사랑받는 의사 누가와 데마가 여러분에게 문안 인사를 보냅니다. [15] 여러분은 라오디게아에 있는 형제들과 눔바와 그녀의 집에 모이는 교회에게 문안 인사를 전해 주십시오. [16] 이 서신이 여러분에게서 읽혀진 후에, 라오디게아 사람들의 교회에서도 읽혀지도록 배려해 주십시오. 그리고 라오디게아로부터 오는 서신을 여러분도 읽으십시오. [17] 아킵보에게 "당신은 주 안에서 받은 섬김을 보고 그것을 이루십시오." 라고 말해 주시기 바랍니다. [18] 갇힌 자인 나 바울의 손으로써 문안 인사를 보냅니다. 나의 매임을 기억하십시오. 은혜가 여러분에게 있기를 바랍니다.

◆ 본문의 문맥, 구조 그리고 특징

골로새서를 마감하는 이 단락은 지금까지 공부한 단락과는 상당히 동떨어진 느낌을 준다. 서신 전체와 직접적인 연결성을 보여 주는 것은 에바브라에 관해서 말하는 4:12와 바울의 매임을 말하는 4:18, 그리고 라오디게아 교회에 관한 언급 정도다. 이 단락에서 나열되고 있는 수많은 이름들은 골로새서의 신학적인 내용과는 직접적으로 아무런 관련이 없다. 특히 빌레몬서에 나오는 인사 목록과 비교해 볼 때, 나오는 순서는 다르지만 인물들의 이름이 동일하다는 것을 알게 된다. 다음의 도표를 참조하라. 빌레몬서와 골로새서에서 디모데가 공동 발신자로 나오고 있다는 것도 동일하다.

〈빌레몬서〉	〈골로새서〉
2절 **아킵보**, 우리와 함께 군사 된	17절 **아킵보**에게
10-11절 **오네시모**, 전에는 네게	9절 **오네시모**, 신실하고 사랑받는
무익하였으나 지금은 나와	형제, 그는 너희에게서 온 사람
네게 유익하므로	12절 **에바브라**, 그리스도 예수의 종,
23절 **에바브라**, 그리스도 안에서	너희에게서 온
나와 함께 갇힌 자	10절 **마가**, 바나바의 생질
24절 **마가**	**아리스다고**, 나와 함께 갇힌
아리스다고	14절 **데마**
데마	**누가**, 사랑받는 의사
누가	11절 하나님의 나라를 위한 동역자들
나의 동역자들(συνεργοι μου)	(συνεργοι)

빌레몬서에는 나오지 않고 골로새서에만 나오는 사람의 이름은 두기고, 유스도라 하는 예수, 눔바 등 세 사람이다. 서신의 마무리에서 이처럼 많은 사람의 이름을 나열하면서 문안 인사를 하는 경우는 로마서 16장에서도 찾을 수 있다. 로마서 16:1-20에서는 사도 바울이 로마 교회에 있는 친지들의 이름을 일일이 나열하면서 문안 인사를 하고, 이어서 로마서 16:21-23에서는 사도 바울과 함께 있는 사람들이 로마교회에 인사를 한다. 그러나 골로새서에서는 그 순서를 바꾸어 저자의 인사가 맨 마지막 15-18절에 나오고, 동역자들의 문안 인사가 먼저 나온다.

이러한 현상은 골로새서 저자 문제를 둘러싼 학자들의 논쟁에 중요한 불씨가 된다. 골로새서를 제2바울 서신으로 보려는 학자들은, 서신의 저자가 그의 서신을 바울 서신으로 보이게 하기 위하여 빌레몬서에서 발견한 문안 인사 목록을 약간 수정하고 순서를 뒤바꾸어 제시한 것이라고 주장한다. 그럼으로써 골로새서가 바울의 생전에 기록된 것처럼 보일 수 있기 때문이다. 더구나 저자가 수신자를 골로새 교회로 정한 데에도 그럴 만한 이유가 있다고 한다. 골로새는 저작 당시 지진으로 이미 파괴된 도시였기 때문에 바울의 저작 진위 여부를 확인할 수 없었으며, 더구나 골로새 주변 지역이 서신에서 논박되는 거짓 교리가 횡행하던 곳이었기 때문에 수신지로 적당했던 것이다. 특히 빌레몬서의 인사 목록을 사용한 것도, 사실은 빌레몬서가 골로새에 살고 있던 빌레몬에게 보내진 서신이었기 때문이다. 두 서신에 등장하는 인물들이 골로새 지역에 잘 알려진 사람들이었기 때문에, 이들을 언급한 것이다.

그러나 골로새서가 바울의 저작임을 변호하는 학자들은 바울의 많은 동역자들의 이름이 나오는 것 자체가 바울의 저작설을 뒷받침한다고 주장한다. 그렇지 않고 저자가 바울의 저작처럼 보이려고 그렇게 했다면, 그것은 너무도 인위적인 조작이라고 비난한다. 또 그들은 바울 저작을 부정하는 학자들에게, 빌레몬서에는 나오지 않고 골로새서에만 나오는 두기고, 유스도라 하는 예수, 눔바 등에 대해서는 어떻게 설명할 것이냐고 묻는다. 이에 대해서 바울의 저작을 부정하는 학자들은, 이 세 사람은 저작 당시에 골로새 지역에서 활동하던 바울의 제자들로서 골로새서 저자와 함께 바울 신학을 물려받아서 활동하고 있던 사람들이었을 것으로 추측한다.[419] 이러한 저자 문제를 둘러싼 논쟁은 영원히 풀리지 않은 수수께끼에 속할 것이다.

이 단락은 크게 네 부분으로 세분된다. 먼저 7-9절은 저자가 서신을 들고 골로새로 가는 두기고와 오네시모를 추천하는 내용이고, 10-14절은 사도의 동역자들이 골로새 교회에게 보내는 문안 인사며, 15-17절은

---

419) J. Ernst; J. Gnilka; P. Pokorny 등의 주석서 외에 특히 Lähnemann, *Kolosserbrief*, 181ff.를 참조.

저자 자신의 인사와 권면이고, 마지막 18절은 바울의 친필 문안 인사와 마무리 기원이다.

◆ 본문 주석

7절: 앞 단락과의 연결을 매끄럽게 하는 어떠한 접속 표현도 없이 저자는 여기서 갑자기 이 서신의 전달자로 **"두기고"**라는 사람을 소개한다. 두기고는 사도행전 20:4; 디모데후서 4:12; 디도서 3:12 등에서도 사도 바울의 선교 여행에 동행하는 사람으로 나오고, 골로새서의 영향을 받은 것이 분명한 에베소서 6:21에도 나온다. 본문은 두기고를 세 가지로 소개한다. **"사랑받는 형제"**, **"신실한 일꾼"**, **"주 안에서 함께 종이 된 자"** 등이다. 이러한 소개의 말은 1:7에서 골로새 교회의 창설자인 에바브라에게도 적용되었다(4:12에서 그는 "그리스도의 예수의 종"으로 소개되어 있다). 이러한 삼중적인 소개의 말로 미루어 두기고는 에바브라, 오네시모 등과 함께 골로새 교회에 매우 잘 알려진 바울의 동역자로서, 크게 존경을 받고 있었던 인물로 보인다.

8절: 두기고가 골로새 교회에 파송된 것은, 이 서신을 전달하면서 **"우리 사정"**을 그곳 성도들에게 알려 주기 위한 것이다. 7절에서는 **"내 사정"**이라고 한 것을 8절에서는 "우리 사정"으로 바꾸어 말하며, 다시 9절에서는 "여기 일"이라고 한다. 이러한 표현으로 말하고자 한 것은 앞의 1:24-2:5의 내용인 것 같다. 즉 바울이 복음을 위하여 수난을 받고 갇혀 있다는 사정에 관한 것이다. 바울의 고난이 오히려 사람들에게 바른 복음이 전파되는 복을 가져다주고 있다는 사실을 전함으로써 **"너희 마음을 위로하게"** 하려고 두기고를 파송했다. 이는 2:2에서도 찾을 수 있는 동일한 생각이다.

9절: 두기고와 함께 골로새에 파송된 사람은 **"신실하고 사랑을 받는 형제 오네시모"**였다. **"너희에게서 온"**은 오네시모가 골로새 교회 출신이라는 것을 말한다. 아래 12절에 의하면, 에바브라도 "너희에게서 온" 사람이다. 그러므로 오네시모와 에바브라는 동향인이다. 오네시모는 "유용한 사람"이라는 뜻을 가진 이름으로써, 고대 노예들에게 흔한 이름이었다. 이 구절이 말하는 오네시모는 아마도 빌레몬서에 나오는 빌레몬의 노예였다가 바울에 의해서 그리스도인이 된 오네시모를 말하는 것 같다.

두기고와 오네시모 그리고 에바브라가 이처럼 훌륭한 사람들로 소개되는 것은 신약성서 안에서 이곳이 유일하다. 골로새서는 바울과 함께 복음을 전하는 신실한 일꾼들을 특별히 강조하여 소개하고 있는데, 바울의 다른 서신들에서는 거의 찾아볼 수 없는 그러한 소개를 특별히 해야 할 이유가 있었을까? 에바브라는 골로새 교회의 창설자이기에 그렇다고 할 수 있으나, 두기고와 오네시모는 그렇게 높이 소개할 다른 이유가 있었을까? 바울의 얼굴을 직접 보지 못했던(2:1) 골로새 교회 성도들에게는 에바브라, 두기고, 오네시모 등이 바울의 역할을 대신한 신실한 복음의 일꾼들이었음이 분명하다. 어쩌면 바울 이후 시대에 골로새 지역의 기독교를 이끌었던 핵심적인 인물들이었을 것이다. 사도의 이름으로 골로새서를 기록하는 저자는 이들의 권위를 높여 주어야 할 필요가 있었기 때문에, 특별히 강조하여 소개하고 있다고 추측할 수도 있다.420) 어떤 이들은 이들 중의 한 사람이 골로새서의 실제 저자일 것으로 추측하기도 한다.421) 골로새서의 저작 당시에는 에바브라도 더 이상 수신자들과 함

---

420) M. Wolter, 219.
421) 오네시모가 골로새서의 저자라고 추측하는 이들도 있고(Harrison, Paulines, 65ff.) 두기고를 골로새서의 실제 저자로 추측하는 이들도 있다.(J. Gnilka; A. Lindemann

께 있지 못하고(4:12에 의하면, 그는 지금 저자와 함께 있는 것으로 나온다), 서신을 들고 간 두기고와 오네시모가 수신자들과 함께 있었다고 할 수 있다. 두기고와 오네시모는 에바브라의 뒤를 이어서 골로새(리코스탈) 지역의 교회들 안에서 바울의 신학적인 유산을 계속 전파하며 교회들을 돌보았던 인물들이었을 가능성이 크다.422)

10절: 10-14절에는 저자와 함께 있는 6명의 사람들이 골로새 교회에 문안 인사를 전하고 있다. 먼저 10절은 아리스다고와 마가의 인사를 전한다. 아리스다고는 빌레몬서 24절에서도 언급되고, 사도행전 19:29; 20:4에서는 바울의 선교 여행의 동반자로 소개된다. 여기서 그는 바울과 **"함께 갇힌 자"**로 소개되는데, 바울에게 있어서 "갇힌 자"는 복음을 위한 사도적인 수난과 수고를 함께 나눈 자를 말한다. 그러므로 이는 사도적인 권위를 뒷받침하는 영예로운 소개말이다(롬 16:7; 골 1:24). 그러나 구체적으로 아리스다고가 어디서 어떻게 바울과 함께 갇힌 자였는지에 대해서는 전혀 설명하지 않는다.(몬 23절은 에바브라를 "함께 갇힌 자"로 소개한다)

빌레몬서 24절이 그냥 이름만을 말하고 있는 것과는 달리, 여기서 마가는 **"바나바의 생질"**로 소개된다. 사도행전에 따르면, 마가는 제1차 선교 여행 때에 바울과 바나바와 동행했다가 석연치 않은 이유로 바울을 버리고 떠나버렸으며, 그 후 제2차 선교 여행을 출발할 때 바울과 바나바가 헤어지게 된 직접적인 동기가 된 요한 마가라는 인물이다(행 12:12,25; 13:13; 15:37). 그러나 이 마가는 나중에 다시 바울의 곁으로 돌아왔다(몬 24절). 디모데후서 4:11; 베드로전서 5:13에도 그의 이름이 나

등을 참조)
422) P. Pokorny 162. 그는 두기고와 오네시모도 골로새서의 저작 당시에는 이미 과거의 인물이었을 것으로 추측한다.

오는 것을 볼 때, 이 마가는 초대 교회에서 상당한 영향력을 가지고 있었던 것 같다.[423] 그는 레위 지파 출신의 바나바(행 4:36)의 "생질"이라고 한다. 수신자들은 마가에 관해서 **"명"**을 받았다. 그러나 이 명령이 누구로부터 골로새 성도들에게 주어진 것인지 알 수 없다. 그 명령의 내용은 마가가 수신자들에게 오면 그를 **"영접하라"**는 것이다. 7-9절이 말한 두기고와 오네시모에 이어서 마가가 수신자들에게 파송된 것이라고 할 수 있다.

11절: 기원전 3세기 말경부터 예루살렘에 헬라화의 바람이 불면서 유대인 한 사람이 두 개의 이름 곧 그리스식과 히브리식 이름을 갖는 것이 일반적인 현상이었다.[424] 바울은 그리스 이름이고, 사울은 히브리 이름이라는 사실은 가장 널리 알려진 사례다. 유스도/예수라는 이름도 역시 그렇다. 예수는 히브리어로는 여호수아로 발음되는 이름이고, 유스도는 의로운 사람이라는 뜻을 가진 그리스식 이름이다.

"그들은" 10-11절이 말하는 세 사람 곧 아리스다고, 마가, 유스도를 말하는데, 이들은 **"할례파"**에 속한 사람들이다. 그러므로 그들은 유대인들이다. **"이들만"**은 οὗτοι μονοι의 번역인데, "오직 이 세 사람만이" 많은 유대인 그리스도인들 중에서 저자의 신학에 동조하여 선교에 참여했으며 거짓 교사들과의 싸움에 동참했다는 뜻이다. 그 나머지 유대인 그리스도인들은 죽었든지 아니면 저자와 신학적인 견해를 같이 하지 않았다고 할 수 있다. 저자가 이 서신을 통하여 싸웠던 이단자들 중에도 그런 유대인 그리스도인들이 들어 있었을 것으로 추측할 수 있다. 저자는 오직 이 세 사람만을 하나님 나라를 위하여 **"함께 역사하는 자들"**, 곧

---

423) 교회사에서는 이 마가가 마가복음의 저자로 알려져 있지만, 실제로는 정확하게 알 수 없다.
424) M. Hengel, *Judentum und Hellenismus*, 130-143 참조.

"동역자들"(συνεργοι)이라고 한다.

"하나님의 나라"라는 표현이 특이하다. 이 표현은 주로 예수와 공관복음서에서 사용되었고, 바울 서신들에서는 극히 드물게(롬 14:17 등) 사용되었을 뿐이다.425) 그러므로 "하나님의 나라"는 바울이 비중 있게 사용한 신학적인 전문 용어가 아니며, 바울의 전통에 서 있는 다른 서신들에서도 그렇다. 그런데 11절에서 저자의 선포와 목회 사역을 요약하는 핵심 내용으로 "하나님의 나라"가 나오는 것은 신약성서의 서신들에서 이곳이 유일하기에 매우 특이하다. 더구나 그 하나님의 나라가 구체적으로 무엇을 말하는 것인지에 대한 설명도 전혀 없다. 예수와 공관복음서의 신학적인 유산인 하나님 나라와 바울의 신학적인 유산은 골로새서 저자에게는 별 무리 없이 결합될 수 있었고, 위의 세 사람이 저자와 더불어 그러한 에큐메니칼 신학을 주창하는 대표자들이라고 할 수 있다.426) 이 사람들이 저자에게 **"위로가 되었다."** 위로로 번역된 헬라어(παρηγορια)는 가장 깊은 차원의 위로를 말하며, 죽음에 처해서 받게 되는 위로를 의미한다. 골로새서가 바울의 제자에 의해서 기록된 것이라면, "바울에게 위로가 되었다"는 말은 바울이 남겨 놓은 신학적인 유산을 잘 보존하고 전달하는 것을 의미한다고 할 수 있다. 그것만이 죽은 바울에게 최고의 영예를 돌리는 진정한 위로가 될 것이기 때문이다(2:5).427) 그러나 만일 바울이 옥중에서 이 서신을 기록했다면, 고난 중에 있는 사도에게 가장 큰 위로가 되는 일은 무엇이었겠는가? 바울을 진정한 사도로 인정하고 그가 전한 복음을 진정한 복음으로 받아들이면서, 그 복음을 위협하는 거짓 가르침에 맞서서 바울을 대신해 싸우는 것이야말로 갇힌 바울에게 가장 큰 위로가 되었을 것이다.

---

425) 조경철, 「예수와 하나님 나라의 윤리」, 23-52 참조.
426) P. Pokorny 163.
427) P. Pokorny 163.

12-13절: 저자는 이 두 절을 할애해서 에바브라를 소개한다. 이미 1:7에서 에바브라가 누구인지에 대해 설명한 바 있다. 그는 바울을 대신하여 골로새에서 최초로 복음을 전하여 교회를 세운 사도적인 일꾼이다. 그에게 붙여진 여러 호칭의 의미에 대해서는 1:7의 주석을 참조하기 바란다.

에바브라가 골로새 교회에게 특별히 중요한 인물이라는 점은, 12-13절에서 가장 길게 그의 인사와 사역을 언급하고 있다는 점에서도 분명해진다.428) 에바브라가 골로새의 성도들을 위해서뿐만 아니라, 라오디게아와 히에라볼리의 성도들을 위해서도 항상 애써 기도하고 수고하고 있다는 말은 바울의 다른 서신들에서 사도 자신의 사역을 소개하는 말과 동일한 것이다(빌 1:3-11; 고전 1:4-9; 고후 1:3-11; 골 1:9도 참조). 특히 골로새서 저자는 사도의 사역과 에바브라의 사역을 매우 유사하게 표현하고 있다. 그는 1:29와 2:1에서 사도의 사역을 "힘쓰다" 혹은 "수고하다"라고 말하는데, 4:12에서는 에바브라가 **"애쓰고 있다"**고 말한다. 우리말 번역은 각기 다르지만, 이 단어들은 그리스어로는 동일한 단어다. 사도가 "각 사람을 완전한 자로 세우려고" 수고했던 것처럼(1:28), 에바브라는 골로새 성도들이 **"완전하고 확신 있게 서기를"** 원한다. 13절이 **"많이 수고하다"**로 번역하고 있는 그리스어 표현은 "많은 고난을 받다"로 번역할 수 있다. "너희를 위하여 많은 고난을 받다"는 말은 1:24에서 사도의 사역을 가장 분명하게 요약하는 표현이다. 그렇다면 에바브라가 사도처럼 그렇게 "너희를 위하여 고난을 받았다"는 말이다. 그러므로 골로새서는 에바브라를 마치 사도처럼 소개한다는 인상을 강하게 풍기고 있다. 에바브라는 리코스탈의 세 지역 교회들에서 바울을 대신하여 그들의 "사도"로서 활동했고, 그래서 그는 그 세 교회들에서 사도적인 권위를 가지고

---

428) A. Standhartinger, *Studien zur Entstehungsgeschichte*, 236-238.

있었던 인물이었다.

"너희에게서 온"이라는 표현은 9절에서 오네시모에게도 붙여진 표현인데, 이는 아마도 11절의 "할례파"에 대조되는 표현으로써, 이방인 출신 그리스도인을 말하는 것 같다. 오네시모와 에바브라는 이방인으로서 골로새 교회를 창설했고, 또 그곳에서 목회를 한 사람들이다. 7-10절과 12-13절을 종합해서 생각하면, 골로새 교회의 초대 사역자인 에바브라는 이미 그의 사역을 마쳤고, 그를 이어서 2대와 3대 사역자로 두기고와 오네시모가 골로새로 파송되었으며, 그 이후에는 마가가 4대 사역자로 골로새에 파송되어 사역을 담당한 것 같다.

14절: 누가와 데마가 나란히 함께 나오는 경우는 빌레몬서 2절 외에 디모데후서 4:10-11이다. 그러나 디모데후서 4:10에서는 데마가 매우 신뢰할 수 없는 부정적인 사람으로 나온다. 누가는 기원후 2세기 이후부터 누가복음과 사도행전의 저자로 알려진 사람으로, 여기서는 **"사랑받는 의사"**라고 소개된다. "사랑받는" 사람으로 소개되는 사람은 골로새서에서 누가 외에도 세 사람이 더 있다. 두기고와 오네시모(4:7,9), 그리고 에바브라(1:7) 등이다. 앞에서도 언급했듯이 이들 세 사람이 얼마나 중요한 인물들인지를 고려한다면, 그런 소개하는 말로 볼 때 누가도 상당히 비중 있는 인물이었던 것 같다.

15절: 지금까지 다른 사람들의 인사를 전달했던 저자는 15-17절에서는 직접 수신자들에게 자신의 문안 인사를 전하며 특별한 부탁을 한다. 빌레몬서에도 언급되지 않는 **"눔바"**가 어떤 여자인지 정확하게 알 수 없지만, 자기 집을 교회의 회집 장소로 내어놓을 정도로 믿음의 열정과 경제적인 능력이 있었던 것 같다. 또 저자가 특별히 그녀의 이름을 언급하는 것으로 볼 때, 그녀는 수신자들 사이에서도 상당한 명망을 가지고 있었을 것이고, 더구나 거짓 교사들의 유혹에 넘어가지 않았으며, 저자와도 개인적으로 친분이 두터웠던 것 같다. 어떤 사본들은 눔바를 남성 이름으로 바꾸고, **"그 여자의"**를 "그의" 혹은 "그들의"로 바꾸어 읽는다. 이러한 본문의 변경은 여성의 지도력보다는 남성의 지도력을 앞세우려는 가부장적인 사고를 가진 후대의 필사가에 의해서 일어난 것이라고 할 수 있다. 그러나 골로새서 저자가 빌레몬서에서 여러 사람의 이름을 빌려 왔다는 견해가 옳다면, 빌레몬서에 나오는 많은 남성들의 이름은 거명하면서도 빌레몬서 1절에 나오는 "자매 압비아"에 대해서는 아무런 말도 하지 않은 것은, 저자의 가부장적인 경향에 기인한 것인가?[429]

16절: 초대 교회가 서로 서신을 교환해서 읽었다는 사실을 보여 주는, 중요한 정보를 제공하는 구절이다. 초대 교회들이 사도의 서신들을 예배 중에 낭독했다는 것은, 이때 이미 그 서신들이 매우 높은 가치를 인정받았다는 표시다. 골로새서 저자 역시 그의 서신이 성도들 앞에서 높이 낭독되기를 바라면서 서신을 쓰고 있다. 16절은 바울의 서신들이 여러 교회에서 돌려가면서 읽혀졌고, 그래서 수집되어 전승되기 시작했다는 것을 보여 주는 증거이기도 하다.

사도가 라오디게아 교회에 보낸 서신이 구체적으로 어떤 것을 말하는지 우리로서는 알 수가 없다. 어떤 학자들은 지금의 에베소서나 빌레몬서가 그 서신이라고 추측하기도 하지만,[430] 그것은 어디까지나 추측에 불과하다. 라틴어로 된 외경문헌 중에 라오디게아 서신이라는 것이 있기는 하지만, 이 서신은 훨씬 후대에 저작된 것이다. 본문이 말하는

---

429) A. Standhartinger, 위의 책, 288은 그렇게 추측한다.
430) H. Schlier, *Epheserbrief*, 31-32.

라오디게아 서신은 지금까지는 알려져 있지 않은 미지의 서신이다.

17절: 아킵보는 빌레몬서 2절에서는 빌레몬의 집에 소속되어 있으며 바울과 "함께 병사된" 인물로 소개되어 있다. 과거에는 그가 빌레몬의 아들이었다는 추측도 있었다.431) 골로새서가 기록될 당시 아킵보는 수신자들과 함께 있었다. 그가 이루어야 할 **"주 안에서 받은 직분"**이 구체적으로 무엇을 말하는지 확실하지 않다. **"직분"**으로 번역된 헬라어(διακονια)는 교회 안에 있는 특별한 직분을 말한다기보다는 "사명"이나 "섬김"과 같은 일반적인 의미로 이해될 수 있다. 아킵보는 주님으로부터 어떤 사명을 받은 것 같다. 에베소서 4:12에서 이 단어는 "봉사"로 번역되어 있는데, 구체적으로는 그리스도의 몸인 교회를 세우기 위해 그리스도로부터 받은 은사들을 활용하여 섬기는 행위를 말한다. 이런 일반적인 의미가 아킵보가 받은 사명에도 적용될 수 있을지는 분명하지 않다. 저자가 서신의 마무리 부분에서 그의 이름을 직접 거명하면서 그의 직분을 이루라고 지시하는 것으로 볼 때, 아킵보가 교회 안에서 특별한 지위와 역할을 담당하고 있었다고 할 수 있다. 골로새서의 맥락에서는 거짓 교사들과의 싸움에서 그 본분을 다하여 승리하라는 지시라고 볼 수 있다. 거짓 교사들과의 싸움에서도 아킵보는 빌레몬서의 소개처럼 바울과 "함께 병사된" 역할을 다 할 것을 가르치고 있는 것일까?

18절: 고린도전서 16:21과 유사하게 바울의 **"친필로 문안"** 인사를 전한다. 고린도전서 16:21에 이어지는 16:22-24에 의하면, 친필 인사는 바울과 수신자들 사이의 개인적인 관계를 강화하려는 의도를 가지고 있다. 또 데살로니가후서 3:17도 친필 인사를 전한다. 많은 학자들이 생각

---

431) J. Gnilka, *Philemon* 16 각주 20 참조.

하는 것처럼, 데살로니가후서가 제2바울 서신에 속한다면, 골로새서와 함께 이 친필 인사는 저자가 바울 자신으로 보이게 하기 위한 문서적인 전술이라고 할 수 있다. 바울이 이 서신을 직접 쓰고 있다면, 친필 인사에 관한 언급은 자신과 인격적인 교제가 없었던 골로새 교회와 자신 사이의 관계를 강화하려는 의도라고 할 수 있다.

"내가 매인 것을 생각하라"는 말도, 골로새서가 복음과 교회를 위하여 수난을 당하고 있는 사도의 서신으로써 사도적인 권위를 가진 서신임을 강화하는 역할을 한다. 이 서신을 읽는 수신자들은 사도의 매임을 생각해야 한다. 1:24-2:5에서도 분명히 밝혀지듯이, 사도 이후 시대의 바울 공동체에게 남겨진 가장 강한 바울상은 바로 교회와 복음을 위하여 고난과 순교를 당하는 사도였다. 이러한 사도의 고난은 그의 사도적인 사역과 신학의 신빙성을 최대한 높이는 역할을 하였다. 사도의 고난은 그가 전한 복음의 신빙성을 높였기 때문에, 그의 이름으로 기록된 서신들을 읽을 때마다, 바울이라는 이름을 듣고 기억할 때마다, 사람들은 그의 복음과 함께 그의 고난을 생각했다.

◆ 설교를 위한 메시지 요약

1. 사도의 동역자들

서신을 마무리하면서 저자가 바울의 많은 동역자들을 소개하고 있다는 사실에 주목하면, 사도의 주변에는 많은 동역자들이 있었음을 알게 된다. 그들은 나중에 바울 학파를 형성하고, 바울의 서신들을 수집하고 보존해서 후대에 전해 준 사람들이었다. 바울에게 이런 동역자들이 없었다면 바울의 위대한 업적이 후대에 전해지지 않았을 수도 있다. 아무리 위대한 사람이라도 개인만으로는 위대한 사역을 감당할 수 없다. 사도 바울뿐만 아니라, 역사의 위대한 사람들에게는 항상 많은 동역자들이 있었고, 그들이 있었기에 위대한 사람들이 될 수 있었다. 우리의 복음 사역에도 독불장군은 없다. 많은 동역자들과 함께 하는 사역이 될 때, 하나님께서 맡겨 주신 사명을 바르게 감당할 수 있다.

2. 바울에게 진정한 위로가 되는 것은 무엇인가?

우리는 11절을 읽으면서 진정한 위로에 대해 생각하게 된다. 감옥에 갇혀 있던 바울은 주변에서 함께 신실하게 사역에 참여하는 동역자들로 인하여 위로를 받았다. 여기서 말하는 "위로"는 깊은 차원의 위로, 곧 죽음에 처해서 받게 되는 위로다. 옥중에서 고난받고 있는 사도에게 가장 큰 위로가 되는 일은, 바울을 진정한 사도로 인정하고, 그가 전한 복음을 진정한 복음으로 받아들이면서, 그 복음을 위협하는 거짓 가르침에 맞서서 바울을 대신해 싸우는 모습이었다. 그가 남겨 놓은 신학적인 유산을 동역자들이 잘 보존하여 후대인들에게 전달하고, 그 복음을 통해 구원을 받고 거짓 교리에 맞서 싸워서 이기는 것이 죽은 바울에게도 가장 큰 위로가 되었을 것이다(2:5). 바울의 서신을 지금도 읽고 있고, 그 서신을 통해서 바른 복음을 알고 믿게 된다는 사실보다 더 큰 위로는 바울에게 없을 것이다.

참고문헌

골로새서 주석서들은 각주에서 저자의 이름으로만 인용되었고, 나머지 문헌들은 제목의 핵심적인 단어들만 인용되었다. 주석서 인용에서 페이지 제시가 없는 경우는 해당 구절의 주석을 말한다. 한글 번역서를 인용할 때는 저자의 한글 이름으로 인용했고, 원서를 인용할 때는 영문 이름으로 인용했다. 그러나 ThWNT, EWNT 그리고 RGG, TRE, RAC, EKL 등과 같은 사전들에 실린 논문들은 여기 참고 문헌 목록에 수록하지 않았다. 또 약어는 EWNT I, XII-XXXI에 따랐다.

1. 원전과 사전류

Altjüdisches Schriftum außerhalb der Bibel. Übersetzt und erklärt von P. Rießler, 6.Aufl., Heidelberg 1988.

Bauer, W., *Griechisch–deutsches Wörterbuch zu den Schriften des Neuen Testaments und der übrigen urchristlichen Literatur*, 5.Aufl., Berlin 1971.

Blass, F./Debunner, A./Rehkopf, F., *Grammatik des Neutestamentlichen Griechisch*, 16Aufl., Göttingen 1984.

Charles, R. H.(hrsg.), *The Apocrypa and Pseudephigrapha of the Old Testament*, 2Bde., Oxford 1913.

-   *The Greek Version of the Testament of the Twelve Patriarchs*, Oxford 1960

Die Apokryphen und Pseudepigraphen des Alten Testaments, hrsg., von E. Kautsch, 2Bde., Tübingen u.a. 1900.

Jüdische Schriften aus hellenistisch-römischen Zeit, hrsg., von W. G. Kümmel u.a., Gütersloh 1973ff.

Lohse, E.(hrsg.), *Die Texte aus Qumran*. Hebräisch und Deutsch, 4.Aufl., München 1986.

PHILONIS ALEXANDRINI OPERA QUAE SVPERSVNT, ed., von L. Cohn, Berlin 1962

PHILO von ALEXANDRIA, Die Werke in deutscher Übersetzung, hrsg., von L. Cohn u.a., 2.Aufl., Berlin 1962.

SEPTUAGINTA, ed., von Rahlfs, A. Stuttgart 1979.

Wengst, K.(hrsg.), *Schriften des Urchristentums*, München 1984.

2. 주석서

그닐카(Gnilka), J., 「에페소서」, 국제성서주석 38, 천안: 한국신학연구소, 1989.

마틴(Martin), R. P., 「에베소서·골로새서·빌레몬서」, 현대성서주석, 서울: 한국장로교출판사, 2002.

오브라이언(O'brien), P. T., 「골로새서·빌레몬서」, WBC 성경주석, 정일오 역, 서울: 솔로몬 2008.

슈바이처(Schweizer), E., 「골로사이서」, 국제성서주석 40, 천안: 한국신학 연구소, 1983.

김지철, 「고린도전서」, 기독교서회 창립 100주년 기념 성서주석 38, 서울: 대한기독교서회, 1999.

박익수, 「고린도전서 주석. 누가 과연 참 그리스도인인가」, 서울: 대한기독교서회, 2002.

전경연, 「골로새서·빌레몬서」, 대한기독교서회 100주년 기념 성서주석 43, 서울: 대한기독교서회, 1993.

조경철, 「마태복음 I」, 대한기독교서회 창립 100주년 기념 성서주석 1/1, 서울: 대한기독교서회 1999.

－　「설교자를 위한 에베소서 주석」, 고양: 한국기독교연구소 2004.

Abbott, T. K., *A Critical and Exegetical Commentary on the Epistle to the Ephesians and to the Colossians*(ICC 8), Edinburgh 1897(repr. 1974).

Barth, M., *Colossians*(AB 34B), New York: Doubleday 1994.

Billerbeck, P. (-H.Strack), *Kommentar zum Neuen Testament aus Talmud und Midrasch*, Bd. III, München: C. H. Beck 1985^8.

Bruce, F. F., *The Epistle to the Colossians, to Philemon and to the Ephesians*, Michigan 1984.

Conzelmann, H., *Die kleineren Briefe des Apostels Paulus*, Göttingen: Vandenhoeck & Ruprecht, 1962.

Dibelius, M.-Greeven, H., *An die Kolosser, Epheser, an Philemon* (HNT12), 3.Aufl. Tübingen 1953.

Dunn, J. D. G., *The Epistle to the Colossians and to Philemon*, Grand Rapids: Eerdmans 1996.

Ernst, J., *Die Briefe an die Philipper, an Philemon, an die Kolosser, an die Epheser*,Regensburg: Verlag Friedrich Pustet 1974.

Ewald, P., *Epheser-, Kolosser-, und Philemonbrief ausgelegt*(KNT10), Leipzig 1905.

Gnilka, J., *Der Kolosserbrief*, HthKNT X 1, Freiburg, Basel, Wien: Herder 1980.

Haupt, E., *Die Gefangenschaftbriefe*(KEK8), Göttingen: Vandenhoeck & Ruprecht 1902.

Hoppe, R., *Epheserbrief/Kolosserbrief*, Stuttgart Kleiner Bibelkommentar 10, Stuttgart: KBW 1987.

Lindemann, A., *Der Kolosserbrief*, ZBK.NT 10, Zürich: Theologischer Verlag 1983.

Lohse, E., *Die Briefe an die Kolosser und an Philemon*(KEK IX/2), Göttingen: Vandenhoeck & Ruprecht 1968.

Becker. J./ Luz, U., *Die Briefe an die Galater, Epherser und Kolosser*, NTD 8/1, Göttingen: Vandenhock & Ruprecht 1998.

Martin, R. P., *Ephesians, Colossians, and Philemon*, Atlanta: Joh Knox Press 1991.

Pokorny, P., *Der Brief des Paulus an die Kolosser*(ThKNT), Berlin: Evangelische Verlagsanstalt 1987.

Schrage, W., *Der erste Brief an die Korinther*(1Kor 15,1-16,24), EKK VII/4, Zürich; Düsseldorf: Benzinger; Neukirchener: Neukirchener Verl. 2001.

Schweizer, E., *Der Brief an die Kolosser*(EKK), Zürich; Düsseldorf: Benzinger; Neu- kirchener: Neukirchener Verl. 1976.

3. 외국어 문헌

Arnold, C. E., *The Colossian Syncretism: The Interface Between Christianity and Folk Blief at Colossae*, Tübingen: J.C.B. Mohr, 1995.

Barth, M., "Die Einheit des Galater- und Epheserbriefs", ThZ 32(1976), 78-91.

Baur, F. C., *Paulus, Der Apostel Jesu Christi II*, Leipzig 1867.

Berger, K., "Apostelbrief und apostolische Rede. Zum Formular frühchristlicher Briefe", ZNW 65(1974년), 190-231.

Bevere, A. R., *Sharing in the Inheritance, Identity and the Moral Life in the Colossians*, JSNT Supplement Series 226, Sheffield: Sheffield Academic Press 2003.

Bornkamm, G., "Die Häresie des Kolosserbriefes", ders., *Das Ende Des Gesetzes*. Gesammelte Aufsätze I, München 1958, 139−156.

− "Die Hoffnung im Kolosserbrief", ders., *Geschichte und Galube* II. Gesammelte Aufsätze IV, München 1971, 206−213

Broer, I., *Einleitung in das Neue Testament*. Die neue echter Bibel Ergänzungsband zum Neuen Testament, Bd.2, Würzburg: Echter 2001.

Bruce, F. F., "St. Paul in Rom", The Epistle to the Colossians, Bulletin of the John Rylands Library 48(1966), 268−285.

Boer, M. C. de, "Images of Paul in the Post−Apostolic Period", CBQ 42(1980), 359−380.

Bujard, W., *Stilanalytische Untersuchungen zum Kolosserbrief*, Göttingen: Vandenhoeck & Ruprecht 1973.

Burger, Chr., *Schöpfung und Versöhnung*. Studien zum liturgischen Gut im Kolosser− und Epheserbrief, Neukirchen−Vluyn 1975.

Caragounis, Ch. C., *The Ephesian Mysterion*, Lund 1977.

Christ, F., *Jesus Sophia. Die Sophia−Christologie bei den Synoptikern*, AThANT 57, Zürich 1970,

Crouch, J. E., *The Origin and Intention of the Colossian Haustafel*, Göttingen: Vandenhoeck & Ruprecht 1972.

Deichgräber, R., *Gotteshymnus und Christushymnus in der frühen Christenheit*, Göttingen: Vandenhoeck & Ruprecht 1967.

DeMaris, R. E., *The Colossians Controversy: Wisdom in Dispute at Colossae*, JSNT.S 96, Shefield: JSOT Press 1994.

Easton, B. S., "New Testament Ethical Lists", JBL 51(1932), 1−12.

Ernst, J., *Pleroma und Pleroma Christi*. Geschichte und Deutung eines

Begriffes der paulinischen Antilegomena, Regensburg 1970.

Fischer, K. M., *Tendenz und Absicht des Epheserbriefes*, Göttingen: Vandenhoeck & Ruprecht 1973.

Francis, F., "Humility and Angelic Worship in Col. 2:18", F. Francis and W. Meeks eds. *Conflict at Colossae*, Missoula: Scholars Press, 1975.

Fridrichsen, A., "ΘΕΛΩΝ Col 2,18", ZNW 22(1922), 135–137.

Gnilka, J., "Paulusbild im Kolosser– und Epheserbrief", in: *Kontinuität und Einheit* (FS F. Mußner), Freiburg u.a.: Herder, 1981, 179–193.

Gräßer, E., "Kolosser 3,1–4 als Beispiel einer Interpretation secundum homines recipientes", *Text und Situation*, Gütersloh 1973, 123–151.

Hainz, J., *Ekklesia*. Struktur paulinischer Gemeinde–Theologie und Gemeinde–Ordnung, Regensburg 1972

Harrison, P. N., *Paulines and Pastorals*, London 1964.

Hegermann, *Die Vorstellung vom Schöpfungsmittler im hellenistischen Judentum und Urchristentum*, Berlin 1961.

H. Hegermann, "Zur Ableitung der Leib–Christi–Vorstellung", ThLZ 85(1960), 839–842.

Hengel, M., *Judentum und Hellenismus*. Studien zu ihrer Begegnung unter besonderer Berücksichtigung Palästinas bis zur Mitte des 2.Jh.s v.Chr., Tübingen: J.C.B. Mohr, 1973.

Hooker, M. D., "Were there False Teachers?" B. Lindars/S. S. Smally ed., *Christ and Spirit in the New Testament. Studies in honour of Charles Francis Digby Moule*, Cambridge: University Press 1973, 315–331.

Jeremias, J., *Abba*. Studien zur Neutestamentlichen Theologie und Zeitgeschichte, Göttingen: Vandenhoeck & Ruprecht 1966.

— 	*Neutestamentliche Theologie* I. Teil: Die Verkündigung Jesu,

Gütersloh 1979^3.

Kamlah, E., *Die Form der katalogischen Paränese im Neuen Testament*, Tübingen: J.C.B. Mohr, 1964

Käsemann, E., "Eine urchristliche Taufliturgie", EVB I, Göttingen: Vandenhoeck & Ruprecht 1960,

— *Leib und Leib Christi*. Eine Untersuchung zur paulinischen Begrifflichkeit, Tübingen: J.C.B. Mohr, 1933

— "Sätze heiligen Rechts im Neuen Testament", EVB II Göttingen: Vandenhoeck & Ruprecht 1965.

Katan, D., *Translating Cultures: An Introduction for Translators, Interpreters and Mediators*, Manchester: St. Jerome Publishing 2004.

Kehl, N., *Der Christushymnus im Kolosserbrief*: Eine motivgeschichtliche Untersuchung zu Kol 1,12–20, Stuttgart: Katholische Bibelwerk 1967.

Klaiber, W., *Rechtfertigung und Gemeinde*. Eine Untersuchung zur paulinischen Kirchenverständnis, Göttingen: Vandenhoeck & Ruprecht 1981.

— *Ruf und Antwort*. Biblische Grundlagen einer Theologie der Evangelisation, Neukirchen–Vluzn: Neukirchener Verl. 1990.

Kremer, J., *Was an den Leiden Christi noch mangelt*. Eine interpretations –geschichtliche und exegetische Untersuchung zu Kol 1.24b, BBB 12, Bonn: Hanstein 1956.

Lähnemann, J., *Der Kolosserbrief*. Komposition, Situation und Argumentation (StNT 3), Gütersloh: Gütersloher Verlag 1971.

Lindemann, A., *Die Aufhebung der Zeit*. Geschichtsverständnis und Eschatologie im Epheserbrief, Gütersloh 1975.

— *Paulus im ältesten Christentum*, Tübingen: J.C.B. Mohr, 1979.

Lohfink, G., "Gab es im Gottesdienst der neutestamentlichen

Gemeinden eine Anbetung Christi?", *Studien zum Neuen Testament*, Stuttgart 1989, 245–265.

Lona, H. E., *Die Eschatologie im Kolosser- und Epheserbrief*, Würzburg 1984.

Lövestam, E., *Spiritual Wakefulness in the New Testament*, Lund 1963.

Martin, T. W., *By Philosophy and Empty Deceit: Colossians as Response to a Cynic Critique*, JSNT.S 118, Shefield: Shefield Academic Press, 1996.

Merklein, H., "Paulinische Theologie in der Rezeption des Kolosser- und Epheserbriefes", K. Kertelge, hrsg., *Paulus in den späteren ntl. Schriften*, Freiburg u.a. 1981, 25–69.

Müller, P., *Anfänge der Paulusschule*. Dargestellt am zweiten Thessalonicherbrief und am Kolosserbrief, Zürich: Theologischer Verlag 1988.

Mullins, T. Y., "The Thanksgivings in Philemon and Colossians", NTS 30(1984), 288–293.

Mußner, F., *Christus, das All und die Kirche*. Studien zur Theologie des Epheser- briefes, Trier 1968.

Nielsen, C. M., "The Status of Paul and his Letters in Colossians", PRSt 12(1985), 103–122.

O'brien, *Introductory Thanksgivings in the Letters of Paul*(Soppl. NovTest 49), Leiden 1977.

Oliveira, A. de, "Christozentrik im Kolosserbrief", K. Scholtissek(Hrsg.), *Christologie in der Paulus-Schule*. Zur Rezeptionsgeschichte des paulinischen Evangeliums, Stuttgart: Katholisches Bebelwerk 2000, 72–103.

Ollrog, W. –H., *Paulus und seine Mitarbeiter*. Untersuchungen zu Theorie und Praxis der paulinischen Mission, Neukirchen–Vluyn

1979.

Percy, E., *Die Probleme der Kolosser- und Epheserbriefe*, Lund 1946.

Pokorny, P., *Der Epheserbrief und die Gnosis*. Die Bedeutung des Haupt-Glieder- Gedankens in der entstehenden Kirche, Berlin 1965.

Reiser, M., *Die Predigt Jesu*, Münster 1990.

Rowland, Chr., "Apocalyptic Visions and the Exaltation of Christians in the Letter to the Colossians", JSNT 19(1983), 73-83.

Sanders, E. P., "Literary Dependance in Colossians", JBL 85(1966), 40-41.

Sappington, T., *Revelation and Redemption at Colossae*, JSNT.S 53, Shefield: JSOT Press, 1991.

Schenk, W., "Christus, das Geheimnis der Welt als dogmatisches und ethisches Grundprinzip des Kolosserbriefes", EvTh 43(1983), 138-155.

— "Der Kolosserbrief in der neueren Forschung", in: ANRW 25.4, 3349-3354.

Schnackenburg, R., "Die Aufnahme des Christushymnus durch den Verfasser des Kolosserbriefes", *Evangelisch-Katholischer Kommentar zum NT*, Vorarbeiten Heft 1, Zürich 1969, 33-50.

Schnelle, U., Einleitung in das Neue Testament(UTB 1830), Göttingen: Vandenhoeck & Ruprecht 1996,

Schrage, W., *Ethik des Neuen Testaments*, 2.Aufl., Göttingen: Vandenhoeck & Ruprecht 1989.

— *Die konkreten Einzelgebote in der paulinischen Paränese*. Ein Beitrag zur neutestamentlichen Ethik, Gütersloh 1961.

Schubert, P., *Form and Function of the Pauline Thanksgivings* (BZNW 20), Berlin 1939.

Schweizer, E., "Christus und Geist im Kolosserbrief", B. Lindars/S.

S. Smally(Hg.), *Christ and Spirit in the New Testament*(FS C. D. F. Moule), Cambridge 1973, 297-313.

- "The Church as the Missionary Body of Christ", ders., *Neotestamentica*, 317-329

- "Die Kirche als Leib Christi in den paulinischen Antilegomena", *Neotestamentica*, 293-316.

- "Die Kirche als Leib Christi in den paulinischen Homolegomena", *Neotestamentica*, 272-292.

Seifrid, M. A., *Justification by Faith*. The Origin and Development of a Central Pauline Them, Leiden : Brill 1992.

Smith, Ian K., *Heavenly Perspective. A Study of the Apostle Paul's Response to a Jewish Mystical Movement at Colossae*, London: T & T Clark International 2006.

Standhartinger, A., *Studien zur Entstehungsgeschichte und Intention des Kolosser -briefs*, Leiden: Brill Academic Press, 1999.

Steinmetz, H. -J., *Protologische Heils-Zuversicht*. Die Strukturen des soterio- logischen und christologischen Denkens im Kolosser- und Epheserbrief, Frankfurt 1969.

Sterling, G.E., "From Apostle to Gentiles to Apostle of the Church: Image of Paul at the End of the First Century", ZNW 99(2008), 74-98.

Strecker, G., Theologie des Neuen Testaments. Bearbeitet, ergänzt und herausgegeben von F. Q. Horn, Berlin: de Gruzter 1995.

Tachau, P., *"Einst" und "Jetzt" im Neuen Testament*. Beobachtungen zu einem urchristlichen Predigtschema in der neutestamentlichen Briefliteratur und zu seiner Vorgeschichte, Göttingen: Vandenhoeck & Ruprecht 1972.

Vögtle, A., *Die Tugend- und Lasterkataloge im Neuen Testament*, Münster 1936.

Weiss, H. -F., "Gnostische Motive und antignostische Polemik im Kolosser- und Epheserbrief", in: *Gnosis und Neues Testament.* Studien aus Religions- wissenschaft und Theologie, hrsg., von K. -W. Tröger, Gütersloh 1973, 311-324.

Wengst, K., *Christologische Formeln und Lieder des Urchristentums*, Gütersloh 1972.

Wibbing, S., *Die Tugend- und Lasterkataloge im Neuen Testament*, Berlin 1950.

4. 번역서

김세윤(Kim, Seyoon), 「바울 복음의 기원」, 홍성희 옮김, 서울: 도서출판 엠마오 1994.

디츠펠빙거(Dietzfelbinger, Chr.), 「사도 바울의 회심사건. 바울신학의근원에 관한 연구」, 조경철 역, 서울: 도서출판 감신 1996.

로제(Lohse, E.), 「신약성서 배경사」, 박창건 역, 서울: 대한기독교출판사 1984.

마빈(페트, C.), 「사해사본과 신약성서」, 유태엽 역, 서울: 감리교신학대학교 출판부, 2008.

브라운(Brown R. E.), 「신약개론」, 김근수·이은순 공역, 서울: CLC 2003.

큄멜(Kümmel, W.G.), 「신약정경개론」 서울 : 대한기독교서회 1988.

클라이버/마르쿠바르트(Klaiber, W./Marquardt, M.), 「감리교회 신학」, 조경철 역, 서울: 도서출판 kmc 2007.

퍼킨스(Perkins, P.), 「영지주의와 신약성서」, 유태엽 역, 서울: 감신대성서학연구소 2004.

5. 기타 국내 문헌

길성남, "악한 영들을 이기신 승리자, 예수 그리스도: 골로새서 2:13-15절
　　　의 주석적 연구", 「개혁신학과 교회」 제8호(1998년), 55-96.
장흥길, "세대간 갈등 극복을 위한 골로새서 3장 18절-4장 1절의 '가정교훈
　　　록'에 대한 연구", 「敎會와 神學」 제52집(2003년 봄), 100-110.
조경철, "골 1:24와 2:18의 번역과 해석에 관한 고찰", 「성경원문연구」 23호
　　　(2008년), 122-145.
－　　"골로새서에 나타난 철학과 바울의 복음", 「신학과 세계」 제61호(2008
　　　년 봄), 34-57.
－　　"빌립보서의 그리스도 송가(2:6-10)", 「신학과 세계」 제64호(2009년 봄),
　　　67-96.
－　　"목회서신이 가르치는 거짓 가르침(이단)에 대한 대처 방식", 「신학과
　　　세계」 52호(2005년 봄호), 41-69.
－　　「신약성서가 한 눈에 보인다」, 서울: 땅에 쓰신 글씨 2007(개정판).
－　　"신약성서의 평화신학에 관한 소고 -에베소서 2:14-18을 중심으로-",
　　　「신학사상」 111(2000년 겨울호), 103-126.
－　　"바울의 사도적인 리더십에 관한 연구 -사도적인 권위와 그 실천-",
　　　「한국기독교신학논총」 37호(2005년), 89-118.
－　　"에베소서의 성령론", 조경철 편, 「성서와 성령」. 박창건 교수 은퇴기
　　　념 논문집, 서울: 대한기독교서회 2002, 199-222.
－　　「예수와 하나님 나라의 윤리」, 서울: 성서학연구소 2006.
－　　"주석과 번역, -골로새서와 에베소서를 중심으로-", 「성경원문연구」
　　　제24호(2009년), 229-251.
－　　"화해는 하나님의 구원 사건이다", 「신약논단」 13권 1호(2006년 봄),
　　　111-146.